全国高等法律职业教育系列教材

# 知识产权法

（第二版）

司法部法学教材编辑部　编审

主　编　朱榄叶
副主编　吴　萍
撰稿人　（以撰写章节先后为序）
　　　　朱榄叶　罗　猛　马俊凤
　　　　吴　萍　石育斌　李　娟

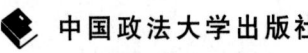 中国政法大学出版社

2012·北京

# 作者简介

**朱榄叶** 华东政法大学国际法学院教授、博士研究生导师，法学学士。从事知识产权法和国际经济法的教学和研究。曾以访问学者的身份分别在美国哥伦比亚大学法学院和哈佛大学法学院进修。作为客座教授在美国、比利时、荷兰、澳大利亚、新加坡和香港等多所大学法学院讲授比较知识产权法、中国司法制度和经济法、国际贸易公法等课程。

**罗 猛** 哈尔滨工程大学人文学院法学系主任、教授，哈尔滨工程大学船舶与海洋法律研究所副所长，硕士研究生导师，博士研究生。主要研究：民商法、经济法、知识产权法。在《法制日报》、《社会科学家》、《学习与探索》等报刊和学术会议上发表论文30余篇，出版著作5部，主持或参与国家社科基金和省部级科研课题15项，科研成果曾获得黑龙江省社科奖和黑龙江省高校人文社科奖等多项奖励，曾获得黑龙江省杰出法学工作者称号。

**马俊凤** 黑龙江省政法管理干部学院副教授，黑龙江省疑难案件法律问题研究所研究员，主要从事民商法学、知识产权法学研究，长期从事高职院校的教学科研工作，曾到美国密歇根大学访学。在《法制日报》、《中国司法》等报刊上发表论文数十篇，在人民法院出版社、对外经济贸易大学出版社、黑龙江人民出版社等出版社出版著作5部。

**吴 萍** 江西财经大学法学院教授、硕士研究生导师。自1985年以来，一直从事民商法学、婚姻法学、知识产权法学的教学与研究工作，主要讲授的课程有民法、婚姻法、知识产权法、罗马法等课程。主要论文有：《平等与合理差别——兼论统一人身损害赔偿标准立法》（载《法学》2003年第6期）、《损益相抵的适用范围与条件》（载《江西社会科学》2003年第7期）等。

**石育斌** 上海社科院法学所并购法中心秘书长，上海市锦天城律师事务所合伙人，法学博士。曾在瑞士比较法学会作为访问学者并获得范·卡尔奖学金，其后在美国哈姆莱大学法学院学习，并获得院长奖学金以及助学金。长期专注资本市场的法律实践与研究，尤其在私募股权基金的设立、运行、激励机制、退出等各个领域具有丰富的实践经验和深入的研究思考。

**李 娟** 华东政法大学国际法学院副教授、硕士研究生导师、法学博士。2005年至2006年在日内瓦WTO总部"Economic Research and Statistics Division"进行项目研究并参与秘书处日常工作。在各法学刊物上发表学术论文多篇，参编本科生教材多部。主要研究方向为WTO法律制度。

# 出版说明

进入 21 世纪，我国法律职业岗位的设置日趋科学、合理，经改革、改制建立起来的法学学科教育与高等法律职业教育并存并举，协调发展的法学教育体系已逐步完善，高等法律职业教育在全国已形成一定的规模。为了加强对高等法律职业教育的指导，进一步推动高等法律职业教育的顺利发展，司法部组织部分专家、学者编写了这套高等法律职业教育系列教材，供各有关院校使用。

本套教材根据教育部"高等职业技术教育应有别于学科教育，应具有更加鲜明的职业性、实践性和岗位针对性，应更加注重知识的有效传播"的要求，在编写过程中以实用性和指导性为原则，在强化基础知识、基础理论教育，突出职业能力和职业技能训练的前提下，重组课程结构，更新教学内容，突出了高等法律职业教育的办学特色，并力求切实起到帮助学生灵活运用知识、提高完成本职工作能力的作用，力求使其成为造就面向法院、检察院、律师事务所等实践部门应用型法律人才的必备读物。

本套教材调动了全国各有关院校，包括中国政法大学、南京大学、山东大学、四川大学、苏州大学、云南大学、西南政法大学、中南财经政法大学、江西财经大学、华东政法大学、西北政法大学、广东商学院、北京政法管理干部学院、上海政法学院、河北政法管理干部学院、山东政法学院、黑龙江政法管理干部学院、浙江政法管理干部学院、陕西政法管理干部学院、贵州政法管理干部学院、天津政法管理干部学院、福建政法管理干部学院、广西政法管理干部学院、湖南政法管理干部学院、辽宁公安司法管理干部学院、安徽警官职业学院、江西司法警官学校、山西省司法学校、福建司法学校、湖北省司法学校、江苏公安司法学校、广东司法学校、武汉司法学校、内蒙古司法学校等数十个单位的资深力量参与编写，

知识产权法

并将分批陆续出版,现第一批第二批教材已相继出版,本书为第三批出版的教材。由于编写时间仓促,不足之处在所难免,欢迎广大读者批评指正。

司法部法学教材编辑部

# 第二版说明

温家宝总理在 2010 年 1 月 14 日召开的国家科学技术奖励大会上发言时强调，要坚定不移地实施国家知识产权战略，保护广大科技工作者和全社会的创新动力，激发创新活力。

自本书第一版于 2005 年出版后 5 年中，中国的知识产权保护从立法到执法都有了很大的进展。我国的《专利法》和《著作权法》都做到了修订，最高人民法院、最高人民检察院、新闻出版总署、海关总署等政府部门出台了一系列文件，对知识产权保护的各项规则做了新的规定。2007 年至 2009 年中美知识产权保护和自主创新成为转变经济发展方式的主要支撑。

本书第二进制版保留了原来的框架结构，根据近五年立法执法实践的变化修改了相应的内容，增加了知识产权国际保护中的一些新的进展。

本书修订的作者分工如下（以章节先后为序）：

朱榄叶　第一章
罗　猛　第二章
马俊凤　第三章
吴　萍　第四章
石育斌　第五章
李　娟　第六章

编　者
2010 年 11 月

# 目录 CONTENTS

**第一章　知识产权制度概述　1**
第一节　知识产权的概念与发展　/ 1
第二节　知识产权的特点　/ 8
第三节　知识产权法律体系　/ 11
第四节　知识产权的作用　/ 14

**第二章　专利权法律制度　16**
第一节　专利权法律制度概述　/ 16
第二节　专利权的主体　/ 19
第三节　专利权的客体　/ 25
第四节　授予专利权的实质条件　/ 35
第五节　专利权的取得、无效与终止　/ 43
第六节　专利权的内容　/ 55
第七节　专利权的保护　/ 62

**第三章　商标权法律制度　82**
第一节　商标权法律制度概述　/ 82
第二节　禁用和禁注的标志　/ 97
第三节　商标权的取得和终止　/ 108
第四节　商标权主体、客体和内容　/ 119
第五节　商标侵权与救济　/ 129

**第四章　著作权法律制度　155**
第一节　著作权与著作权法　/ 155
第二节　著作权的客体　/ 160
第三节　著作权的主体　/ 167
第四节　著作权的内容　/ 175

第五节　邻接权 / 183
第六节　著作权的取得、行使、限制与终止 / 191
第七节　著作权的法律保护 / 204

**第五章　其他知识产权制度** ▶ 216
第一节　商业秘密权 / 216
第二节　企业名称权 / 229
第三节　域名权 / 240
第四节　虚构形象商业化权 / 245
第五节　特许经营权 / 251

**第六章　知识产权国际保护法律制度** ▶ 255
第一节　知识产权国际保护概述 / 255
第二节　建立世界知识产权组织公约 / 256
第三节　保护工业产权巴黎公约 / 259
第四节　保护文学艺术作品伯尔尼公约 / 263
第五节　世界版权公约 / 267
第六节　与贸易有关的知识产权协议
　　　　（TRIPS 协议） / 270
第七节　与版权有关的其他主要国际公约 / 287
第八节　与商标有关的其他主要国际条约 / 289
第九节　与专利有关的其他主要国际条约 / 294
第十节　知识产权国际保护的新发展 / 298

**参考书目** ▶ 306

# 第一章 知识产权制度概述

## 第一节 知识产权的概念与发展

### 一、知识产权的概念

知识产权在英文中是 Intellectual Property，其本义是智力财产权，但在我国对此已习惯于称知识产权，这只是称谓上的不同，其含义应是相同的。从"智力财产权"的本义上来解释，它应是一种财产权，这种财产权是因智力活动的成果而产生的。既然是财产权，也就是权利的一种，理所当然地是国家权力所赋予的，是由以国家机器为后盾的一国的法律所赋予的。因此，"智力财产权"的本义，是法律所赋予的对基于智力活动所产生的智力成果的保护，并且通过法律许可创造者获得财产上即经济上的利益。

在当今开放的现代化的世界里，各国政府都有一个共同的认识：科学技术是第一生产力，科学技术是推动生产力发展的决定性因素。因而国家鼓励进行科学研究，各国之间的竞争事实上已转变为技术的竞争，谁掌握了先进的技术，谁就能在日益激烈的竞争中领先一步。在进入"知识经济"时代的今天，技术更显示出其不可比拟的作用。所以国家对于进行科学研究的人都给予支持和鼓励，而其中最主要的方法，就是通过国家权力来保护；同时，科学技术的价值在于它的应用，再先进的技术，若不能付诸于实践，就不会有它的经济价值，科学技术是第一生产力也就成了空谈，所以国家对于科学研究支持和鼓励的目的在于使一项技术能转化为现实的生产力。但对于创造者来说，一项技术的创造是在花费了大量的精力、财力之后才创造出来的，要让创造者把它贡献给社会，让它公开，为他人利用并产生巨大效益，不给创造者以补偿是不可能的。如果国家通过强制力要求创造者无偿奉献，会挫伤创造者的积极性，长此以往，就没有人愿意去创造。这种补偿表现为让创造者可以像拥有财产一样，拥有允许他人使用其技术并由此获得经济利益的权利，当然，创造者本身对于自己的"财产"也可以自己使用。因而"智力财产权"中的财产权就是创造者可以对他的"财产"——智力成果拥有所有权。从这个意义上来说,"智力财产权"是一种财产权。

目前许多学者还认为知识产权不仅仅是一种财产权,同时它还具有精神权的特征。对此,应对"精神权"有一个正确的理解。从法律上来说,权利是法律所赋予的可以为或不为一定行为的决定权,以此来保护主体的利益。在知识产权中承认法律保护精神权利,事实上就是认可主体基于他的创造性的行为所享有的署名、签名等名誉或荣誉,也就是承认创造者有权利表明该智力成果是由谁创造的,从这个意义上来说,任何智力成果,其创造者都应享有精神权利。人们往往认为只有在著作权中才有精神权利,这种看法也是有道理的。持这一观点的人主要在于把精神权看作是人身权,世界上大多数国家在版权领域中对版权的产生都采取作品一经创作完毕即自动享有版权的态度。随着版权的自动产生,基于创作行为而产生的人身权与法律上所赋予的包含在版权中的人身权合为一体,故而在著作权中具有最明显的人身权的特征;而专利权、商标权需要经过有关国家机关批准才能取得,且其精神权利仅有表明创造者身份这一点,在商标权中,人们更看重的是与商标相关联的商品,甚至根本不知道商标的创作者。正因为如此,各国法律只在版权法中规定了作者的精神权利。

综上所述,可以对知识产权作这么一个定义,知识产权是人们可以对其智力创造的成果依法所享有的专有权利,这种专有权利体现为一定的财产权利。

人类所进行的智力创作活动自古就有,我国的四大发明就是古代人类智慧的结晶,但古今中外并没有也不可能对所有的智力创造成果都加以法律上的保护,各国都根据本国的实际情况对其中的一部分智力成果进行保护。因而,知识产权的保护是有一定范围的,而且世界各国对于本国知识产权的保护范围也不尽相同。按照《成立世界知识产权组织公约》(The Convention Establishing the World Intellectual Property Organization,WIPO)第2条(Ⅷ)的规定,"知识产权"包括:

——关于文学、艺术和科学作品的权利;
——关于表演艺术家的演出、录音和广播的权利;
——关于人类在一切领域的发明的权利;
——关于科学发现的权利;
——关于工业品外观设计的权利;

——关于商品商标、服务商标、厂商名称和标记的权利;

——关于制止不正当竞争的权利;

以及在工业、科学、文学或艺术领域里一切其他来自知识活动的权利。[1]

值得注意的是,上述所列举的知识产权所保护的范围是广义的知识产权的保护范围,事实上,从世界各国的知识产权立法情况来看,并没有把上述对象都列为本国知识产权法的保护范围,但由于该公约已有一百六十多个国家参加,因而也可以认为大多数国家已经在原则上同意了这种范围。对于知识产权广义上的划分,还有其他一些划分方法,如"国际工业产权协会(AIPPI)"1992年东京大会认为,知识产权分为"创造性成果权利"与"识别性标记权利"两大类。其中前一类包括7项,即发明专利权、集成电路权、植物新品种权、Know-How权、工业品外观设计权、版权、软件权;后一类包括3项,即商标权、商号权和其他与制止不正当竞争有关的识别性标记权。[2]

对于《成立世界知识产权组织公约》中所列举的科学发现,现在一般都不认为属于知识产权的保护范围。按照《科学发现国际登记日内瓦公约》(1978年3月3日于日内瓦签订)第1条(1)(I)所下的定义,科学发现指"对迄今尚未被认识和尚不能证实的物质世界的现象、性质或规律的认识。"由此可见,科学发现并非是一种创造性的成果,而只是对于宇宙中原本已经存在的现象、性质或规律的认识,而发明则是依靠已经认识的现象或性质,以及已经掌握的物质世界的规律所提出的解决特定技术问题的方案。因而科学发现不同于发明创造,它不可能直接应用及体现在产品上。但既然是对于前人所未认识的现象、性质或规律的认识,则对于第一个发现者也应有某种"专有"的权利,这种"专有"的权利应表现为承认第一个发现者的身份,即让世人知晓其为第一个发现者,而不应表现为该发现者有权禁止他人应用有关的被发现的现象、性质或规律,因而这种"专有"也就没有了地域的限制。从世界各国的知识产权立法上来看,前苏联1961年《民事立法纲要》和1964年《民法典》中将科学发现列入到知识产权的保护范围之内,并于1973年颁布了《发现、发明和合理化

---

[1] 曹建明、陈治东、朱榄叶编:《国际公约与惯例》(国际经济法卷),法律出版社1997年版,第410页。

[2] 转引自郑成思主编:《知识产权法教程》,法律出版社1993年版,第2页。

知识产权法

建议条例》。在我国，早在建国前夕1949年9月的《中华人民共和国政治协商会议共同纲领》中就作了鼓励"科学发现和发明"的规定，我国的《自然科学奖励条例》也奖励与保护科学发现，《民法通则》在第六章第97条中对此也作了专门的规定。除此之外，并没有其他国家的法律或其他的国际条约对科学发现给予知识产权的保护。但正如前文所述，即便有这些法律专门对科学发现作出相关规定，也不能由此证明科学发现就可以享有知识产权的保护，上述的这些法律规定无非是对发现者以"发现者身份"的确认，并加以某种程度的奖励，我国的《民法通则》在第97条中对此的规定是："公民对自己的发现享有发现权。发现人有权申请领取发现证书、奖金或者其他奖励。"很明显，对于发现者个人的荣誉及给予其一定的物质奖励并不属于知识产权的范畴，因其并不具备知识产权中最基本的特性，即依其对知识产权的"专有性"，通过自己使用或许可他人使用从而获取财产利益。如果把科学发现列入到知识产权的范畴中，则会使知识产权的原有含义发生根本改变，也使知识产权的大多数特点如地域性、时间性等不复存在。[1]再者，虽然在《成立世界知识产权组织公约》中将科学发现列入到知识产权保护的范畴中，但这种列举只是将任一成员国可能给予的知识产权保护的范畴都包括在内，并没有要求各成员国都需对所有列举的部分都给予知识产权的保护，因而并不能以该公约将"科学发现"列为知识产权的范畴且公约成员国有一百多个国家而认定"科学发现"就属于知识产权的范畴。国内有些学者对此有不同的看法。[2]

狭义上的知识产权一般包括工业产权（Industrial Property）和版权（Copyright）（在我国称为著作权）两大部分。工业产权一般指专利权、商标权以及基于人类的智力创造成果而同时产生的反不正当竞争权；版权或称著作权一般包括版权和传播者权即与版权相邻的邻接权等等。

要特别注意的是工业产权中"工业"一词，已突破了狭义上的与商业、农业相对立的工业的含义，而是指广义上的"产业"的概念，它不仅包括狭义上的工业，而且还包括商业、农业、采掘业及服务行业等各个产业部门。这可以从《保护工业产权巴黎公约》第1条第2款"工业产权的保护以发明专利、实用新型、工业品外观设计、商标、服务标记、商店名

---

[1] 郑成思：《知识产权论》，法律出版社1998年版，第89页。
[2] 刘春茂主编：《中国民法学·知识产权》，中国人民公安大学出版社1997年版，第3页。其中即认为应将科学发现列入到知识产权的保护范围中。

称、产地标记或原产地名称以及制止不正当的竞争作为对象"的规定中得到体现。

版权是指作者对其创作的文学和艺术作品依法所享有的权利。按中国著作权法的规定，著作权包括两方面的内容，即著作人身权与著作财产权，这一规定也是与《保护文学和艺术作品伯尔尼公约》的规定相一致的。由于文学和艺术作品作用的发挥主要依靠传播，因而也就产生了对文学和艺术作品的传播者权利的保护问题。该权利的产生是基于对文学艺术作品的传播，且与版权密切相关的，故而称为邻接权。为了保护表演者、唱片制作者和广播组织等文学艺术作品的传播者的权利，国际上达成了《保护表演者、唱片制作者和广播组织的国际公约》及《保护唱片制作者防止唱片被擅自复制公约》等相应的国际公约。

随着科学技术的不断发展，逐渐出现了一些难以用工业产权和版权来保护的新的智力成果，如计算机软件、集成电路布图设计等，同时也产生了作品新的传播方式，如卫星、电视、网络传播等。由于这些边缘保护的客体兼有版权和工业产权的特点，各国不断探索其保护途径，由此也产生了一些专门的法律，如美国的《半导体芯片法》、WIPO 的《集成电路知识产权条约》、《电脑软件保护国内法示范条款》等。除了这些，还有一个正被人们广泛探讨的对象，这就是 Know-How，又称为专有技术、技术秘密或技术诀窍，对于企业来说，也称为商业秘密。长期以来，对于 Know-How 是否属于知识产权问题有较大争论，过去，在各种知识产权的法律或条约中都把 Know-How 与知识产权严格区分开来。但从 20 世纪 70 年代开始，世界知识产权组织（WIPO）在制订各种知识产权示范法时，却把 Know-How 作为其中的一项。在 GATT 乌拉圭回合谈判所达成的《与贸易有关的知识产权协议》中对于技术秘密（该协议使用了一个含义更广泛的概念"undisclosed information"）的保护也作了专门的规定。现今，美国、日本、加拿大、德国等一些国家则以反不正当竞争法等法律对商业秘密加以专门保护。由此可见，对于 Know-How 的保护也已成为知识产权保护的一个重要内容。

在中国，传统的知识产权应划分为工业产权和版权，即主要包含专利权、商标权和版权，这是在理论上和实践中都比较一致的看法。

**二、知识产权概念的发展**

知识产权制度的产生是随着科学技术的发展而发展的。在工业发展史上，产业革命使得生产力获得巨大的发展，机器生产要求打破原有的封闭

知识产权法

状态，商品生产者迫切需要获得最新的技术以推动生产的发展，取得经营的优势，但技术的转移会使技术的发明创造者丧失原有的优势，为了既保住技术创造者的优势，又能满足其他生产者的需要，避免技术垄断而造成重复投资，知识产权制度中的专利制度应运而生。此后，又产生了版权制度和商标制度。

专利出现的雏形是14世纪英国国王对外国技工授予垄断特权，使他们能够在英国经营，并将技艺传授给英国的工人。这种保护的形式是对新技术的引进者授予使用该技术的垄断权，这种垄断权是以专利证书授予的。后来在其他国家，统治者授予专利的事愈来愈多。1474年威尼斯公布的《专利法》是世界上第一部专利法，该法规定，制造了前所未有的、新而精巧的机械装置的发明人经向政府机关登记后，可以享有专有权，其他任何人在10年内未经发明人许可，不得制造与该装置相同或相类似的产品，违者应赔偿100金币并将产品销毁。较系统的、具有现代意义的专利法则是1624年英国的《垄断法》。该法准许国王"对任何新制造品的真正的第一个发明人授予在本国独占实施或制造该产品的专利证书和特权，为期14年以下，其他人不得使用。"从这一规定可以看出，它规定了专利权人可以在国内制造和使用该项发明，规定了专利的有效期，提出了"第一个真正的发明人"等一些专利的基本原则和概念，这些概念一直沿用至今。此后，在18世纪末期，美国和法国等国家也先后制定了专利法。〔1〕

在专利权制度之后建立的知识产权制度是版权法律制度。1709年英国下议院通过的版权法，由于当时在位的是英国女王安娜，因而又称为《安娜法》，被认为是世界上第一部版权法。该法赋予作者以一定的经济权利，并规定了作品受保护的年限。此后，法国在大革命后于1793年所制定的《版权法》充分体现了法国资产阶级革命所提出的"天赋人权"的口号，该法不仅像英国法一样保护作者的经济权利，而且更注重对作者精神权利的保护，这成为后来大陆法系国家著作权法的典范。

在专利和著作权之后出现的知识产权制度是商标法。法国是世界上最早有商标立法的国家。1803法国制定的《关于工厂、制造场和作坊的法律》中，把假冒商标视为私自伪造文件罪；1804年的《拿破仑法典》第一次确认了商标权也是一种财产权；1857年法国又制定了《关于以使用原则和不审查原则为内容的制造标记和商标的法律》，这可以被认为是世界

---

〔1〕 吴伯明等主编：《知识产权应用指南》，经济科学出版社1993年版，第11页。

上颁布最早的最为系统的商标法。此后，英国于1862年颁布了《商品标记法》、美国于1870年制定了《美国联邦商标条例》、德国于1874年颁布了《商标保护法》、日本于1884年颁布了《商标条例》等成文的商标法。

现代意义的独立的反不正当竞争法的出现始于19世纪末，一般认为1890年美国通过的《谢尔曼法》是世界上第一部反不正当竞争法，该法成为其后欧洲各国立法的样板。

从17世纪到19世纪后期，欧洲国家率先在世界上建立起了知识产权保护制度，此后，世界各国也相继建立了自己的知识产权保护制度。目前，世界上大多数国家都有了自己保护专利、商标和版权的法律体系。

虽然各国都相继建立起了自己的知识产权法律制度，但当时各国的知识产权立法不仅差异极大，而且各国的知识产权立法之间缺乏协调。随着世界经济的发展及各国之间经济贸易交往的日益密切，知识产权的交往和纠纷也日益增多，于是协调各国的知识产权制度就成为一个重要的课题。从19世纪后期开始，国际上逐步出现了保护知识产权的国际公约。1883年，由比利时、西班牙等11国发起，在巴黎签订了《保护工业产权巴黎公约》（Paris Convention for the Protection of Intellectual Property）；1886年，由英国、法国、德国、意大利、比利时等10国发起，在瑞士首都伯尔尼签订了《保护文学艺术作品伯尔尼公约》（Berne Convention for the Protection of Literary and Artistic Works）。经过各国政府的共同努力，现在在知识产权的各个领域都有了国际公约，有些公约是对程序的规定，有些则是对实质权利的规定。但这些国际公约大多只规定了知识产权的某一领域，而且也没有将之与国家之间的贸易关系相联系。在 GATT 乌拉圭回合谈判中，首次将知识产权问题列入到了贸易领域，并于1993年谈判结束时达成了《与贸易有关的知识产权协议》（Agreement on Trade Related Aspects of Intellectual Property Rights, TRIPS），该协议文件是对近两个世纪来国际知识产权制度的总结和发展，它的伟大的历史意义就在于它第一次把知识产权问题与国际贸易联系在一起，并在协议中规定了一些强制措施，它无疑将成为知识产权制度发展历史上一个新的里程碑。

从知识产权制度的历史发展中可以看出，一开始各国知识产权制度存在着重大差异，但是进入到20世纪之后，特别是二战后，由于科学技术的迅猛发展以及国际经济合作的不断加强，特别是一些国际公约（如《伯尔尼公约》）对各国知识产权保护提出了最低要求，使各国的知识产权制度在经历了不断修改之后，已逐渐趋向统一。与此同时，知识产权的国际保护也成为一个共同的课题。这主要是因为贸易领域内的知识产权侵权的现象日益突出，单靠各国的国内法已无法达到知识产权保护的目的。以往的知识产权的国际公约都没有将知识产权问题与国际贸易相联系，因而GATT乌拉圭回合谈判将知识产权问题列为谈判的议题也就成为了必然。通过谈判各国的共同努力，最后所达成的《与贸易有关的知识产权协议》的影响要远远大于以往任何一个知识产权的国际公约，它标志着知识产权保护的国际化又向前迈进了一大步。

## 第二节　知识产权的特点

如前所说，知识产权所保护的是创造者通过其智力活动所产生的智力成果。该智力成果是存在于人脑中的信息，如新的技术构想、新的设计、新的思想等。这些智力成果本身是无形的，但是这些无形的成果只有通过一定的方式表现出来才能获得认可，也才能具有一定的社会价值和经济价值，任何智力成果都必须通过一定的载体体现出来。因而知识产权所保护的是通过载体表现出来的无形的智力成果而非对载体的保护。知识产权的这一性质也就决定了知识产权具有以下几个有别于其他财产权的典型特征。

### 一、无形性

知识产权的这一特点把它和任何其他财产权区别开来。无形性表现为知识产权作为一种权利可以和权利的载体相分离。在一般的财产权中，权利是直接体现在财产上的，有了财产才可能有财产权，离开了财产，财产权也就不存在了，财产权随财产的转移而转移，随财产的消失而消失。但知识产权则可以和它的载体相分离。例如，作者拥有一本书的著作权并不体现为他一定拥有这本书本身，这本书任何人都可以拥有，但作者对这本书的著作权并不随着书的出售而转移，买到某本书的人并不会因此而拥有这书的著作权。同样，我们日常买到的大多数商品都有商标，买到商品的人也不会因此而拥有该商标的权利。

### 二、专有性

事实上，任何财产权都有"专有性"，即权利人可以排他地行使自己的权利，任何人不经权利人的同意不得使用该财产或行使该财产权。如一幢房屋的所有人可以自己使用，也可以将房屋出售、出租等，其他人未经所有人的同意，不能使用该房屋，也不能在这幢房屋上设定其他权利，如抵押等，但房屋的所有人不能阻止他人建一幢与该房屋外观、设计上相同的房屋。而作为知识产权如发明专利，两个人可能同时搞出一项发明，但在分别申请的情况下不可能两个人同时都能获得该发明专利。因此，知识产权的专有是对某一智力成果之表达的专有，而不是对具体载体的专有。

知识产权是法律所赋予的，若没有获得法律的授权，这种智力成果就是人人都可使用的智力成果，这时候智力成果处于"公有"领域，而不是处于"专有"领域。事实上，对于知识产权的保护并非是从人类开始有智力成果的时候就开始的，也不是对所有智力成果都加以保护的，知识产权的专有性也就把知识产权与处于公有领域的智力成果相区别开来了。

三、地域性

地域性指的是知识产权只在授予权利的国家或地区有效，在这个国家或地区之外则这种专有权消失。一般的物体，其所有权不会随地域的变化而发生变化，如一个人在中国买的一块手表，到了美国之后不会变成人人都可以占有的手表，但一项专利如果只在中国申请并在中国被授予专利，则该专利技术到了美国之后就变成人人都可以使用的"公有"技术了，究其原因就在于该项技术并没有在美国申请专利，因而在美国并不能获得专利保护。

知识产权的地域性有它的历史渊源。知识产权制度起源于封建社会，它们的雏形是封建社会的地方官或封建君主、封建国家通过特别榜文、敕令的形式授予的一种特权。在封建社会，这种榜文、敕令只能在一定的地域，即在发出榜文、敕令的地方官、封建君主或封建国家的权力所能及的范围内方为有效，超出了该地域范围也就无效了。后来到了资本主义社会，知识产权变为通过法律授予创造者以一定的专有权，但地域性的特点并没有改变。这主要是因为法律是国家主权的体现，一国的法律在外国并不具有当然的效力，一国国家没有理由对基于其他国家法律所授予的专有权利也给予法律上的保障。因而除了实现一体化的地区（如欧盟内部）之外，知识产权只能依据一定国家的法律产生，也只能在该法所及的地域内有效。

在版权的保护上，关于知识产权地域性的特点常常容易引起误解。由于世界上大多数国家对版权都采取了自动保护的原则，作品一经产生，就在许多国家自动受到保护，因此不少人认为版权没有地域性。这样的理解是不准确的。虽然一部作品可能同时在许多国家受到保护，但其受保护的依据是各国的版权法，内容是不同的。就以保护期限为例，世界上大多数国家对自然人作为著作权人的权利保护期是作者有生之年加死后 50 年，但欧洲和美国在 20 世纪末修改了版权法律，将保护期延长至作者有生之年加死后 70 年。同样一部作品，虽然在各国受到保护，但保护的内容不同，在这一意义上，版权仍然有地域性。

**四、时间性**

知识产权的时间性是指知识产权只在一定的时间范围内受到保护。知识产权的时间性体现为对知识产权保护的法定时间性。依照法律规定，权利人的专有权利只是在法律规定的期限内有效，一旦期限届满而又没有延长，则知识产权就进入到公有领域，成为人人都可以利用的共享的信息。一般的财产权是以财产的存在为前提的，随着财产的消失，财产权也就消失了，而知识产权并不以权利的载体的存在为前提，即便载体已完全灭失，只要没有超过法定的时间限制，知识产权仍然存在；而即使载体还存在，只要超过了法律规定的期限，权利也不存在了。对于知识产权规定时间范围，是与保护知识产权的宗旨相联系的。国家通过法律授予创造者以专有的权利，除了要保护创造者创造的积极性之外，更主要在于鼓励将创造者的智力成果运用在生产实践中，以便产生现实的生产力，创造者在将其智力成果许可给他人运用时即可依据法律赋予他的专有权利获得相应的补偿，而权利人如果自己使用也可获取经济利益。因而在权利人经过一定时期的补偿之后，该项技术就应进入到公众领域，以便更多的人能加以利用，产生更大的效应。

在商标权上，知识产权的时间性特点也容易引起误解。由于各国法律都规定商标注册到期后可以续展，而且续展的次数不受限制，有些人就误认为商标权没有时间性。实际上，规定商标注册一定时间后（一般规定为 10 年）必须履行法律规定的续展手续，表明每次注册或续展，权利人只获得了一定时间内的商标专用权，如果不依法续展，原先已经注册的商标就可能丧失。这正是体现了商标权的时间性，如果真的没有时间限制，就应当一次注册，永久有效。1963 年我国的《商标注册条例》就曾经有过类似的规定。

有关知识产权的特点，除了上述最主要的四点之外，一些学者还提到了其他一些相关的特点。[1]

## 第三节 知识产权法律体系

### 一、保护知识产权的国内法体系

从现今看来，知识产权的保护是通过国内法的保护和国际保护来共同实现的。但是，知识产权的保护首先是从国内法的保护开始的，从知识产权法的历史发展来看，也证实了这一点。

各国对知识产权的保护是通过其国内法来实现的，各国保护知识产权法的国内法体系，既包括知识产权保护的实体法，也应包括与知识产权保护有关的程序法，但主要是关于知识产权保护的实体法。各国对知识产权进行保护的立法都有一个共同特点，那就是针对知识产权保护的不同客体，制定专门的法律给予保护，如各国都有专门的专利法、商标法和版权法（有些国家称为著作权法）。也有一些国家将外观设计的保护通过专门的外观设计法来加以调整。随着科学技术的不断发展，针对知识产权领域中出现的新的客体，各国也逐渐通过立法的形式制定专门法律给予这些客体以知识产权的保护，如一些国家制定的保护计算机软件的法律等。随着知识产权保护领域的不断扩大，一些原本不属于知识产权保护范围内的客体也转由知识产权立法加以保护，这样，就出现了知识产权保护新的专门法，如各国制定的反不正当竞争法、关于商业秘密保护的法律等，这些也成为各国知识产权保护国内法体系的构成部分。

由于知识产权所固有的地域性的特点，对于知识产权的保护已不仅仅是国内法的问题了，加强知识产权的国际保护显得日益重要，为此目的而制定的关于知识产权保护的国际公约也不断出现。根据这些公约的要求以及国际公约本身的性质，各国关于知识产权保护的国内法正逐步地与知识产权保护的国际公约相协调，知识产权保护的国内法正越来越多地受到知

---

[1] 我国著名知识产权学者郑成思在其《知识产权论》（法律出版社1998年版）第89页中谈到知识产权的特点还应包括复制性；在刘春茂主编的《中国民法学·知识产权》（中国人民公安大学出版社1997年版）第5~8页提到知识产权的特点包括"知识产权是智力成果权、知识产权大多具有人身权与财产权的双重特性、知识产权是智力成果中经法律直接确认的权利等。"上述特点在前述均已有所涉及，因而不再特别指出。

识产权保护的国际公约的影响,这种影响从对各国现有的关于知识产权保护的立法的内容的影响发展到对各国国内法体系的影响,从而使得各国国内法体系逐渐趋于一致。

二、保护知识产权的国际法体系

知识产权的国际保护主要通过双边条约、多边条约,包括地区性的国际公约及世界性的国际公约来实现的。

关于知识产权保护的双边条约并不像多边条约那样为人所熟知,因为对于知识产权而言,由于它是无形的,它较商品有更强的流动性,而且技术在世界范围内的传播要远比商品的流通来得快、来得容易,知识产权在世界范围内的侵权行为也较为普遍,所以通过双边条约加以保护效果并不好。从目前世界范围来看,关于知识产权保护的双边条约更多的是超越于知识产权保护之外,尤其是与贸易有关的情形下,双方才有必要针对某一具体问题达成协议。因而关于知识产权保护的国际公约更多的是多边条约,包括地区性的国际公约及世界性的国际公约。

关于地区性的国际公约也有不少,但它们在知识产权国际保护中所起的作用并不大。这类国际公约主要有:大多数美洲国家参加的《泛美版权公约》、经互会国家参加的《莱比锡协定》,这两个国际公约在历史上曾经起过一些作用;《通过电视电影交换节目的欧洲协定》、《保护电视广播的欧洲协定》、《阻止国境外发射台广播的欧洲协定》,这类协定现行有效但作用有限;非洲国家也曾经签订了一些知识产权国际公约,如非洲工业产权组织的《哈拉雷议定书》、非洲知识产权组织的《班吉协定》等。

在知识产权领域,欧共体是统一各成员国法律起步较早的组织。欧共体在版权领域所制定的跨国法经历了一个先易后难,先从科技新发展的新客体入手,逐步扩大到版权的传统领域的过程。其中欧共体所制定的《关于半导体产品布图设计法律保护指令》和《计算机程序法律保护指令》是较有特色的,也是在版权新领域的知识产权保护立法中较之其他国家及其他国际公约更为超前的。欧共体在商标领域内的立法较有特色,欧共体理事会于1988年12月通过《缩小成员国商标法差异的理事会一号指令》,该指令和其他国际公约有所不同,其宗旨并不在于协调各国的商标法,而是要缩小各成员国商标法的差异,其最终目的是要统一各成员国的商标法。在此之后,欧共体又于1993年通过了《共同体商标条例》,作为较新的一部跨国商标法,其影响必将巨大。目前欧共体的专利条约应包括以下三个:《统一发明专利实体法公约》(1963年)、《欧洲专利权授予公约》

（1973年）和《共同体专利公约》（1975年）。在这三个公约中，1973年的《欧洲专利权授予公约》（又称《欧洲专利公约》）是在欧共体实践中产生了较大影响、发挥了较大作用的。

由于《北美自由贸易协定》的签订，使得在北美自由贸易区成员国中也有了该地区的关于知识产权保护的立法。该地区关于知识产权保护的规定具体表现在《北美自由贸易区协定》中，关于版权的保护在协定的第1705等条，关于商标的保护在第1708条中，关于专利的保护在第1709条中，外观设计的保护在第1713条中。

知识产权国际保护的世界性国际公约已形成了相对完整的体系。该体系以《建立世界知识产权组织公约》为基础，包括由世界知识产权组织所管理的一系列国际公约，其中主要的有《保护工业产权巴黎公约》、《保护文学艺术作品伯尔尼公约》、《商标国际注册马德里协定》、《专利合作条约》、《保护表演者、录音制品制作者和广播组织的国际公约》及《保护录音制品录制者及防止未经授权复制其制品公约》等。这一部分关于专利、版权和商标等知识产权国际保护的世界性国际公约在知识产权的国际保护中发挥了主要的作用。此外，还有一些不是由世界知识产权组织管理的有关知识产权保护的世界性的国际公约，主要包括《世界版权公约》和《与贸易有关的知识产权协议》等，而在这些国际公约中，《与贸易有关的知识产权协议》在现今的知识产权协议中起到了重大的作用，可以说，该"协议"是在知识产权国际保护领域里最重要的国际公约，而且也是适用范围最广的世界性的国际公约。有关这些世界性的国际公约的主要内容将在第三章中作详细的介绍，而对于《与贸易有关的知识产权协议》也将在第二章中作详细的介绍。

在这些关于知识产权保护的世界性的国际公约中，我国现今已参加的有：《建立世界知识产权组织公约》、《保护文学和艺术作品伯尔尼公约》、《世界版权公约》、《保护录音制品录制者及防止未经授权复制其制品公约》（日内瓦公约）、《保护工业产权巴黎公约》、《专利合作条约》、《国际专利分类协定》（斯特拉斯堡协定）、《国际承认用于专利程序的微生物保存布达佩斯条约》、《建立工业品外观设计国际分类协定》（洛迦诺协定）、《商标国际注册马德里协定》及其议定书、《商标注册用商品与服务国际分类协定》（尼斯协定）、《WIPO版权条约》、《WIPO表演与录音制品条约》此外，中国还签署了《关于集成电路的知识产权条约》（华盛顿条约，因批准国数量未达到条约规定，尚未生效）。

## 第四节 知识产权的作用

知识产权制度通过法律设定的权利，让权利人从自己的创造成果中得到利益，从而激励更多的人从事创造性活动，促进全社会科学技术、文学艺术的发展。

应当说，人们并不是单纯为了经济利益才去从事创造性劳动的。对未知世界的好奇心可以说是人类的本能，从成功中获得的喜悦也会是不少人从事创造性劳动的原动力。人类历史已经经历了数十万年，有文字记载的历史也好几千年，但知识产权制度至今最长也不过二百多年。在知识产权制度产生之前，人类的科学技术、文学艺术的发展并不是停滞不前的。中国古代的四大发明、中国璀璨的文化艺术瑰宝，包括唐诗宋词、敦煌壁画等，都是出现在知识产权制度创立之前。因此，不能说没有知识产权制度就没有科学技术和文学艺术的产生和发展。

然而，同样毋庸置疑的是，知识产权制度，特别是其中的专利制度大大促进并加快了科学技术的发展速度。据资料统计，在20世纪初，技术进步对经济增长的贡献为5%~10%，20世纪中叶上升到50%左右，20世纪80年代上升到60%~80%。技术进步对经济发展的贡献已经明显超过资本和劳动的贡献。[1]日渐完善的知识产权制度同样成为我国经济社会发展的强大"助推器"，促进我国经济发展走上了依靠科学技术的轨道。仅仅根据对2003年获得国家知识产权局和世界知识产权组织联合颁发的"中国专利金奖"的13个项目的统计，就累计新增销售额715亿元，新增利润65亿元。知识产权制度的实施，激发了国内广大企业、科研机构和高等院校以及广大发明人、设计人从事发明创造的积极性。在2003年国家知识产权局受理的25万多件国内专利申请中，有接近60%的申请来自于个人的非职务发明。截至2010年底，国家知识产权局受理的专利申请累计已经达到600多万件，其中仅2010年1月至12月受理的专利申请就有1 222 286件，这里面有1 109 428件来自国内，其中有293 066件为发明专利申请。

---

[1] 陈美章：“顺应时代，恰逢其时”，载《中国知识产权报》2004年8月27日，http://www.sipo.gov.cn/sipo/ipzlbft/t20040609_ 33310.htm。

我国知识产权制度的实施,还为引进外资和先进技术创造了良好的法制环境。据统计,截至2010年底,来自国外的专利申请已经达到11.29万件,占申请总量的9.2%。[1]中国已经成为世界第二大贸易国和最大的吸引外国直接投资的国家,应该说这与我国已经建立了相应的知识产权制度是密不可分的。

---

[1] http://sipo.gov.cn/sipo2008/ghfZs/Z1tj/gnwsZs/nb/2010/201101/t20110110_562648.htm/

# 第二章 专利权法律制度

## 第一节 专利权法律制度概述

人类利用专利制度给发明创造的天才之火添加利益之油。专利制度的基本内容是依据专利法对申请专利的发明创造进行科学审查,并授予其专利权,同时将该发明创造公诸于世,以促进技术信息的交流和技术的有偿转让,从而确保专利权人的合法权益,推动发明创造的运用,提高创新能力促进科学技术进步和经济社会发展。

### 一、专利权的概念

专利权是指国家专利主管机关依法授予发明创造者(或其合法继受人)对其符合法律规定的发明创造在一定期间内独占性实施的权利。《中华人民共和国专利法》(以下简称《专利法》)第11条规定:"发明和实用新型专利权被授予后,除本法另有规定的以外,任何单位或者个人未经专利权人许可,都不得实施其专利,即不得为生产经营目的制造、使用、许诺销售、销售、进口其专利产品,或者使用其专利方法以及使用、许诺销售、销售、进口依照该专利方法直接获得的产品"。

### 二、专利法律制度的发展

专利制度是在技术成果成为商品的条件下产生的,是随着商品经济的发展而发展和完善的。中世纪的欧洲就已经出现了专利制度。文艺复兴时期的意大利就已经建立了由政府保护知识产权的制度。威尼斯于1474年颁布第一部保护发明人权益的法律,授予发明人对其发明享有10年的垄断权,任何人未经同意不得仿造与受保护的发明相同的设施,否则将赔偿百枚金币,还将销毁全部仿造的设施,这就是专利法的萌芽,有人将其称为专利法的鼻祖。此后,威尼斯的专利制度传到英国,当时正值资本主义大发展时期和工业革命的新形势,资本主义现代化大生产的出现和发展,使新技术成为最有效的竞争手段之一,新技术的拥有者极力要求对自己的新技术予以保护,因此,专利制度也就随之从萌芽状态中发展起来。

1623年英国颁布了《垄断法案》，并于1624年开始实施，该法案承认专利权人在一定的期限内有制造和使用其发明产品的垄断权。这项法令可以说是英国资产阶级革命最重要的成就之一，是世界上第一部具有现代意义的专利法。该法规定了发明专利权的主体、客体，可以取得专利的发明创造，取得专利权的条件，专利有效期及专利权被视为无效的情形等。它的某些基本原则和具体规定为后来许多国家制定专利法时所仿效。

英国专利制度促进了工业革命的发展，使得欧美各国资产阶级进一步认识到发明创造的经济和社会价值，更加意识到专利制度对促进技术发展和繁荣经济的重大作用。于是，各国纷纷建立了各自的专利制度，如美国于1790年、法国于1791年、俄国于1814年、西班牙于1820年、德国于1877年、日本于1885年都相继建立了专利制度。这个时期的专利制度与萌芽阶段的专利制度不同，它以法律的形式确认并宣告发明创造属于知识产权。专利已经从封建君主的恩赐转变为依法授予发明创造者的一种合法权利。1883年，以法国为首的十几个国家发起签订了《保护工业产权巴黎公约》，确定了各成员国在制定专利法时所必须遵守的基本原则。从此，专利制度开始向国际化、统一化、协调化的方向发展。

迄今为止，世界上共有150多个国家和地区建立了专利制度。实行专利制度的国家通过专利法保护发明创造，并与其他国家进行科学技术的广泛交流。

我国是世界上建立专利制度比较晚的国家之一。新中国的第一部专利法直到1984年才正式通过并颁布。但回顾过去，我国在历史上曾有过类似专利制度的法制。早在1859年，太平天国提出的《施政新篇》中规定对于新机器的发明给予奖励。1882年，光绪皇帝授予上海机器织布局以垄断权。1898年，清政府颁布了《振兴工艺给奖章程》。1912年至1932年间，当时的执政者又若干次地颁布类似专利法的法规，如《奖励工艺品暂行章程》、《奖励工业技术暂行条例》等等，对发明、特别改良的产品或制造方法授予3～10年的专利权。1944年，国民党政府正式公布了中国有史以来的第一部《专利法》，分为发明、新型、新式样和附则四章共133条，规定保护发明、新型和新式样三种专利。

中华人民共和国成立以后，政务院于1950年颁布了《保障发明权与专利权暂行条例》，实行的是双轨制，它规定任何个人或集体对其发明都可以自愿申请发明权或专利权。在此期间，曾批准过4件专利权和6件发明权。此后，该条例被1954年颁布的《生产产品发明、技术改进及合理化建议奖励暂行条例》所代替，该条例规定采用奖励办法，对发明人只发给奖金和发明证书，此时对发明创造的保护完全成了单轨制，与双轨制相比无疑成了一种倒退。"文化大革命"开始之后，就连发明奖励制度也消失了。1978年，国家开始建立我国的专利制度。1980年中国专利局正式成立。1984年3月12日，中华人民共和国第六届全国人民代表大会常务委员会第四次会议通过了《中华人民共和国专利法》。1985年3月，我国加入《保护工业产权巴黎公约》。1985年4月1日，《专利法》开始实施，至此，具有中国特色的专利制度开始运转起来。近20年的实践证明，专利制度对鼓励发明创造、促进我国科技进步和经济发展以及对外科技交流和经贸往来，发挥了积极的重要作用。根据中国改革开放的需要，适应国际专利保护的新形势，第七届全国人民代表大会常务委员会第二十七次会议于1992年9月4日作出决定，对《专利法》进行修改，这标志着我国专利制度日趋成熟和完善。2000年8月25日，第九届全国人民代表大会常务委员会第十七次会议通过《关于修改〈中华人民共和国专利法〉的决定》，第二次修正《专利法》，并于2001年7月1日施行。这次《专利法》的修改是我国专利事业发展史上一个重要里程碑，将对推动我国的科技进步和创新工作产生重大和深远的影响。这次修改后的《专利法》是我国第一部与TRIPS协议接轨的知识产权法律，是我国加入世界贸易组织在法律方面的重要准备之一。

《专利法》根据2008年12月27日第十一届全国人民代表大会常务委员第六次会议通过的《关于修改〈中华人民共和国专利法〉的决定》作了第三次修改。第三次修改的《专利法》自2009年10月1日起施行。

第三次《专利法》修改施行将带来的五大变化是：①在立法宗旨中，增加了"提高创新能力"、"促进经济社会发展"的内容。②适度调整了发明、实用新型和外观设计专利的授权标准。授权专利的新颖性标准由"混合新颖性"改为"绝对新颖性"；增加了要求被授予专利权的外观设计与现有设计或者现有设计特征的组合相比有明显区别，并将对平面印刷品的图案、色彩或者结合作出的主要标识作用的设计排除在外观设计授权客体之外；发明创造完全依赖于中国境内的遗传资源，其获得该遗传资源的途径、方式等必须符合中国法律、行政法规的规定，针对此类发明还要求申请人在专利申请文件中说明遗传资源的直接来源和原始来源。③允许外国人委托任何依法成立的专利代理机构。④在加强专利权保护方面，赋予外观设计专利权人许诺销售权；增加了诉前证据保全措施；完善了侵权赔偿制度，对权利人的损失、侵权人的获利以及专利许可使用费均难以确定的，法院可以根据专利权的类型、侵权行为的性质和情节等因素，确定1万元以上100万元以下的赔偿；明确将权利人制止侵权行为所支付的合理开支，纳入侵权赔偿的范围。⑤规定了旨在合理平衡专利人和公众的利益关系的条款，有效防止对专利权的滥用。这包括：允许特定情况下的平行进口，在专利产品或者依据专利方法获得的产品由专利权人或被许可人在外国投放市场后，无须取得专利人的许可，可以进口该产品；为提供行政审判所需要的信息，制造、使用、进口专利药品或者专利医疗器械的，以及专门为其制造、进口专利药品或者专利医疗器械的行为不视为侵犯专利权；完善了强制许可制度，专利人自专利权被授予之日起满3年，且自提出专利申请之日起满4年，无正当理由未实施或者未充分实施其专利的，或者专利权人行使其专利权的行为被认定为垄断行为，为了减少或者消除该行为对竞争的不利影响，具备实施条件的单位和个人可以向国家知识产权局申请强制许可，从落实修改《与贸易有关的知识产权协定》议定书义务方面，增加了为公共健康目的制造并向外国出口专利药品的强制许可；规定了现有技术抗辩原则，"管理专利工作的部门依法行使其调查取证的职权时，当事人应给予协助、配合，不得拒绝、阻挠"。

2009年12月30日，国务院第九十五次常务会议审议并原则通过关于修改《中华人民共和国专利法实施细则的决定（草案）》。草案完善了在中国完成的发明创造向外国申请专利的保密审查制度，补充和细化了专利申请程序和授权条件，明确了遗传资源信息披露要求和对假冒专利行为的行政处罚等。该草案经进一步修改后，于2010年1月9日以第569号国务院令公布，自2010年2月1日起施行。

## 第二节 专利权的主体

专利权的主体指具体参加特定的专利权法律关系并享有专利权的人。此处的"人"包括自然人、法人和其他组织。按照我国《专利法》的规定，发明人或设计人、发明人或设计人所属单位、外国的企业、其他组织和个人都可以成为专利权的主体。专利权可以为一个自然人或单位所有，也可以为两个或两个以上的自然人或单位所共有。

## 一、发明人、设计人

《专利法》所称发明人或者设计人，指对发明创造的实质性特点作出了创造性贡献从而完成发明创造的人。我国《专利法》保护的发明创造除发明之外，还包括实用新型和外观设计。在我国《专利法》上，实用新型和外观设计的完成人称为设计人，发明人、设计人只能是自然人。发明是事实行为，不是法律行为，所以发明人的资格不受年龄限制。两个以上的人对同一发明创造共同构思，并且都作出了创造性贡献的，为共同发明人或者共同设计人，其发明创造称为共同发明。

《专利法》上的发明人、设计人必须具备以下条件：①发明人、设计人必须是直接参加发明创造活动的人。在发明创造过程中，只是负责组织管理工作或者仅仅为有关物质技术条件的获得和利用提供了方便的人不能被认为是发明人。②发明人、设计人必须是对发明创造的实质性特点有创造性贡献的人。仅仅提出了发明创造所要解决的问题，而未对如何解决问题提出具体的建设性意见的人，或者仅仅提出一般性意见的人，或者单纯从事辅助性工作的人均不能被称为发明人、设计人。

例如，某医科大学教授李某经过多年的研究发明了一种治疗心脏病的新药。为了检验这种新药的临床效果，李某请张某、陈某帮助其进行临床试验。在试验过程中，张某指出该新药应当加入某些特殊成分，才能提高治疗效果，李某接受了这种改进意见，在后来的临床试验中，发现新药的疗效有了很大的提高。李某、张某、陈某是否都可以成为这种新药的发明人呢？很明显，李某是发明人，张某开始的时候只是帮助李某进行临床试验，在试验过程中，张某对新药的实质性特点作出了创造性的贡献，提高了新药的疗效，应作为发明人。陈某仅帮助李某进行临床试验，不能成为发明人。

与发明人、设计人相关的一个概念是专利申请人。专利申请人是指有资格就发明创造向国务院专利行政部门申请专利的人或者是已经向国务院专利行政部门提出专利申请的自然人或单位。专利申请人可以是发明人、设计人，也可以不是发明人、设计人，因为其他人可以通过合同、继承或法定原因取得专利申请权，故职务发明人所在的单位，发明创造的受让人，发明人或其合法继承人都可以成为专利申请人。

与发明人、设计人相关的另一个概念是专利权人。专利权人指享有专利权的人。专利权人既可以是发明人、设计人,又可以是专利申请人,还可以是专利权受让人。发明人或设计人、专利申请人和专利权人三者既有统一,又有交叉,是三个不同的概念。发明人、设计人不是专利申请人的最常见情形是职务发明。例如,杨某是某单位的职工,被借调到某节能风机厂从事"矿用组合风幕"研制工作,并负责该厂的技术工作。在项目研制期间,杨某的工资仍由其原单位发放,而浮动工资和奖金则由节能风机厂发放。有关"矿用组合风幕"项目的设计,由杨某所在的单位和某节能风机厂共同配合进行,有关研究试制费用则由节能风机厂一家承担。为了项目的完成,两个单位(杨某的原单位和某节能风机厂)共同提供了必要的发明创造物质技术条件。在杨某等科研人员的共同努力下,终于完成了"矿用组合风幕"实用新型发明创造。有关发明创造完成之后,杨某便立即以个人的名义向国家专利局提出专利申请。节能风机厂认为,杨某完成的有关技术方案是执行本单位的任务和主要利用本单位的物质技术条件完成,属于职务发明创造,该发明创造的专利申请权应由本厂享有。而杨某所在的原单位则认为,杨某是本单位的职工,他是由本单位派遣到某节能风机厂从事"矿用组合风幕"研制工作的,提供了一定的经费,并与某节能风机厂共同对项目进行设计,因此,"矿用组合风幕"的专利申请权应由本单位和某节能风机厂共同享有。

　　本案涉及专利申请权的确定问题,难点是正确分析专利申请权共有关系。一项发明创造专利申请权归谁所有,主要有两种情形:一是由法律直接规定;二是由合同约定。本案中若当事人之间没有约定,就应直接根据法律的规定来确定专利申请权人。根据《专利法》第6条的规定,执行本单位的任务或者利用本单位的物质技术条件所完成的发明创造是职务发明创造。本案中,杨某就是在执行本单位的任务并利用本单位的物质技术条件下,完成的"矿用组合风幕"发明创造,应属于职务发明创造,杨某的所在单位有专利申请权,杨某没有。某节能风机厂是否享有专利申请权呢?从案情看,某节能风机厂为发明创造提供了必要的物质技术条件,并有与杨某所在单位共同设计开发的行为,而对专利申请权的归属,双方没有协议约定。根据《专利法》第8条的规定,在没有协议或者协议另有规定外,申请专利的权利属于共同完成的单位。关于职务发明的权利归属,下文将详细介绍。

## 二、职务发明人及其单位

### （一）职务发明创造的概念

职务发明创造，是指发明人、设计人在执行本单位任务，或者主要是利用本单位的物质技术条件所完成的发明创造。凡是不能被证明为职务发明创造的，即为非职务发明创造。

### （二）判断职务发明的标准

我国《专利法》第6条和《中华人民共和国专利法实施细则》（以下简称《专利法实施细则》）第12条规定了判断职务发明的标准。根据这些规定，发明人或者设计人作出的发明创造只要符合下列条件之一者均属于职务发明：

1. 在本职工作中作出的发明创造。对于"本职工作"的理解，应当是发明人或设计人的职务范围，也就是其工作责任的范围，而不是指单位的业务范围，也不是指个人所学专业的范围。

2. 履行本单位交付的本职工作之外的任务所作出的发明创造。"本单位交付的本职工作之外的任务"，主要是工作人员根据单位的要求承担比较短期或临时的任务。但是一般性号召、要求，领导一般性的同意或赞成不能作为本单位交付的本职工作之外的任务。

3. 退职、退休或者调动工作后1年内作出的，与其在原单位承担的本职工作或者原单位分配的任务有关的发明创造。如果是辞职或开除的情况，应当作同一处理。

4. 主要是利用本单位的物质技术条件所完成的发明创造。其中"本单位"包括临时工作单位，"本单位物质技术条件"是指本单位的资金、设备、零部件、原材料或者不对外公开的技术资料等，而这些物质技术条件是完成发明创造必不可少的。利用本单位的物质技术条件所完成的发明创造，单位与发明人或者设计人订有合同，对申请专利的权利和专利权的归属作出约定的，从其约定。

例如，某研究所科研人员张某长期从事与饮水处理技术有关的科研项目，2001年5月，由于工作需要，单位内部调动使其走上了行政管理工作岗位，他被调入研究所人事部门，从事人事管理工作。张某在工作之余，继续从事饮水处理技术方面的研究。2003年8月，张某终于研制成功一种"矿泉水制造方法及其装置"。张某的这项发明创造属于职务发明还是非职务发明呢？张某的这项发明创造应属于非职务发明。因为这项发明创造是张某利用业余时间，在调动工作1年后研制成功的。当然，如果此项发明是在张某调动工作 1 年内研制成功的,那么,根据我国《专利法》的有关规定,该发明创造属于职务发明。

(三) 职务发明的权利归属

职务发明的专利申请权和专利权属于发明人或者设计人的单位。发明人、设计人基于发明创造的完成依法享有受奖励的权利,发明人、设计人基于发明创造的实施依法享有获得合理报酬的权利。根据《专利法》第 16 条的规定,被授予专利权的单位应对职务发明创造的发明人或设计人给予奖励;职务发明专利实施后,专利权人应当根据其推广应用的范围和取得的经济效益,对发明人或者设计人给予合理的报酬。这里强调的是一种"报酬",而非"奖励"。发明人、设计人还有表明他是该项发明创造的发明人或设计人的权利,即发明人、设计人享有署名权。署名权是发明人、设计人的权利,而不是专利权人的权利。

例如,某研究所张某、李某共同承担所里下达的环保科研项目,研究开发垃圾处理技术。在该项技术研究完成后,张某要求调离原单位,获得了同意。在张某调离后,该研究所将原来完成的垃圾处理技术申请了职务发明专利,并在专利发明人一栏中署名为李某。张某得知后,要求更改设计人的姓名,将张某的姓名加上。那么,张某的要求能否得到满足呢?对于职务发明,单位是否有权决定谁是发明人?

我们认为张某和李某都是上述发明创造的发明人,该研究所无权决定谁是发明人,发明人张某的署名权应予维护。本案中,张某调离原单位之前,已经完成了该项技术的研究工作,技术方案已经形成,因此,张某和李某应是对该技术方案作出实质性的、创造性贡献的人,都应该被认定为发明人。我国《专利法》第 17 条规定,发明人或者设计人有在专利文件中写明自己是发明人或设计人的权利。张某既然是发明人,就有权要求在专利文件中署名。署名权是一项具有严格人身属性的人身权,不能转让,不能继承,任何单位和个人都无权剥夺发明人或设计人在专利文件中的署名权。

为了更好地保护职务技术成果完成人的权益,我国《合同法》第 326 条还规定,法人或者其他组织订立技术合同转让职务技术成果时,职务技术成果的完成人享有以同等条件优先受让的权利。

利用本单位的物质技术条件所完成的发明创造,单位与发明人或者设计人订有合同,对申请专利的权利和专利权的归属作出约定的,从其约定。

### 三、合同约定的单位或个人

我国《专利法》第 8 条规定，两个以上单位或者个人合作完成的发明创造、一个单位或者个人接受其他单位或者个人委托所完成的发明创造，除另有协议的以外，申请专利的权利属于完成或者共同完成的单位或者个人；申请被批准后，申请的单位或者个人为专利权人。

根据这条规定，在委托开发和合作开发的情况下，申请和取得专利的权利属于完成或共同完成发明创造的单位或者个人，同时有关各方也可以在协商一致的基础上，在合同中作出申请专利和取得专利的权利归委托方所有，或由委托方和完成方共有等约定。

《合同法》第 339 条也规定，委托开发完成的发明创造，除当事人另有约定的以外，申请专利的权利属于研究开发人。研究开发人取得专利权的，委托人可以免费实施该专利。研究开发人转让专利申请权的，委托人享有以同等条件优先受让的权利。

例如，某锅炉厂委托某研究所为其开发"锅炉自动控制器"。锅炉厂向研究所提供了全部开发资金和设施。研究所经过努力，完成了研究开发任务。研究所欲将"锅炉自动控制器"发明向国务院专利行政部门提出专利申请，而锅炉厂认为申请专利的权利应归其所有，因为是锅炉厂提供了开发经费和设备。

根据以上法律的规定，在合同没有约定的情况下，我们认为"锅炉自动控制器"发明的专利申请权属于某研究所。

《合同法》第 340 条也规定了合作开发完成的发明创造的申请专利权和实施的情形。即合作开发完成的发明创造，除当事人另有约定的以外，申请专利的权利属于合作开发的当事人共有。当事人一方转让其共有的专利申请权的，其他各方享有以同等条件优先受让的权利。合作开发的当事人一方声明放弃其共有的专利申请权的，可以由另一方单独申请或者由其他各方共同申请。申请人取得专利权的，放弃专利申请权的一方可以免费实施该专利。合作开发的当事人一方不同意申请专利的，另一方或者其他各方不得申请专利。

例如，某大学与甲公司在利用农业有机废弃物为原料生产光合细菌菌肥和饲料添加剂等项目上进行了合作开发研究，并研制出工业化生产光合细菌菌肥工艺及"培养光合细菌菌液的装置"和"厌氧产酸装置"两项实用新型专利技术成果。某大学与乙公司签订了《光合细菌菌肥和光合细菌抗癌类药技术转让合同书》，约定：某大学将光合细菌菌肥技术和光合细菌抗癌类药物技术转让给乙公司，乙公司支付技术使用费 550 万元。甲公司未获得某大学同意，在向某水利管理局出售生产光合细菌菌肥成套设备的同时，亦将光合细菌菌肥技术许可给该局使用。那么，某大学和甲公司单方将双方共有的技术成果的使用权进行转让或许可是否构成侵权？根据我国《专利法》第 8 条、《合同法》第 340 条之规定，某大学和甲公司在未征得对方同意的情况下，单方将双方合作研制的光合细菌菌肥工艺技术和两项实用新型专利转让或许可给乙公司和某水利管理局独占使用，侵犯了对方的技术成果共有权，某大学和甲公司对此应当承担相应的侵权民事责任。

### 四、外国人

外国人（包括自然人、企业和其他组织）在我国申请和取得专利权，应该按照以下不同情况办理：①在中国有经常居所或者营业所的外国人在中国申请专利的，根据《巴黎公约》的规定和国际惯例，享有国民待遇，也就是在专利保护方面与中国国民同等的待遇。②在中国没有经常居所或者营业所的外国人在中国申请专利的，如果其所属国与中国有关于互相允许对方国民在本国申请和取得专利权的双边协议或者共同参加的国际条约，或者按互惠原则，其所在国的法律承认我国国民在该国享有专利法上的同等待遇，则可享受与我国国民同等的待遇。截至 2010 年底，《巴黎公约》有 173 个成员、WTO 有 153 个成员，可以说世界上只有极少数外国人未涵盖其中。属于这种情况的外国人，在中国申请专利和办理其他专利事务的，应当委托我国依法设立的专利代理机构办理。

对于无国籍人，只要其经常居所或营业所所在国是与我国订有保护专利权的双边协议，与我国共同参加保护工业产权的国际条约的，或与我国在保护专利问题上是符合互惠原则的，也均有权在我国享有国民待遇。

## 第三节 专利权的客体

发明创造作为专利法保护的对象，种类有许多，最为常见的有发明、实用新型、外观设计、植物专利等。世界各国由于国情不同，其专利法上规定的专利种类也不尽相同。依照我国《专利法》第 2 条的规定，我国专利法保护发明、实用新型、外观设计，并依法授予发明专利、实用新型专利、外观设计专利。

### 一、发明

根据我国《专利法》第2条第2款之规定，发明是指对产品、方法或者其改进所提出的新的技术方案。

（一）发明应当具备两个条件

1. 发明必须是利用自然规律的结果。"自然规律"指自然界中存在的物理、化学的原理或定理，而不能是人的纯智力活动所产生的东西或人为规定的东西，如密码的编制方法、计算方法、财务、会计方法、游戏方法等。而且发明必须是利用自然规律的结果，科学发现是对自然规律本身的新认识，并不是利用自然规律，因此科学发现不是发明。只是部分利用自然规律，也不能称为专利法上的发明。

2. 发明是新的具体的技术方案。发明必须是具有创新性的具体的技术方案。技术解决方案是指运用自然规律解决人类生产、生活中某一特定技术问题的具体构思，是利用自然力使之产生一定效果的方案。技术解决方案一般由若干技术特征组成，例如，产品技术解决方案的技术特征往往是零件、部件、材料、器具、设备、装置和它们所涉及的形状、结构、成分、尺寸、数量等；而制造产品的技术解决方案的技术特征往往是工艺、步骤、过程和它们所涉及的时间、温度、压力、速度等。各个技术特征之间的相互关系也是技术特征。

技术解决方案是解决某一课题的合理手段，必须能够实施并产生一定的技术效果。如果只是单纯提出问题和设想，没有具体的解决方案，或者虽有解决方案，但该解决方案极其含糊，无法具体进行操作，或解决方案不符合科学规律，那么都不能成为专利法保护的对象。例如，张某、吴某共同发明了"地球重力发动机"。其基本原理是利用地球重力为能源，驱动发电机连续运转对外发电做功，即通过重物下落来驱动机器连续对外做功发电。其本质特征是通过重力下落释放其因有一定高度而具有的势能，通过驱动机械运转转换为机械能，然后通过发电机发电转换为电能。该"地球重力发动机"设计出来后，张某、吴某二人便共同向国家专利局提出该项发明专利申请。专利局经审查后认为，该发明不符合授予专利权的条件，于是驳回了其专利申请。专利申请人对驳回决定不服，依法向专利复审委员会申请复议。专利复审委员会认为，利用重力将重物的势能转化为动能做功是可能的，但是要连续做功则是不可能的，否则违背了能量守恒定律。因此，专利复审委员会维持了专利局对该专利申请的驳回决定。

张某、吴某不服专利复审委员会的决定，依法又向人民法院起诉。法院经审理认为，根据能量守恒定律，能量既不会产生也不会消失，它只会从一种能量方式转化为另一种能量方式。利用重物下落对外做功的机器是可以制造出来的，但是它不可能连续运转而对外做功发电。因此，该发明违背了能量守恒定律，判决维持专利复审委员会的决定。

（二）发明可以是产品发明，也可以是方法发明

发明可分为产品发明和方法发明两大类。产品发明包括一切有形的物体发明，即对机器、设备、部件、仪器、装置、用具或组合物、化合物等作出的发明。例如日常用品，测量某参数的仪器，立体声放音装置，电子驱蚊器，洗涤剂等。方法发明包括所有利用了自然规律的方法，即对加工方法、制造工艺、测试方法或产品的使用方法等所作出的发明。制造产品的方法，使用某设备的方法，VC 二步发酵法，氧气顶吹转炉炼钢法，彩色电视映像再生方法等均是方法发明。

根据现行的《专利法》，方法发明不包括经营方法。例如，王某通过多年观察，发现各种商品摆放位置的不同，会导致销售额的变化，经过进一步的研究，王某设计了一种能最大限度增加营业额的商品摆放方法。根据《专利法》的宗旨，发明创造必须是对产品、方法或者其改进所提出的新的技术方案。所以，作为《专利法》所要求的发明，必须是一种运用自然规律解决人类生产、生活中某一特定领域的技术问题的技术方案。根据我国《专利法》第 25 条的规定，智力活动的规则和方法不能获得专利权。因为人的智力活动，源于人的思维活动，经过推理、分析和判断产生的抽象的结果或者必须经过人的思维活动作为媒介才能间接作用于自然产生的结果，并非直接利用自然规律产生的结果。而王某的发明，不属于利用自然规律，而是利用了人的心理规律，是思维活动的结果，属于智力活动的规则和方法，因此不能获得我国《专利法》的保护。

专利保护的发明也可以是对现有产品或方法的改进，例如对某些技术特征进行新的组合，对某些技术特征进行新的选择等。只要这种组合或选择产生了新的技术效果，它们就是可获专利的发明。我们生活中的绝大多数发明都是对现有技术的改进。

将发明分为产品发明和方法发明具有以下法律意义：

1. 在专利申请过程中，不同的发明所提交的专利申请文件有所不同，其撰写内容有一定的区别。

2. 专利权授予后，不同的发明种类，专利权人行使权利的方式不同，

专利权的效力范围也不同。对于方法专利来说，其专利权的效力范围不仅涉及方法本身，而且涉及用该方法直接获得的产品。

3. 在侵权诉讼中，不同的发明种类可能产生不同的举证责任。因为根据我国《专利法》第61条之规定，在解决发明侵权纠纷的时候，如果发明专利是一项新产品的制造方法，制造同样产品的单位或者个人应当提供其产品制造方法不同于专利方法的证明。也就是说，在方法专利侵权诉讼中，举证责任是倒置的，由被告举证证明其所使用制造产品的方法不同于专利方法。而对于一般的产品发明专利权来说，依据民事诉讼法规定，应当采用"谁主张，谁举证"的方式承担举证责任。

根据不同的分类标准，发明还可以分为基础发明与改进发明、单独发明和共同发明等。

### 二、实用新型

依照我国《专利法》第2条第3款，实用新型是指对产品的形状、构造或者其结合所提出的适于实用的新技术方案。实用新型与发明有以下区别：①从范围上看，实用新型不包括方法，也不包括不具有确定形状和立体结构的物品（如粉末、液体类的产品），故实用新型是有"型"的小发明；②从创新水平看，取得实用新型专利的新技术方案，不要求具备高度的创造性，而只要有实质性特点和进步即可；③实用新型专利的审查程序比发明专利简单、快捷，不作实质审查。所以《专利法》对实用新型的保护期限大大短于对发明的保护期限，实用新型专利的审查程序简单，申请费用和年费低。

我国对实用新型专利保护客体有特殊的规定，表现在中国专利局第27号公告和国家知识产权局第77号公告上。中国专利局发布的第27号公告，明确规定下列各项不属于实用新型的保护范围：①各种方法、产品的用途；②无确定形状的产品，如气态、液态、粉末状、颗粒状的物质或材料；③单纯材料替换的产品，以及用不同工艺生产的同样形状、构造的产品；④不可移动的建筑物；⑤仅以平面图案设计为特征的产品，如棋、牌等；⑥由两台或两台以上的仪器或设备组成的系统，如电话网络系统、上下水系统、采暖系统、楼房通风空调系统、数据处理系统、轧钢机、连铸机等；⑦单纯的线路，如纯电路、电路方框图、汽动线路图、液压线路图、逻辑方框图、工作流程图、平面配置图以及实质上仅具有电功能的基本电子电路产品（如放大器、触发器等）；⑧直接作用于人体的电、磁、光、声、放射或其结合的医疗器具。

分析上述27号公告的规定可知，①、②两项内容可以直接从《专利法》第2条第3款导出，③、⑤两项与《专利法》第2条第3款有关联，其余各项则多有行政规定的色彩，最典型的是第⑧项规定。该项规定的背景是为限制20世纪70年代末、80年代初社会上争议颇多的"电子人体增高器"之类的发明创造申请专利，具有较大针对性。因此，当时要求受实用新型专利保护的客体既要满足《专利法》第2条第3款实用新型的定义，同时还应该符合27号公告的规定。

我国加入世界贸易组织后，各项制度均须与国际接轨，我国的法律法规体系也在不断完善：一方面，《专利法实施细则》制定和修改的权力集中至国务院；另一方面，与27号公告有关的行业法规也已经出台，例如国务院颁布的《医疗器械监督管理条例》已于2000年4月1日起施行，与之相关的系列法规也先后颁布并执行。为此，国家知识产权局发布第77号公告，废止原中国专利局第27号公告并相应修改了《专利审查指南》。

鉴于实用新型是有确定三维形状的、适于实用的小发明，27号公告①至③中所列"方法、用途"、"无确定形状的产品"或"单纯材料替换"的发明等本与实用新型定义不符，对其不予以实用新型保护顺理成章。这一变化相关内容已写入《专利审查指南》第一部分（初步审查）第二章（实用新型专利申请的初步审查）第五节（对实用新型专利保护客体的审查）中的相应段落。

根据实用新型的定义，27号公告中涉及的部分客体，包括不可移动的建筑物、由两台或两台以上的仪器或设备组成的系统、单纯的线路和直接作用于人体的电、磁、光、声、放射或其结合的医疗器具等不再限定不授予实用新型专利，它们只要符合《专利法》及实施细则的规定，就可以成为实用新型保护的客体。对于"直接作用于人体的电、磁、光、声、放射或其结合的医疗器具"的实用新型申请，《专利审查指南》第一部分第二章补充规定："直接作用于人体的电、磁、光、声、放射或其结合的医疗器具关系到人们的健康和生命安全，因此对这类产品的实用新型申请授予专利权时，审查员将明确告知申请人该申请的授权决定只是根据专利法有关初步审查的要求作出的，并不意味着该专利产品获得了市场准入的条件，专利权人在实施该专利之前应该根据相关法规办理相应审批手续。"为此，申请人在收到授予实用新型专利权和办理登记手续通知书的同时，还会收到一份提示性的附件。

### 三、外观设计

（一）外观设计的定义

《专利法》第 2 条第 4 款规定，专利法所称的外观设计是指对产品的形状、图案或者其结合，以及色彩与形状、图案的结合所作出的富有美感并适于工业上应用的新设计。此规定说明了申请专利的外观设计必须是应用在产品上的，该产品还必须是具有一定的形状、图案、色彩三要素的设计，而且该设计应是富有美感及工业实用性的新的设计。在理解外观设计时应注意：

1. 外观设计必须与产品相结合。外观设计必须与产品相结合，才能成为《专利法》的保护对象。某项设计如果不与产品相结合，则只能得到《著作权法》上的保护。而且外观设计的保护范围的确定，也是以其受保护的产品为基础的，如熊猫形面包外观设计专利不能排斥他人将冰淇淋做成熊猫状。

2. 外观设计必须能在工业上应用。外观设计必须能够用于生产经营目的的制造或生产。如果设计不能用工业的方法复制出来，或者达不到批量生产的要求，就不是《专利法》意义上的外观设计，如纯手工制品。

3. 外观设计富有美感。外观设计富有美感包含的是美术思想，即解决产品的视觉效果问题，而不是技术思想。在这一点上它区别于实用新型。

（二）明显不符合外观设计定义的设计

根据我国《专利法》有关规定，《专利法》所称的外观设计是指对产品，特别是工业产品的造型、图案或者形状、图案、色彩相结合所作的适于工业上应用的新设计。不符合上述外观设计定义的内容不授予专利权，主要有：设计不属于产品的形状、图案、色彩或者其结合；不属于工业上应用的新设计。

（三）不能作为外观设计载体的物品

除了前述不能作为外观设计专利保护对象的建筑物、桥梁、无固定形状的物品、产品不能单独出售和使用的部分之外，还有下列物品：

1. 不能作用于视觉或者用肉眼难以判断的外观设计。肉眼可见的形状、图案、色彩方面的外观设计才能得到外观设计专利的保护。不能作用于视觉或者用肉眼难以判断的外观设计是指需要借助于仪器才能观察到的外观设计，如集成电路的外观设计以及放大镜下观察到的尼龙纤维外观设计不能给予专利保护。

2. 不是以物品本身的形状要求保护的外观设计。不是以物品本身的形状要求保护的外观设计是指改变了物品本身常规的形状,同时改变了物品本身常规的用途和功能所进行的外观设计。例如,手帕本身常规的形状是四方形的平面产品,若将手帕扎成花或鼠、兔等小动物的形状作为手帕的外观设计来申请专利是不能得到外观设计专利保护的,因为花、鼠、兔不是手帕本身常规的形状,并且手帕在呈现花、鼠、兔形态下已不再具有原来的用途和功能,仅可以作为观赏类物品。但可以将手帕扎成花作为观赏类物品申请专利。

3. 将自然物原封不动地作为产品的主体设计。自然物是指天然存在的物品,不是由工业或人工生产过程形成的。自然物不具备工业性,将自然物原封不动地作为产品的主体设计也不具备重复再现性。如用动物贝壳或植物果核原封不动地作为产品的主体设计,只是简单地涂上一些颜色,或点上两只眼,或在果核上装两只脚作为可观赏的小摆设,虽然有一定的观赏价值,但是以自然物作为产品的主体部分不能重复再现,所以不能得到外观设计专利的保护。

4. 纯属美术范畴的作品。纯粹美术作品如绘画、雕刻等不给予外观设计专利保护。对于批量生产的工艺美术品属于交叉保护的范畴,要按其重复再现的可能性(一般为50件以上)来判断。如国际外观设计分类表中第11类产品所列一些小摆设、小雕像以及一些手工编制的工艺品都是可以进行批量生产的,因此属于外观设计专利保护的范畴。对于那些属于"精心制作、巧夺天工"的艺术品,如利用不同颜色的玉石雕刻的白菜蝈蝈等国宝不能重复批量生产,则属《著作权法》保护的对象。

5. 在所属技术领域内具有一般知识或技能的人认为极容易进行的创作。以司空见惯的形状、图案为基础的设计,如三角形、长方形、圆形、梅花形、圆柱形、圆锥形、正多面体、长方体、水波花纹、黑白相间的方格等常见的图案,均被认为是一般人员容易进行的、早已公知、公用的创作。

6. 文字及数字。一般的文字及数字不能受到外观设计专利的保护,但反复连续的按一定规律排列的图案化的文字可以视为图案受到保护。此外,产品上的功能性文字可以保留,如上、下、开、关及棋、牌类玩具上的文字,仪器、仪表上的刻度,度量衡器具上的文字、数字都可以保留,这些都属于功能性文字。关于棋、牌上的文字除了必须是使用过程中不可缺少的条件以外,还应对该产品的形状、图案、色彩等方面进行新设计。如果仅在已知的棋、牌产品上附加了无任何装饰效果的印刷字体则不属于外观设计的保护范围。

**四、不能成为专利权客体的对象**

根据专利法的宗旨,对发明创造授予专利权必须有利于其推广应用,有利于促进科学技术的进步和创新。因此,考虑到国家和社会的利益,世界上各个国家专利法均规定了专利保护的范围,对专利权的客体加以限制。我国《专利法》根据本国具体情况和国际公约及国际专利保护制度的发展趋势,对违反国家法律、社会公德或者妨害公共利益的发明创造不授予专利权,不属于《专利法》所称的发明创造以及暂不授予专利权的发明创造,由我国《专利法》第5、25条作出了明确的规定。

（一）违反法律、社会公德或妨害公共利益的发明创造

我国《专利法》第5条规定："对违反国家法律、社会公德或者妨害公共利益的发明创造,不授予专利权。对违反法律、行政法规的规定就取或者利用遗传资源,并依赖该遗传资源完成的发明创造,不授予专利权。"包括：

1. 违反国家法律的发明创造。国家法律是指由全国人民代表大会及其常务委员会制定和颁布的法律。一项发明创造本身的目的与国家法律相违背,则不能被授予专利权。如用于赌博的设备、机器和工具,吸毒的器具,伪造国家货币、票据及证件、印章、文物的设备等均属违反国家法律的发明创造,不能取得专利保护。我国《专利法实施细则》第10条规定："专利法第5条所称违反国家法律的发明创造,不包括仅其实施为法律所禁止的发明创造。"因此,实践中应明确,如果发明创造本身的目的并没有违反国家法律,但是由于被滥用而违反国家法律的则不属此列。例如,以医疗为目的的各种毒药、麻醉品、镇静剂、兴奋剂和以娱乐为目的的各种物品等可以申请专利,受到《专利法》保护。

2. 违反社会公德的发明创造。社会公德是指公众普遍认为是正当的,并已接受的伦理道德观念。若发明创造在客观上与社会公德相违背,就不能被授予专利权。例如,带有凶杀或淫秽图片或者照片的外观设计,因违反社会公德而不能授予专利权。

3. 妨害公共利益的发明创造。妨害公共利益,是指发明创造以致人伤残或损害财物为手段实现其目的,从而会给国家和社会造成危害或者使其正常公共秩序受到不良影响。例如,使盗窃者双目失明或者造成其他伤残的防盗装置就属于在客观上妨害公共利益的发明创造,因此不能被授予专利权。实践中应明确,如果发明创造由于不当利用或者被滥用而可能造成

危害的，则要区别对待。例如，对人体有副作用的残留量高的农药、放射性诊断疾病的设备等，就不能以"妨害公共利益"，而排除在授予专利权的范围之外。

例如，某电子厂技术员章某将自己所掌握的电子技术与人体解剖知识相结合，制造出了"迷你"牌电子享受刺激机的样机，并向国家申请专利。国家有关专利机关经过电子、医学鉴定，认为这种发明虽系重大科技发明创造，并确能产生使人快乐的刺激效果，但这种外部神经穴位的刺激，对人身健康危害极大，不能推广和使用。章某的电子快乐享受刺激器作为一项发明创造，虽然具有新颖性、创造性和实用性，但因对人身健康危害极大，违反了《专利法》第5条"对违反国家法律、社会公德或者妨害公共利益的发明创造，不授予专利权"的规定。因此，章某的发明创造不能被授予专利权。

4. 违反法律、行政法规的规定获取或者利用遗传资源，并依赖遗传资源完成的发明创造。《专利法》所称遗传资源，是指取自人体、动物、植物、或者微生物等含有遗传功能单位并具有实际或者潜在价值的材料；《专利法》所称依赖遗传资源完成的发明创造，是指利用了遗传资源的遗传功能完成的发明创造。

（二）不授予专利权的对象

这类发明创造虽然也是智力劳动创造的成果，但因其不能直接应用于生产，缺乏实用性，不具备完整的专利性，因而不是《专利法》上所说的发明创造。具体包括：

1. 科学发现。科学发现是指对自然界中客观存在的未知物质、现象、变化过程及其特性和规律的揭示。科学发现对科学技术的发展具有重大的意义，但科学发现不同于科学发明，它是对自然界认识的总结，是人们认识的延伸，而不是改造客观世界的技术方案。虽然科学发现可能比发明对社会贡献更大，但因其不具备《专利法》所要求的实用性，不能直接制造出前所未有的东西或直接当作某种方法使用，故不是《专利法》意义上的发明，而不能授予专利权。例如，发现卤化银在光照下有感光特性的科学发现不能被授予专利权。但是根据这种发现造出感光的材料以及制造方法则可以被授予专利权。此例说明发明和发现虽有本质区别，但两者也有密切联系，往往许多发明是建立在发现的基础之上。例如，当发现了某种化学物质的特殊物质之后，利用这种性质用途的发明则会应运而生。因此，虽然《专利法》不保护发现，但发现仍受到其他法律的保护。

例如，某生物研究所接受国家委托的某科研项目后，便组织考察队到云南某自然保护区进行有关的考察，黎某在考察中发现了一种生长在植物朽株之上的"夜合花"植物，这种植物早上8点准时开花展叶，并释放出一种香味，晚上8点则自然合拢成一株伞状植物，花叶全部收拢在内。经过一段时间的观察之后，黎某发现"夜合花"早上发出的香味对人体健康具有多种医用价值。许多业内专家也认为，黎某的这一发现是我国生物医学界的一项重大发现。本案中，黎某通过自己的智力劳动对客观世界已经存在但未被揭示出来的自然规律、性质等的认识，属于科学发现而不是发明，不能授予专利权。但黎某的有关发现根据《自然科学奖励条例》第2条的规定，能依法申请获得发现权。

2. 智力活动的规则和方法。智力活动的规则和方法是指人们进行思维、推理、分析和判断的一种规则和方法。它仅有智力抽象的特点：不是利用自然规律所完成的技术方案；它不能设计或制造出新的东西，不具有实用性，因此不属于《专利法》意义上的发明创造。例如，运算的方法、教学方法、会计报表、劳动生产率统计方法、商业经营的方法、游戏规则等均不属《专利法》保护的对象。

3. 疾病的诊断和治疗方法。疾病的诊断和治疗方法是指以有生命的人或者动物为直接实施对象，进行识别、确定或消除病因、病灶的过程。因其实施的对象为有生命的人或动物，无法在工业上利用，不具备实用性，不属于《专利法》意义上的发明创造。同时也出于人道主义的考虑，医生在诊断和治疗疾病的过程中应当有选择各种方法和条件的自由，因此，对诊断和治疗疾病的方法不授予专利权。例如，诊脉法、针灸、麻醉、推拿、刮痧等方法，对有生命的人体或动物的外科手术方法等，均不属《专利法》意义上的发明创造，不受《专利法》保护。应明确，虽然疾病的诊断和治疗方法不能取得专利权，但对诊断和治疗疾病所使用的物质和设备及脱离了有生命的人体或动物的组织或者流体进行处理或检测的方法等可以获得专利保护。

4. 对平面印刷的图案、色彩或者二者的结合作出的主要起标识作用的设计。这项内容为《专利法》第三次修正新增加的内容。

（三）暂不授予专利权的发明创造

1. 动物和植物新品种。我国《专利法》第25条规定，对动物和植物品种不授予专利权，但对动物和植物品种的生产方法，可以授予专利权。目前，世界上只有美国、法国、德国等国家授予植物新品种专利权；美国、罗马尼亚、匈牙利、澳大利亚、欧洲专利局等国家（地区）授予动物新品种专利权。这些国家认为动物、植物新品种和其他发明一样，具有专利性，应该给予专利保护。但绝大多数国家目前仍暂不授予动物、植物品种专利权，主张采用专利以外的方式对其进行保护。我国和其他多数国家一样，暂不把动物和植物品种作为专利权的客体，给予专利法律保护。但我国已于1997年7月20日由国务院颁布了《中华人民共和国植物新品种保护条例》，对植物新品种的发明人的权益予以保护。

例如，山东省某地区农业研究所于1991年培育出了一种新型玉米品种，该品种产量高，抗高温、抗旱和抗病能力强，适于在高温、缺水地区推广种植。该研究所于1992年向国家专利局就该玉米品种提出专利申请，因《专利法》规定动物和植物品种不授予专利权而被驳回。本案中，新型玉米品种作为植物品种是不能被授予专利权的，但如果农业研究所就该新型玉米品种的培育方法申请专利则是可以的。如果这一新品种的培养成功是在1997年10月1日之后，则可能受到《植物新品种保护条例》的保护。

2. 用原子核变换方法获得的物质。原子核变换方法和用该方法获得的物质，关系到国防和国家重大经济利益，也涉及科研和公共生活等各个方面，不宜为人垄断，因此不授予专利权。其中所谓的"原子核变换方法"指使一个或几个原子核经分裂或聚合，形成一个或几个新原子核的过程。无论原子核裂变或聚变，均会产生巨大的能量，其可以被用于军事目的。因此，出于对国家安全和公众利益及本国核工业保护方面的考虑，除美国、日本等少数国家外，大多数国家均不授予这种发明专利权。用原子核变换方法获得的物质，主要是指用加速器、反应堆以及其他核反应装置生产、制造的各种放射性同位素。这些同位素不能被授予发明专利权，但是这些同位素的用途以及使用的仪器、设备属于可授予专利权的客体。

## 第四节 授予专利权的实质条件

申请专利的实质条件通常也称为专利性。依照《专利法》的规定，作出发明创造的人可以通过申请专利取得对其发明创造的独占实施权。为取得专利权，申请人除了应当按照规定的方式或程序使自己的申请符合申请专利的形式条件外，也必须使自己作出的发明创造满足一定的发明创造水平，即满足发明创造的实质性条件。不满足这些条件，其专利申请可能被驳回，或即使侥幸被批准为专利，该专利也可能最终被宣告无效。

**一、授予发明和实用新型专利的实质条件**

我国《专利法》第22条第1款规定，授予专利权的发明和实用新型，应当具备新颖性、创造性和实用性。缺少这三个条件中的任何一个，都不能获得专利权。

（一）新颖性

所谓新颖性，就是指申请专利的发明或实用新型是现有技术中前所未有的，尚未被公知公用的。根据我国《专利法》第22条第2款的规定，新颖性是指该发明或者实用新型不属于现有技术，也没有同样的发明或者实用新型由他人向国务院专利行政部门提出过申请并且记载在申请日以后公布的专利申请文件中。新颖性是发明或者实用新型获得专利权的必要条件之一。可以看出，一项发明或实用新型具备新颖性必须满足两个条件：①该发明创造在申请日前没用以法律规定的形式公开；②不存在抵触申请。我国第三次修正的《专利法》提高了新颖性的标准。

1. 判断该技术是否属于现有技术，应分析其是否存在《专利法》上的三种方式的公开：

（1）出版物公开或书面公开。即把发明创造的内容在出版物上予以描述。此处的出版物指以书面形式描述并公开出版和发行的有形物，它可以是印刷品、胶片、磁带、电子出版物等。凡是将技术信息在出版物上发表的，就是以出版物公开。在通常情况下，出版物上所标明的日期应视为该出版物公开发表的日期。如果有证据证明出版物上标明的日期与实际公开出版的日期不相符合的，以实际出版的日期为准。而且，不以公众是否实际知晓该技术为准，只要该项技术的书面材料处于任何不特定的人都可能知晓的状态，就被认为是公开了。如一件发明的说明印了20份，发给鉴定会的人，并写上"保密文件"，虽然该发明内容有20人看到，但这20人是负有保密义务的，这叫做特定多数，这种不叫公开。如有一件发明的说明只有一份，放在图书馆里，不管有没有人借阅这份说明，这份发明说明书都是处于不特定多数人可以看到的状态，这叫做公开。学校自编的内部教材，使用者有一定范围，但听讲的学生没有保密义务，也属公开。我国对出版物公开实行国内外均未公开的标准，只要发明创造在世界上任何一个国家以出版方式公开，就丧失了新颖性。

（2）使用公开。使用公开，是指由于使用导致技术方案的公开。使用公开不仅包括通过制造、使用、销售或者进口，而且还包括通过模型演示使公众能够了解其技术内容的情况。使用公开是以公众能够得知该产品或者方法之日为公开日。

所有这些都是通过使用的方式来使公众获知其技术（或设计）内容的，公众只要想了解就能得知。例如，在申请日以前，有销售发票证明甲单位（传播者）将一种特定型的产品卖给乙单位（获知者），并且乙单位对甲单位不承担保密义务。在这种情况下，除了受当时的技术水平包括分析手段的限制而不能获知的特征外，这种产品的技术特征对公众来说是可以得知的，因为购买该产品的公众不仅可以得知该产品的外部技术特征，而且还可以通过拆卸或者破坏得知其内部的技术特征。因此，由此销售行为而导致的由可得知的技术特征构成的技术方案被认定为使用公开。

如果技术内容是在保密状态下使用的，该技术内容对公众来说就不能认为可以得知，从而认定这种使用未导致该项技术内容公开。例如，部队中的战士试用一种新式武器或者装备、保密工厂试验一种新工艺方法，都是属于保密状态下的使用，这是因为部队中的士兵和保密工厂的雇员（获知者）都是受保密规定约束的，不能因为他们知道或者使用了该技术就认定该技术已经公开。

（3）为公众所知的其他方式公开。为公众所知的其他方式主要是指口头公开等，口头公开的方式包括通过交谈、报告、讲座、演说、广播、电视和声音再现设备将技术内容传达给公众的各种方式。所有这些方式都是通过口头来向公众讲述技术内容，公众只要想听就能得知。口头交谈、报告、讨论发言以其发生之日为公开日。

如果某人（传播者）向听众（获知者）讲述技术内容之前曾要求听众保密，该听众负有保密义务，从而不存在公众中的任何人都能够得知该技术内的状态。除非有证据证明该听众事实上未履行其保密义务而将该技术内容公开，不能以该听众已经获知该技术而认定该技术内容已经公开。

关于公开的地域标准，在世界上存在三种标准：①世界性标准（绝对新颖性），即凡是在世界任何一个地方公开过的技术，都不能授予专利权。②本国标准（相对新颖性），即凡是在本国公开过的，都不具备新颖性，至于在外国是否已经公开，则在所不论。③混合标准，即关于出版物的公开，采用世界性标准，而其他方式的公开，采用本国标准。我国《专利法》第22条规定了我国的新颖性标准，是绝对标准。

2. 抵触申请。根据专利法基本原理和专利权所具有的独占性，在同一个国家或者地域范围内，同样的技术只能被授予一个专利权。为了保证这一原则得到实现，我国《专利法》第22条规定，发明创造如果具备新颖性，还必须"没有同样的发明或者实用新型由他人向国务院专利行政部门提出过申请并且记载在申请日以后公布的专利申请文件中"。这表明在先申请的技术虽然还未公开，但将来在一定时间是要公开的，应视为现有技术。在先申请构成在后申请的抵触申请，需要符合下列条件：①在先申请的申请人与在后申请的申请人不是同一人，也不是共同申请人。②两个申请所涉及的技术主题相同。③在先申请于在后申请的申请日或者优先权日以前不曾公开，但被记载于在后申请的申请日或者优先权日以后公布的申请文件中。因此需要指出的是，如果在先申请在被公布以前撤回、放弃或者被视为撤回或者被驳回，则不能构成抵触申请。

由于抵触申请不属于现有技术，所以抵触申请只在确定发明或实用新型的新颖性时才予考虑，在确定发明或实用新型的创造性时不予考虑。

3. 丧失新颖性的例外。前面已经论述过，在申请日前已经公开的技术并不必然构成新颖性的丧失。即在某些特殊情况下，尽管申请专利的发明或者实用新型在申请日或者优先权日前公开，但在一定期限内提出专利申请，则不丧失新颖性。这是对发明人、设计人的一种临时保护。我国《专利法》第24条规定，申请专利的发明创造在申请日以前6个月内，有下列情形之一者，不丧失新颖性：①在中国政府主办或者承认的国际展览会上首次展出的。中国政府承认的国际展览会，是指《国际展览会公约》规定的在国际展览局注册或者由其承认的国际展览会。②在国务院有关主管部门或者全国性学术团体组织召开的学术会议或者技术会议上首次发表的。学术会议或技术会议，是指国务院有关主管部门或者全国性学术团体组织召开的学术会议或者技术会议。③他人未经申请人同意而泄露其内容的。这一规定有利于保护在发明人处于不利状态时的发明创造。根据《专利法实施细则》第30条第3、5款的规定，专利申请人如有上述第一种或第二种例外情形的，应当在提出专利申请时声明，并自申请日起2个月内，提交有关国际展览会或者学术会议、技术会议的组织单位出具的有关发明创造已经展出或者发表，以及展出或者发表日期的证明文件。否则，不适用该临时保护的规定。

另外，这一临时保护规定的实质是对于出现上述情况时，发明创造并不丧失新颖性，但也不能优于他人就相同发明创造的在先申请，而且，这种临时保护并不同于优先权，其申请日并没有提前。因此，如果在申请人有上述公开情形时，其他善意第三人先提出专利申请的或采取法律规定的方式公开该技术的，则会使申请人丧失新颖性。当然，由于该项技术已经通过《专利法》第24条规定的情形公开，对于先提出专利申请的善意第三人来说，其专利申请应丧失新颖性，也不能获得专利权。

例如，1989年7月12日张某向中国专利局提出了名为"半喂入稻麦联合收割机"的实用新型专利申请，该专利于1990年6月27日公开，公告号CN2058549U。1990年11月26日张某又与另外四人共同向中国专利局提出"背负式半喂入联合收割机"发明专利申请。两个申请均是关于背负式半喂入联合收割机的构造，技术方案完全相同。专利局经实质审查后认定该申请不具有新颖性，于1992年11月21日作出驳回该申请的决定。张某不服，认为专利局认定其发明专利不具有新颖性所依据的对比文件是其自己申请的实用新型专利，而根据《专利法》关于新颖性的规定，没有同样的发明或实用新型由他人向专利局提出过申请并记载在申请日以后公布的专利申请文件中，故其自己申请的实用新型专利不能否定其发明专利的新颖性。根据我国《专利法》的规定，丧失新颖性有四种情况：①以出版物方式公开；②使用公开；③以其他方式为公众所知；④抵触申请。在前三种情况中出现的技术为现有技术，而抵触申请不同于现有技术。因为现有技术是指专利申请日之前已为公众所知的技术，而抵触申请是在专利申请日之前并未公开，而是在专利申请日之后、公开日之前这一阶段公开。本案中，张某的实用新型专利的技术内容在他提出发明专利申请日以前，已经作为现有技术公之于众，且CN2058549U所载明的内容与其专利申请的技术方案完全一致，已将其发明专利申请清楚、完整地予以披露，故专利局以此为对比文件否定该申请的新颖性，证据充分，符合法律规定。张某始终认为其自己的实用新型不能否定自己的发明专利的新颖性，因为抵触申请规定的是他人的技术方案才能导致新颖性的破坏，而自己的技术方案是不在其中的，这是错误的将现有技术与抵触申请混为一谈。本案中并不涉及抵触申请问题，因而张某的主张不能得到支持。

（二）创造性

创造性从质的方面反映出发明创造的特征。在国外专利法中也称为"非显而易见性"。我国《专利法》第22条第3款规定："创造性，是指与现有技术相比，该发明具有突出的实质性特点和显著的进步，该实用新型具有实质性的特点和进步"。由于实用新型不进行实质审查，因此对实用新型创造性的评定，只有在对实用新型专利权提出无效请求时才可能涉及到。

创造性是相对的概念,是与申请日以前的已有技术相比,"申请日以前的已有技术"即现有技术。

"实质性特点"是指发明创造具有一个或几个技术特征,与现有技术相比较有本质的区别。因此,凡是发明创造所属技术领域的普通技术人员都不能直接从现有技术中得出构成该发明创造的全部必要技术特征的,都应认为具有实质性的特点。在评定一项发明创造是否具有实质性特点时,不仅要考虑技术方案本身的内容,而且还要考虑它的目的和效果,并把它们作为一个整体来理解。在判定发明创造是否具有创造性时,专利法还专门设计了一个"所属技术领域普通技术人员"的概念。这是一个虚拟的人,法律要求他具有中等技术水平,通晓所属技术领域中的所有技术,并且他的技术水平随着技术领域和完成发明时间的不同而变化。

"进步"是指与现有技术相比较有所发展和前进。这主要表现在技术效果上。例如,克服了现有技术存在的缺点和不足,或者具有新的优点或效果,或者代表了某种新的技术趋势。发明要求有进步,其目的是防止那些倒退的或者对科学技术的进步无益的发明创造出现。

判断创造性应把握以下几点:

1. 判断创造性应参照申请日以前已有技术。创造性判断应将申请专利的发明创造与申请日以前已有技术相比较,而不能与审查申请时的已有技术进行比较。因为技术总是不断发展的,而申请日和审查日之间有时间差,现有技术水平会有所提高,若以后者作为了解已有技术的时间,不符合《专利法》的规定。

2. 判断创造性的人应为发明创造所属技术领域的普通技术人员。创造性判断常以申请专利的发明创造所属技术领域的普通技术人员作为标准。"普通技术人员"事实上是为了统一审查标准而虚拟的人,他与申请专利的发明创造应属于相同技术领域,具备该领域已有技术的一切知识,且只能是中等水平,既不是该领域的专家,也不是外行,其仅能在现有技术基础上作简单的逻辑推理和组合。创造性判断中,如果普通技术人员认为申请专利的发明创造是显而易见的,就不具有创造性。因此,专利审查员在从事创造性审查时,应视自己为普通技术人员。

3. 判断创造性的客观标准,发明应以"突出的实质性特点和显著进步",实用新型应以"实质性特点和进步"为标准。

## （三）实用性

实用性指发明或实用新型能够制造或者使用，并且能够产生积极效果。实用性包含技术属性和社会属性两层含义：实用性的技术属性指发明创造具有在工业上被付诸应用的技术上的可能性；实用性的社会属性指发明创造具有一定的社会效果，能够对社会有用。实用性一般具备三个条件：①属于技术课题的解决方案，即具有可实施性；②具有再现性，即具有在工业上制造和使用的现实可能性；③具有有益性，即能够产生有益的社会效果。

例如，某研究所研究员向国务院专利行政部门申请一种"新的计算机汉字编码方法"发明专利申请，该发明创造的特征是：编码方法简单，而且重码少。在计算机日益普及的现代社会，该发明创造就具有很强的实用性。

## 二、授予外观设计专利权的实质条件

根据我国《专利法》第2条第4款的规定，外观设计，是指对产品的形状、图案或者其结合以及色彩与形状、图案的结合所作出的富有美感并适于工业应用的新设计。《专利法》第23条规定："授予专利权的外观设计，应当不属于现有技术；也没有任何单位或者个人就同样的外观设计在申请日以前向国务院专利行政部门提出过申请，并记载在申请日以后公告的专利文件中。授予专利权的外观设计与现有技术或者现有设计特征的组合相比，应当具有明显的区别。授予专利权的外观设计不得与他人在申请日以前已经取得的合法权利相冲突。"

### （一）外观设计的相同性和相近似性判断

外观设计相同是指被比外观设计与在先设计是同一种类的产品的外观设计，并且被比外观设计的形状、图案以及色彩与在先设计的相应要素相同。只有对于相同或者相近种类的产品，才可能存在外观设计相近似的情况。所谓相近种类的产品是指用途相近的产品。例如，鸡蛋容器和灯泡容器用途不同，装鸡蛋的不适合装灯泡，装灯泡的不适合装鸡蛋，但它们的用途是相近的，两者属于相近种类的产品。

同一种类的产品是指具有相同用途的产品。例如机械表和电子表，尽管内部结构不同，但是它们的用途是相同的，所以属于同一种类的产品。应当注意的是，只要产品具有相同的用途，而不管它们是否还各自具有其他的用途，都属同一种类的产品。在确定被比外观设计产品的种类时，还可以参考专利申请的简要说明，特别是关于用途的说明，但应以专利的图片或照片中表示的产品的用途为准。

产品的种类不同的，即使其外观设计的三要素相同，也不应认为是外观设计相同。例如形状、图案和色彩均相同的汽车和玩具汽车属于不同种类的产品，汽车用作交通工具而玩具汽车用作玩具，两者不是相同的外观设计。

对于同一种类产品的外观设计，被比外观设计具有的要素分别与在先外观设计的相应要素相同的，两外观设计相同；否则两外观设计不相同。在先设计具有的而被比外观设计不具有的要素不作为比较的因素，不影响相同性的判断。例如，在先设计有形状、图案和色彩，而被比外观设计有形状和图案，不限定色彩，则只比较形状和图案而不考虑色彩。而相近似则指上述要素存在近似的情况。

（二）不与他人在先权利相冲突

《最高人民法院关于审理专利纠纷案件适用法律问题的若干规定》第16条规定："专利法第23条所称的在先取得的合法权利包括：商标权、著作权、企业名称权、肖像权、知名商品特有包装或者装潢使用权等。"由此可知，申请专利的外观设计不与他人在先权利相冲突主要指以下几种情况。

1. 直接使用他人著名商标、享有著作权的作品、企业名称、肖像、知名商品特有包装或者装潢等作为外观设计。例如商标是产品生产厂家对产品给予的标记，使用他人的商标就产生了与他人产品混同的结果，使购买者产生误认，因此不能对这种损害他人利益的外观设计授予专利权。

当商标和产品外观设计结合，或把数个商标连续或散点式排列使用到产品设计上时，已不是商标的常规使用状态，虽然商标仍能明显地被识别出来，但可以视为图案来处理。如果与他人业务混同时，仍应予以驳回。当商标的图案融合到外观设计的图案中，已不能清晰地辨别出商标的图案时，也就不会产生混同，当然也不属于驳回的范围。

2. 外观设计会与他人的著名商标、服务标记、享有著作权的作品、企业名称、肖像、知名商品特有包装或者装潢等产生混同。例如各生产厂家或销售部门自己设定的服务标记已在市场上公开使用，专利申请中包含此项标记并在流通过程中产生混淆时不能授予专利权。如世界通用的纯羊毛标记，在产品上模仿该标记，并且在市场上产生混淆时不能受到专利保护。

3. 使用著名宗教团体或国际组织等的标记。"红新月"、"红十字"等的标记或国际组织例如"WTO"等的标记不能授予外观设计专利权。

##  第五节 专利权的取得、无效与终止

一项发明创造为取得专利权,除必须满足《专利法》规定的对内容的要求,即需符合实质条件外,还必须按《专利法》规定提出申请,并符合对专利申请文件的格式要求,履行各种申请手续,这就是通常所说的授予专利的形式条件。

### 一、专利权的取得

(一)专利申请原则

1. 先申请原则。我国《专利法》第9条规定:"两个以上的申请人分别就同样的发明创造申请专利的,专利权授予最先申请的人。"先申请的判断标准是专利申请日。两个以上申请人在同一日分别就同样的发明创造申请专利的,应当在收到国务院专利行政部门的通知后自行协商确定申请人。先申请原则具有以下优点:操作简单准确;有利于促使发明创造成果的及早公布。它也有以下缺点:导致发明人仓促申请,降低申请质量;加大专利审查的工作量。但这些问题可以通过改进专利审查制度加以完善。

例如,黄某自行研制出一种"淋浴用脚踏水泵"的实用新型技术,并依法申请获得了相应的专利权。该专利的权利要求书载明:一种淋浴用的脚踏水泵,它由可变容积的泵水腔、装在泵水腔与进口之间的进口单向阀、装在泵水腔与出口之间的出口单向阀组成。其特征是:泵水腔是用弹性材料制成的、常态下是中空的弹性腔体,脚踏上后它被压扁,脚松开后其弹性能使它恢复原来的中空状态。在黄某依法获得上述实用新型的专利权之后,专利局又授予冯某"自控淋浴器"实用新型专利。该专利的独立权利要求书载明:一种自控淋浴器,它由输水装置泵水腔,连接进水口的进水管,连接泵水腔出水口蓄水池,蓄水腔出水口的出水管及出水管另一端的喷头及喷头内装环行磁铁所组成。其特征是:在泵进水口处有控制水流朝泵水腔流动的进口单向阀,在泵出水口处有控制水流朝蓄水腔流动的出口单向阀,在蓄水腔外部有控制蓄水腔膨胀体积的限容护套。

假设从本质上看,"自控淋浴器"的技术特征与"淋浴用脚踏水泵"的技术特征一样,则涉及"重复授权"的问题。根据我国《专利法》和

《专利法实施细则》的规定，专利申请的基本原则有先申请原则和单一性原则。我国《专利法》第9条具体确立了专利申请的"先申请原则"。而先申请原则的确立就是为了避免重复授权。如何解决因"重复授权"而产生的纠纷，《专利法》没有明确的规定。但是，根据"先申请原则"，就同样的发明创造，专利局应将专利权授予最先申请的人，否则，违背了"先申请原则"。因此，当发生重复授权的情况时，先申请并获得专利权的人应有权申请要求宣告后申请人专利权的无效。对于因"重复授权"而发生侵权纠纷，实践中有两种做法，一是当事人可以向专利复审委员会提出宣告专利无效的请求，法院则中止侵权诉讼的审理；二是法院直接作出"重复授权"的认定，如果原告的专利申请在前，则被告的行为如果不存在《专利法》第69条第1款第2项规定的"先用权"，即构成侵权。

2. 一申请一发明原则。也称申请单一性原则，根据我国《专利法》第31条之规定："一件发明或者实用新型专利申请应当限于一项发明或者实用新型，属于一个总的发明构思的两项以上的发明或者实用新型，可以作为一件申请提出。一件外观设计专利申请应当限于一项外观设计。同一产品两项以上的相似外观设计，或者用于同一类别并且成套出售或者使用的产品的两项以上的外观设计，可以作为一件申请提出。"即一项申请只能要求保护一项发明创造或者与一个总的发明构思有联系的一组发明创造。实行一申请一发明原则，便于对专利申请进行分类、检索和审查。在专利权授予后，也便于专利权的转让和专利许可合同的签订。

《专利法实施细则》第34条规定，可以作为一件专利申请提出的属于一个总的发明构思的两项以上的发明或者实用新型，应当在技术上相互关联，包含一个或多个相同或者相应的特定技术特征。其中特定技术特征是指每一项发明或者实用新型作为整体，对现有技术作出贡献的技术特征。这表明，我国的单一性原则允许申请人就属于一个总的构思或者有联系的技术方案提出一项专利申请。

（二）专利申请日和优先权

1. 专利申请日。发明和实用新型的申请日是指国务院专利行政部门收到发明或者实用新型专利申请的全部法定申请文件的日期。如果申请文件是邮寄的，以寄出的邮戳日为申请日。信封上寄出的邮戳日不清晰的，除当事人能够提出证明外，以国务院专利行政部门收到日为递交日。专利申请人享有优先权的，以优先权日为申请日。若文件不齐，国务院专利行政部门会通知申请人补齐，该补齐的日期为申请日。

专利申请日是申请人在先申请地位的标志。申请日也是一系列有关判断和时间计算的基准点。如发明创造的新颖性要审查申请日之前发明创造是否公开，创造性的判断要以申请日以前的技术为参照，发明专利申请的公布时间、请求实质审查的期间和专利权的保护期限等等都是以申请日为时间起算的基准点。

2. 优先权。

（1）优先权概念。专利申请人就其发明创造自第一次提出专利申请后，在法定期限内，又就相同主题的发明创造提出专利申请的，根据有关法律规定，其在后申请以第一次申请的日期作为其申请日。专利申请人依法享有的这种权利就是优先权。优先权分为国际优先权和国内优先权两类。

优先权的主要作用是使专利申请人就其发明创造第一次提出申请后，有足够的时间考虑是否向其他国家提出该专利申请，并且有时间在修改、改进其专利技术后，又向本国专利管理部门提出申请。

（2）国际优先权。我国《专利法》第29条规定，申请人自发明或者实用新型在外国第一次提出专利申请之日起12个月内，或者自外观设计在外国第一次提出专利申请之日起6个月内，又在我国就相同主题提出专利申请的，依照该外国同中国签订的协议或者共同参加的国际条约，或者依照相互承认优先权的原则，可以享有优先权。即有权以其第一次提出申请的日期作为后来提出申请的申请日。这样，他不仅可以排斥在其第一次申请以后就相同主题提出申请的其他人，而且判断其新颖性和创造性的时间标准也应以第一次申请的时间为准。

优先权是《保护工业产权巴黎公约》规定的一项权利。我国《专利法》规定，申请人要求外国优先权的须以该外国同中国有双边协议或者共同参加的国际条约，或者按照互惠原则处理。

根据我国《专利法》第30条之规定，申请人要求优先权的，应当在申请的时候提出书面声明，并且在3个月内提交第一次提出的专利申请文件的副本；未提出书面声明或者逾期未提交专利申请文件副本的，视为未要求优先权。该书面声明应当写明第一次提出专利申请的申请日、申请号和受理该申请的国家；书面声明中未写明在先申请的申请日和受理该申请的国家的，视为未提出声明。要求外国优先权的，申请人提交的在先申请文件副本应当经原受理机关证明。

享有国际优先权的实质条件包括：①签约或互惠，即共同参加的有关专利的国际条约、有关专利的双边协议或互惠原则是优先权成立的前提；②第一次申请是正式的，即成为优先权基础的第一次申请必须是最先提出的正式申请；③申请人同一性原则，即在第二国的申请人是在第一国最初提出申请的申请人或其继承人；④申请内容同一性原则，即在第二国的申请与在第一国的申请主题是相同的；⑤符合优先期限原则，即在第二国提出的申请应该在优先权期间之内提出。

享有国际优先权的程序要件包括：①书面声明，即申请要求优先权必须在申请专利时提出书面申请；②提出申请后3个月内提交由原受理机关制作并证明的副本。无论该第一次提出的申请后来是否被批准，都不影响其作为优先权的基础。

例如，日本某公司于某年的10月3日向中国专利局提交了一份名称为"防眼疲劳镜片"的发明专利申请，日本某公司在向中国专利局提出专利申请之前已于同年的5月7日以相同的主题在日本提出了专利申请。在向中国专利局提出专利申请时，日本某公司同时提交了要求优先权的书面声明；同年的11月25日，申请人又向中国专利局提交了第一次在日本提出的专利申请文件的副本。

与此同时，中国某大学光学研究所也成功地研制出一种用于减轻因长时间观看荧屏所造成的眼疲劳的镜片。并于同年的9月10日向中国专利局提出名称为"保健镜片"的发明专利申请。中国某大学光学研究所研制的这种镜片和日本某公司的防眼疲劳镜片无论是在具体结构、技术处理，还是在技术效果上都相同，因此，该光学研究所的专利申请与日本某公司的专利申请的主题相同，不过其申请日早于日本某公司在中国实际申请的申请日。

在符合《专利法》规定的实质条件的情况下，中国知识产权局依法应授予日本某公司专利权。因为日本和中国均是《巴黎公约》的成员国，根据该公约和我国《专利法》的有关规定，日本某公司依法享有国际优先权。通过优先权的适用，日本某公司在中国申请专利的申请日应是某年的5月7日，而中国某大学光学研究所向中国专利局申请专利的日期是某年的9月10日，在5月7日之后。因此，日本某公司是先申请人，专利局依法应授予先申请人（日本某公司）专利权。

（3）国内优先权。我国《专利法》第29条还规定了发明和实用新型专利的国内优先权，即申请人自发明或者实用新型在中国第一次提出专利申请之日起12个月内，又向国务院专利行政部门就相同主题提出专利申请的，可以享有优先权。申请人如要行使优先权，应当在申请的时候提出要求优先权的书面声明，并且在3个月内提交第一次提出的专利申请文件的副本。未提出书面声明或者逾期未提交专利申请文件副本的，视为未要求优先权。申请人在一件专利申请中，可以要求一项或者多项优先权（属于合案申请的情况）；要求多项优先权的，该申请的优先权期限从最早的优先权日起算。

要求本国优先权的申请人，可以是中国人，也可以是外国人，但是在同一国家第一次申请（也叫基础申请）需合法有效。

根据《专利法实施细则》第32条第2款之规定，申请人要求本国优先权，在先申请是发明专利申请的，可以就相同主题提出发明或者实用新型专利申请；在先申请是实用新型专利申请的，可以就相同主题提出实用新型或者发明专利申请。但是，提出后一申请时，在先申请的主题有下列情形之一的，不得作为要求本国优先权的基础：①已经要求外国优先权或者本国优先权的；②已经被授予专利权的；③属于按照规定提出的分案申请的。申请人要求本国优先权的，其在先申请自后一申请提出之日起即视为撤回。

例如，甲是某研究所的研究员，其在国外完成一项发明创造，1996年4月1日，甲在中国政府主办的国际展览会上首次介绍了该项技术。1996年9月28日，甲以这项发明创造在国外提出发明专利申请，1997年8月12日甲又以同一成果向中国专利局提出发明专利申请，同时提出要求优先权的书面声明，并提交了有关文件。根据该案件事实，该项发明创造的专利申请权应当归甲所有。因为根据我国《专利法》第29条之规定，申请人自发明或实用新型在外国第一次提出专利申请之日起12个月内，又在中国就相同主题提出专利申请的，可以享有优先权。本案中，甲在国外首次提出专利申请之日是1996年9月28日，向中国专利局提出专利申请之日是1997年8月12日，故甲享有国际优先权，其在中国的专利申请日应提前至1996年9月28日。根据先申请原则，专利申请权应归甲所有。甲向中国专利局提出专利申请时，其发明创造并未失去新颖性。因为根据我国《专利法》第24条之规定，申请专利的发明创造在申请日以前6个月内，在中国政府主办或者承认的国际展览会上首次展出的，并不丧失新颖性。本案中，甲在国际展览会上的首次展出时间为1996年4月1日，其专利申请日为1996年9月28日，因而并不丧失新颖性。

## （三）专利申请的提出、修改和撤回

1. 专利申请的提出。专利权不能自动取得，申请人必须履行我国《专利法》所规定的专利申请手续，向国务院专利行政部门提交必要的申请文件。专利申请人，指对某项发明创造依法律规定或者合同约定享有专利申请权的公民、法人或者其他组织。专利申请人必须具有申请专利的资格，即必须是有权申请专利的主体。无权申请专利或取得专利的人违反规定申请专利或取得的，无论是在审批程序中或授予专利权后，一经认定，其申请将被驳回，其专利权将依法被宣布无效，或将其申请权、专利权归还给合法权利人。

专利申请程序实行书面原则，办理专利申请的各种手续都必须采用书面形式。根据我国《专利法》第26条规定，专利申请人在提交发明专利或者实用新型专利申请时，应提交下列文件：

（1）请求书。请求书是申请人向专利局表示请求授予专利权愿望的一种书面文件。在我国，申请人只要用中文填好国务院专利行政部门印制的统一格式的请求书，并交到国务院专利行政部门即可。

（2）说明书。说明书是一个技术文件，是申请文件中篇幅最长的部分。它应当将发明创造的内容清楚、完整地公开，使所属技术领域的普通技术人员能够实施该项发明。

（3）权利要求书。权利要求书记载的是申请人请求专利保护的范围，是申请文件中最核心也是最重要的部分。在专利权被授予后，权利要求书是确定发明或者实用新型专利权范围的根据，也是判定他人是否侵权的根据，直接具有法律效力。在判断他人是否侵犯专利权时，必须将专利权权利要求的内容作为一个整体看待，不能分解。权利要求书应当以说明书为依据，而说明书以及附图可以用来解释权利要求书。权利要求书应当有独立权利要求（必要技术特征），也可以有从属权利要求。

例如，六棱形的铅笔的权利要求：①一种由铅芯和包在外面的笔杆组成的铅笔，其特征在于笔杆为多棱柱体（独立权利要求）；②根据权利要求①所述的铅笔，其特征在于笔杆为六棱柱体（从属权利要求）。

权利要求写得越多，保护的范围越小。但上例权利要求书如果不写第2项从属权利要求，则另一人可申请六棱铅笔的专利，这属于改进发明或从属发明。而多写则不利于保护权利，如周林频谱仪的权利要求书第7项是"音乐装置"，有许多厂家生产了不包括音乐装置的治疗仪，周林起诉时较困难，最后以最高院批复说该项写错了，将非必要特征写了进去，这样才得到保护。因此，权利要求书要以尽可能宽的方式来予以概括，保证权利人得到充分的保护，但同时要注意不至于宽到包括公知技术和已不再实施的技术。

（4）附图。附图的作用是对说明书进行补充，是说明书的一个组成部分。发明的说明书可以有附图，也可以没有附图。实用新型说明书必须有附图。

（5）摘要。简要说明发明或者实用新型的技术要点的文件是摘要。其目的是为了使任何有关人员能够迅速地获得发明或者实用新型主要内容的情报，以便于进行科技情报管理，同时它也有助于专利审查人员对申请项目进行初步分类。一般不超过200个字。

我国《专利法》第27条规定了对外观设计专利申请文件的要求。申请外观设计专利的，应当提交请求书以及该外观设计的简要说明等文件，并且应当写明使用该外观设计的产品及其所属的类别。

我国《专利法》第20条规定，任何单位或者个人将在中国完成的发明或者实用新型向外国申请专利的，应当事先报经国务院专利行政部门进行保密审查。违反规定向外国申请专利的发明或者实用新型，在中国申请专利的，不授予专利权。

2. 专利申请的修改。专利申请的修改分为国务院专利行政部门要求修改和申请人自愿修改两种。国务院专利行政部门对发明专利进行实质审查后，认为不符合《专利法》的规定，要求在指定期限内修改申请，逾期不修改的，视为撤回；经修改后仍不符合规定，予以驳回。对于申请人自愿修改，我国《专利法》原则上是允许的，但有一条限制：对发明或者实用新型专利申请文件的修改不得超过原说明书和权利要求书记载的范围，对外观设计专利申请文件的修改不得超过原图片或者照片表示的范围。

3. 专利申请的撤回。《专利法》允许申请人在被授予专利权之前随时撤回其申请。根据《专利法实施细则》第36条的规定，申请人撤回专利申请的，应当向国务院专利行政部门提出声明，写明发明创造的名称、申请号和申请日。撤回后，该申请视为自始即不存在。如果专利申请是在专利公开以前提出的，在撤回之后，申请人可以重新提出申请，其他人也可以就相同的发明提出专利申请。如果撤回是在专利公开以后提出的，则该发明已丧失新颖性，任何人就此发明提出的申请都会被驳回。

（四）中国单位、个人向国外申请专利

根据《专利法》第20条的规定，中国单位或者个人可以根据中华人民共和国参加的有关国际条约提出国际申请。申请人将其在中国完成的发明或者实用新型提出专利国际申请的，应当事先报经国务院专利行政部门进行保密审查。

### 二、专利申请的审批

（一）专利审查制度

任何国家专利局在授予专利权之前，都需要经过一定的审查和批准程序，然后决定是否授予专利权。但是，每个国家根据自己的需要和实际情况选择的审查专利申请的方式却不尽相同。通常有三种方式，即登记制、文献报告制和实质审查制。

登记制是指国家主管机关对申请人提出的专利申请只审查其形式上是否符合规定，形式审查合格并交纳了申请费用后即可授予专利权。因此，登记制也叫形式审查制或初步审查制。登记制的好处是专利局不需要配备大量的技术人员，也不需要检索文献资料，省力省事，审批迅速。但其缺点是专利的质量不高，专利权不稳定。文献报告制是指国家主管机关对专利申请进行新颖性和创造性检索，并提出文献报告。申请人可根据文献报告评估自己的发明，决定撤回还是维持自己的申请。实质审查制是指国家主管机关在批准专利之前，除了对专利申请进行形式审查外，还要对专利申请进行新颖性、创造性以及实用性等实质性条件进行实质审查，以确定该申请的专利性，只向符合实质审查要求的专利申请授予专利权。实质审查制的优点是统一专利标准，提高专利质量，保证申请人的利益。尽管如此，它也同样有其缺点：首先，国家必须设立庞大的审查员队伍，审查成本高；其次，发明从申请到公开以及到批准的过程比较漫长。最早实行实质审查制的国家之一美国正在采取多种措施，努力克服这种审批时间长、发明公开慢的缺点。

我国对发明专利申请采用实质审查制，对实用新型和外观设计专利申请实行登记制。

（二）专利审查程序

专利种类不同，审查程序是不一样的。实用新型专利和外观设计专利的审查程序只采用初步审查制，即只要经过初步审查，没有发现驳回理由，国务院专利行政部门就作出授予专利权的决定，发给专利证书，并予以登记和公告。而我国发明专利的审查实行"早期公开、延迟审查"的制度，程序比较复杂，分三个阶段：

1. 初步审查。我国《专利法》第34条规定，国务院专利行政部门收到发明专利申请后，经初步审查认为符合本法要求的，自申请日起满18个月，即行公布。国务院专利行政部门可以根据申请人的请求早日公布其申请。初步审查主要包括以下一些内容：审查专利申请案的申请手续是否完备，文件是否齐全，填写是否符合规定；审查专利申请案中必备的各种证件是否完备；审查申请人的身份是否符合《专利法》中的规定；审查发明主题是否符合法律的规定，是否是《专利法》保护的范围；专利申请人是否缴纳了申请费。对于形式上的问题，国务院专利行政部门可以通知申请人在指定期间补正，申请人无正当理由不补正的，其申请视为撤回。补正后，国务院专利行政部门仍然认为不符合《专利法》要求的，应当予以驳回。

2. 早期公布。在初步审查合格后，自申请日起满18个月，即行公布申请人的发明，将申请文件全文发表在专利发明公报上。申请人也可以请求早日公布其申请。根据我国《专利法》第13条规定，发明专利申请公布后，申请人可以要求实施其发明的单位或者个人支付适当的费用。这是对专利申请权的临时保护，若使用人此时不支付费用，专利申请人也只能等到专利权取得后，才能向法院起诉，要求使用人支付费用。

3. 实质审查。自申请日起3年内，国务院专利行政部门可以根据申请人随时提出的请求，对申请进行实质审查。申请人无正当理由逾期不请求实质性审查的，该申请即被视为撤回。国务院专利行政部门认为必要的时候可以主动对申请进行实质审查（一般指对社会有重大意义的发明）。发明专利的申请人请求实质审查的时候，应当提交在申请日前与其发明有关的参考资料。发明专利已在外国提出过申请的，申请人请求实质审查的时候，应当提交该国为审查其申请进行检索的资料，或者审查结果的资料。无正当理由不提交的，该申请视为撤回。实质审查的结果有三种：①没有发现驳回理由的，决定授予专利权，发给专利证书并予以登记和公告；②认为部分不符合《专利法》的规定，限期修改；③认为全部不符合《专利法》的规定，在决定驳回前限期要求申请人或其代理人陈述意见。对于专利申请经申请人陈述意见或者进行修改后，国务院专利行政部门仍然认为不符合《专利法》规定的，国务院专利行政部门有权予以驳回，并通知申请人或其代理人。

发明专利的实质审查主要包括以下内容：①申请专利的发明是否符合发明的定义；②申请专利的发明是否违反国家法律、社会公德或者妨害公共利益；③申请专利的发明是否属于不授予专利权的范围；④申请专利的发明是否符合新颖性、创造性和实用性；⑤申请专利的发明主题是否曾被授予专利权；⑥发明专利的申请人是否是该申请的最先申请人；⑦说明书是否已对发明作出清楚、完整的说明，为理解发明所需要的附图是否已经提供；⑧权利要求书在说明书中是否有依据，其写法是否符合《专利法》的有关规定；⑨发明专利申请是否符合单一性原则；⑩如果申请人对申请已经提出了修改或者分案申请，他们是否超过原说明书和权利要求书记载的范围。

（三）专利登记程序

《专利法实施细则》第54条规定，国务院行政部门发出授予专利权的通知后，申请人应当自收到通知之日起2个月内办理登记手续。申请人按期办理登记手续的，国务院专利行政部门应当授予专利权，办法专利证书，并予以公告。期满未办理登记手续的，视为放弃取得专利权的权利。

（四）专利的复审程序

由于专利审查员的水平、经验和对法律的理解与掌握不同以及其他可能造成失误的种种原因，可能出现专利局错误地予以驳回申请或不当地授予专利权的情况。为此，国务院专利行政部门设立复审委员会。专利复审委员会由国务院专利行政部门指定有经验的技术和法律专家组成，其主任委员由国务院专利行政部门负责人兼任。

复审程序是专利审批流程中的一个独立的法律程序，它实质上是一种监督程序。复审程序的目的是为了更正专利行政部门在审批专利过程中可能出现的失误，维护当事人的利益。专利申请人对国务院专利行政部门驳回申请的决定不服的，可以自收到驳回通知之日起3个月内，向专利复审委员会请求复审。

请求复审时，应提交复审请求书，说明理由并附具有关的证明文件。请求复审应当缴纳复审费，未按规定缴纳复审费的，视为未提出复审请求。在请求复审时，专利申请人可以修改被驳回的专利申请，但修改应当仅限于驳回申请的决定所涉及的部分。复审委员会对专利申请所做的复审决定不是终局决定。根据我国《专利法》第41条之规定，复审请求人对专利复审委员会所作出的复审决定不服，可以自收到通知之日起3个月内向人民法院起诉。

三、专利权的无效和终止

（一）专利权的无效

1. 专利权无效的概念。专利权的无效是指已经取得的专利权因不符合

第二章 专利权法律制度

《专利法》的规定，根据有关单位或个人的请求，经专利复审委员会审核后被宣告无效。根据我国《专利法》第45条的规定，自国务院专利行政部门公告授予专利权之日起，任何单位或者个人认为该专利权的授予不符合《专利法》有关规定的，可以请求专利复审委员会宣告该专利权无效。

2. 专利权无效的理由。专利权无效的理由具体包括：不符合《专利法》规定的实质性要件；专利说明书、权利要求书的撰写不符合法律规定；对专利申请文件的修改不符合法律规定；被授予专利权的智力成果不属于可授予专利的范围；重复授权；有在先申请等。

例如，甲通过一段时间的科研活动，研制出了一种"自动加温保温瓶"。该"自动加温保温瓶"的作用是可自动将瓶内的水保持在一定的温度范围之内，为使用者提供方便。发明创造完成之后，甲便向中国专利局提出"自动加温保温瓶"实用新型专利申请，并依法获得了相应的专利权。在甲获得专利权之后不久某单位就向专利局提出宣告该专利无效的请求，其理由是：该专利技术同申请日以前已有的5份日本专利文献对比，发现甲只是将原来普通玻璃保温瓶抽成真空使用的一种简单材料替换，采用酒精作为恒温器的感温介质，采用陶瓷制作瓶胆。而酒精作为恒温器的感温介质是一种常用介质，陶瓷制作瓶胆的盛水容器早已在市场上出售。因此，甲的"自动加温保温瓶"没有实质性的特点和进步，不具备创造性。中国专利局专利复审委员会认为，"自动加温保温瓶"不具有创造性，因此依法宣告该专利无效。

3. 宣告无效的程序。请求宣告专利权无效的单位或个人，应当向专利复审委员会提出请求书，说明理由。专利复审委员会在受理无效宣告请求后，应将请求书的副本送交专利权人，要求其在指定的期限内陈述意见。期满未答复的，不影响专利复审委员会的审理。专利复审委员会经过审查，作出宣告无效或者维持专利的决定，并通知请求人和专利权人。无效宣告的决定，由专利局登记和公告，当事人可以在收到通知之日起3个月内向人民法院起诉。

4. 宣告无效的效力。根据我国《专利法》第47条之规定，宣告无效的专利权视为自始即不存在。宣告专利权无效的决定，对在宣告专利权无效前人民法院作出并已执行的专利侵权的判决、调解书，已经履行或者强制执行的专利侵权纠纷处理决定，以及已经履行的专利实施许可合同和专利权转让合同，不具有追溯力。但是对于因专利权人的恶意给他人造成的损失，应当给予赔偿。如果依照前款规定，专利权人或者专利权转让人不向被许可实施专利人或者专利权受让人返还专利使用费或者专利权转让费,明显违反公平原则,专利权人或者专利权转让人应当向被许可实施专利人或者专利权受让人返还全部或者部分专利使用费或者专利权转让费。

例如,广东步步高公司于2000年4月12日依法获得名称为"VCD影碟机"的外观设计专利权。同年11月24日,日本索尼电脑娱乐公司向国家知识产权局专利复审委员会提出无效宣告请求,认为步步高公司的"VCD影碟机"的外观设计专利与索尼拥有的"电脑游戏机"外观设计专利相近似。专利复审委员会采纳了索尼公司的意见,并于2001年9月5日作出宣告步步高公司专利无效的行政决定。步步高公司不服,依法提起行政诉讼。北京市第一中级人民法院认为,"VCD影碟机"与"电脑游戏机"属于用途及分类均不相同的产品,二者不属于可进行对比的相似性物品,不会因外观设计相同或近似而造成普通消费者在购买时的混淆。而日本索尼电脑娱乐公司"电脑游戏机"的专利文件中亦未公开该产品可播放VCD影碟的技术内容。因此,北京市第一中级人民法院于2002年9月作出一审判决,撤销国家专利复审委员会关于步步高公司"VCD影碟机"的外观设计专利权无效的审查决定,并认定步步高公司生产销售的"VCD影碟机"没有侵犯索尼公司有关"电脑游戏机"的专利权。索尼公司不服依法提出上诉。2002年12月,北京市高级人民法院二审后判决,驳回上诉,维持原判。

根据《专利法》第46条的规定,对专利复审委员会宣告发明专利权无效或者维持发明专利权的决定,如果请求人或专利权人不服,可以自收到通知日起3个月内向人民法院提起诉讼。人民法院应当通知无效宣告请求程序的对方当事人作为第三人参加诉讼。

(二)专利权的终止

专利权的终止指专利权人丧失对发明创造的独占权,由此该发明创造成为社会的共同财富,而不为特定人所专有。专利权终止的原因有以下几种:①专利权保护期限届满;②没有按规定缴纳年费;③专利权人书面声明放弃专利权;④专利权人死亡而又无人继承。例如,在1993年1月1日申请的实用新型专利,只要专利权人按期缴纳年费,并且没有被宣告无效的情况下,其专利权应在2002年12月31日终止。但是,如果在专利权保护期限届满前,专利权人因故未按时缴纳年费,那么其专利权自未按期缴纳年费之日提前终止。

当专利权人是两个以上的单位或个人时,放弃专利权应该有共同专利权人同意的证明文件。如果由代理人代为请求放弃专利权的,那么还应该有专利权人的特别授权委托书。

## 第六节 专利权的内容

### 一、专利权人的权利和义务

依照《专利法》,专利权是专利权人对其发明创造拥有的财产权,即对该发明创造享有的占有、使用、处分和收益的权利。专利权人尤其拥有禁止其他任何人未经许可实施其发明创造的独占实施权。就产品而言,独占实施权是指制造、使用、许诺销售、销售、进口其专利产品;就方法而言,是指使用其专利方法和使用、许诺销售、销售、进口用该方法直接制造的产品。专利权人的这种独占实施权体现在两个方面:①自己实施或许可他人实施其获得专利保护的发明创造;②禁止他人未经许可实施其取得专利权的发明创造。

(一)专利权人的权利

根据我国《专利法》的有关规定,专利权人具体享有以下权利:

1. 禁止权。根据《专利法》第11条之规定,发明和实用新型专利权被授予后,除法律另有规定的以外,任何单位或者个人未经专利权人许可,不得为生产经营目的制造、使用、许诺销售、许诺销售、销售、进口其专利产品,或者使用其专利方法以及使用、许诺销售、销售、进口依照该专利方法直接获得的产品。外观设计专利权被授予后,任何单位或者个人未经专利权人许可,不得为生产经营目的制造、许诺销售、销售、进口其外观设计专利产品。

2. 许可权。专利权人有权许可他人以生产经营为目的实施其专利。通过书面专利实施许可合同,被许可的一方取得了专利实施权,即取得为生产经营目的制造、使用、许诺销售、销售、进口发明或实用新型专利产品,或者使用其专利办法以及使用、许诺销售、销售、进口依照该方法直接获得的产品,或者制造、许诺销售、销售、进口外观设计专利产品的权利。作为代价,被许可方要向专利权人支付专利实施许可费。此时,被许可方不享有完整的专利权,同时也无权允许合同规定以外的任何单位或者个人实施该项专利。

知识产权法

我国《专利法》第12条规定："任何单位或者个人实施他人专利的，应当与专利权人订立书面实施许可合同，向专利权人支付专利使用费。被许可人无权允许合同规定以外的任何单位或者个人实施该专利。"

专利权人可以许可他人分别实施不同的行为，比如，可以仅许可他人制造和销售专利产品，或者仅许可他人进口专利产品，也可以许可一家被许可方实施所有行为。从被许可方对发明创造专利所享有的权限大小来划分，专利实施许可主要有以下几种：①独占许可。独占许可是一种由许可方给予被许可方在规定的地域内和规定的时间内实施某种许可对象的全部权利。即除了被许可方以外，在规定的地域和时间内，包括专利权人在内的任何人都不能再实施相同的专利技术。尽管如此，该项技术的所有权仍然归属专利权人。在专利许可合同期满后，被许可方的一切权利均告终止。②独家许可。独家许可，又称排他许可，指在一定地域内，被许可方在合同有效期内对许可对象享有独占实施权，专利权人不得再把同一专利技术在相同的地域和时间内许可给任何第三方实施，但专利权人自己仍然有权在该地域范围内实施该项专利技术。③普通许可。普通许可是许可方给予被许可方在规定的地域和时间内实施其专利技术的权利。但这一许可没有独占性或排他性，对专利权人也没有任何限制，专利权人在相同的地域和时间内可以自己实施，也可以许可任何第三人实施该项专利技术。④分许可。分许可指经专利权人同意，在许可合同中有明文规定时，原许可合同的被许可方以自己的名义把专利技术再向任何第三方提供的一种许可形式。

例如，周某自己研制出一种"新式弹簧压缩机"之后，依法向中国专利局申请实用新型专利，并获得了相应的专利权。获得专利权之后，周某即与某机械厂依法签订了有关"新式弹簧压缩机"实用新型专利技术的一般（即普通）实施许可合同。按照合同的约定：专利权人周某向机械厂提供有关的技术图纸、样机，机械厂用分期付款的方式向周某支付许可费。合同的有效期为5年。合同期满后，如果机械厂想继续实施该专利技术，需另行与周某协商，并另签合同。合同签订后，双方按照合同的约定履行各自的义务。

由于在合同履行过程中，某机械厂发现实施该专利技术生产的专利产品市场销售情况不错。因此，合同的有效期5年之后，某机械厂准备继续生产该专利产品，但又不愿意再向周某支付许可费。于是，该机械厂一方面通知周某，不再续签专利实施许可合同，另一方面又擅自继续实施周某的专利技术生产专利产品。

根据《专利法》第11条的规定，除《专利法》另有特别规定之外，任何单位或者个人未经专利权人许可，都不得实施其专利。因此，在一般情况下，任何人想实施他人的专利，都必须获得专利权人的许可，与专利权人订立专利实施许可合同。本案中，双方的合同期满，合同关系应终止。在合同终止之后，继续实施他人的专利技术，这是专利侵权行为而不是违约行为，因此，某机械厂应承担侵权责任。

3. 转让权。专利权人有权将其专利权通过买卖、赠与等方式转移给其他任何单位或个人。此时专利权的转让完全同一般的有形财产转让一样，只不过专利权的转让要求当事人之间必须签订书面的转让合同，经国务院专利行政部门登记后予以公告。转让自登记之日起生效。但中国单位或个人向外国人转让专利申请权或专利权的，必须经国务院有关主管部门批准。

4. 表明发明人身份的权利。这是指发明人或设计人有在专利申请文件和专利文件中写明自己是发明人或设计人的权利。它表明对作出发明创造的人科学研究成果的承认。这是发明人的一项人格权利，与发明人或设计人的人身不可分离。因此，无论专利权以何种方式由他人继受取得，表明发明者身份的权利永远属于发明人或设计人。

5. 标记权。专利权人有权在其专利产品或该产品的包装上标明专利标记和专利号。关于专利标记的具体内容和要求，我国没有统一的规定，专利权人可以根据自己的专利产品自行设计。专利号是专利权人申请专利时由国家专利行政部门确定的专利号码，该号码在专利权有效期内始终如一。专利权人行使标记的意义在于向社会明示该产品获得了专利权，以提高产品的竞争力和信誉，同时也起到一定的防止侵权的作用。

（二）专利权人的义务

1. 缴纳费用。缴纳年费是专利权人一项基本义务。《专利法》第43条及《专利法实施细则》第93条规定，专利权人应当自被授予专利权的当年开始缴纳年费。也就是说，专利权人在取得专利权的同时，要承担向专利行政部门缴纳费用的义务。如果授权后专利权人无法实施或转让其专利技术，规定由他们缴纳一定数额的权利维持费对他们来说就会是一个负担，这样专利权人就可能选择不缴纳专利年费而放弃专利。于是一部分专利技术就提前进入共有领域，任何人都可以使用，从而也就促进了科学技术的进步。

2. 依法实施专利。专利实施是指专利技术的商品化,这既是发明创造的目的,也是实施专利制度的目的。再好的发明如果仅让其束之高阁,不图利用,这样的发明对社会对个人都没有实际意义,也是不能长久的。为此,专利的实施应当受到高度重视。

《专利法》虽然没有直接规定专利权人有实施专利的义务,但《专利法》第48条规定专利权人自专利权被授予之日起满3年,且自提出专利申请之日起满4年,无正当理由未实施或者未充分实施其专利的,国务院专利行政部门根据具备实施条件的单位或者个人申请,可以给予实施发明专利或者实用新型专利的强制许可。

可见,如果专利权是自己的但不实施专利,又不许可他人实施专利,法律就规定了专利行政管理机关具有强制许可的权力。

3. 不得滥用专利权。不得滥用专利权是指专利权人必须在法律规定的范围内正确行使专利权,而不得利用专利权损害社会利益或他人合法权益。如果专利权人向受让人提出限制竞争和技术发展的交易条件、非法垄断技术、妨碍技术进步、泄露属于国家秘密的专利等,则属于滥用专利权的行为,客观上会损害他人、国家或社会利益,必须依法予以禁止。这一义务同样没有直接规定在《专利法》中,而是规定在有关反不正当竞争的法规中。

## 二、对专利权的限制

专利权人对其发明创造享有独占权,其他任何人实施该项专利必须征得专利权人的同意。但是,从维护社会公众利益,促进社会发展方面考虑,《专利法》对专利权也规定了若干限制。

1. 不视为侵犯专利权的行为。我国《专利法》第69条规定了不视为侵犯专利权的行为的情况。主要有:①专利权的穷竭,是指专利权人自己或者许可他人制造、进口的专利产品(包括依据专利方法直接获得的产品)被合法地投放市场后,任何人对该产品进行销售或使用,不再需要得到专利权人的许可或者授权,且不构成侵权,在专利理论中这种制度就是专利权穷竭。②先用权人的实施,是指在专利申请日以前已经制造相同产品、使用相同方法或者已经作好制造、使用的必要准备,并且仅在原有范围内继续制造、使用的,不构成侵权。它是对专利权的一种限制,其实质就是以申请日为时间界限,使专利权人的利益和先用权人的利益都能得到合理保护。③临时过境,是指通过我国领陆、领水或领空的外国运输工具为其自身需要而使用在我国享有专利权的装置或设备的,无须得到我国专利权人的许可，也不构成侵权。④为科学或实验目的而使用专利产品或者专利方法。⑤为提供行政审批所需要的信息，制造、使用、进口专利药品或者专利医疗器械的，以及专门为其制造、进口专利药品或者医疗器械的。

例如，陆某依法向专利局申请并获得"熟化垃圾组合筛碎机"的实用新型专利。无锡市环境卫生工程实验厂为完成国家下达的科研项目，进行生活垃圾无害化处理的科学研究。在进行科研过程中，使用了与陆某的专利技术等同的设备，但没有销售行为。无锡市环境卫生工程实验厂的行为不构成侵犯专利权，因为其行为是专为科学研究和实验而使用有关专利的。

而根据《专利法》第70条的规定，为生产经营目的使用或者销售不知道是未经专利权人许可而制造并售出的专利产品或者依照专利方法直接获得的产品，能证明其产品合法来源的，不承担赔偿责任。即根据该规定，"善意使用或销售行为"同样构成侵权，只是在一定的条件下不承担"赔偿责任"，但应承担除赔偿之外的其他侵权责任，尤其是停止继续使用或者销售行为。

根据规定，依法不被视为侵权行为的"科研和实验行为"仅限于"使用有关专利"的使用行为。如果为了获得科研和实验经费等而生产、销售有关专利产品，则超出了"使用"行为的范围，应构成专利侵权。

2. 专利权行使方面的限制。

（1）保密专利的指定实施。保密专利是指涉及国家安全或重大利益，需要保密的专利，它指的是涉及国防方面的国家秘密的发明专利。该类专利由国务院国防科技主管部门设立的国防专利机构受理。保密专利的指定实施是为了既确保国防秘密，又便于发明的推广。对保密专利，国务院有关部委、中国人民解放军有关部门，有权指定所属单位实施本系统内的国防专利。国防专利权人，凡承担国防科研、生产、试验任务的，经上级主管部门批准，可以实施其国防专利。未承担上述任务的，不得实施其国防专利。

（2）发明专利的计划推广应用。发明专利的计划推广应用是指经国务院批准，国务院有关主管部门和省、自治区、直辖市人民政府可以决定在批准范围内，将对国家利益或公共利益具有重大意义的发明专利，允许指定的单位实施。我国《专利法》第14条规定："国有企业事业单位的发明专利，对国家利益或者公共利益具有重大意义的，国务院有关主管部门和省、自治区、直辖市人民政府报经国务院批准,可以决定在批准的范围内推广应用,允许指定的单位实施,由实施单位按照国家规定向专利权人支付使用费。"由此可以看出这种计划推广应用有一定的条件限制:①计划推广应用的对象只能是对国家利益或公共利益具有重大意义的发明专利,不是一般的发明专利,也不是实用新型或外观设计专利;②必须经国务院批准;③被推广应用的专利权人必须是中国的单位和个人,而不是外国的单位和个人;④实施单位应按规定向专利权人支付专利使用费,并且无权允许其他单位或个人实施该专利。

(3) 专利实施的强制许可。专利实施的强制许可,指国务院专利行政部门依照法定条件和程序颁发的使用专利的许可。申请人获得这种许可后,不必经专利权人同意,就可以实施专利。强制实施许可的性质,属于对专利权的限制。其意义在于,为了社会整体利益,促进专利尽快实施。对从属专利而言,强制许可还有利于保护技术改进,促进技术进步。我国《专利法》所规定的强制许可主要有三种类型:

第一,不实施的强制许可(请求实施而未能获得授权的强制许可)。根据我国《专利法》第48条之规定,这类强制许可需符合以下条件:①具备实施条件的单位已经提出了合理的条件;②未能在合理长的时间内获得许可(自专利权被授予之日起满3年后,且自提出专利申请之日起满4年);③请求实施的单位向国务院专利行政部门提出了实施强制许可的申请。

第二,在国家出现紧急状态或者非常情况时,或者为了公共利益的目的强制许可,以及为了公共健康目的限制许可。我国《专利法》第49条规定,在国家出现紧急状态或者非常情况时,或者为了公共利益的目的,国务院专利行政部门可以给予实施发明专利或者实用新型专利的强制许可。例如,某人享有治疗疯牛病的特效药的发明专利权,如果某地区发生大面积的疯牛病疫情,急需该治疗疯牛病的特效药时,国务院专利行政部门即可强制许可实施其专利。我国《专利法》第50条规定,为了公共健康目的,对取得专利权的药品,国务院专利行政部门可以给予制造并将其出口到符合中华人民共和国参加的有关国际条约规定的国家或者地区的强制许可。

第三,从属专利的强制许可。我国《专利法》第51条规定,一项取得专利权的发明或者实用新型比以前已经取得专利权的发明或者实用新型具有显著经济意义的重大技术进步,其实施又有赖于前一发明或者实用新型的实施的,国务院专利行政部门根据后一专利权人的申请,可以给予实施前一发明或者实用新型的强制许可。取得从属专利强制许可需具备以下条件:①前后两项专利在技术上有依附关系;②在后的专利比在前的专利有显著经济意义的重大技术进步;③实施强制许可必须向国务院专利行政部门提出申请,国务院专利行政部门根据在后专利权人申请,可以给予实施在前专利的强制许可。在此条件下,国务院专利行政部门根据在前专利权人申请,也可以给予实施在后专利的强制许可。

强制许可只适用于发明和实用新型专利。取得实施强制许可的单位和个人不享有独占的实施权,并且无权允许他人实施,并且需要向专利权人支付合理的使用费。

凡申请实施强制许可的单位或者个人,都要向专利行政部门提供未能以合理条件与专利权人签订实施许可合同的证明。专利行政部门颁发强制许可后,取得实施强制许可的单位或者个人仍然应当与专利权人签订实施许可合同,商定使用费的具体数额。但是,实施的范围和时间由专利局依据强制许可的理由作出规定。取得实施强制许可的单位或者个人不享有独占的实施权,并且无权允许他人实施。当强制许可的理由消除或者不再发生时,专利行政部门可以根据专利权人的请求对这种情况进行审查,终止实施强制许可。

专利权人对专利行政部门关于实施强制许可的决定不服的,专利权人和取得实施强制许可的单位或者个人对专利行政部门关于实施强制许可的使用费的裁决不服的,可以自收到通知之日起3个月内向人民法院起诉。

例如,某农场于1988年获得"稻草发酵技术"发明专利。某农科站于1989年发明了一种纯稻草制作饲料技术,并于1993年获得了发明专利。某农科站在实施其专利技术的过程中发现必须使用稻草发酵技术,于是农科站向某农场提出签订稻草发酵技术的实施许可协议,但某农场拒不同意。农科站于是向国家专利局申请该专利的强制许可。本案中,某农科站的"纯稻草制作饲料技术"发明专利比某农场的"稻草发酵技术"发明专利在技术上进步,其实施又有赖于"稻草发酵技术"发明,如果某农科站能证明它已以合理条件在合理长的时间内未能与某农场达成实施许可协议,则根据1992年《专利法》第53条之规定,国家专利局可以给予某农科站实施该发明的强制许可。但专利局颁发强制许可后,某农科站仍应与某农场签订实施许可合同,并支付专利使用费。

## 第七节 专利权的保护

### 一、专利权的保护范围

对于不同种类的专利来说，确定其专利权的保护范围的根据也不同。发明或者实用新型专利权，其保护范围以其权利要求的内容为准；外观设计专利权，其保护范围以表示在其图片或者照片中的该外观设计专利产品为准。

（一）发明和实用新型专利权的保护范围

我国《专利法》第 26 条规定，专利申请人应当提交权利要求书，说明请求专利保护的范围。《专利法》第 59 条第 1 款规定，发明或者实用新型专利权的保护范围以权利要求书的内容为准，说明书以及附图可以用于解释权利要求。同时，《专利法实施细则》第 19 条规定，权利要求书应当记载发明或者实用新型的技术特征。

根据以上法律规定可以看出，发明或者实用新型专利权的保护范围应当以其权利要求书的内容为准，而不是以权利要求书的文字或措辞为准，说明书和附图处于从属地位。即权利要求书的内容是确定保护范围的直接依据，但是不能局限于权利要求书的字面意思，也不能以说明书和附图作为直接依据。如果一项技术构思在说明书或附图中得到体现，但是在权利要求书中没有记载，那么这项技术构思就不在专利权的保护范围之内，即说明书和附图本身不能确定专利权的保护范围。但是，为了准确掌握权利要求所表示的实质内容，应当参考和研究说明书和附图，以便了解发明或者实用新型的目的、作用以及效果。

应该注意的是对于权利要求书，各国有不同的解释原则。目前，有三种解释原则：①周边限定原则（只限于权利要求书，以英美法系为代表）；②中心限定原则（保护范围宽，扩展到说明书和附图，以大陆法系为代表）；③折中原则，它是以上两个原则的折中，也叫做主题限定原则。我国采用的就是折中原则，即专利权的保护范围根据权利要求书的内容确定，说明书和附图应该用来解释权利要求。

例如，赵某于 1996 年 5 月获得一项实用新型专利，同年 9 月赵某在市场上发现了侵犯其专利权的产品，该产品系由某生产厂家生产制造的。赵某于是与该生产厂家联系，但生产厂家说此产品乃该厂设计员自行设计研究出来的，且此产品与赵某的专利产品并不完全相同。赵某拿来专利文件与其对比，经对比发现，某生产厂家的产品除包括赵某专利产品的全部4个技术特征外，还有3项特有技术特征。因此，某生产厂家认为自己的产品与赵某的专利产品是两个不同的产品，不存在侵权的问题。由于双方意见不能达成一致，最终赵某将某生产厂家告上法庭。

某生产厂家的行为已经构成侵权。根据我国《专利法》的规定，发明或者实用新型专利权的保护范围以其权利要求的内容为准，说明书及附图可以用于解释权利要求。因此，赵某的该项专利权的保护范围应当以其权利要求的内容为准。在判断他人实施的行为是否构成专利侵权时，必须将被实施的对象与专利产品进行比较；若被实施的对象与专利的技术特征完全相同，或者其必要技术特征相同，或者多于专利的技术特征，即构成侵权。本案中，某生产厂家的产品在技术特征上，包含了赵某专利的全部技术特征，因此，其行为已落入赵某的专利权保护范围之内，构成对赵某专利的侵权。

（二）外观设计专利权的保护范围

外观设计专利的保护范围与发明或者实用新型专利的保护范围不同。我国《专利法》第59条第2款规定：外观设计专利权的保护范围以表示在图片或者照片中的该外观设计专利产品为准。由此可以看出，外观设计虽然不要求申请人提交权利要求书，但是其权利要求还是存在的。外观设计专利权以产品和外观设计两者结合作为判断是否侵权的依据。

（三）专利权的保护期限

专利权的期限，又称专利权的保护期限。为专利权规定保护期限，既是一种平衡专利权人和公众利益的手段，也是新旧更替的技术发展规律的要求。根据专利法的基本原理，专利权的有效期应该按照鼓励发明创造和促进技术和社会发展所需要的时间而定。

出于对承担的国际义务和具体国情以及承受能力的考虑，我国《专利法》第42条规定"发明专利权的期限为20年，实用新型专利权和外观设计专利权的期限为10年，均自申请日起计算。"

**二、专利侵权行为及其他违法行为**

专利权的侵权行为可以分为两种类型：直接侵权和间接侵权。

（一）直接侵权

直接侵权是指未经专利权人许可，为生产经营目的制造、使用、许诺销售、销售、进口其专利产品或者使用其专利方法，或使用、许诺销售、销售、进口用专利方法直接制造的产品的行为。但实践中，很少有完全照搬权利人专利的，在被控侵权的产品与权利人专利产品之间，往往存在着这样或那样的差异。

1. 如果被诉产品以实质上相同的方式或者手段替换了权利人专利的一个以上的技术特征，产生实质上一样的技术效果，同时覆盖了权利人专利的其他技术特征，则侵权成立。这种情况称作"等同手段代替"。反之，如果用以替换的方式或手段与权利人专利的技术特征有实质的不同，所产生的技术效果实质上不一样，则不构成侵权。

2. 如果被诉产品减少了权利人专利的一个以上的必要技术特征，即没有完全覆盖权利人专利的保护范围，则侵权不成立。因为专利权的保护范围是一个整体，《专利法》不承认"部分侵权"。反之，如果减少的仅仅是权利人专利的非必要技术特征，则侵权成立。

3. 如果被诉产品完全覆盖了权利人专利的必要技术特征，同时又增加了一个以上的技术特征，则存在两种可能。一种可能是该技术特征的增加并没有产生实质性的积极效果，即没有实现技术上的进步，则以侵权论。如果该技术特征增加后使发明或实用新型实现了技术上的进步，则构成从属发明。在这种情况下，使用人应承担向原权利人支付合理使用费的责任，但是，使用人可以就其发明创造获得专利权，并且在得到原权利人许可或者强制许可后予以实施。

（二）间接侵权

间接侵权指行为人本身并不直接侵犯专利权，但却诱使或实质性帮助他人非法实施专利权人的专利。主要表现为通过提供实施专利所必要的设备、零部件等方式，诱使或协助他人直接侵害专利权的行为。我国《专利法》没有规定有关间接侵权的内容，但是根据《最高人民法院关于贯彻执行〈中华人民共和国民法通则〉若干问题的意见》第148条的规定，教唆、帮助他人实施侵权行为的人，为共同侵权人，应当承担连带民事责任。《侵权责任法》第9条也规定，教唆、帮助他人实施侵权行为的，应当与行为人承担连带责任。因此追究间接侵权的法律责任是有依据的。

（三）其他违反《专利法》的行为

1. 泄露国家机密。各国对申请专利的发明涉及国家安全或者重大利益需要保密的，都认为属于国家机密，不予公开，这类专利应按照国家有关规定办理。《专利法》第4条规定："申请专利的发明创造涉及国家安全或者重大利益需要保密的，按照国家有关规定办理。"同时《专利法》第20

条规定，任何单位或者个人将在中国完成的发明或者实用新型向外国申请专利的，应当事先报经国务院专利行政部门进行保密审查。保密审查的程序、期限等按照国务院的规定执行。中国单位或者个人可以根据中华人民共和国参加的有关国际条约提出专利国际申请。申请人提出专利国际申请的，应当遵守前款规定。对违反第一款规定向外国申请专利的发明或者实用新型，在中国申请专利的，不授予专利权。《专利法》第71条规定，违反《专利法》第20条规定向外国申请专利，泄露国家秘密的，由所在单位或者上级主管机关给予行政处分；构成犯罪的，依法追究刑事责任。

2. 假冒他人专利。假冒他人专利是指在侵犯专利权的产品上，或者在该产品的包装上，加上他人的专利标记和专利号，使人认为该产品是专利权人的专利产品的行为。《专利法》第63条规定："假冒专利的，除依法承担民事责任外，由管理专利工作的部门责令改正并予公告，没收违法所得，可以并处违法所得4倍以下的罚款；没有违法所得的，可以处20万元以下的罚款；构成犯罪的，依法追究刑事责任。"《专利法实施细则》第84条具体列举了几种假冒他人专利的行为：①制造或销售标有专利标记的非专利产品，或者专利权被宣告无效后，继续在制造或者销售的产品上标注专利标记，或者未经许可在产品或者产品包装上标注他人的专利号；②销售第①项所述产品；③在产品说明书等材料中将未被授予专利权的技术或者设计称为专利技术或者专利设计，将专利申请称为专利，或者未经许可使用他人的专利号，使公众将所涉及的技术或者设计误认为是专利技术或者专利设计；④伪造或者变造他人的专利证书、专利文件或者专利申请文件；⑤其他行为。

3. 侵夺发明人或设计人的合法权益。我国《专利法》第72条规定："侵夺发明人或者设计人的非职务发明创造专利申请权和本法规定的其他权益的，由所在单位或者上级主管机关给予行政处分。"《专利法》对职务发明创造和非职务发明创造作出了明确规定。凡是不属于职务发明创造的都属于非职务发明创造。对于非职务发明创造，申请被批准后专利权归发明人或者设计人所有。对于职务发明，发明人、设计人有在专利申请文件中写明自己是发明人或者设计人的权利，专利申请被批准后，发明人、设计人有权获得奖金、报酬。《专利法实施细则》第77条规定，被授予专利权的国有企业事业单位应当自专利权公告之日起3个月内发给发明人或者设计人奖金。一项发明专利的奖金最低不少于3000元；一项实用新型专利或者外观设计专利的奖金最低不少于1000元。由于发明人或者设计人的建议被其所属单位采纳而完成的发明创造,被授予专利权的国有企业事业单位应当从优发给奖金。第78条规定:"被授予专利权的单位未与发明人、设计人约定也未在其依法制定的规章制度中规定专利法第16条规定的报酬的方式和数额的,在专利权有效期限内,实施发明创造专利后,每年应当从实施该项发明或者实用新型专利的营业利润中提取不低于2%或者从实施该项外观设计专利的营业利润中提取不低于0.2%,作为报酬给予发明人或者设计人,或者参照上述比例,给予发明人或者设计人一次性报酬;被授予专利权的单位许可其他单位或者个人实施其专利的,应当从收取的使用费中提取不低于10%,作为报酬给予发明人或者设计人。"

上述发明人、设计人的权益,任何单位或者个人都不得侵夺。如果发明人或者设计人的权益受到侵害,可以请求所在单位或者上级主管机关给予处理。

4. 专利行政部门参与经营活动。《专利法》第73条规定:"管理专利工作的部门不得参与向社会推荐专利产品等经营活动。管理专利工作的部门违反前款规定的,由其上级机关或者监察机关责令改正,消除影响,有违法收入的予以没收;情节严重的,对直接负责的主管人员和其他直接责任人员依法给予行政处分。"根据有关规定,党政机关和党政干部经商、办企业是被严厉禁止的。国家将此作为依法行政的基本要求,同时也是为了规范专利行政部门的行为。

5. 滥用职权。我国《专利法》第74条规定:"从事专利管理工作的国家机关工作人员以及其他有关国家机关工作人员玩忽职守、滥用职权、徇私舞弊,构成犯罪的,依法追究刑事责任;尚不构成犯罪的,依法给予行政处分。"

### 三、侵犯专利权的法律责任

(一) 民事责任

人民法院或者专利行政机关在处理专利侵权案件时,如果确认被告人的行为构成专利侵权,可以根据《专利法》、《侵权责任法》和《民法通则》的有关规定,责令侵权人承担停止侵权、赔偿损失、消除影响、公开赔礼道歉等民事责任。以上承担民事责任的方式,可以单独适用,也可以合并适用。

1. 停止侵权。责令被告停止侵权是一种制止侵权行为继续发生的保护措施。停止侵权一般是专利权人在向法院或者专利行政机关要求救济时最先要求的、最有效而且是最直接的方法。侵权人应停止擅自制造、使用、许诺销售、销售、进口专利产品或使用专利方法,或使用、许诺销售、销售、进口用专利方法直接制造的产品的行为。因为只有在没有侵权行为存在的情况下,专利权人才能真正享受到独占实施权并从中受益。

2. 赔偿损失。赔偿损失是专利侵权行为人应当承担的主要民事责任之一,它是对侵权人侵权行为的追究与制裁,目的在于救济专利权人或者利害关系人,从而使专利权人或者利害关系人因侵权行为所受到的实际损失能够得到合理赔偿。赔偿应包括专利权人或其利害关系人因侵权而遭受的直接损失和间接损失。如何赔偿应当由法院或者专利行政机关根据案件的具体情况予以确定。《专利法》第 65 条规定:"侵犯专利权的赔偿数额按照专利权人因被侵权所受到的实际损失确定;实际损失难以确定的,可以按照侵权人因侵权所获得的利益确定。权利人的损失或侵权人获得的利益难以确定的,参照该专利许可使用费的倍数合理确定。赔偿数额还应当包括权利人为制止侵权行为所支付的合理开支。权利人的损失、侵权人获得的利益和专利许可使用费均难以确定的,人民法院可以根据专利权的类型、侵权行为的性质和情节等因素,确定给予 1 万元以上 100 万元以下的赔偿。"由此可以看出,权利人可以选择四种赔偿损失的计算方法:①以专利权人因侵权行为所受到的实际损失作为赔偿额;②以侵权人因侵权行为所获得的全部利益作为赔偿额;③以上两者难以确定的,参照该专利许可使用费的倍数合理确定赔偿额;④以上三种费用均难以确定的可以请求固定的赔偿数额。

3. 消除影响。由于侵权人的侵权致使专利权人的商业信誉受到影响的,应当责令其消除对权利人所造成的不良影响,恢复专利权人的商业信誉。例如,通过新闻媒介发表声明,或者将人民法院的判决、专利行政机关的处理决定在公开的媒体上发表。

(二)行政责任

根据《专利法》第 60、63、73 条规定,专利管理部门有权作出以下行政处理决定:

1. 责令停止侵权。即责令侵权人立即停止擅自制造、使用、许诺销售、销售以及进口专利产品或者使用专利方法以及使用、许诺销售、销售、进口依照该专利方法直接获得的产品的行为。

2. 没收违法所得。即对侵权人在侵权期间的违法所得予以没收。

3. 罚款。即对侵权人所实施的侵权行为进行经济惩罚。

### （三）刑事责任

根据我国《刑法》第216条规定，对假冒他人专利情节严重构成犯罪的，可判处3年以下有期徒刑或者拘役，并处或者单处罚金。由此可以看出，对于侵犯专利权的行为，人民法院有权判处侵权人承担刑事责任的，仅限于假冒专利权罪，而且只有情节严重的，才构成犯罪。可见情节是否严重是区分假冒专利罪和一般专利权侵权的关键所在。对此，最高人民法院和最高人民检察院2004年12月8日发布的《关于办理侵犯知识产权刑事案件具体应用法律若干问题的解释》第4条规定："假冒他人专利，具有下列情形之一的，属于刑法第216条规定的'情节严重'，应当以假冒专利罪判处3年以下有期徒刑或者拘役，并处或者单处罚金：①非法经营数额在20万元以上或者违法所得数额在10万元以上的；②给专利权人造成直接经济损失50万元以上的；③假冒两项以上他人专利，非法经营数额在10万元以上或者违法所得数额在5万元以上的；④其他情节严重的情形。"

### 四、专利侵权的举证责任

#### （一）专利侵权诉讼的一般举证责任

根据《民事诉讼法》的规定，举证责任是指在民事诉讼活动中，当事人对自己的主张必须提供相应的证据，否则，将有可能承担败诉的不利后果。

当事人提出的主张，包括原告提出的诉讼请求、被告对原告诉讼请求的反驳与反请求、第三人提出的诉讼请求等。在民事诉讼活动中，当事人提出的诉讼请求是其行使权利的一种方式。因此，在其行使权利的同时，就必须同时承担提供证据来证明其诉讼请求的责任。如果当事人不能举出证据或举出的证据材料不能证明案件事实时，当事人将承担由此造成的败诉的风险结果。

我国《民事诉讼法》第64条明确规定："当事人对自己提出的主张，有责任提供证据。"

#### （二）方法专利侵权的举证责任

在专利侵权诉讼中，涉及方法专利侵权时，有时会发生特殊的举证责任，这就是举证责任的倒置。举证责任的倒置，是指原告对自己提出的事实主张或权利主张一开始就可以不提供全部证据加以证明，而由被告举证证明原告的主张不成立，否则即由被告承担不举证的责任。《专利法》第61条规定："专利侵权纠纷涉及新产品制造方法的发明专利的，制造同样产品的单位或者个人应当提供其产品制造方法不同于专利方法的证明。"可见，新《专利法》将方法专利侵权举证责任倒置限定在被控侵权人使用的与专利方法不同的新产品的制造方法。

适用举证责任倒置，必须符合一定的条件：

1. 必须是法律或法规明确规定的特殊类型的侵权纠纷案件，不能在实践中随意扩大举证责任倒置的适用范围。

2. 需要举证证明的对象，必须是特定的责任对象，不能超越被告人正当的责任范围。

**五、专利纠纷案件的种类与管辖**

根据《专利法》、《专利法实施细则》及最高人民法院有关司法解释的规定，人民法院受理的专利纠纷案件的种类有十几种，主要涉及行政纠纷及民事纠纷两大类。

（一）专利行政案件及诉讼管辖

专利行政纠纷案件包括：

（1）不服专利复审委员会维持驳回申请复审决定案件。

（2）不服专利复审委员会专利权无效宣告请求决定案件。

（3）不服国务院专利行政部门实施强制许可决定案件。

（4）不服国务院专利行政部门实施强制许可使用费裁决案件。

（5）不服国务院专利行政部门行政复议决定案件。

（6）不服地方专利管理部门行政决定案件。

在上述专利行政纠纷中，前5项纠纷均暂由北京市第一中级人民法院作为第一审法院，北京市高级人民法院作为二审法院；第（6）项纠纷则由全国有专利纠纷案件管辖权的中级法院作为一审法院，相应的各省、自治区、直辖市高级人民法院作为二审法院。

（二）专利民事案件及诉讼管辖

专利民事纠纷案件包括：

（1）专利申请权纠纷案件。

（2）专利权权属纠纷案件。

（3）专利申请权转让合同纠纷案件。

（4）专利权转让合同纠纷案件。

（5）侵犯专利权纠纷案件。

（6）假冒他人专利纠纷案件。

（7）发明专利申请公布后、专利权授予前使用费纠纷案件。

（8）职务发明创造发明人、设计人奖励、报酬纠纷案件。
（9）诉前申请停止侵权纠纷案件。
（10）诉前申请财产保全纠纷案件。
（11）发明人、设计人资格纠纷案件。
（12）其他专利纠纷案件。

对于上述专利民事案件，在诉讼管辖上仍实行特别指定管辖。根据最高人民法院有关司法解释的规定，专利纠纷案件由各省、自治区、直辖市人民政府所在地的中级人民法院和最高人民法院指定的中级人民法院作为第一审法院。目前，有专利纠纷案件管辖权的中级人民法院有：北京、上海、天津各两个中级法院，重庆市第一中级法院；27个省、自治区人民政府所在地的中级法院；4个经济特区，即深圳市、珠海市、汕头市、厦门市的中级法院；另外还包括大连市、青岛市、烟台市、温州市、佛山市、葫芦岛市、苏州市、景德镇市、宁波市、潍坊市的中级法院。

这些专利民事纠纷案件在地域管辖上，仍实行被告所在地、合同履行地、侵权行为地的管辖原则。

最高人民法院在相关司法解释中还对专利侵权的地域管辖问题作了专门规定，因侵犯专利权行为提起的诉讼，由侵权行为地或者被告住所地人民法院管辖。侵权行为地包括：被控侵犯发明、实用新型专利权的产品的制造、使用、许诺销售、销售、进口等行为的实施地；专利方法使用行为的实施地，依照该专利方法直接获得的产品的使用、许诺销售、销售、进口等行为的实施地；外观设计专利产品的制造、许诺销售、销售、进口等行为的实施地；假冒他人专利的行为实施地；上述侵权行为的结果发生地。

最高法院司法解释还规定：原告仅对侵权产品制造者提起诉讼，未起诉销售者，侵权产品制造地与销售地不一致的，制造地法院有管辖权；以制造者与销售者为共同被告起诉的，销售地法院有管辖权。销售者是制造者分支机构，原告在销售地起诉侵权产品制造者制造、销售行为的，销售地法院有管辖权。

**六、专利侵权诉讼中的临时措施**

（一）诉讼前停止侵犯专利权行为

我国新修改的《专利法》第66条中规定的诉前停止侵犯专利权行为的措施，在英美法系和大陆法系中被称为"临时性禁令"，在TRIPS协议第50条中称为"临时措施"。《专利法》第66条规定，专利权人或者利害关系人有证据证明他人正在实施或者即将实施侵犯专利权的行为，如不及时制止，将会使其合法权益受到难以弥补的损害的，可以在诉前向人民法院申请采取责令停止有关行为的措施。最高人民法院于2001年6月7日发布了《关于对诉前停止侵犯专利权行为适用法律问题的若干规定》，对诉前停止侵犯专利权行为这一临时措施作了具体规定。

1. 申请诉前停止侵犯专利权行为的主体。《专利法》第61条第1款规定，专利权人或者利害关系人有证据证明他人正在实施或者即将实施侵犯其专利权的行为，如不及时制止将会使其合法权益受到难以弥补的损害的，可以在起诉前向人民法院申请采取责令停止有关行为和财产保全的措施。但是，《专利法》对利害关系人的范围没有进行界定。最高人民法院司法解释规定，提出申请的利害关系人包括专利实施许可合同的被许可人、专利财产权利的合法继承人等。独占实施许可合同的被许可人可以单独提出申请；排他实施许可合同的被许可人在专利权人不申请的情况下，可以提出申请。

2. 申请诉前停止侵权的管辖法院。最高人民法院规定，专利权人或者利害关系人诉前申请人民法院采取责令停止有关侵权行为时，应当向有专利案件管辖权的人民法院提出。

所谓"有专利案件管辖权的人民法院"，一是指对专利案件有指定管辖权的法院，即有权审理专利权纠纷案件的法院；二是指根据民事诉讼法的规定，就具体案件享有地域管辖权的法院，即侵权行为地或者被告住所地的法院。只有同时符合这两个条件的法院，才享有对诉前停止侵犯专利权申请案件的管辖权。专利侵权案件的诉讼管辖权已经在上文论及。

3. 申请诉前停止侵犯专利权行为应提交的证据。首先，专利权人或者利害关系人向人民法院提出申请，该申请应以书面形式作出，其中应当载明当事人及其基本情况、申请的具体内容、范围和理由等事项。申请的理由包括侵犯专利权行为如不及时制止，会使申请人合法权益受到难以弥补的损害的具体说明。其次，申请人提出申请时，应当提交下列证据：

（1）专利权人应当提交证明其专利权真实有效的文件，包括专利证书、权利要求书、说明书、专利年费缴纳凭证。提出的申请涉及实用新型专利的，申请人应当提交国务院专利行政部门出具的检索报告。

（2）利害关系人应当提供有关专利实施许可合同及其在国务院专利行政部门备案的证明材料，未经备案的应当提交专利权人的证明，或者证明其享有权利的其他证据。排他实施许可合同的被许可人单独提出申请的，应当提交专利权人放弃申请的证明材料。专利财产权利的继承人应当提交已经继承或者正在继承的证据材料。

（3）提交证明被申请人正在实施或者即将实施侵犯其专利权行为的证据，包括被控侵权产品以及专利技术与专利权人产品技术特征对比材料等。

此外，当事人对停止侵权行为裁定不服，享有复议权，可以在收到裁定之日起10日内申请复议一次，复议期间不停止裁定的执行。在复议程序中，人民法院应当对双方当事人提供的材料及时进行审查，原裁定正确的，通知驳回当事人的申请；裁定不当的，变更或者撤销原裁定。为了统一复议审查的标准，最高人民法院规定了被申请人行为是否构成侵权、是否造成难以弥补损害、申请人担保情况和所采取的措施是否侵害社会公共利益等四项复议审查标准。受理申请的人民法院应当在上述四个方面认真审查当事人的复议请求。

4. 申请诉前停止侵权行为应当提供担保。我国《专利法》第66条第2款规定，申请人提出申请时，应当提供担保；不提供担保的，驳回申请。我国《民事诉讼法》第93条也规定了所采取措施的担保问题。最高人民法院相应的司法解释中，对诉前申请停止有关行为应当提供担保的问题作了多条规定，主要涉及以下内容：

（1）人民法院作出诉前停止侵犯专利权行为的裁定内容，应当限于专利权人或者利害关系人申请的范围。

（2）申请人提出申请时应当提供担保，申请人不提供担保的，驳回申请。

（3）当事人提供保证、抵押等形式的担保合理、有效的，人民法院应当准予。人民法院确定担保范围时，应当考虑责令停止侵犯专利权行为所涉及产品的销售收入，以及合理的仓储、保管等费用；考虑被申请人停止侵犯专利权行为可能造成的损失，以及人员工资等合理费用支出等因素。

（4）在执行停止侵犯专利权行为裁定过程中，被申请人可能因采取该项措施造成更大损失的，人民法院可以责令申请人追加相应的担保。申请人不追加担保的，解除有关停止措施。

（5）停止侵犯专利权行为裁定所采取的措施，不因被申请人提出反担保而解除。

5. 诉前停止侵权行为措施的具体实施。根据《专利法》第66条的规定，责令停止侵犯专利权行为的措施，是对紧急情况下不采取措施会造成申请人难以弥补损害时所采取的措施，这一措施贵在及时。

人民法院根据当事人的申请，在诉前作出停止侵犯专利权行为的裁定时，应当从以下几个方面做好审查及具体工作：

（1）人民法院接受专利权人或者利害关系人提出责令停止侵犯专利权行为的申请后，经审查符合规定的，应当在48小时内作出书面裁定；裁定责令被申请人停止侵犯专利权行为的，应当立即开始执行。人民法院在48小时内，需要对有关事实进行核对的，可以传唤单方或双方当事人进行询问，然后再及时作出裁定。裁定停止有关行为的，应当立即执行。当事人对裁定不服的，可以申请复议一次，复议期间不停止裁定的执行。

（2）由于实行停止侵权行为的临时措施与财产保全的内容和适用条件不同，不采取措施造成难以弥补的损害不能简单的仅用金钱赔偿就能解决问题。所以，对诉前停止侵权行为的临时措施的解除裁定，不能因被申请人提出反担保而作出，否则就失去了设置该项制度的意义。

（3）责令停止侵犯专利权行为裁定所采取的措施，毕竟是一种诉讼程序上的临时措施，是为了使权利人或者利害关系人在事后的侵权诉讼中处于有利的地位而采取的。但是，根据TRIPS协议的规定和其他国家的法律规定，申请人申请措施后一定期间内不起诉或者起诉失当的，所采取的停止有关侵权行为的措施应当解除；因不起诉或者申请错误给被申请人造成损失的，申请人应当承担赔偿责任。《专利法》第66条规定，申请人自人民法院采取停止有关行为的措施后15日内不起诉的，人民法院应当解除该措施。申请有错误的，申请人应当赔偿被申请人因停止有关行为所遭受的损失。因此，申请人不起诉或者申请错误造成被申请人损失的，被申请人可以向有管辖权的人民法院起诉请求申请人赔偿，也可以在专利权人或者利害关系人提起的专利权侵权诉讼中提出损害赔偿的请求，人民法院可以一并处理。

（4）对责令停止侵犯专利权行为措施的期限，即裁定的效力，一般应维持到生效的法律文书执行时止，人民法院也可以根据案情确定所实施的具体期限。期限届满时，人民法院根据当事人的请求，还可以作出是否继续采取停止侵犯专利权行为的裁定。

此外，为了保障责令停止侵犯专利权行为裁定和所采取相应措施的顺利执行，维护法律的尊严和法制的统一，《最高人民法院关于对诉前停止侵犯专利权行为适用法律问题的若干规定》针对当事人违反生效裁定的行为，规定可以依照《民事诉讼法》第102条的规定，按妨害民事诉讼强制措施予以罚款、拘留等处理；构成犯罪的，依法追究刑事责任。

（二）证据保全

《专利法》第67条规定，为了制止专利侵权行为，在证据可能灭失或者以后难以取得的情况下，专利权人或者厉害相关人可以在起诉前向人民法院申请保全证据。人民法院采取保全措施，可以责令申请人提供担保；申请人不提供担保的，驳回申请。人民法院应当自接受申请之时起48小时内作出裁定；裁定采取保全措施的，应当立即执行。

（三）诉讼中及诉讼前的财产保全

财产保全是指人民法院为了保证民事判决的顺利执行，对当事人的财产或者与案件有关的财物采取一定的强制性措施。根据我国《民事诉讼法》的规定，财产保全包括诉讼保全和诉前保全。在民事诉讼进行中至判决生效前，为了保证将来的判决得到实际执行，人民法院根据当事人申请或者依职权作出裁定，对当事人争议的有关财物，所采取的临时性强制措施，就是诉讼保全。提起诉讼之前，在紧急情况下，为了保证将来判决结果得到实际执行，经当事人申请并提供担保，有管辖权的人民法院对发生争议的、与案件有关的财物所采取的临时性强制措施，就是诉前保全。

1. 提出财产保全的主体。根据法律规定，提出财产保全的主体有两种：①当事人申请财产保全；②人民法院认为有必要，依职权主动采取财产保全措施。不论属于上述哪一种情况，都要由人民法院审查，认为案件确实存在着不能执行或难以执行的可能性，确有采取财产保全措施必要的，才能裁定财产保全。最高人民法院规定，采取财产保全措施应当慎重行事，严格遵守《民事诉讼法》规定的保全条件和保全范围，没有使法律文书不能执行或难以执行的情况的，不应当采取保全措施。

人民法院在按这条规定作出财产保全的裁定时，要严格掌握"必要时"的条件。在确属不采取强制措施就会发生财产转移或造成更大损失，使争议更难解决，判决更难执行时，才能依法裁定采取财产保全措施。当采取财产保全措施的条件确实具备，就应该果断行动，情况紧急的必须在48小时内作出裁定，并立即开始执行。

2. 适用财产保全的条件。适用财产保全的条件主要有两个：

（1）适用财产保全的案件必须是给付之诉。能够采取财产保全措施的诉讼，必须是诉讼请求和将来发生法律效力的判决有财产给付内容的，为了保证将来发生法律效力的判决得以有效的执行，才需要采取财产保全的措施。所以，只有给付之诉，才能采取财产保全措施。确认之诉、变更之诉不能采取财产保全措施。

（2）案件必须有由于当事人一方的行为或者其他原因使将来的判决不能执行或者难以执行的可能。这种可能来自主观上和客观上的原因，即当事人可能将争执的标的物变卖、隐匿、转移、挥霍或者抽逃资金，而使判决生效后无财产可执行，或者当事人争议的标的物由于自然原因变质、损耗、贬值，使判决不能执行或难以执行。"不能执行"是指标的物或有关的财物已经不存在了，无法执行。"难以执行"是指标的物或者有关的财物已被转移、隐匿，不易查找。

人民法院对财产采取诉讼保全措施，一般应当由当事人提交符合法定条件的申请。只有在诉讼争议的财产有毁损、灭失等危险，或者有证据表明被申请人可能隐匿、转移、出卖其财产的，人民法院方可依职权裁定采取财产保全措施。

3. 财产保全的范围。《民事诉讼法》第94条明确、具体地界定了财产保全的范围，即"财产保全限于请求的范围，或者与本案有关的财物"。在这里，"请求的范围"是指当事人请求法院保护的标的物或财物的价值总额。《最高人民法院关于在经济审判工作中严格执行〈中华人民共和国民事诉讼法〉的若干规定》中，对财产保全范围中的财产及主体作了进一步限定："人民法院采取财产保全措施时，保全的范围应当限于当事人争议的财产，或者被告的财产。对案外人的财产不得采取保全措施，对案外人善意取得的与案件有关的财产，一般也不得采取财产保全措施。"

《民事诉讼法》和最高人民法院关于财产保全范围的规定，明确要求：

（1）只能对当事人争议的财产或者被告的财产进行保全，这是对保全财产主体的限定。

（2）被保全财产的价额应和权利请求或者诉讼请求的价额大致相等，这是对财产数额的限定。

（3）只能对本案的诉讼标的物或者与本案诉讼标的物有牵连的物采取保全措施，对其他财产不能进行保全，这是对财产性质与范围的限定。

4. 财产保全的方法。《民事诉讼法》第94条规定，财产保全采取查封、扣押、冻结或者法律规定的其他方法。

诉讼保全的目的在于防止争议的财产被处分或者自然灭失。"被处分"主要指当事人出于恶意，将争议的标的物处分，例如变卖、挥霍、转移、隐藏等；"自然灭失"主要指不宜长期保存的物品，随时间的增加，其价值的灭失。因此，人民法院的保全措施的方法主要是查封、扣押、冻结等。可以看出，这些方法主要是针对有形财产而言的，包括实施专利技术方案后形成的专利产品。而对专利权、专利申请权等无形财产本身不适用。对专利、专利申请权本身的诉讼保全措施应通过其他方式，如由人民法院以裁定书的形式通知中国专利局停止办理与该专利有关的一切手续，使该专利申请或者专利权处于通知下达时的状态。

《民事诉讼法》中关于财产保全的方法，不再把"责令提供担保"作为财产保全措施的一种方法。因为被申请人提供担保，是为人民法院生效判决的执行提供保障。当被申请人败诉，应当履行财产给付的义务时，被申请人能保证将其提供担保的财产或者由有履行能力的担保人，履行人民法院生效判决中要求被申请人履行的义务的，就没有必要对其财产采取强制性的保全措施。被申请人除了用于提供担保的财产不能任意处置外，仍可继续对其财产行使处分权，仍可继续进行生产经营活动。因此，提供担保不是一种财产保全的强制性措施，而是使判决得以执行而提供财产担保的一种保障制度。

人民法院在财产保全中采取查封、扣押财产措施时，应当妥善保管被查封、扣押的财产。当事人、负责保管的有关单位或个人以及人民法院都不得使用该项财产。

5. 提供担保。《民事诉讼法》第92条第2款规定："人民法院采取财产保全措施，可以责令申请人提供担保；申请人不提供担保的，驳回申请。"责令申请人提供担保是为了保护另一方当事人的合法权益，以免因保全错误而给其造成不必要的损失。如果人民法院责令申请人提供担保而申请人不提供的，人民法院有权驳回其申请。按照这款规定，人民法院在决定采取财产保全措施前，为了尽可能避免因采取强制措施可能产生的不利后果，明确要求申请人在发生申请不当时要承担责任，可以责令申请人提供担保。

《民事诉讼法》第95条规定："被申请人提供担保的，人民法院应当解除财产保全。"当人民法院裁定实施保全措施后，被申请人有权提供担保。被申请人提供了担保，就解除了申请人、人民法院的后顾之忧，又能保护被申请人的自身权益。因此，被申请人提供相应数额并有可供执行的财产作担保的，人民法院应当及时解除财产保全。

人民法院对有偿还能力的企业法人，一般不得采取查封、冻结的保全措施。已采取查封、冻结保全措施的，如该企业法人提供了可供执行的财产担保,或者可以采取其他方式保全的,应当及时予以解封、解冻。

6. 诉前保全。在诉讼前,权利人或者利害关系人也可以申请采取财产保全措施,即诉前保全。请求诉前保全应当满足三个条件:①情况紧急,不能立即提起诉讼,且专利权人或者利害关系人的合法权益即将受到损害。如得知对方已经做好了生产侵权产品的一切准备,即将投入生产,为阻止其行为,专利权人可申请诉前保全。②申请人必须提供担保。拒绝提供担保的,人民法院有权驳回其申请。③在正式提起诉讼前提出。

诉前保全的法律依据是《民事诉讼法》第93条的规定,利害关系人因情况紧急,不立即申请财产保全将会使其合法权益受到难以弥补的损害的,可以在起诉前向人民法院申请采取财产保全措施。申请人应当提供担保,不提供担保的,驳回申请。人民法院接受申请后,必须在48小时内作出裁定;裁定采取财产保全措施的,应当立即开始执行。

在实践中,有时专利权人或者利害关系人发现了被告的侵权行为,且对侵权物如不及时采取强制措施加以控制,就可能被转移。遇到这类情况,当事人想申请人民法院采取财产保全的强制措施,但收集材料、办理起诉需花费一定时间。如果等办好手续、提起诉讼后再申请财产保全措施,可能就会发生财产被转移分散的可能而产生难以弥补的损失。在这种情况下,专利权人或者利害关系人,可以在起诉前申请财产保全。这是一种应急保全的制度,目的是保护利害关系人不致遭受无法弥补的损失,是对利害关系人权益的重大保护措施。

但如果措施不当,又有可能给对方当事人造成损失,损害被申请人的正当权益。所以,专利权人或者利害关系人在提出诉前保全申请时应该十分慎重,如有申请不当要承担向被申请人赔偿损失的责任。因此,申请人应当提供担保,如果申请人不提供担保,人民法院就应驳回申请,不能采取诉前保全措施。

诉前保全既然是起诉前采取的一种应急措施,利害关系人仍必须立即提起诉讼,使有关财产争议能在诉讼过程中经过人民法院的审判得到公正合法的解决,以有法律效力的判决来最终确定双方当事人的权利义务关系。提起诉讼是诉前保全的必要后续条件。如果利害关系人迟迟不提起诉讼,被裁定采取财产保全措施的资金或财物,就处在无法通过法定程序确定其归属的状态,将给被申请人带来损失。因此,《民事诉讼法》第93条规定:"申请人在人民法院采取保全措施后15日内不起诉的,人民法院应当解除财产保全。"

7. 财产保全错误造成损失的承担。人民法院裁定采取财产保全措施后，除作出保全裁定的人民法院自行解除和其上级人民法院决定解除外，在财产保全期内，任何单位都不得解除保全措施。《民事诉讼法》第96条规定："申请有错误的，申请人应当赔偿被申请人因财产保全所遭受的损失。"

根据有关司法解释规定，受诉人民法院院长或者上级人民法院发现采取财产保全或者先予执行措施确有错误的，应当按照审判监督程序立即纠正。因申请错误造成被申请人损失的，由申请人予以赔偿；因人民法院依职权采取保全措施错误造成损失的，由人民法院依法予以赔偿。

在查明了错误申请财产保全的损失后，就要依法确定申请人的民事责任。人民法院在确定这种责任时，应严格贯彻过错原则和等价有偿原则。在判令申请人赔偿损失时，赔偿的数额应与损失结果相适应。

**七、专利管理机关与专利纠纷处理**

我国专利管理机关的设立经过了三个阶段。1984年8月23日，原国家经委、国家科委、劳动人事部、中国专利局联合发出通知，要求国务院部委、地方人民政府等设立专利管理机关，并明确指出专利管理机关依法拥有执法和管理双重职能，在行政上以地方（部门）领导为主，业务上由中国专利局指导。专利管理机关的主要职责除行政管理工作外，还包括"处理本地区、本部门的专利纠纷"。当时《专利法实施细则》将"专利管理机关"定义为"国务院有关主管部门和各省、自治区、直辖市、开放城市和经济特区人民政府设立的专利管理机关。"即并不是任何地方人民政府都有权力设立专利管理机关。其后国务院各部委、各地方人民政府相继建立了各自的专利管理机关。由于国务院各主管部门设立的专利管理机关绝大多数只行使其管理职能，不具备处理专利纠纷的条件，因此，有权处理专利纠纷的"专利管理机关"实际上指的是地方专利管理机关。

1993年修改后的《专利法实施细则》第76条规定："专利法和本细则所称专利管理机关，是指国务院有关主管部门或者地方人民政府设立的专利管理机关。"文字上似乎取消了对设立专利管理机关的地方人民政府只能限于"各省、自治区、直辖市、开放城市和经济特区"的限制，但这主要是因为专利管理机关是地方人民政府的职能部门，是否应设专利管理机关应由各地方人民政府决定。由于专利纠纷的复杂性，以及为与人民法院遵循的专利案件集中管辖原则相协调，有权处理专利纠纷的"专利管理机关"范围实际上并没有放开。

第二章 专利权法律制度

2000年修改的《专利法》第3条增加规定"省、自治区、直辖市人民政府管理专利工作的部门负责本行政区域内的专利管理工作",明确了省、自治区、直辖市人民政府管理专利工作的职能。经2001年修改的《专利法实施细则》第78条明确规定:"专利法和本细则所称管理专利工作的部门,是指由省、自治区、直辖市人民政府以及专利管理工作量大又有实际处理能力的设区的市人民政府设立的管理专利工作的部门。"为此,有权处理专利纠纷的"专利管理机关"的范围有了实质性突破。应当说,专利管理机关工作体系的建设进入了新阶段。

2008年修改的《专利法》和2010年修订的《专利法实施细则》作了相同的规定。专利管理机关处理专利纠纷的职能有:

1. 有权认定专利侵权行为。《专利法》第60条明确规定:"未经专利权人许可,实施其专利,即侵犯其专利权,引起纠纷的,由当事人协商解决;不愿协商或者协商不成的,专利权人或者利害关系人可以向人民法院起诉,也可以请求管理专利工作的部门处理。管理专利工作的部门处理时,认定侵权行为成立的,可以责令侵权人立即停止侵权行为,当事人不服的,可以自收到处理通知之日起15日内依照《中华人民共和国行政诉讼法》向人民法院起诉;侵权人期满不起诉又不停止侵权行为的,管理专利工作的部门可以申请人民法院强制执行。进行处理的管理专利工作的部门应当事人的请求,可以就侵犯专利权的赔偿数额进行调解;调解不成的,当事人可以依照《中华人民共和国民事诉讼法》向人民法院起诉。"

例如,张某依法申请并取得了"套环天线"实用新型专利。在张某获得专利权之后不久,北京甲电子公司在未经专利权人许可的情况下,大量生产、销售与该专利产品结构、作用、电气性能均相同的"立影天线",并被专利权人发现。专利权人张某认为,北京甲电子公司的行为侵犯了自己对"套环天线"的专利权,要求对方立即停止侵权行为,公开赔礼道歉,并赔偿损失人民币5万元。

北京市知识产权局受理专利权人的调处请求后,组成合议组对本案进行了审理,合议组认为:实用新型专利权的保护范围以其权利要求的内容为准。被请求人制造、销售的"立影天线",其形状与构造覆盖了请求人"套环天线"专利权保护的全部必要技术特征。请求人的专利产品与被请求人的产品均属于一种室外有源全频道电视接收天线,两种产品功能相同,各部件的作用相同,其整体结构设计使天线具有接收频带宽、增益高、接收电视信号方向图宽、防雷电性能好等特点。综上,两产品的技术方案没有实质性区别,"立影天线"的内环振子与"套环天线"的内环振子相比属于等同替换。因此,北京市知识产权局调处决定如下:被请求人立即停止侵权行为,停止制造、销售侵犯请求权人专利权的"立影天线"产品;向专利权人张某支付专利侵权赔偿费5万元人民币。

根据修改后的《专利法》规定,调处专利纠纷的专利管理部门可以应当事人的请求,就侵犯专利权的赔偿数额进行调解。

2. 对其他专利民事纠纷重在调解。对于其他专利纠纷,修改后的《专利法实施细则》第85条规定,除《专利法》第60条规定的外,管理专利工作的部门应当事人请求,还可以对下列专利纠纷进行调解:

(1) 专利申请权和专利权归属纠纷。

(2) 发明人、设计人资格纠纷。

(3) 职务发明的发明人、设计人的奖励和报酬纠纷。

(4) 在发明专利申请公布后专利权授予前使用发明而未支付适当费用的纠纷。

(5) 其他专利纠纷。

对于上述第(4)项所列的纠纷,专利权人请求管理专利工作的部门调解,应当在专利权被授予之后提出。

由此,专利管理机关,也即行政机关,对民事纠纷一般只作调解,不作处理的原则已明确。

3. 加强行政执法职能。《专利法》第63条加强了管理专利工作的部门维护市场秩序的职能。例如第63条增加规定管理专利工作的部门有权查处假冒专利的行为。

依照《专利法》第63条,假冒专利的,除依法承担民事责任外,由管理专利工作的部门责令改正并予公告、没收违法所得,可以并处违法所得4倍以下的罚款,没有违法所得的,可以处20万元以下的罚款;构成犯罪的,依法追究刑事责任。

例如,甲电子器件生产厂,虽然规模不大,但技术人员较多、技术水平较高。在20世纪80年代中期,甲厂经过市场调查发现:电冰箱这种家电商品已经大量进入城镇和农村。但是,城镇和农村的供电电压常常不稳定,这有可能影响电冰箱的正常使用。于是,甲厂便组织技术人员研制开发"电冰箱保护器"。经过研究人员1年多的共同努力,终于研制出一种"电冰箱保护器"。产品研制出来之后,甲厂依法积极申请专利。经过专利局的审查,认为符合授予专利权的条件,于是,授予申请人甲厂专利权。

在获得专利权之后，甲厂又立即组织生产，产品投放市场后，深受消费者的青睐，很快成为畅销产品。

由于"电冰箱保护器"产品的市场销售情况良好，这一方面为厂家带来了丰厚的利润，另一方面也使厂家成为了侵权行为的受害者，即市场上出现了一种与专利产品相同的"电冰箱保护器"，假冒的产品上标有"专利产品"的字样，并标注有与甲厂专利产品的专利号相同的数码。这种行为构成假冒他人专利的行为。

《专利法实施细则》第84条规定："在未被授予专利权的产品或者包装上标注专利标识，专利权被查告无效后或者终止后继续在产品或者包装上标注专利标识，"属于《专利法》第63条规定的假冒专利行为。

# 第三章 商标权法律制度

## 第一节 商标权法律制度概述

在社会各个领域以及现实生活中,人们为了不同的目的而使用不同的标志,例如,国徽、军徽、厂商标记、检验标记、路标以及各种符号等。其中,最为常见、最为普遍的标志就是商标。商标广泛存在于现代社会经济生活中,是商事主体区分其所提供的商品或服务有别于其他商事主体提供的商品或服务而使用的专用标志。

### 一、商标

(一)商标的概述和特征

1. 商标的概念。商标是商标法体系中一个基本概念,英文表述为 trade mark,它是指生产、经营者为使自己的商品或服务与他人的商品或服务相区别,而使用在商品及其包装上或服务标记上的由文字、图形、字母、数字、三维标志和颜色组合,以及上述要素的组合所构成的一种可视性标志。对于商标,大多数国家或地区的商标立法以及有关的国际公约都作出了定义。世界贸易组织的《与贸易有关的知识产权协定》(TRIPS 协定)第 15 条是这样表述的:"任何一种能够将一个企业的商品或服务区别于其他企业的商品或服务的标记或标记的组合均为商标。"国际保护工业产权协会在柏林大会上曾对商标作出的定义为:"商标是用以区别个人或集体所提供的商品及服务的标记。"美国法学会编撰的《不正当竞争重述》认为,商标是指用于识别某人的产品或服务并将之与他人的商品或服务相区别的文字、姓名、记号、图案或其他标示的组合。法国政府在其《商标法》中则表述为:"一切用以识别任何企业的产品、物品或服务的有形标记均可视为商标。"

我国现行《商标法》第 8 条规定:"任何能够将自然人、法人或者其他组织的商品与他人的商品区别开的可视性标志,包括文字、图形、字母、数字、三维标志和颜色组合,以及上述要素的组合,均可以作为商标申请注册。"这一规定体现了国际上对商标概念的基本认识。

由此可见，商标的范围非常广泛。在我国，除了音响（例如一段美妙的音乐）和气味（例如法国巴黎的香水）等不能以视觉辨认的标志外，凡是能够将一种商品或者服务与另一种商品或者服务区分开的标记或标记的组合都能够成为商标。例如，使用在电脑商品上的"联想"商标，使用在民航服务上的"凤凰"商标等等。音响商标和气味商标，目前只在少数国家得到承认，在我国尚不能注册为商标。

2. 商标的特征。

（1）商标具有显著性。商标的本质特征就是标志的显著性，这是其成为商标的基础。它是区别不同生产、经营者的商品或者服务的标志，具有特别的区别功能，从而便于消费者对其进行识别和区别。

（2）商标是与特定的商品或者服务紧密联系在一起的。商标是由文字、图形、字母、数字、三维标志或颜色组合，以及上述要素的组合的可视性标志。它是用于商品或者服务上的标记，与商品或者服务不能分离，并且紧紧依附于商品或者服务。没有使用在商品或者服务上的标志不是商标。

（3）商标是一种具有价值的无形资产。商标代表着商标所有人生产、经营或者服务的质量信誉和企业信誉。商标所有人通过商标的创意、设计、申请注册、广告宣传以及使用，使商标具有了价值，同时增加了商品或者服务的附加值。商标可以有偿转让，经过商标所有权人同意，许可他人使用。商标的价值，可以通过评估确定。

（4）商标是商品和服务信息的载体，是参与市场竞争的工具。生产、经营者的竞争就是商品或者服务质量与信誉的竞争，其表现形式就是商标知名度的竞争。商标知名度越高，其商品或者服务的竞争力就越强。

（二）商标的种类

商标从不同角度，根据不同标准，可以分为以下几种类型：

1. 根据商标使用的对象划分，商标可以分为商品商标和服务商标。

（1）商品商标是指生产、经营者为将自己生产、制造、加工、拣选或者经销的商品与他人提供的商品相区别而使用的可视性标志。商品商标是由文字、图形、字母、数字、三维标志或颜色组合，以及上述要素的组合构成的。商品商标是传统意义上的商标，它是商标的最基本表现形式。通常所说的商标，主要是指商品商标。商品商标一旦被生产经营企业所注册，该企业就拥有对该商品商标的专有使用权，并受法律的保护。

(2) 服务商标是指提供服务的经营者为将自己提供的服务与他人提供的服务相区别而使用的可视性标志。服务商标也是由文字、图形、字母、数字、三维标志或颜色组合，以及上述要素的组合构成的。在经济活动中，有些企业的"产品"不是有形的商品，而是某种商业性质的服务项目，例如，广告服务、金融服务、保险服务、交通服务、邮电服务、仓储服务、旅游服务、娱乐服务以及修理服务等等。不同企业提供的这类不同"产品"，也需要有不同标记将它们区分开。服务商标与商品商标的性质一样，商品商标向消费者提供的是有形商品，而服务商标向消费者提供的是服务项目。同商品商标一样，服务商标一旦被服务企业所注册，该企业也就拥有了对该服务商标的独占专有使用权，并受法律的保护。

2. 根据商标构成图案的形态划分，商标可以分为文字商标、图形商标、字母商标、数字商标、三维标志商标、颜色组合商标以及组合商标。

(1) 文字商标是指纯粹使用文字所构成的商标。包括以各种不同的中国汉字、少数民族文字，或者外国文字组成的商标。例如"海尔"、"Coca Cola"商标。

(2) 图形商标是指纯粹使用图形或记号所构成的商标。具备显著特征的图形商标，应该有着明确的构成主体和视觉中心，一看到图形，就能够使人联想到一个名称。图形商标所能使用的图形涉及的范围非常广泛，有着无限的变化空间和易于表达的视觉外观，它不受语言文字的限制，无论是在使用什么语言文字的国度和地区，人们只要认识图形，就很容易对其识别。比如柯达公司的图形商标。

(3) 字母商标是指由拼音文字或注音符号的最小书写单位所构成的商标。包括以各种不同的拼音文字或者外文字母（例如英文字母、拉丁字母）等组合的商标，比如"Haier"。

(4) 数字商标是指由阿拉伯数字、罗马数字或者中文大写数字所构成的商标。现实生活中，已有不少数字商标获得了注册。例如，"555"、"999"等。

(5) 三维标志商标又称立体商标，是指由具有长、宽、高三种度量的三维立体物标志构成的商标。它与我们通常所见的表现在一个平面上的商标图案不同，而是以一个立体物质形态出现，这种形态可能出现在商品的外形上，也可能表现在商品的容器或者其他地方。对三维标志商标的注册和保护规定，是我国 2001 年修订的《商标法》增加的新内容，它使我国的商标保护制度更加完善。比如可口可乐公司的饮料瓶就是其三维商标。

（6）颜色组合商标是指由几种不同的颜色按照一定的规则排列、组合而构成的商标。颜色组合可以单独作为商标要素注册为商标，也是我国2001年修订的《商标法》增加的新内容。独特新颖的颜色组合，不仅可以给人以美感，而且具有显著性，能够起到区别商品或者服务来源的作用。文字、图案加彩色所构成的商标，不属颜色组合商标，只是一般的组合商标。

（7）组合商标，又称复合商标，是指由"文字、图形、字母、数字、三维标志以及颜色组合"六要素中任何两种或两种以上的要素组合而构成的商标。组合商标注册后应该作为一个完整的整体对待，不能改变其组合或排列，也不能擅自改动其任何一部分。组合商标综合了文字商标、图形商标、三维标志商标以及颜色组合商标之间的不同特点，形象生动，引人注目，便于识别，所以得到了广泛的使用。

北京某公司决定申请注册一商标，该商标由绵羊图形和"SHEEP"、"绵羊"文字三部分组成，分别使用在第三类商品夹克油、上光剂、皮革保护剂、皮革膏、皮衣油等上面。这样的商标设计可以得到批准吗？答案是肯定的。我国《商标法》第8条明确规定："任何能够将自然人、法人或者其他组织的商品与他人的商品区别开的可视性标志，包括文字、图形、字母、数字、三维标志和颜色组合，以及上述要素的组合，均可以作为商标申请注册。"本案中图形、字母以及文字意思表示一致，共同组合成商标。这样设计商标，当然可以，因为其符合《商标法》的要求。

3. 根据商标不同的使用者划分，商标可以分为制造商标、销售商标和集体商标。

（1）制造商标是指明确表示商品生产者的商标，又称生产商标、工业商标或产业商标。这种商标和商号的意义相同，它是企业主要的使用形式。它使商品生产者所生产的商品带有生产者的标记，从而与其他的生产者相区别，同时向消费者传达商品生产者所含的某种信息和来源。例如，康佳集团使用的"康佳"商标，李宁公司使用的"李宁"商标，就是企业在自己制作或生产的商品上使用了与企业名称相同的商标。制造商标的用途，不仅能够区别不同的生产企业，而且能够在销售经营中突出表明制造者。在我国，制造商标是最常见的。

（2）销售商标是指商品经营者为了销售商品而使用的商标，又称商业商标或推销商标。使用这种商标的往往是一些具有较高声誉和实力的商业企业，他们通过定牌生产含有自己商标的商品，从而对消费者作出某种信誉的保障。销售商标的用途，主要是宣传商业企业的经营，使其销售的商品与其他经销商销售的同类商品展开市场竞争。比如上海第一百货集团公司使用的"一百"就是一例。

（3）集体商标，是指以团体、协会或者其他组织名义注册，供该组织成员在商事活动中使用，以表明使用者在该组织中的成员资格的标志。集体商标是以各成员组成的集体名义申请注册的，由各成员共同使用的一项集体性权利，它不属于单个自然人、法人或者其他组织，而属于由多个自然人、法人或者其他组织组成的社团组织。比如宾馆业"喜来登"集团的标志，就是一个集体商标。集体商标常常和组织成员自己的商标共同使用。集体商标的使用以及保护，在我国具有深远的现实意义。它可以壮大集团优势，创立驰名商标，取得规模经济效益，提高商品和服务的竞争能力，扩大国内市场及国际市场的影响力。同时，有利于鼓励企业集团到国外注册，在国际上取得商标权的保护。

4. 据商标的特殊性质划分，商标可以分为证明商标、防御商标和联合商标。

（1）证明商标，是指由对某种商品或者服务具有监督能力的组织所注册和控制，而由该组织以外的单位或者个人经过许可使用于其商品或者服务，用以证明该商品或者服务的原产地、原料、制造方法、质量或者其他特定品质的标志。例如，绿色食品标志，纯羊毛标志，真皮标志，电工标志以及欧共体采用的"担保商标"等。证明商标又称保证商标，他人使用须经商标所有人许可，并且其生产、经营的商品或者服务必须达到保证标准，否则按侵权处理。证明商标的用途，主要是提供商品或者服务的质量证明，从而促使其商品或者服务对消费者产生吸引力。

（2）防御商标，是指同一商标所有人在不同类别的商品或者服务上注册使用同一个商标。它是生产、经营者为了防止他人在不同类别的商品或者服务上使用其商标，而在非类似商品或者服务上将其商标分别注册的产物。最先注册的商标为正商标，以后在不同类别的商品或者服务上注册使用的同一商标为防御商标。我国现行的《商标法》对此种商标尚无规定。按照国际惯例，此种商标一般难以注册；但一经注册，则不因其闲置不用而被国家商标主管机关撤销。例如，某企业生产"娃哈哈"牌饮料，如果随后又在糖果、饼干等食品注册该商标，后者即构成了防御商标。防御商标的用途，主要是保护已注册商标的信誉，因为若他人在非类似商品或者服务上使用原商标，则会造成消费者误认以及损害原商标所有人的利益。

第三章 商标权法律制度

(3) 联合商标,是指同一个商标所有人在相同或类似商品或者服务上使用的若干个近似商标。在这些近似商标中,有的是文字近似,有的是图形近似,首先注册或主要使用的商标为主商标或正商标,其余商标为该商标的联合商标。例如,某企业注册了"玫瑰"正商标后,同时,又注册了"白玫瑰"、"黑玫瑰"等商标为该商标的联合商标。因为联合商标的作用和功能的特殊性,所以,即使其中的某个商标闲置不用,也不能被国家商标主管机关撤销。再者,由于联合商标相互近似的整体作用,因而联合商标不得跨类别分割使用或者转让。联合商标的用途,主要是保护正商标,防止他人影射。我国的《商标法》对联合商标没有规定,因此企业目前无法注册联合商标。

防御商标和联合商标并不是商标权人真正使用的商标,而是为了防止他人侵权采取的措施。尽管中国《商标法》没有关于防御商标和联合商标的规定,但并不意味着企业不能通过这样的手段来保护自己的商标。作为一般商标注册与作为联合商标或防御商标注册的区别在于,商标的注册人有义务使用注册商标,而防御商标或联合商标并没有使用的义务,只要正商标在商业中使用,即可满足法律的要求。

(三) 商标与近似标志的区别

1. 商标与商品装潢。商品装潢是指商品包装上的装饰,是以色彩、图案、绘画、生动的文字等来美化商品的包装物。其作用在于说明、美化商品,以刺激消费者的购买欲望。它可以对商品进行渲染、夸张,也可以直接表示商品的品质、原料、功能等,并且可以随时更改。而商标的作用在于识别和区别商品或者服务,不允许对商品或者服务的质量进行夸张、渲染,也不允许直接表示商品的品质等等,商标具有较高的稳定性。

商品装潢与商标的主要区别:①使用目的不同。使用商标的目的是识别和区别不同生产者、经营者的商品或者服务项目;使用商品装潢的目的在于说明或者美化商品。②与商品内容的关系不同。商标所使用的文字或图形一般不能与商品内容相同,而商品装潢则不受此限制。③构图设计不同。商标构图力求简洁明快,突出显著特征,以达到识别经营对象的目的;商品装潢着力于渲染美化商品,浓墨重彩,图案绚丽,以便吸引消费者。④商标是商标权人专用的,经核准注册后非经商标主管机关批准不得随意改变;商品装潢不具有专有性,设计者可根据市场销售需要,随时变动,无须经批准。

某企业为了使其新开发的"爽利"牌人参蜂王浆营养液打开市场,创造良好的销售业绩，花费巨资聘请本省一位知名画家画一幅人参图案印刷在包装盒上，以说明该商品的主要原料是人参。画家提醒该企业的经理，严防此图案被其他企业仿造。而该企业经理认为，"爽利"二字已经进行了文字商标注册，人参包装设计和文字共同存在于商标盒上，应该受到注册商标的法律保护，不怕别的企业仿造。其实，该企业经理的认识是错误的。人参图案是商品装潢，它不具有商标的特征，也不受《商标法》的保护。该企业的商标是"爽利"，只有注册商标"爽利"才受到《商标法》的保护。

2. 商标与工业品外观设计。外观设计是指对产品的形状、图案、色彩或其组合作出的富于美感并适用于工业应用的新设计。外观设计是对商品本身的美化，它是与独立的具体的产品合为一体的新设计，受《专利法》的保护。外观设计受保护的条件之一是富有美感。而商标的目的不在美化，也不以有美感为受保护的条件。另外，外观设计的保护期限只有10年，不能续展；商标可以通过不断的续展而永久受保护。商标与工业品外观设计的主要区别有：①二者使用目的不同，外观设计与装潢的使用目的相似；②受法律保护的条件和后果不同；③保护期限不同。

1996年1月21日，荔冈集团经国家商标局批准注册了"荔冈"牌商标。多年来，荔冈集团投入大量人力、物力、财力，实行严格的产品质量管理，开展大规模的广告宣传促销活动，使"荔冈"商标和产品的知名度不断提高。现在荔冈集团已经成为我国生产饮料、食品的知名企业，他们生产的芒果汁、椰子汁、荔枝汁等系列天然饮品畅销国内外。1997年4月，国家工商局认定"荔冈"文字与图形商标为全国42个驰名商标之一。

南山实业有限公司是一家以生产咖啡为主的饮品公司。1996年7月6日，他们将自己产品的装潢以外观设计专利向国家专利局提出申请，并获批准。而其装潢外观设计中的图形部分与荔冈集团的注册商标相近似，并且使用于类似产品。荔冈集团发现后，向商标局提出申请，请求禁止南山公司侵犯其驰名商标专用权的行为，而南山公司则以取得了外观设计专利为由，不承认其侵犯了荔冈集团的商标权。

试想，南山公司的专利权能否对抗荔冈集团的商标权？答案当然是否定的。南山公司的行为侵犯了荔冈集团驰名商标的专用权，应该依法予以制止。近年来，常有企业将与他人注册商标相近似的文字、图形申请外观设计专利，从而给工商行政机关查处商标侵权行为造成困难。为此，国家工商局于1995年12月发出的《关于处理商标专用权与外观设计专利权权利冲突问题的意见》明确指出，为严格执法，坚决打击假冒注册商标和商标侵权行为，对于以外观设计专利对抗他人商标专用权的，若该商标的初步审定公告日期先于该外观设计申请日期，工商行政管理机关可以依照《商标法》及时对商标侵权案件进行处理。本案中，荔冈集团注册商标的初步审定公告日期早于南山公司外观设计专利的申请日期，并且其外观设计中的图形部分与荔冈集团的注册商标相近似，且使用商品类似，所以，南山公司的行为侵犯了荔冈集团的商标权，必须坚决予以打击。

3. 商标与商号。商号就是企业名称或厂商名称中除地名、企业经营范围和法律性质之外的，具有区别于其他企业的特点的词汇。如北京"全聚德"有限公司中的"全聚德"就是商号。尽管商号与商标有着紧密的联系，但是，它们之间还有很多区别。

商标与商号的区别主要有：①商标与其标志密切相连，而商号则不一定。例如"古井贡酒"由安徽亳县酒厂生产。②商标具有显著性，而商号则无须具有像商标那样的显著性。③二者区别事物不同。商标的意义在于识别和区别相同或类似商品或服务的不同生产者、经营者，而商号的意义在于识别不同的企业。④法律依据和法律保护的地域范围不同。商标依据《商标法》申请注册以获得商标权，而商号则依据《企业名称登记管理暂行规定》进行登记后，享有商号权。注册商标在全国范围内受法律保护，而商事主体只在注册登记主管机关辖区内对商号享有专用权。商号专用权排斥相同或类似商号的地域范围比商标专用权小得多。实践中，有时商号被用作商标而加以注册，也有将商标用于企业名称的。例如索尼、松下、长虹、海尔等。⑤商号均由文字构成，而商标既可以由文字，也可以由图形、字母、数字、三维标志、颜色组合以及上述要素的组合构成。

在我国，商号依据《工商企业名称登记管理暂行规定》进行登记后，享有商号专用权，受法律保护。

4. 商标与地理标志。地理标志，又称原产地标志，是用来表示某商品来源于某国、某地区或某地，且产品的特性与该产地有密切联系的标志。由于地理条件的不同，世界上不同的地区适合于不同的作物生长，不同地区又有不同的文化底蕴。所以，同样一种产品来自不同的地区，则意味着不同的质量和不同的信誉。例如，杭州西湖的龙井茶与其他地区的茶叶在质量和信誉方面就有所不同；同样是葡萄酒，来自法国的葡萄酒就享有盛誉；同样是瓷器，由我国景德镇地区制造的瓷器就深受消费者的喜爱。由于地理标志对于商品的质量和信誉影响越来越大，因而，《保护工业产权巴黎公约》明确规定各成员国有保护原产地名称的义务，世界贸易组织《与贸易有关的知识产权协议》第二部分第三节专门规定了对地理标志的保护。

地理标志作为一个法律概念，对其具体内容，不同国家有着不同的表述。我国2001年修订的《商标法》增加了地理标志的规定。根据其第16条第2款规定，地理标志是指标示某商品来源于某地区，该商品的特定质量、信誉或者其他特征，主要由该地区的自然因素或者人文因素所决定的标志。其含义有三个方面：①地理标志首先应该是一个真实存在的地理名称，其足以表明商品的原产地，它可以是一个国家，例如瑞士手表、法国香水等；也可以是一个特定的地区、地方、场所，包括省、市、县、乡镇、村，例如绍兴黄酒、吐鲁番葡萄等。此外，地理标志并不局限于行政区划名称或现用地名，自然地名、历史地名及其简称都可以作为地理标志，例如宣纸、湖笔、端砚、徽黑等。②地理标志并非单纯的地理概念，它必须是地理名称与当地特定产品的质量、声誉或者其他特征紧密结合。③在贸易实践中，各国大多将地理标志用于标志与产地的特定地理条件密切相关的天然产品、天然产品的加工产品和少量的制造产品。例如"香槟"酒，人们便会认为是法国的香槟地区所产的酒。

因此，地名商标与地理标志既有密切的联系，又有本质的区别。一般的地名商标没有品质保证的特点，而地理标志则表明来源于某地区的特定商品的质量、信誉或者其他特征。

山东省烟台市张裕葡萄酒公司香槟酒公司于1996年2月至1997年2月期间通过青岛市糖酒副食品总公司饮料公司等单位，在青岛市销售大、中、小多种规格的香槟酒。青岛市工商行政管理局在查明案情的基础上，认为烟台张裕葡萄酿酒公司香槟酒公司使用"香槟"二字行为违反世界知识产权组织的有关规定，构成商标违法行为，遂对其作出处罚决定，收缴现存香槟酒商标识，并进行罚款。为此，烟台市张裕葡萄酒公司香槟酒公司向山东省工商行政管理局申请复议。结果，山东省工商行政管理局维持青岛市工商行政管理局的处理决定。我国2001年新修订的《商标法》规定了对地理标志的保护，此案发生于1996～1997年，当时是根据世界知识产权组织的规定，通过国家工商局颁发的通知精神处理该案的。

本案的处理结果即是对地理标志的保护。《与贸易有关的知识产权协议》专列一节（第二部分第三节）规定对地理标志的保护，尤其强调了对酒类商品地理标志的保护。因为酒类产品的质量、特征等往往和它的原产地的自然环境，例如，气候、土壤、水质等因素有着密切的关系。对地理标志，一些国家专门立法对其进行保护。我国《商标法》第16条涉及到对地理标志的保护，在具体操作上是通过《商标法实施条例》以将地理标志注册为证明商标或集体商标的方式进行保护的。值得注意的是，在某产品的原产地地域内，地理标志处于公有领域中，具有相关资格或条件的生产、经营者都可以使用。地理标志不同于一般的注册商标，并不能为某特定生产、经营者专有。

"香槟"是法国的一个葡萄酒产地或地理标志。它本为法国的一个地区名，该地区因盛产一种加汽葡萄酒而闻名，因而，人们便将此地所产的加汽葡萄酒冠于此地名。本案烟台市张裕葡萄酒公司香槟酒公司，在其生产的加汽葡萄酒上擅自使用"香槟"文字，而其产品并非产于香槟，又未经授权使用，其对"香槟"标志的使用，构成了对地理标志的侵权行为，应该予以纠正并责令其承担相应的法律责任。

关于地理标志保护，长期以来一直是知识产权中的一个重要问题。它也是工业产权保护的内容之一。我国对保护原产地名称也非常重视，特别是关于对"香槟"原产地名称的保护。国家工商行政管理局曾先后下发工商标志（1998）第296号文和商标管（1996）292号文，禁止我国企业在酒类商品上使用"香槟"或"Champagne"（包括大香槟、小香槟、女士香槟等）字样。

5. 商标与特殊标志。特殊标志是指经国务院批准举办的全国性和国际性的文化、体育、科学文化研究及其社会公益活动所使用的，由文字、图形组成的名称、缩写以及会徽、吉祥物等标志。

特殊标志与商品经济有联系，但又不同于使用在商品或者服务上的商标。国家工商行政管理局商标局也同样主管全国性特殊标志的管理工作。特殊标志的组成要素、登记申请、使用和保护的形式等都与注册商标有相似的共同点，但是，它们之间还有很多区别。

特殊标志与商标的区别主要有：①权利所有人不同。特殊标志的权利所有人是指经国务院批准举办的全国性和国际性的文化体育、科学研究及其他社会公益活动的组织者或筹备者。注册商标的权利所有人是商品或者服务项目的生产者、经营者。②使用的目的不同。特殊标志的使用目的，是将所募集的资金，用于特殊标志所服务的社会公益事业，取之于民，用之于民。注册商标的使用目的，是生产者、经营者为了营利，而使自己的商品或者服务项目区别于其他生产者、经营者的商品或者服务项目，以便吸引消费者,从而达到其营利的目的。③使用和保护的范围不同。特殊标志可以使用在与其公益活动相关的所有商品或者服务项目上。注册商标限定使用在核定使用的商品或者服务项目上,并且在该范围内受到保护。④时效性不同。特殊标志的有效期为4年,需要延长期限的,由国务院工商行政管理局商标局根据实际情况和需要决定。注册商标的有效期为10年,期满后可以续展注册,而且可以无限期地重复续展。⑤适用的法律不同。我国的《特殊标志管理条例》是管理特殊标志的基本行政法规。我国的《商标法》是管理商标的基本法律。

应该注意的是,在特殊标志所有人授权许可并签订书面许可使用合同的情况下,特殊标志使用人可以将被许可使用的特殊标志与使用人的注册商标使用在同一商品或者服务上。

(四)商标的作用

商标是商品经济发展的产物,而商标又能够促进商品经济进一步发展。在商品生产、经营活动中,人们可以通过商标对商品或者服务作出迅速识别、稳定品质、扩大供销。商标具有以下基本功能:

1. 识别功能。识别功能是商标固有的最基本的功能,商标的其他功能都是从其派生出来的。不同生产、经营者的商品或者服务有着不同的商标。特定的商标总是与特定的生产、经营对象联系在一起的。在商标的指引下,人们将成千上万生产者、经营者的商品或者服务区别开来。商标是识别商品或者服务最简捷、最有效的手段。例如,"长虹"、"海信"是电器类商品商标,"雅戈尔"、"杉杉"是服装类商品商标,"中华"、"凤凰"是卷烟类商品商标,这些商标可以将同类商品的不同生产者、经营者区别开来。

2. 质量指示功能。商品和服务的质量是商标信誉的基础。不是所有的商标,都标示着商品或者服务的高质量。但是,特定的商标确实标示着特定的生产、经营对象一贯的稳定的质量水平。如果生产者、经营者要想维护自己的商标在消费者心目中的信誉,那么就必须不断地提高其商品或者服务的质量。因而在客观上,商标就起到了防止商品或者服务质量下降,从而保证商品或者服务的品质的作用。所以,商标具有质量指示功能。

3. 广告宣传功能。商品的生产者、经营者都希望把自己的商品销售出去;服务项目的经营者都希望招揽更多的消费者,以换取最大的利润。若商品和服务的信誉高,则其占有市场的份额就大,否则就小。而要宣传自己的商品和服务,则离不开商标。利用商标进行广告宣传,能够迅速地提高商品和服务的知名度,创造出广泛的市场效应。生产者、经营者通过正确地使用商标以及不断地进行广告宣传,能够使商品和服务的信誉积累昭示于商标之上,从而吸引消费者。商标的广告宣传功能,是通过使用和广告两种途径实现的。

**二、商标法**

(一)商标法的概念

商标与商事主体以及所适用的商品、服务紧密联系,不仅直接关系到商事主体的信誉,而且涉及到广大消费者的利益以及整个商品经济秩序,因而需要制订相关法律以规范国家的商标的管理。商标法是调整商标注册、商标使用、商标管理和商标权保护过程中产生的各种社会关系的法律规范的总和。我国现行的《商标法》是于1982年8月23日由第五届全国人民代表大会常务委员会第24次会议通过,其最近一次修正是2001年10月27日,经第九届全国人民代表大会常务委员会第24次会议获得通过。

(二)我国商标法的立法宗旨和主要原则

1. 我国《商标法》的立法宗旨。商标法是市场经济条件下的重要法律之一,它调整着因商标的注册、使用、保护以及管理所发生的各种社会关系。它不仅是商品生产者、经营者使用商标应当遵守的准则,而且也是保护消费者权益、维护正常市场竞争的法律手段。

许多国家或地区的商标立法都明确规定了其立法宗旨是保障生产者、经营者的商标权及消费者的利益,促进经济的发展。我国现行《商标法》第1条就明确规定了"为了加强商标管理,保护商标专用权,促使生产者、经营者保证商品和服务质量,维护商标信誉,以保障消费者和生产者、经营者利益,促进社会主义市场经济的发展,特制定本法"这一立法宗旨。商标法既保障公众免于混淆,又保护商标所有人免于丧失其市场。但是,《商标法》只规定了商标的所有者和使用者对商标侵权的诉讼理由,而没有为受损害的消费者提供直接的诉因,对消费者的保护主要通过《消费者权益保护法》来实现。

2. 我国商标法的主要原则。

(1)保护商标专用权与维护消费者权益相结合的原则。保护商标专用权是商标法的核心,但必须指出的是,商标法同样体现了对消费者权益的保护,所以保护商标专用权与维护消费者权益是一个互相促进、互相制约的关系。这个原则要求商标所有人必须保证商品和服务质量，维护商标信誉，维护消费者权益。

（2）注册取得商标专用权的原则。与注册取得商标专用权的原则相对应的，是使用原则。根据我国《商标法》第3条规定，经商标局核准注册的商标为注册商标，包括商品商标、服务商标和集体商标、证明商标；商标注册人享有商标专用权，受法律保护。可见，在我国要取得商标专用权，必须首先通过商标注册，未注册商标，虽然在一般情况下能够使用，但是不能够取得商标专用权。

（3）自愿注册为主的原则。与自愿注册为主的原则相对应的，是强制注册原则。根据我国《商标法》第4条规定，自然人、法人或者其他组织对其生产、制造、加工、拣选或者经销的商品，需要取得商标专用权，应当向商标局申请商品商标注册。自然人、法人或者其他组织对其提供的服务项目，需要取得商标专用权，应当向商标局申请服务商标注册。可见，是否申请注册取得商标专用权，由商标使用人自己决定。从这个角度讲，我国采用商标自愿注册原则。但是，在自愿注册的原则下，也有例外。我国《商标法》第6条规定，国家规定必须使用注册商标的商品，必须申请商标注册，未经核准注册的，不得在市场销售。根据《商标法实施条例》第4条规定，国家规定必须使用注册商标的商品，是指法律、行政法规规定的必须使用注册商标的商品。到目前为止法规要求必须使用注册商标的商品有人用药品和烟草制品。

（4）统一注册与分级管理相结合的原则。根据我国《商标法》第2条的规定，国务院工商行政管理部门商标局主管全国商标注册和管理的工作。国务院工商行政管理部门设立商标评审委员会，负责处理商标争议事宜。可见，在我国由商标局统一注册商标。而有关商标的管理，包括对注册商标与未注册商标的管理，则由国务院工商行政管理部门商标局主管和地方各级工商行政管理部门负责。

（三）商标法律制度的历史与现状

13世纪以前，欧洲一些国家已开始出现商标，但由于当时商品经济不发达，因而商标也并未引起人们的注意，直到自由资本主义时期，良好的经济环境和法律环境使商标法律制度应运而生。1803年法国的《关于工厂、制造厂和作坊的法律》开创了现代商标管理法律制度的先河，之后英国、德国、美国、日本相继颁布有关商标方面的法律。世界上第一部具有现代意义的商标法是法国于1857年制定的《关于以使用原则和不审查原则为内容的制造标记和商标的法律》。

我国商标的发展史可谓源远流长。早在汉朝时期我国就出现了商标的萌芽,在距今800多年前的北宋时期就已经有了图文并茂的商标。例如,现存的"济南刘家功夫针铺白兔商标",即出现在北宋时期。它是我国目前已知最早、保存最为完整的商标。然而,我国第一部商标法是清朝末年才制定的,1904年清政府颁布了《商标注册试办章程》,该章程共28条,由于清政府垮台,该章程并未得到实施。随后1923年、1931年北洋政府和旧中国政府都相继制定了商标法,1928年国民党政府设立了全国的商标注册局,实行全国商标统一注册,1932年颁布了商品分类表,但由于旧中国战事不断,事实上并未建立起完善的商标制度。

新中国成立后,为保证产品质量和消费者的利益,1950年政务院批准颁布了《商标注册登记暂行条例》及其实施细则,开始办理全国商标注册。1953年又公布了《关于未注册商标处理原则和处理办法》。这一时期的商标管理工作的重点是保护社会主义企业的商标专用权,肃清含有帝国主义、封建主义色彩的商标。1957年我国实行工商业社会主义改造以后,经济形势发生了重大变化,适应当时形势的需要,我国仿效前苏联的做法,实行商标全面注册制度,当年即受理注册商标两万多条。1963年国务院公布了《商标管理条例》,进一步强调全面注册原则,同年中央行政管理局公布了《商标管理条例实施细则》。然而,随之而来的"文化大革命"使商标法同其他法律制度一样化为乌有。

党的十一届三中全会后,我国开始走向社会主义建设的轨道,商标管理制度迅速得以恢复,1978年11月,国家工商行政管理局恢复了全国统一的商标注册工作。1982年8月23日,第五届全国人民代表大会常务委员会第24次会议通过了《商标法》,并于1983年3月1日起施行。1983年3月10日,国务院颁布了《商标法实施细则》,并于1988年1月进行第一次修订。《商标法》及其《商标法实施细则》全面规定了商标注册的条件和程序、注册商标的期限、转让和使用许可、注册商标争议的裁定、商标管理及注册商标专用权的保护等,其中在商标注册程序中的申请、审查、注册等诸多方面的原则,都达到或基本达到国际通行标准。

为适应改革开放和经济发展的需要,1993年2月22日,第七届全国人民代表大会常务委员会第30次会议通过了《关于修改〈中华人民共和国商标法〉的决定》,对《商标法》进行了一次重要修正,并于1993年7月1日起实施。1993年7月15日,由国务院批准对《商标法实施细则》

也做了进一步修改。修正后的《商标法》及其《商标法实施细则》增加了对服务商标的保护,强化了对注册商标专用权的保护力度,简化了申请手续,完善了确权程序。此外,国家工商行政管理局还发布了《商标印制管理办法》、《商标使用许可合同备案管理办法》等一系列规章。为进一步打击假冒注册商标的犯罪行为,维护商标权利人和广大消费者的合法权益,全国人民代表大会常务委员会在1993年制定了《关于惩治假冒注册商标犯罪的补充规定》,对严重侵犯他人注册商标并且构成犯罪的行为做了明确界定,并扩大了责任主体,提高了刑期,且对纵容、包庇犯罪行为的国家工作人员也规定了刑事责任,该《补充规定》后被纳入1997年修订的《刑法》中。1996年国家工商行政管理局发布了《驰名商标认定和管理暂行规定》,对驰名商标的认定和保护进行了系统的规定,从而使我国的驰名商标保护工作进入了法制化的轨道。

在近20年的时间里,我国商标注册和管理取得显著的成效,仅2001年申请注册的商标就达27万件。截至2001年底,我国有效注册商标量位居世界前列,达到145万多件,与日本、美国等商标大国并驾齐驱。然而,由于1982年制定《商标法》时,我国加入的知识产权国际公约仅限于《建立世界知识产权组织公约》。而到目前为止,我国已加入了《保护工业产权的巴黎公约》、《商标注册马德里协定》、《马德里议定书》、《尼斯协定》,并于1994年分别在世界贸易组织的《与贸易有关的知识产权协议》和世界知识产权组织的《商标法律条约》上签字。而我国在2001年12月11日正式加入世界贸易组织后,原有《商标法》的缺陷成为我们履行各项公约的障碍。为实现我国加入公约时的承诺,2001年10月27日,第九届全国人民代表大会常务委员会第24次会议通过《关于修改〈中华人民共和国商标法〉的决定》,并对《商标法》做了进一步修正。修改后的《商标法》具有以下特点:一是扩大了商标的保护客体,增加了对地理标志、三维标志、驰名商标的保护规定,并将集体商标、证明商标从原来的《商标法实施细则》中增加到《商标法》中;二是放开了自然人商标注册申请权,规定了商标权的共有;三是简化和完善了注册程序,例如完善了注册无效程序、撤销程序,增加了错误更正程序、优先权的规定等;四是加大了对侵权行为的处罚力度,增加了查封、扣押、没收等手段,强化对权利人的损害赔偿。此次修改的幅度较大,涉及47项内容,新增了23个条款,更进一步确立了商标权的私权本质。至此,我国已建立起一整套与国际接轨、高标准的商标法律制度。它为我国企业积极参与国际国内市场竞争奠定了更加坚实的法律基础，对于促进我国社会主义市场经济的健康发展必将发挥其应有的作用。修改后的《商标法》自 2002 年 9 月 15 日起施行。2002 年 8 月 3 日，国务院公布了《商标法实施条例》，自 2002 年 9 月 15 日起施行。

##  第二节 禁用和禁注的标志

除了法律规定的情况外，商标可以不经注册而使用，但某种标志作为商标来使用就必须具备一定的条件，这种条件就是商标的使用条件。不具备商标使用条件的标志，即为不得作为商标使用的标志。某种标志即使具备了作为商标使用的条件，也只能说明其可以作为商标来使用，如其需要获得商标专用权的保护，还需要具备商标的注册条件，并且依法进行注册。

### 一、不得作为商标使用的标志

1.《商标法》第 10 条第 1 款第 1 项规定，同中华人民共和国的国家名称、国旗、国徽、军旗、勋章相同或者近似的，以及同中央国家机关所在地特定地点的名称或者标志性建筑物的名称、图形相同的标志，不得作为商标使用。

国家名称、国旗、国徽是国家的象征，《国旗法》、《国徽法》对其使用有严格的规定；军旗则是军队的象征，勋章是国家赋予的一种荣誉；我国中央国家机关所在地是中南海，标志性的建筑物有人民大会堂、新华门和紫光阁等。以上述这些名称或者图形作为商标，不仅有损于国家的尊严，而且极易对消费者产生误导，所以，不能将其随意进入商业领域。例如，杭州曾有企业申请"PRC"商标，而 PRC 被用于中华人民共和国的英文缩写，因此，该申请不能被核准。

2.《商标法》第 10 条第 1 款第 2 项规定，同外国的国家名称、国旗、国徽、军旗相同或者近似的标志，不得作为商标使用，但该国政府同意的除外。

这是一项国际惯例，以体现对其他国家的尊重。1952 年《巴黎公约》的海牙文本增加了这方面的规定，即外国（仅指成员国）国家的国徽、国旗或其他象征国家标志不能作为商标使用。但如果某一成员国的法律允许将本国的国旗、国徽等图案作为商标使用的,则不适用该禁例。另外,在加入公约前已经在该国善意使用带有这些标志的商标的,也不在禁止之列。

3.《商标法》第10条第1款第3项规定,同政府间国际组织的名称、旗帜、徽记相同或者近似的标志,不得作为商标使用,但经该组织同意或者不易误导公众的除外。

政府间国际组织,是主权国家通过国际条约建立的机构。一般具有独立的地位,在国际交往中享有外交豁免等特权。例如,联合国、国际货币基金组织、世界贸易组织、国际复兴开发银行、国际劳工组织、国际原子能委员会等等。同政府间国际组织的名称、旗帜、徽记相同或者近似的标志,不得作为商标使用,这也是一项国际惯例。它是为了尊重这些国际组织,体现国家之间平等互助和团结协作的精神。

4.《商标法》第10条第1款第4项规定,与表明实施控制、予以保证的官方标志、检验印记相同或者近似的标志,不得作为商标使用,但经授权的除外。

官方标志和检验印记在国家经济生活中起着维护秩序的重要作用,这些标志的使用直接受到有关法律、行政法规的调整。官方标志是指国家机关使用的专门标志,例如,海关标志、质量认证标志等。检验印记包括进出口检验、卫生检验印记等。由于这些标志已有完整的管理体系,若再作为商标由他人注册,则必将会与认证标志的管理发生矛盾,不利于维护国家行政管理体系的统一性。因此,未经国家有关主管部门批准,官方标志和检验印记不得作为商标使用或注册。

5.《商标法》第10条第1款第5项规定,同"红十字"、"红新月"的名称、标志相同或者近似的标志,不得作为商标使用。

1864年的《日内瓦公约》规定"红十字"作为国际红十字会的标志。国际红十字会,是一个志愿的国际性救护、救济团体。与其相对应的,以"红新月"为标志的组织为"红新月会",它是伊斯兰教国家的志愿的、国际性的救护、救济组织。根据有关国际条约的规定,国际红十字会和红新月会标志和名称,不得用于与组织目的无关的活动。我国《商标法》具体规定为:同"红十字"、"红新月"的名称、标志相同或者近似的标志,不得作为商标使用。

6.《商标法》第10条第1款第6项规定,带有民族歧视性的标志,不得作为商标使用。

第三章 商标权法律制度

这一规定体现了我国对各民族的尊重。我国是一个多民族国家，各民族一律平等，宪法规定禁止对于任何民族的歧视，因此，法律不准许使用或注册带有民族歧视性的商标。例如，历史上曾用的"大汉"、"小满"、"王回回"商标，已被禁止使用。这里的"民族"在理解时应包括外国民族和种族，带有种族歧视的商标也在禁止之列。例如，国家工商管理局就曾经下发文件，禁止"DARKY"牌牙膏，因为"DARKY"是歧视黑人的语言，汉语为"黑鬼"，因此，不仅不予注册，并且禁止将其作为商标使用。

7.《商标法》第10条第1款第7项规定，夸大宣传并带有欺骗性的标志，不得作为商标使用。

为了保障消费者权益，商标应保证产品的质量，如实地反映商品的特点，而不应该利用商标夸大宣传商品的质量、原料、功用等，借以欺骗消费者。例如，最好牌鼠标、长寿牌葡萄酒等等，都是被禁止使用或注册的商标。但是，由于历史的原因，实践中已有不少这方面的商标注册，例如，"永久"牌自行车等。

中国贵州茅台酒厂有限责任公司经贵州省商标事务所代理在商标注册用商品和服务国际分类第33类"酒精饮料（啤酒除外）"商品上向商标局提出了"茅台国酒及其拼音"商标注册申请，商标局于2001年10月7日予以核准，注册号为第1647514号。

经审查，"国酒"称谓是对某种品牌酒品质的褒扬，既不应为一家企业独占使用，其荣誉也不可能永恒。因此，"茅台国酒"指定使用在酒精饮料（啤酒除外）商品上，夸大宣传了本商品的质量特点，而且作为商标注册不具有显著性，违反了《商标法》及其《商标法实施条例》的有关规定。因此，国家工商行政管理总局商标局于2002年9月6日决定撤销第1647514号"茅台国酒及其拼音"注册商标。

8.《商标法》第10条第1款第8项规定，有害于社会主义道德风尚或者有其他不良影响的标志，不得作为商标使用。

商标是一种具有文化功能的知识产权。商标作为一种区别商品或者服务来源的文字、图形、字母、数字、三维标志和颜色组合以及上述要素的组合，具有传递信息的功能。我国是社会主义国家，一切法律均具有体现统治阶级意志的作用，所以与商标相关的法律自然也就不会允许商标传递违背宪法原则的信息，避免不健康商标设计给社会带来不良的影响，以免有害于社会主义道德风尚。

沈阳市永丰食品厂系沈阳市于洪区杨士乡法律事务所下属集体所有制企业，主要从事糖果、小食品制造。1996年5月，该厂将印有彭德怀等"十大元帅"头像商标标识使用在该厂生产的糖果上销售，取名为"大元帅"糖。沈阳市工商行政管理局于洪分局组织办案人员，先后几次到该厂以及市场上调查取证，了解企业经营情况。于洪分局认为，该企业的上述行为，违反了《商标法》有关规定，以广大人民群众敬仰的彭德怀等"十大元帅"头像作为商标标识使用，给社会造成了不良影响。为制止这种商标违法行为，于洪分局根据《商标法》及其《商标法实施细则》的有关规定，对沈阳市永丰食品厂进行了查处，封存并收缴其商标标识，同时处以罚款。

"十大元帅"是我国的开国功勋，深受广大人民群众的爱戴与尊敬。辽宁省沈阳市永丰食品厂尽管并未将"十大元帅"商标进行注册申请，而是作为未注册商标使用，但是，其仍然受到《商标法》禁用条款的限制。因为禁用条款的规定并不是解决某商标专用权的归属问题，而是解决哪些文字、图形等不能作为商标使用，因而不分是否注册，只要违反《商标法》中禁用条款的规定，就不能加以使用。例如，曾经有人将酒取名为"二房佳酿"，这与我国的文化道德和善良风俗是背道而驰的，显然，应依法被禁止使用。

关于什么是《商标法》规定的"有害于社会主义道德风尚或者有其他不良影响的"文字、图形等，则应在个案中具体情况具体分析，因为社会生活非常复杂，明确地加以列举或者制定详细的便于操作的标准也是非常困难的。这就要求各级工商行政管理机关商标管理人员提高认识，加强自身的辨别能力，做好商标法律制度的普及和宣传工作，尽量做到"防患于未然"，避免出现使用违反《商标法》禁用条款规定的商标的现象。

9.《商标法》第10条第2款规定："县级以上行政区划的地名或者公众知晓的外国地名，不得作为商标。但是，地名具有其他含义或者作为集体商标、证明商标组成部分的除外；已经注册的使用地名的商标继续有效。"

地名不得用作商标，是国际上的惯例。因为允许一个企业将某地名作为商标，就会使该国、该地区或者该地方的其他企业在其同类产品或者服务中不能再使用这一名称，这样会造成不公平竞争；同时，也容易使该商标失去区别功能，从而给消费者识别商品或者服务设置障碍。

例如，河南省洛阳市举行洛阳牡丹节，某纺织厂设计了一种款式新颖的短衫，在牡丹节期间投放市场，销路很好，后来很多厂家相继仿制，对该纺织厂影响很大。为了维护工厂的利益和把握市场前景，该厂于2002年10月10日向国家商标局提出"洛阳"牌商标的注册申请，在其申请注册期间，某服装厂继续生产与纺织厂样式完全相同的短衫，并使用了"洛阳"商标（仅文字相同，图案、字形均不相同）。该纺织厂即向工商行政管理部门提出保护其商标专有权的申请。而商标局于2002年11月11日驳回该纺织厂的商标注册申请。显然，驳回是正确的，因为根据《商标法》第10条第2款规定，县级以上行政区划的地名不得作为商标。

然而，值得注意的是，《商标法》第10条第2款为此设定了例外情形。其中设定的一个例外情形是，地名具有其他含义，或者作为集体商标、证明商标组成部分的除外。所谓其他含义，有两重意思：①有的词汇有多种含义，而地名的含义并不突出。将该地名作为商标使用，不会使人误认为它标记的商品或者服务与有关的行政区域有什么联系。例如，长寿、凤凰、和平、仙桃等等。②有的词已经多年作为商标使用，消费者已经公认其为商标的。既然它已经起到了商标的作用，就应该承认其具有"第二含义"，即商标的特征。

例如，山东省济南红河饮料制剂经营部是注册商标"红河"的商标权人，而云南红河光明公司在其生产的啤酒上也使用"红河"字样的商标。作为注册商标"红河"的商标权人，山东省济南红河饮料制剂经营部认为，云南红河光明公司的行为侵犯了其"红河"商标专用权。云南红河光明公司认为，根据《商标法》的有关规定，县级以上行政区划的地名或者公众知晓的外国地名，不得作为商标使用。"红河"是云南省的州县名称（红河哈尼族彝族自治州是云南省行政区划的一个州），因此，"红河"依法不能被作为商标注册使用。

于是，云南红河光明公司向国家工商行政管理总局商标评审委员会提出申请，要求撤销"红河"注册商标。结果，商标评审委员会裁定维持该注册商标。云南红河光明公司不服又向北京市第一中级人民法院起诉。

商标评审委员会为了说明"红河"是我国对越南境内的该河流的称谓和名称翻译，在庭审时将《中国地图》、《世界地图》以及《辞海》等和盘托出，详细说明。最终法院采纳了商标评审委员会的意见，认为"红河"能够使人理解为一条河流的名称，"红河"虽然是县级以上的行政区划地名，但其具有其他的含义（即第二含义），属于例外情况，可以被作为商标注册使用。因此，法院最后判决：驳回云南红河光明公司的诉讼请求。

集体商标和证明商标可以使用地名作为商标的组成部分。集体商标和证明商标从其本身的性质出发,有时不可避免地需要使用地名作为商标的组成部分,例如,用以证明产品原产地的证明商标,必然涉及原产地的地名。

《商标法》第10条第2款设定的另外一个例外情形是,已经注册的使用地名的商标继续有效。所谓已经注册的使用地名的商标继续有效,是指在1988年《商标法实施细则》明令禁止以前已经获得注册的使用地名的商标,继续有效。

现实中,已经有不少商品以地名作为商标,并且已经被核准注册的使用地名的商标,不乏其数。例如,"青岛"牌啤酒、"北京"牌电视机等。当然,一些虚拟的地名则不受限制,例如,伊甸园、花果山等。

**二、不得作为商标注册的标志**

商标不能注册,并不等于一定不能使用。根据世界贸易组织的《与贸易有关的知识产权协议》的有关规定,不具备显著性的商标,可以通过使用获得显著性,从而可以注册。可见,如果因为商标没有显著性就不允许使用,那么就堵塞了商标通过使用获得显著性的可能性,既不利于保护商标所有人的合理权利,同时又与世界贸易组织的《与贸易有关的知识产权协议》的有关规定相冲突。为了便于管理,保持法律的严肃性,我们应当把使用商标和注册商标的禁用标志进行区分。

因此,《商标法》将商标禁用标志的规定分为两条:《商标法》第10条规定所有商标都不准使用的标志,这些标志在《巴黎公约》第6条中也是禁止作为商标使用的。《商标法》第11条专门规定了不得注册的标志,但是,这些标志可以作为未注册商标使用。

1.《商标法》第11条第1款第1项规定,仅有本商品的通用名称、图形、型号的标志,不得作为商标注册。

商品的通用名称,是指在某一区域内为生产经营者或者消费者普遍用于称呼某一商品的名称,例如,"葡萄"酒、"棉花"糖、"椰子"汁等。商品的通用图形,是指某一种类商品的一般图形,例如,以棉花图形作为棉花糖的商标,以椰子图形作为椰子汁的商标。商品的型号,是指商品的性能、大小、规格等。商品的通用名称、图形、型号,是指在某一区域内为生产者、经营者或者消费者普遍用于称呼某一商品的文字、图形、型号。商品的名称、图形、型号一般可以由生产该商品的企业用于商品或商品的包装上，从而便于消费者辨认。所以，它不能由某一个企业作为商标注册而专用，否则会影响本行业其他企业的正常业务。另外，仅有本商品的通用名称或者图形作为该商品的商标，也起不到区别各生产者、经营者的作用。因此，仅有本商品的通用名称、图形、型号的标志，不得作为商标注册。

上海某进出口公司经营罗纹砚台的出口业务。1992年9月，该公司及其下属的各砚台厂相继收到某省某县砚台厂发出的通知，称其经商标局核准于1992年8月30日注册了"罗纹"商标，已享有"罗纹"商标专用权，今后任何单位未经其许可，不得擅自使用，违者追究侵权责任。欲使用"罗纹"标记的任何单位，都应该作为被许可使用方，向其支付许可使用费。

1992年9月29日，上海某进出口公司以注册不当为由向商标评审委员会提出罗纹砚商标异议，要求撤销"罗纹"商标注册。该公司称：罗纹砚的开发自唐朝开始，其取材于一名贵石材"罗纹石"，因该石材最早发现于罗纹山罗纹坑，并且具有遍布如丝罗织物的细密纹理特征而得名。国内工艺美术界的有关刊物《文房四宝》等以及日本的笔砚销售广告也都将"罗纹"视为砚台的特定品种名称。它现已成为砚台的生产销售领域和工艺美术界的一种砚台的通用名称。所以，"罗纹"标志缺乏显著性特征，它只能标示一种砚台商品，而不能识别和区分此类商品的不同生产者、经营者，因而不能起到商标的作用，不符合商标注册的条件。商标是表明商品或服务来源，并区别他人同类商品或服务的标记。商标的显著特征是注册商标的必备条件之一，商标只有具备显著特征，才能便于识别和区分。而商品的通用名称，只表示商品质量、原料等的标志，都是代表了同一类商品的共同性，而无法将这同一类的却来自不同商品生产者、经营者的商品区别开来。因此，"罗纹"不能作为砚台商品的商标得到注册和保护。本案结果：商标评审委员会采纳了上海某进出口公司的建议，于1993年11月6日裁定撤销某县砚台厂的"罗纹"商标。再者，如果一个标志属于通用名称，那么该类商品生产者都有权使用。如果将这种不具有显著特征的标志作为商标注册，则必将给他人的使用造成障碍，在客观上助长了一些商品生产者、经营者不应有的垄断欲望，从而造成了不公平竞争。

无独有偶，1998年8月7日，备受社会各界关注的金华市"西湖"牌藕粉商标争议案，终于有了一个明确的说法。国家工商行政管理局商标评审委员会终审裁定，金华市金莲实业有限公司对金华市西湖藕粉厂注册

"西湖"商标提出注册不当理由成立,该商标注册予以撤销。

1997年6月2日,金华市西湖藕粉厂起诉金华市金莲实业有限公司,认为金莲实业有限公司一直使用"西湖藕粉"名称生产销售藕粉,侵犯了其"西湖"商标注册专用权,要求法院判令金莲实业有限公司赔偿其经济损失四十七万余元,并且登报公开赔礼道歉。金莲实业有限公司认为,"西湖藕粉"是历史悠久的浙江特产名称,与"龙井茶叶"、"杭白菊"、"杭州刺绣"齐名。浙江省共有藕粉生产企业20多家,经营企业上千家,都以"西湖藕粉"为浙江藕粉的产品名称。所以,金华市西湖藕粉厂将共享名称"西湖"藕粉作为商标注册,违反了《商标法》有关规定。于是,同年6月9日,金莲实业有限公司向国家商标评审委员会提出申请,要求撤销金华市西湖藕粉厂申请注册的"西湖"藕粉商标。

经审查,国家商标评审委员会认为,西湖藕粉泛指浙江藕粉,浙江藕粉生产、经营企业在"西湖"商标注册前已经广泛使用,在行业内已约定俗成。浙江省及杭州市食品协会的说明也可以作为佐证,"西湖藕粉"已成为浙江藕粉的代称。金华市西湖藕粉厂作为浙江藕粉生产企业,特别是其法人代表原为金莲实业有限公司的员工,对上述情况十分清楚。因此,金莲实业有限公司提出注册不当理由成立,依法撤销金华市西湖藕粉厂申请注册的"西湖"藕粉商标。

商品的通用名称并不是一成不变的。某一特定商品的商标在一定条件下可能演变为该商品的通用名称。例如,某一特定商品非常有名,其商标可能成为同种商品的代名词,导致该商标变成商品的通用名称;又如,某一产品系专利产品或新产品,在只有该种产品的情况下,人们往往把该商品的商标作为该商品的通用名称;再如,电视、广播、报刊等新闻媒体也往往将一些特定商品的商标作为该商品的名称来使用,这些都有可能导致商标演变为商品的通用名称。所以,如何认定某一商标是否已经演变为商品通用名称,是问题的关键。一般情况下,商标在特定商品上失去识别作用时,即变成了商品的通用名称。认定"失去识别作用"的主体,一般应该是商品经销者,而不能以消费者的眼光来看待。

2.《商标法》第11条第1款第2项规定,仅仅直接表示商品的质量、主要原料、功能、用途、重量、数量及其他特点的标志,不得作为商标注册。

此项规定实际上是禁止以商品本身的特点作为该商品的商标。就同一种商品而言,其原料、功能、用途等特点是一致的,因此,用商品的特点

第三章 商标权法律制度

作为商标，不具备识别不同生产者、经营者的显著特征。另外，以商品的质量、功能等作为商标，往往容易出现夸大性宣传，误导消费者。由此可见，仅仅直接表示商品的质量、主要原料、功能、用途、重量、数量及其他特点的标志不得作为商标注册。

某厂去年以来生产土豆片、锅巴等小食品，使用"香脆"二字作为未注册商标。今年，该厂决定以"香脆"为商标，提出注册申请，使用商品为土豆片、锅巴。这一商标当然不能被核准注册，因为根据《商标法》规定，仅仅直接表示商品的质量、主要原料、功能、用途、重量、数量及其他特点的文字、图形等不能作为商标注册。显然，"香脆"作为仅仅直接表示土豆片、锅巴的质量特征的词语，不能被核准注册。

但是，如果直接表示商品的质量、主要原料、功能、用途、重量、数量及其他特点的标志与其他文字、图形、字母、数字、三维标志以及颜色组合等商标要素构成其他组合，则可以注册为商标。

例如，复审申请人日本脏器制药株式会社委托中国贸促会提交《商标驳回复审申请书》，对在第5类人用药品等商品上申请注册的"神经妥乐平"商标，被商标局驳回不服，申请复审。商标局驳回的主要理由是：申请商标直接表示了本商品的用途，因而不予核准。而申请复审的主要理由是：三十多年来，申请人与中国一直保持着良好的往来，申请商标的对应英文商标"NEUROTROPIN"已于1981年在中国注册，药品商标一般均有一定的暗示性，但与《商标法》无直接冲突，申请人所申请的商标就是此类商标。这一理由未被接受，复审请求仍被驳回。

原《商标法》的有关条款有这样的规定：直接表示商品的质量、主要原料、功能、用途、重量、数量及其他特点的文字或图形不得作为商标使用。因为直接表示商标的质量、主要原料、功能、用途重量、数量及其他特点的文字或图形，是各生产者、经营者在其商品或者服务上常用的说明性的文字或图形，属共同的范畴，禁止独家垄断。同时，直接标识商品的质量等特点的文字或图形的商标不能使消费者区别不同的生产者、经营者，不具备显著性，无法为消费者所识别，因而原商标注册申请被商标局驳回。然而，修改后的《商标法》则扩大了可以作为商标使用和注册的范围。《商标法》第11条第1款第2项规定，仅仅直接表示商品的质量、主要原料、功能、用途、重量、数量及其他特点的标志，不得作为商标注册。根据该条款规定，只有"仅仅"而且"直接表示"，才禁止作为商标注册。对新《商标法》该条款内容的解释，应该包括以下几个方面：①即使是"仅仅直接表示",也只是不能作为商标注册,而并非不得作为商标使用。②如果文字或图形对本商品的上述特征仅以间接、暗示性表示的,那么就不在禁止注册之列。往往这些具有暗示性的商标,被认为是设计巧妙的商标,例如,"蜜蜂"牌发动机气缸密封圈、"百灵"牌乐器。③如果虽然是直接表示的,但还包含其他内容时,那么也可以作为商标注册。

在本案申请注册的商标中"妥乐平"三个字无明确含义,虽然其"神经"二字的含义是人体组织之一,将其用于药品商标上,明显有所指,但是它已经不属于《商标法》第11条第1款第2项规定的范围了,因而在不违反其他法律的情况下,可以作为商标注册。

3.《商标法》第11条第1款第3项规定,缺乏显著特征的标志,不得作为商标注册。

商标是识别不同生产者、经营者的商品或者服务的专用标记。生产者、经营者使用商标的目的是为了推销自己的商品,经营自己的服务项目,从而使不同生产者、经营者的商品或者服务能够相互区别、比较和鉴定,所以,作为商标注册的标志应具有显著性。《商标法》第9条明确规定,"申请注册的商标,应当有显著特征,便于识别"。《商标法》第11条第1款第3项则进一步规定,缺乏显著特征的标志,不得作为商标注册。这是《商标法》对商标注册提出的实质性要求。

根据《商标法》第9条以及第11条第1款第3项规定,申请注册的商标,应当有显著特征,便于识别,否则,不得作为商标注册。商标必须具有显著性,也就是具有可识别性,才能发挥其表明商品或者服务的来源、表示商品或者服务的质量以及广告的作用。因而商标的显著性,是商标注册的首要条件。此方面的显著性,是指商标用于特定种类的商品或者服务上,能够使其与他人的同种或类似的商品或者服务区别开来。一方面,不能以仅仅是商品的通用名称或仅仅直接表示商品的质量、主要原料、功能、用途、重量、数量及其他特点的文字或图形注册为商标,这样会使商标失去区别出处的显著性;另一方面,虽然商标本身可以实现区别来源的结果,但是,在客观上商标如果不具备显著性就容易造成消费者的误认,对于这样的商标,不能被认为其具有可识别性。

4.《商标法》第11条第2款规定:"前款所列标志经过使用取得显著特征,并便于识别的,可以作为商标注册。"实践中,有些使用商标不具有显著特征,但是,经过长期使用,逐渐被消费者认可,一提起某商标,消费者立即就知道某商品或者服务的来源,这时,该商标就取得了显著特征。对于这类商标，法律允许其核准注册。例如，"永久"自行车、"五粮液"酒、"两面针"牙膏等商标，有的只反映商品的质量或原料，有的原本就不具有显著性，但是因为长期使用，广为消费者熟知，已经取得显著特征，并且便于识别。因而，这些商标的注册申请，均已被核准。

英国某公司曾经在我国申请一个字母"K"作为鞋类商标注册，商标局根据当时的《商标法》认为，它不符合《商标法》所要求的应具有显著特征的规定，所以，不能作为商标注册。

然而，这里需要注意的是，修改后的《商标法》在此方面做了很大的调整，放宽了商标使用和注册的范围。修改后的《商标法》第11条第2款规定："前款所列标志经过使用取得显著特征，并便于识别的，可以作为商标注册。"因而该公司暂时虽然不能注册"K"商标，但是可以在自己的业务中使用"K"商标，而且通过长期使用该商标，使其取得显著特征时，再申请商标注册。

5.《商标法》第12条规定："以三维标志申请注册商标的，仅由商品自身的性质产生的形状、为获得技术效果而需要的商品形状或者使商品具有实质性价值的形状，不得注册。"

湖北荆州地区某酒厂根据编钟造型，设计出一种造型新颖别致的酒瓶。为了防止他人仿造这种造型的酒瓶，该酒厂申请将这种酒瓶造型注册为商标。

试想，将这种酒瓶造型申请商标注册能否获得核准？回答是肯定的，这种酒瓶造型可以获得商标注册，因为这一形状并不具有技术效果。

再者，根据《专利法》有关规定，这种特殊的酒瓶造型还可以申请外观设计专利。当然，外观设计专利有时间限制，它不能像注册商标那样无限期地续展下去。

6.《商标法》第16条第1款规定："商标中有商品的地理标志，而该商品并非来源于该标志所标示的地区，误导公众的，不予注册并禁止使用；但是，已经善意取得注册的继续有效。"

地理标志是标示某商品来源于某地区，该商品的特定质量、信誉或者其他特征，主要由该地区的自然因素或者人文因素所决定的标志。如果某一商品的商标中含有商品的地理标志，而该商品并非来自该地理标志所标示的地区，那么它就极易误导消费者，使消费者轻信该商品的信誉和品质，甚至给消费者带来不必要的损失。同时，对于该地理标志所标示地区的商品生产者、经营者来说，也构成了不正当竞争，因为使用该地理标志者，利用该地区商品在消费者心中的良好信誉，获取了丰厚的利润。因此，如果商标中有商品的地理标志，而该商品并非来源于该地理标志所标示的地区，那么该商标应不予注册并禁止使用。

由于修改前的《商标法》没有此方面的规定，造成了一些已注册商标中含有商品的地理标志，而该商品却并非来源于该标志所标示的地区。例如，天津电视机厂生产的"北京牌"电视。当然，这些已注册商标的所有人并非恶意注册。如果根据修改后的《商标法》第16条第1款的规定将其予以撤销或者禁止使用，那么就对这些已注册商标的所有人不公平，给其造成不应有的损失。所以，在《商标法》本次修改时，对于商标中含有地理标志的规定增加了一种例外情况，那就是申请人在申请商标注册时，如果其注册商标中含有地理标志，而该地理标志并非是使用该注册商标的商品的真实产地，并且在申请人处于善意、商标局也给予了注册的情况下，那么，这样的注册商标应该继续有效。这种例外情况，主要是针对《商标法》修改前已经注册的商标规定的。

## 第三节 商标权的取得和终止

商标权的取得和终止必须符合法律规定的条件。本节主要介绍商标权的取得方式和原则、商标注册的申请与审核、商标权的有效期限以及商标权的争议和终止。商标注册以自愿为原则，但只有注册商标才享有商标专用权。但是，国家对部分特定商品要求强制注册。目前，我国强制注册的商品只有烟草制品和人用药品，其中烟草制品指的是卷烟、雪茄烟和有包装的烟丝，一般烟叶不在此列。

### 一、商标权的取得

#### （一）商标权的取得方式

商标权的取得，是指某个特定的主体根据一定的法定方式获得商标专用权，依法成为商标权人。商标权的取得方式，分为原始取得和继受取得。商标权的取得，必须按照法律规定的程序进行。商标权的原始取得，应该按照商标注册程序即商标注册的申请、审查以及核准程序办理。而商标权的继受取得，则应该按照转让和继承注册商标的程序办理，只有这样，受让人或者法定继承人才能取得商标权。我国《商标法》第4条规定:"自然人、法人或者其他组织对其生产、制造、加工、拣选或者经销的商品,需要取得商标专用权的,应当向商标局申请商品商标注册。自然人、法人或者其他组织对其提供的服务项目,需要取得商标专用权的,应当向商标局申请服务商标注册。"《商标法》第39条规定:"转让注册商标的,转让人和受让人应当签订转让协议,并共同向商标局提出申请。受让人应当保证使用该注册商标的商品质量。"

1. 原始取得。商标权的原始取得又称直接取得,是指商标权第一次产生或者不依靠原所有人的权利而取得商标权。商标权的原始取得,既不是基于他人原有的权利,又不以他人的意志为根据。大多数的商标权都是通过原始取得的方式获得的。一般财产所有权的原始取得方式主要是生产、孳息、添附、没收等。商标权作为一项知识产权,因其所具有的与一般财产权不同的属性,致使其权利的产生方式与一般财产权的产生方式有所不同。商标权的原始取得方式,是通过有关部门授权,也就是商标注册申请人将其商标向商标局提出注册申请,商标局经审查核准,授予其商标专用权,从而使商标注册申请人成为该商标的第一个权利人。商标注册申请人可以是商标标志的设计人,也可以是以合法方法从商标设计人处获得标志使用权的自然人、法人或者其他经济组织。

2. 继受取得。商标权的继受取得又称传来取得,是指商标权的取得不是最初产生的,而是以原权利人的商标权为依据而产生的,其权利的内容、范围等都以原权利为依据。继受取得有四种情况:

(1) 通过继承或赠与等方式取得商标权。这是指商标所有人因死亡或其他原因,将商标专用权移转给其合法的继承人或者权利义务的承担者。由于原《商标法》不允许一般自然人作为商标权主体,遂商标权因继承而取得的情况基本没有。而2001年修订后的《商标法》赋予了自然人申请商标注册的权利,所以商标权因继承或赠与而获得的情况将会不断出现。以继承或赠与方式取得商标专用权,一般有两种情况:①作为自然人的商标权人死亡,其继承人根据法定的继承程序继承死者生前享有的商标专用权;②作为自然人的商标权人因年老或者病残丧失了生产经营能力,由他人继受取得其商标专用权,从而继续进行其生产经营活动。

(2) 根据商标权的转让合同,出让人向受让人有偿或无偿地转让商标专用权。在商标权的价值越来越得到人们重视的今天,商标权的转让一般都是有偿的。其主要转让方式有:①通过商标权的转让合同将商标专用权转让给受让方;②在企业破产、终止时,通过拍卖的方式取得该企业的商标专用权；③以债权人身份取得债务人享有的商标专用权，从而抵偿债务人所欠其债务。

(3) 因企业合并而承受商标专用权。企业合并是将不同企业的资产加以整合，重新组成一个新的企业或者使原企业的规模得到扩大。新的企业或者变更后的企业将概括承受被合并企业的有形资产、无形资产以及各项债权债务，其中包括商标专用权。

(4) 因其他合法根据而取得商标专用权。例如，因合伙而共有商标权等。无论采取哪种方式继受取得商标专用权，都应该符合有关商标权转让的法律规定并且办理相关手续。

(二) 商标权的取得原则

1. 注册原则。自从1857年法国颁布《注册商标法》，创立了商标注册制度以来，包括英国在内的普通法国家或地区，以及大陆法国家或地区都纷纷颁布了自己的商标法，引进了商标注册制度。根据商标注册制度，商标权经注册而产生，于是新的商标权的取得制度便由此出现。注册原则是指以商标注册作为取得商标专用权的条件，只凭使用商标这一事实不能产生任何权利，在法律上得不到有效的保护。这种原则为商标权的管理和保护确定了一个容易判断的、明确的标准，避免了注册商标长期处于不稳定状态的情况，有利于解决商标纠纷。

2. 使用原则。这是一种最早出现、至今仍在一些普通法国家所采用的商标权的取得制度。商标的使用是实现商标功能的惟一途径，使用原则注重的正是商标的功能。使用原则是指商标的首先使用人有权取得商标的专用权，而无论其是否办理了商标注册手续。采取这种商标权取得制度的国家将注册看作是一种声明，而不是确定商标权归属的根据。这种原则的优点在于保护在先使用人对其所使用的商标应该具有的合法权益，防止他人恶意抢注在先使用人已使用的商标。商标的价值是通过使用而取得的，商标使用人在使用商标的过程中或多或少要投入一定的资金，采用使用原则可以使商标在先使用人的付出得到合理回报。使用原则的最大弊端是，它在保护商标在先使用的同时，忽视了对一般商标注册人的保护，因为一般商标注册人很难知道某一商标是否已经被他人使用。使用原则不利于商标的管理工作以及商标纠纷的解决。

3. 混合原则。这是在原有的使用原则基础上，吸收了注册原则而形成的一种混合的制度。混合原则是以在规定期间内是否有人对已注册的商标提出指控来决定商标专有权（指在先使用人享有的）是否存在。根据这种制度，首先使用某个商标的人，对该商标的使用受法律保护，无须履行注册手续。如果有人将该商标予以注册，则在先使用人可以提出异议，要求宣告该商标注册无效。但是，如果在法定期间内没有提出异议，则商标注册人取得商标权。

英美法系国家和地区基本上采取注册原则和使用原则并重的做法，也就是说，使用和注册都可以产生商标权。所不同的是，通过使用取得商标专有权，必须是商标已经使用并在一定范围内确立了商品或者服务信誉；而通过注册取得商标专用权，并不要求申请注册的商标已使用以及产生商品或者服务信誉。而且法律对因使用而取得商标专有权的保护力度也不及因注册而取得商标专用权的保护力度大。

与实行单一的使用原则或者单一的注册原则相比，混合原则既能够通过传统的使用原则，避免单一注册原则下有时会产生的权利分配的不公平，例如，"商标抢注"现象；同时又能够通过注册原则，解决单一使用原则下的权利的不确定性。我国在商标权的取得上采取注册原则，也就是说，只有经过注册的商标，才有权排斥他人使用或注册相同或者近似商标，也才有权对侵权行为提起诉讼。我国《商标法》对商标注册规定了严格的程序，但是，同时也充分考虑了商标在先使用人的利益。例如，我国《商标法》第29、31条规定都涉及到商标的在先使用权问题。《商标法》第29条规定："两个或两个以上的商标注册申请人，在同一种商品或者类似商品上，以相同或者近似商标申请注册的，初步审定并公告申请在先的商标；同一天申请的，初步审定并公告使用在先的商标，驳回其他人的申请，不予公告。"《商标法》第31条规定："申请商标注册不得损害他人现有的在先权利，也不得以不正当手段抢先注册他人已经使用并有一定影响的商标。"

**二、商标注册的申请与审核**

商标注册是指商标注册申请人为了取得商标专用权，将其使用的商标，根据法律规定的注册原则、注册条件以及注册程序，向商标局提出注册申请，经商标局依法审核，准予注册的法律制度。在我国，商标注册是确定商标专用权的法律依据。

（一）商标注册原则

1. 申请在先。申请在先原则是指以申请日为根据，受理在先申请人的商标注册申请，驳回在后申请人的注册申请。申请在先原则以申请日为依据，便于操作，有利于鼓励申请人尽快提出注册申请，从而有利于维护市场经济秩序。因而实行注册制度的国家，都采用申请在先原则。

我国《商标法》第 29 条规定，两个或两个以上的商标注册申请人，在同一种商品或者类似商品上，以相同或者近似商标申请注册的，初步审定并公告申请在先的商标。我国《商标法实施条例》第 18 条规定，商标注册的申请日期，以商标局收到申请文件的日期为准。申请手续齐备并按照规定填写申请文件的，商标局予以受理并书面通知申请人；申请手续不齐备或者未按照规定填写申请文件的，商标局不予受理，书面通知申请人并说明理由；申请手续基本齐备或者申请文件基本符合规定，但是需要补正的，商标局通知申请人予以补正，限期自收到通知之日起 30 日内，按照指定内容补正并交回商标局。在规定期限内补正并交回商标局的，保留申请日期；期满未补正的，视为放弃申请，商标局应当书面通知申请人。

2. 同日申请，使用在先者取得商标注册。此原则是指两个或两个以上的商标注册申请人，在同一种商品或者类似商品上，分别以相同或者近似商标申请注册，若是在同一天申请的，则使用在先者取得商标注册。我国《商标法》第 29 条规定，两个或两个以上的商标注册申请人，在同一种商品或者类似商品上，以相同或者近似商标申请注册的，初步审定并公告申请在先的商标；同一天申请的，初步审定并公告使用在先的商标，驳回其他人的申请，不予公告。《商标法实施条例》第 19 条规定，两个或者两个以上的申请人，在同一种商品或者类似商品上，分别以相同或者近似的商标在同一天申请注册的，各申请人应当自收到商标局通知之日起 30 日内提交其申请注册前在先使用该商标的证据。同日使用或者均未使用的，各申请人可以自收到商标局通知之日起 30 日内自行协商，并将书面协议报送商标局；不愿协商或者协商不成的，商标局通知各申请人以抽签的方式确定一个申请人，驳回其他人的注册申请。商标局已经通知但申请人未参加抽签的，视为放弃申请，商标局应当书面通知未参加抽签的申请人。

由此可见，我国实行申请在先为主的商标注册原则，同时，辅以使用在先原则。这既贯彻了申请在先原则，又顾及了使用在先人的权益，体现了公平原则，也便于确定商标权的归属。

3. 一件商标一份申请。一件商标一份申请，是指一份申请只能就一件商标提出注册申请，不能在一份申请中提出两件或两件以上的商标注册申请。我国《商标法》第 21 条规定："注册商标需要在同一类的其他商品上使用的，应当另行提出注册申请。"同时，《商标法》第 20 条规定："商标注册申请人在不同类别的商品上申请注册同一商标的，应当按商品分类表提出注册申请。"因此，一份申请只能就一件商标提出注册申请，但是，同时允许申请注册的同一商标用于不同类别的商品上。

（二）商标注册程序

1. 提交商标注册的申请文件。我国《商标法实施条例》第 13 条规定，申请商标注册，应当按照公布的商品和服务分类表按类申请。每一件商标注册申请应当向商标局提交《商标注册申请书》、商标图样；以三维标志申请注册商标的，应当在申请书中予以声明，并提交能够确定三维形状的图样。以颜色组合申请注册商标的，应当在申请书中予以声明，并提交文字说明。申请注册集体商标、证明商标的，应当在申请书中予以声明，并提交主体资格证明文件和使用管理规则。商标为外文或者包含外文的，应当说明含义。《商标法实施条例》第 14 条规定，申请商标注册的，申请人应当提交能够证明其身份的有效证件的复印件。商标注册申请人的名义应当与所提交的证件相一致。《商标法实施条例》第 15 条规定，商品名称或者服务项目应当按照商品和服务分类表填写；商品名称或者服务项目未列入商品和服务分类表的，应当附送对该商品或者服务的说明。商标注册申请等有关文件，应当打字或者印刷。《商标法实施条例》第 16 条规定，共同申请注册同一商标的，应当在申请书中指定一个代表人；没有指定代表人的，以申请书中顺序排列的第一人为代表人。

2. 受理及审查。商标注册申请由商标局受理并进行审查。我国《商标法》第 27 条规定："申请注册的商标，凡符合本法有关规定的，由商标局初步审定，予以公告。"这里所说的"凡符合本法有关规定的"，主要包括两个方面的内容：一是有关商标注册申请必备条件的规定，即《商标法》第 4 条关于申请人条件的规定、第 6 条关于必须申请商标注册的规定、第 17、18 条关于外国商标在我国申请注册的规定、《商标法》第二章关于商标注册申请的规定、第 63 条关于交纳申请注册费的规定以及《商标法实施条例》中关于商标注册申请的具体事项的规定等；二是有关商标注册初步审定的标准的规定，即《商标法》第 9 条关于商标应有显著性的规定、第 10 条关于商标禁用条款的规定、第 11 条关于不得作为商标注册的规定、第 28 条关于不准商标混同的规定、第 29 条关于申请在先的规定以及第 46 条关于不得与撤销或失效不满 1 年的注册商标混同的规定等。以上两个方面的内容，经商标局审查合格后，予以初步审定并公告。如果商标局经过审查，认为商标申请在形式上有缺陷，则根据情况予以退回申请或要求其在 15 天内补正申请；认为商标申请不符合实质申请的内容，则根据情况予以驳回申请或限其于15日内修正申请。

3. 优先权。优先权是工业产权申请中的一项特殊的程序性规定,不是申请人享有的某种优先于他人的权利或特权。具体到商标注册申请方面,优先权是指商标局在确定商标注册申请的申请日时,不以商标局收到符合形式要求的申请文件的实际日期为准,而以按照某种标准确定的一个先前的日期为准。关于优先权的规定,主要是为了解决由于申请时间上的差异而造成的申请人与在先申请人(指在优先权期间内先于优先权人提出注册申请的人)之间可能产生的冲突,从而使优先权人的注册申请(在后申请)享有超越他人在先申请的效力。我国《商标法》第24、25条分别规定了有关优先权的两种不同情况。我国《商标法》第24条规定,商标注册申请人自其商标在外国第一次提出商标注册申请之日起6个月内,又在中国就相同商品以同一商标提出商标注册申请的,依照该外国同中国签订的协议或者共同参加的国际条约,或者按照相互承认优先权的原则,可以享有优先权。依照前款要求优先权的,应当在提出商标注册申请的时候提出书面声明,并且在3个月内提交第一次提出的商标注册申请文件的副本;未提出书面声明或者逾期未提交商标注册申请文件副本的,视为未要求优先权。《商标法》第25条规定,商标在中国政府主办的或者承认的国际展览会展出的商品上首次使用的,自该商品展出之日起6个月内,该商标的注册申请人可以享有优先权。依照前款要求优先权的,应当在提出商标注册申请的时候提出书面声明,并且在3个月内提交展出其商品的展览会名称、在展出商品上使用该商标的证据、展出日期等证明文件;未提出书面声明或者逾期未提交证明文件的,视为未要求优先权。

4. 审定公告与异议。申请注册的商标符合《商标法》规定的,由商标局初步审定,并予公告。自公告之日起3个月内,任何人对初步审定的商标均可以提出异议。

为了加强社会主义民主与法制,强化商标意识,减少商标注册的审查工作失误,发现问题,及时纠正,同时给予注册在先的商标权人及其他利害关系人一次保护自身权益的机会,避免商标注册申请人获得不应该得到的商标专用权,《商标法》规定了商标异议程序。对于商标局初步审定并公告的商标提出反对意见、要求撤销初步审定的不同意见,称为商标异议。提出异议的人称为异议人,被异议的商标注册申请人称为被异议人。异议人既可以是利害关系人,也可以是无利害关系的其他任何人。

商标异议是指在商标注册过程中对可能发生冲突而采取补救措施的特

第三章 商标权法律制度

别程序，它并不是每一个商标注册申请必经的程序。虽然商标异议程序不是每一个商标注册申请必经的程序，但是，任何一个商标注册申请，都要经过初步审定公告之后的异议期，才有可能获准注册。我国《商标法》第30条规定："对初步审定的商标，自公告之日起3个月内，任何人均可以提出异议。公告期满无异议的，予以核准注册，发给商标注册证，并予公告。"

对初步审定并公告的商标提出异议，一般情况下，主要有以下理由：认为初步审定并公告的商标与自己在同一类商品或服务项目或者类似商品或服务项目上已经注册或者已经初步审定并公告的商标相同或近似；认为初步审定并公告的商标侵犯了自己合法在先的权利；认为初步审定并公告的商标是《商标法》规定的不得作为商标申请注册的标志以及认为初步审定并公告的商标是商标注册申请人违背诚实信用原则"恶意抢注"的结果等。

我国《商标法》第33条规定，对初步审定、予以公告的商标提出异议的，商标局应当听取异议人和被异议人陈述事实和理由，经调查核实后，作出裁定。当事人不服的，可以自收到通知之日起15日内向商标评审委员会申请复审，由商标评审委员会作出裁定，并书面通知异议人和被异议人。当事人对商标评审委员会的裁定不服的，可以自收到通知之日起30日内向人民法院起诉。人民法院应当通知商标复审程序的对方当事人作为第三人参加诉讼。《商标法》第34条规定，当事人在法定期限内对商标局作出的裁定不申请复审或者对商标评审委员会作出的裁定不向人民法院起诉的，裁定生效。经裁定异议不能成立的，予以核准注册，发给商标注册证，并予公告；经裁定异议成立的，不予核准注册。经裁定异议不能成立而核准注册的，商标注册申请人取得商标专用权的时间自初审公告3个月期满之日起计算。商标异议复审的申请人只能是原异议人或者被异议人。商标异议复审，对于保护双方当事人的权益以及维护取得商标专用权的严肃性，都有重要意义。

例如，1993年12月9日，沈阳黎明发动机制造公司向国家工商行政管理局商标局申请在第36类不动产出租、住房代理、金融典当等服务项目上注册黎明商标。商标局对其商标注册申请进行了初步审定，并且在第497期《商标公告》上刊登了初步审定公告。在该商标异议期内，中国专利代理（香港）有限公司代理异议人黎明，对该"黎明"商标提出了异议，认为自己在中国（包括香港、台湾等地区）享有一定的知名度，经常开展与娱乐有关的各项活动（例如举办个人演唱会），积极参加各种慈善捐款活动，已享有姓名权。而被异议人擅自将其姓名作为自己的商标，违反了《民法通则》的有关规定，使其名誉受到损害，因而要求撤销初步审定的"黎明"商标。被异议人沈阳黎明发动机制造公司在法定期间内进行了答辩，指出被异议人早于1957年便在自己的企业名称中冠以"黎明"字样，此后企业名称虽经几次变更，但均未离开"黎明"二字。而且被异议人于1983年就已经在自己生产的产品上，以"黎明"作为商品商标进行商标注册申请，并获准了注册。无论是名称的使用，还是商标的使用都先于异议人。再者，"黎明"作为一个词汇，在汉语中还有其本身的语意，并非为异议人所专用。商标局认为，在我国演艺界，黎明作为一名演员具有一定的知名度，但在《现代汉语词典》中，"黎明"意思为天快要亮或者刚要亮的时候，是现代汉语常用词，不属于独创性词汇。在我国已注册商标中，冠以"黎明"商标的商品在流通中没有使消费者误认为与某人有关，因此，异议人所提异议不成立。根据《商标法》有关规定，经初步审定的第764111号"黎明"商标予以核准注册。

5. 核准注册。初步审定的商标公告期满无异议的，予以核准注册，发给商标注册证，并予公告。核准注册是最终决定商标注册申请人能否取得商标专用权的决定性环节，也是商标注册的最后一个法定程序。注册是商标注册申请人取得商标专用权的依据。《商标注册证》是由商标局颁发的、证明商标注册申请人在特定商品或者服务上申请的商标获准注册并享有商标专用权的凭证。商标注册申请人自其商标核准注册之日起，成为商标权人，享有商标权。

（三）商标注册申请的驳回及复审

驳回商标注册申请，是指在初步审定过程中，商标局对申请注册的商标，认为不符合《商标法》的要求，决定驳回申请、不予公告。我国《商标法》第28条规定，申请注册的商标，凡不符合《商标法》有关规定或者同他人在同一种商品或者类似商品上已经注册的或者初步审定的商标相同或者近似的，由商标局驳回申请，不予公告。

我国《商标法》第32条规定："对驳回申请、不予公告的商标，商标局应当书面通知商标注册申请人。商标注册申请人不服的，可以自收到通知之日起15日内向商标评审委员会申请复审，由商标评审委员会作出决定，并书面通知申请人。当事人对商标评审委员会的决定不服的，可以自收到通知之日起30日内向人民法院起诉。"复审申请人，必须是被商标局驳回商标的原商标注册申请人,其他人不具有申请人资格。

允许商标注册申请人对商标局驳回申请的决定提出复审,是很有必要的。因为在商标局对商标注册申请的审查过程中,尽管给予了商标注册申请人陈述意见或者修改其商标注册申请的机会,但是商标局作出的驳回商标注册申请的决定仍然有可能不正确或者有缺陷。世界上大多数国家和地区的商标法都规定给予商标注册申请人提出复审的机会。

### 三、商标权的有效期限

商标权的有效期限,也称注册商标的有效期限,是指注册商标受法律保护的有效期限。由于商标权的产生是以商标被核准注册为基础的,而商标权的客体又是注册商标,因而注册商标受法律保护的有效期限的长短,同其商标权受法律保护的有效期限是一致的。我国《商标法》第37条规定,注册商标的有效期为10年,自核准注册之日起计算。

注册商标有效期满,需要继续使用的,可以通过续展的方式维持商标的有效性。根据我国《商标法》第38条规定,注册商标有效期满,需要继续使用的,可以申请续展。续展申请应当在期满前6个月内提出。每次续展的有效期为10年。在期满前6个月内,未能提出申请的,可以给予6个月的宽展期。宽展期满仍未提出申请的,注销其注册商标。

### 四、注册商标的争议

注册商标的争议指商标注册后,任何单位或个人认为商标的注册存在不符合《商标法》规定的情形,向商标评审委员会提出要求撤销商标注册。商标争议存在两类情况,一类是申请撤销商标注册有5年的时间限制,这一类包括下列情况:①已经注册的商标复制、模仿、翻译他人未在中国注册的驰名商标,或者复制、模仿、翻译他人已在中国注册在不同类别或不相似的商品上的驰名商标;②未经授权,代理人或代表人以自己的名义将委托人或被代表人的商标注册;③商标中有地理标志,而该商品并非来源于该标志所标示的地区,误导公众;④已经注册的商标损害了他人的在先权利,或者是指在先申请注册的商标注册人认为他人在后申请注册的商标与其在同一种商品或者类似商品上的注册商标相同或相似。第二类情况没有时间限制,包括:①已经注册的商标属于《商标法》第10、11条规定不得使用或注册的标记;②违反《商标法》第12条规定获得注册的商标;③以欺骗手法或者其他不正当手段获得的注册;④上述第一类情况中,恶意注册了他人的驰名商标。

注册商标争议由商标评审委员会受理和裁定。根据我国《商标法》第

41条第4款以及第43条规定,商标评审委员会收到裁定申请后,应当通知有关当事人,并限期提出答辩。商标评审委员会作出维持或者撤销注册商标的裁定后,应当书面通知有关当事人。当事人对商标评审委员会的裁定不服的,可以自收到通知之日起30日内向人民法院起诉。人民法院应当通知商标裁定程序的对方当事人作为第三人参加诉讼。

**五、商标权的终止**

商标权的终止即注册商标的终止,是指商标注册人在法定事由出现时丧失其商标权,法律不再对该项注册商标给予保护。根据我国《商标法》的有关规定,商标权的终止原因可以分为以下两种情况:

(一)注销

注册商标的注销是指商标注册人由于自愿放弃其享有的商标权等原因,而由商标局依法以注销的形式终止其商标权的法律行为。有下列情形之一的,商标局可以将商标注册人的注册商标注销:

1.根据我国《商标法》第38条规定,注册商标有效期满而且宽展期也已届满,商标注册人仍未申请续展注册,或者提出续展注册申请而未获准的,注销其注册商标,该注册商标专用权自注册商标有效期届满之日起终止。

2.我国《商标法实施条例》第47条规定,商标注册人死亡或者终止,自死亡或者终止之日起1年期满,该注册商标没有办理移转手续的,任何人可以向商标局申请注销该注册商标。提出注销申请的,应当提交有关该商标注册人死亡或者终止的证据。注册商标因商标注册人死亡或者终止而被注销的,该注册商标专用权自商标注册人死亡或者终止之日起终止。

3.我国《商标法实施条例》第46条规定,商标注册人申请注销其注册商标的,应当向商标局提交商标注销申请书,并交回原《商标注册证》。商标注册人申请注销其注册商标的,该注册商标专用权自商标局收到其注销申请之日起终止。

(二)撤销

注册商标的撤销是指商标注册人违反《商标法》有关规定,而由商标局采取行政强制手段终止其商标权的法律行为。有下列情形之一的,商标局可以将商标注册人的注册商标撤销:

1.根据我国《商标法》第44条规定,使用注册商标,有下列行为之一的,由商标局责令限期改正或者撤销其注册商标:①自行改变注册商标的。②自行改变注册商标的注册人名义、地址或者其他注册事项的。③自行转让注册商标的。④连续3年停止使用的。

2. 根据我国《商标法》第45条规定,使用注册商标,其商品粗制滥造,以次充好,欺骗消费者的,由各级工商行政管理部门分别不同情况,责令限期改正,并可以予以通报或者处以罚款,或者由商标局撤销其注册商标。

我国《商标法实施条例》第40条规定,依照《商标法》第44、45条的规定被撤销的注册商标,由商标局予以公告;该注册商标专用权自商标局的撤销决定作出之日起终止。

我国《商标法》第49条规定,对商标局撤销注册商标的决定,当事人不服的,可以自收到通知之日起15日内向商标评审委员会申请复审,由商标评审委员会作出决定,并书面通知申请人。当事人对商标评审委员会作出决定不服的,可以自收到通知之日起30日内向人民法院起诉。

无论注销还是撤销注册商标,都应当由商标局收回或收缴《商标注册证》,以及办理注销或撤销注册商标的手续,并予以公告。商标权终止后,该商标不再受到法律的保护。然而,对于在注销或撤销之前使用该注册商标的剩余商品或未了服务,仍将在流通、服务领域内存续一段时间。为维护消费者权益,我国《商标法》做出相关规定,注册商标被注销或撤销的,自注销或撤销之日起1年内,商标局对与该商标相同或者近似的商标注册申请,不予核准。

## 第四节 商标权主体、客体和内容

商标法律关系的主体、客体和内容是商标法律规范的主要内容。商标权主体地位既可以通过申请商标注册取得,也可以通过商标权的转让而取得。商标权是商标法律制度的核心,也是商标法保护的重点对象。

**一、商标权主体**

(一)商标权主体的概念

商标权主体即享有商标专用权的人,是指依法在自己生产、制造、加工、拣选或经销的商品或者提供的服务项目上享有商标专用权的自然人、法人或者其他组织。商标与商品或者服务是紧密联系的。商品的生产者以其劳动制造了产品,由于其生产方法、生产工艺以及原材料等的差异,各个生产者所生产的相同种类的产品在质量、性能等许多方面都可能不尽相同。经营者在产品采购的选择、经营中也付出了一定的劳动,都有其自身的特点,即使经营同种产品,其品质、成色等也存在着差异。服务的提供者所提供的服务项目往往更具有其个人特色。任何人只要生产或经营了商品或者提供了服务,便可以在其商品或者服务项目上使用注册商标以区别于他人的商品或者服务。

世界上绝大多数国家和地区以及有关的国际条约都规定,商标注册申请人包括了法人和自然人。例如,德国的商标法允许自然人、法人或者有能力获得权利和承担责任的合伙组织作为商标权人,法国也允许自然人直接申请商标注册。我国于2001年修订的《商标法》取消了自然人作为商标权主体的限制,作出了与有关的国际条约以及绝大多数国家和地区的商标立法基本一致的规定,统一了本国国民与外国国民的主体资格,解决了原《商标法》中存在的所谓的"超国民待遇"问题。同时,规定了商标权可以共有,即可以由多个主体共同向商标局申请注册同一商标,共同享有和行使该商标专用权。

一般情况下,自然人能否成为商标权主体取决于该国商标法是否承认自然人的主体资格。商标权主体地位主要是通过自己申请商标注册获得有关部门的核准而取得,也可以是通过商标权的转让而取得。

(二) 商标权主体的范围

我国《商标法》第3条规定:"经商标局核准注册的商标为注册商标,包括商品商标、服务商标和集体商标、证明商标;商标注册人享有商标专用权,受法律保护。"同时,我国《商标法》第4条规定:"自然人、法人或者其他组织对其生产、制造、加工、拣选或者经销的商品,需要取得商标专用权的,应当向商标局申请商品商标注册。自然人、法人或者其他组织对其提供的服务项目,需要取得商标专用权的,应当向商标局申请服务商标注册。"

这表明按照我国《商标法》的规定,凡是从事生产、经营的自然人都可以为自己生产、制造、加工、拣选或经销的商品或者提供的服务项目申请注册商标。这样,不仅个体户可以为自己经营或生产的商品申请注册商标,而且农民也能为自家的农产品申请注册商标。例如,2001年11月,江苏省南京地区农民张志发就为自己生产的菜干申请注册"志发"商标。

我国《商标法》第5条规定:"两个以上的自然人、法人或者其他组织可以共同向商标局申请注册同一商标,共同享有和行使该商标专用权。"

这说明了我国2001年修订后的《商标法》进一步扩大了商标权的主体范围，不仅自然人可以作为商标权主体，而且规定了商标权可以共有，即可以由多个主体（包括自然人、法人以及其他组织）共同向商标局申请注册同一商标，共同享有和行使该商标专用权。

再者，根据我国《商标法》，外国人的商标在我国也可以得到比较完善的保护。《商标法》第17条规定："外国人或者外国企业在中国申请商标注册的，应当按其所属国和中华人民共和国签订的协议或者共同参加的国际条约办理，或者按对等原则办理。"由此可见，凡是与中国签订有关商标保护双边协定的国家，其国民的商标保护事宜都依照双边协议办理。对于未与我国签订商标保护双边协议的国家，只要该国参加了《保护工业产权巴黎公约》、世界贸易组织或其他保护工业产权的国际公约，我国在商标保护的实体权利上同样给予其国民以国民待遇。到2010年底为止，《巴黎公约》已有173个成员国，世界贸易组织有153个成员，因而我国在商标保护问题上对世界上大多数国家都给予国民待遇。对于少数既未参加《巴黎公约》或其他相关国际条约，又未同我国签订双边条约的国家，我国还可按对等原则给予其保护。值得注意的是，我国《商标法》第18条规定："外国人或者外国企业在中国申请商标注册和办理其他商标事宜的，应当委托国家认可的具有商标代理资格的组织代理。"这说明了外国人在我国办理商标事务应当委托国家认可的具有商标代理资格的组织代理，外国人不可以自行直接向商标局递交商标注册申请，也不可以委托没有涉外商标代理权的代理机构办理。

张某在北京一厨师班学习完毕后，准备回家乡开办一家自己的餐馆，并且准备以"一家人"作为餐馆的商标。为了防止他人也以此商标使用在开办餐馆的服务项目上，张某决定在离开北京之前，以其自己的名义到国家商标局将"一家人"三个字申请服务商标注册。

该商标注册申请能否被国家商标局受理并核准？答案是肯定的，该申请可以被国家商标局受理并核准。因为我国《商标法》第4条明确规定自然人可以作为商标权的主体，而且可以向商标局申请服务商标注册。

如果本案中的张某欲与李某、王某共同开办"一家人"餐馆，并且以3人名义共同向商标局申请商标注册，那么商标局能否给予核准？答案也应该是肯定的。因为我国《商标法》第5条规定表明了商标权可以共有，即可以由多个主体共同向商标局申请注册同一商标，共同享有和行使该商标专用权。

## 二、商标权客体

商标权的客体是注册商标。本章前两节已经对此作了比较详细的阐述,因而此处不再赘述。

## 三、商标权内容

商标权是商标法律制度的核心,也是商标法保护的重点。各国商标法对于商标权的内容都有详细的规定。商标权作为一种财产权,具有不受他人干涉的专有性和排他性。其具体内容主要包括以下几个方面:

### (一)专有使用权

注册商标的专有使用权,是指商标权人在核定使用的商品或者服务项目上专有使用其注册商标的权利。专有使用权是商标权人对其注册商标享有的充分支配和完全使用的权利,它既是商标权人的一项主要权利,同时,也是商标权人的一项基本义务。

使用商标的目的在于使消费者能够区分市场上相同或者近似商品或服务的来源,不同的生产、经营者通过使用不同的商标以表示其商品或服务的不同来源。如果商标权人对其注册商标不享有专有使用权,则其注册商标就起不到区别的作用。商标权人对其注册商标的长期使用,能够使消费者了解该商标与其生产、经营的特定商品或服务项目之间的联系。因此,只有将已注册商标使用于商品或者服务,才能使之充分发挥其应有的功能作用。商标的价值是通过使用而获得的,只有使用才能在交易中体现其价值,才能把商标的无形财产权转化为物质财富。

商标权人在享有注册商标的专有使用权的同时,还应当承担相应的义务。即商标权人在使用其注册商标时,不得擅自改变注册商标标记和扩大注册商标的使用范围。根据我国《商标法》第51条规定,注册商标的专用权,以核准注册的商标和核定使用的商品为限。

例如,甲公司是一家经营房地产的乡镇企业。1997年11月,该公司依法申请注册了"幸福"商标,使用在不动产出租和住房代理等服务项目上。1998年1月,一家生产食品的私营企业在其生产的食品上使用并且依法取得了"幸福"注册商标。1999年3月,该公司依法扩大经营范围,开办了一家食品厂。于是,甲公司将其注册使用在不动产出租和住房代理等服务项目上的"幸福"商标使用在其生产销售的食品上,直接将其注册商标的使用范围扩大,只是没有标注"注册商标"的字样或标记。该私营企业发现甲公司在生产的食品上使用"幸福"商标之后,认为甲公司的行为侵犯了自己在食品上注册的"幸福"商标的专用权。而甲公司认为,自己在食品上使用的是自己已经注册的"幸福"商标，与该私营企业的"幸福"注册商标无关。

试想，甲公司有权在自己生产的食品上直接使用"幸福"注册商标吗？甲公司的行为是否侵犯了该私营企业的"幸福"注册商标的专用权？

甲公司无权在自己生产的食品上直接使用"幸福"注册商标，其行为已经侵犯了该私营企业的"幸福"注册商标的专用权。虽然甲公司对其注册的"幸福"商标享有专有使用权，但是其使用权应以核定注册的商标和核定使用的商品为限。也就是说，公司只能在不动产出租和住房代理等服务项目上使用"幸福"注册商标，不得擅自扩大其注册商标的使用范围。甲公司将"幸福"商标使用在食品上而未标明"注册商标"，就属于未注册商标。如果此时没有他人在食品上已经注册了相同或近似商标，甲公司的行为就不构成侵犯他人的权利，但其使用在食品上的商标得不到《商标法》的保护。如果甲公司将"幸福"商标使用在食品上时标明"注册商标"，则构成了"假冒注册商标"的行为。

另外，使用注册商标也是商标权人的义务，商标权人不能长期将注册商标闲置不用。根据我国《商标法》第44条规定，商标权人如果连续3年停止使用其注册商标，就会导致该注册商标被撤销的后果。

（二）禁止权

禁止权也称排他权，是指商标权人禁止他人未经其许可擅自使用其注册商标的权利。商标权具有与财产所有权相同的属性，即不受他人干涉的排他性，具体表现为禁止他人非法使用、非法印制、销售注册商标及其他侵权行为。根据我国《商标法》第52条规定，有下列行为之一的，均属侵犯注册商标专用权：①未经商标注册人的许可，在同一种商品或者类似商品上使用与其注册商标相同或者近似商标的；②销售侵犯注册商标专用权的商品的；③伪造、擅自制造他人注册商标标识或者销售伪造、擅自制造的注册商标标识的；④未经商标注册人同意，更换其注册商标并将该更换商标的商品又投入市场的；⑤给他人的注册商标专用权造成其他损害的。

注册商标的禁止权与使用权是互相联系的两个方面的权利。禁止权涉及的是对抗他人非法使用注册商标的问题，而使用权涉及的是商标权人使用其注册商标的问题。禁止权与使用权相比，有着更宽广的效力范围。使用权以核准注册的商标和核定使用的商品为限。而禁止权的效力范围，则扩展到与核准注册的商标相近似的商标以及与核定使用的商品或服务项目相类似的商品或服务项目。禁止权的效力范围涉及四种情形：①在同一种商品或服务项目上使用相同商标；②在类似商品或服务项目上使用相同商标；③在同一种商品或服务项目上使用近似商标；④在类似商品或服务项目上使用近似商标。因此，商标权人对他人未经许可在同一种商品或服务项目上或者类似商品或服务项目上使用与其注册商标相同或近似的商标，均享有禁止权。

例如，1997年成都市皇城老妈酒店有限公司依法成立，主要从事餐饮业服务。皇城老妈酒店有限公司成立之后又依法注册了"皇城老妈"（图文组合）、"皇城老妈"（美术字体）、"老妈红"（美术字体）等多个商标，并且在其营业的店内使用，发放的宣传手册、手提袋以及介绍卡等宣传品上也使用了上述注册商标，同时使用了"岁岁年年，滋味如一"、"川人川味，蜀地蜀风"、"有空来皇城老妈坐坐，是缘分"等广告用语。

2001年，北京的皇蓉老妈火锅店成立。成立之后，皇蓉老妈火锅店在其店面外悬挂的大型广告灯箱上突出使用与"皇城老妈"（美术字体）注册商标美术字体相同的"皇蓉老妈"字号，并且也在其营业的店内使用，也发放了与皇城老妈酒店有限公司风格相似的宣传手册、手提袋以及介绍卡等宣传品，同时使用"岁岁年年，滋味如一"、"川人川味，蜀地蜀风"、"有空来皇蓉老妈坐坐，是缘分"等广告用语。

皇城老妈酒店有限公司发现皇蓉老妈火锅店的上述行为后，认为其行为侵犯了自己的注册商标专用权以及广告语作品的著作权。遂于2002年6月向北京市第一中级人民法院提起诉讼。

"皇蓉老妈"字号与成都市皇城老妈酒店有限公司的注册商标"皇城老妈"（美术字体）都是美术字体，而且仅有一字之差。根据最高人民法院于2002年10月12日发布的《关于审理商标民事纠纷案件适用法律若干问题的解释》第1条第1款的规定，将与他人注册商标相同或者近似的文字作为企业字号在相同商品（包括服务）上突出使用，容易使相关公众产生误认的，构成侵犯注册商标专用权。本案中，皇蓉老妈火锅店的行为符合上述规定以及我国《商标法》的有关规定，因此，其行为对成都市皇城老妈酒店有限公司的注册商标专用权构成了侵犯。

（三）转让权

转让商标权是权利人行使其商标权的一种方式。商标权的转让，是指商标权人在注册商标的有效期内，依法将其因注册商标而产生的商标专用权转让给他人，原商标权人不再享有该注册商标的专用权，受让人成为该注册商标的商标权人,享有该注册商标的专用权。

商标权人依法享有占有、使用和处分其注册商标的权利以及通过占有、使用和处分其注册商标而获得收益的权利。因而建立在当事人双方自愿基础上的商标权的转让,只要在法律允许的范围内,任何单位和个人都无权干涉。常见的商标权的转让,一般为合同转让,这是一种双方法律行为,它要求当事人双方具备权利能力以及行为能力,而且是当事人在平等自愿的前提下达成一致的意思表示,同时要求合同内容真实合法。

注册商标转让是商标权人的权利,但在行使这种权利的同时,商标权人还需要履行一定的义务。例如,我国《商标法》第39条规定:"转让注册商标的,转让人和受让人应当签订转让协议,并共同向商标局提出申请。受让人应当保证使用该注册商标的商品质量。转让注册商标经核准后,予以公告。受让人自公告之日起享有商标专用权。"我国《商标法》对注册商标转让的限制性规定,主要包括以下几个方面:

1. 受让人必须具备注册商标申请人的资格,包括符合法律规定的自然人、法人、其他经济组织以及外国人或外国企业。受让的注册商标必须用于其生产、制造、加工、拣选或经销的商品以及用于其提供的服务项目。转让人用药品或烟草制品的注册商标时,受让人还必须附送相应的商品生产经营主管部门的证明。

2. 注册商标所有人对其在同一种或类似商品中注册的相同或近似的商标,必须一并办理转让手续,以免造成混乱,对于可能产生混淆、误认或其他不良影响的转让注册商标申请,商标局可以不予核准。

3. 已经许可他人使用的注册商标不得随意转让,只有在征求被许可人同意的情况下才能进行转让。商标权的转让,不影响转让前已生效的商标使用许可合同的效力,但许可合同中另有约定的,从其约定。许可他人使用注册商标,是许可人与被许可人通过签订合同来实现的,许可人之所以能够许可他人使用注册商标是基于其享有的商标权,许可人要转让这种权利,许可使用合同就失去了存在的前提,这将有可能损害被许可人的合法权益,所以,一般情况下注册商标权利人转让注册商标不影响许可合同的效力,除非当事人另有约定。

4. 受让人必须保证使用该注册商标的商品或者服务的质量。商标的信誉是以商品或者服务的质量为基础的,保证商品或者服务达到该商标应有的质量,是为了维护注册商标的信誉,也是为了保护消费者的权益,因此,如果受让人不能保持受让商标的商品或者服务的质量,那么就不能取得转让的注册商标。

5. 商标在转让前应当进行评估。针对国有资产大量流失等现象，我国规定凡是国有企业拍卖、转让、兼并、出售以及联营等都要进行资产评估，因而商标作为国有企业资产的组成部分，也应当在转让时按照国家有关规定进行评估。

6. 集体商标不得转让，联合商标不得分割转让。

7. 共同所有的商标，任何一个共有人或部分共有人不得私自转让。例如，2002年1月，甲乙二人共同开发了一种新型冰凉饮料，并且二人又共同向商标局注册了"六月雪"文字商标，并获得了商标局的核准注册。由于甲的母亲病重急需用钱，甲未通过商标局，便私下以3万元的价格将"六月雪"的注册商标转让给某食品有限公司。此后，该食品有限公司将商标用于自己研发的饮料上，推向市场。2003年9月，乙在超市上发现该食品有限公司生产并标注"六月雪"的饮料，于是，向商标局进行了举报。

甲的转让行为是否对乙的合法权益造成了侵犯？该食品有限公司是否享有该注册商标的专有权？答案应该是甲的转让行为侵犯了乙的合法权益；该食品有限公司不享有该注册商标的专有权。因为该注册商标为甲乙二人共同所有，但是，甲在没有与乙协商并且未通过商标局的情况下，私自将其进行了转让。而根据我国《商标法》的有关规定，共同所有的注册商标的转让，每个共有人都必须征得其他共有人的同意，方可将属于自己的那部分权益转让。同时，转让人和受让人应当签订转让协议，并共同向商标局提出申请。商标权的转让，属于要式法律行为，其行为的成立必须依照法律要求的形式。当事人自行转让注册商标而未经商标局核准注册的，视为无效。商标局对此可以责令当事人限期改正。

（四）许可权

商标权的使用许可不是注册商标的转让，而是指商标权人将其注册商标的使用权许可他人在约定的时间、地域和以约定的方式行使，注册商标的所有权不发生转移。被许可人不享有禁止权和处分权，因而被许可人既不能转让该商标权，也不能许可他人使用该注册商标，而只能在约定的时间、地域和以约定的方式使用被许可商标。在发生侵权时，通常被许可人不能以自己的名义起诉，除非双方另有约定。

商标权的使用许可的形式是多种多样的，一般情况下，商标权的使用许可分为独占使用许可、排他使用许可以及普通使用许可三种。独占使用许可是指商标权人在约定的时间、地域和以约定的方式，将其注册商标仅许可一个被许可人使用，自己也放弃该注册商标使用的商标权使用许可；排他使用许可是指商标权人在约定的时间、地域和以约定的方式，将其注册商标仅许可一个被许可人使用，但并不妨碍自己使用该注册商标的商标权使用许可；普通使用许可是指商标权人在约定的时间、地域和以约定的方式，在许可一个被许可人使用该注册商标的同时，不仅自己可以使用该注册商标，而且还可以许可其他人使用该注册商标。

商标权的使用许可与商标权的转让是不同的，商标权人在许可他人使用其注册商标的情况下，该商标权人仍然是该注册商标的所有人，享有该注册商标的专用权。

商标权的使用许可是市场经济中商品生产、经营以及服务领域内常见的商标使用形式，是企业扩大市场占有率，增强商标知名度的有效方法。生产者、经营者的竞争就是商品或服务质量与信誉的竞争，其表现形式就是商标知名度的竞争，商标知名度越高，其商品或服务的竞争力就越强。因此，对商标权的使用许可实施得当，将会对优化资源结构、促进市场经济发展起着积极的推进作用。

实施商标权的使用许可，应当注意以下问题：①许可人允许被许可人使用其注册商标的商品范围以其被核定使用的商品为限；②不得利用商标权使用许可合同从事违法活动，损害消费者权益和社会公共利益；③许可人应当监督被许可人使用其注册商标的商品或者服务的质量，被许可人应当保证使用许可人的注册商标的商品或者服务的质量；④被许可人经许可使用他人注册商标的，必须在使用该注册商标的商品或者服务上标明被许可人的名称和商品产地或者服务地址；⑤商标权的使用许可，应当通过商标权人即许可人与被许可人签订书面合同来实现。商标权作为一项无形的财产，在使用过程中有其特殊性和复杂性，因而应当将双方当事人的权利义务以书面的形式加以明确规定。同时，我国《商标法》第40条第3款规定"商标使用许可合同应当报商标局备案"。以及我国《商标法实施条例》第43条规定："许可他人使用其注册商标的，许可人应当自商标使用许可合同签订之日起3个月内将商标权使用许可合同报送商标局备案。"⑥商标使用许可中，如果许可人使用的是国家规定必须注册的商标，被许可人应当附送有关主管部门批准的可以生产经营相应商品的证明文件。例如，许可他人使用其人用药品和烟草制品注册商标的，在许可人将许可合同副本报送商标局备案的同时，被许可人应当附送卫生行政管理部门和国家烟草主管部门批准其生产经营的有效文件。⑦许可人应保证被许可人对注册商标的使用权,在许可合同有效期内不得自行将注册商标进行转让,不得申请商标注销。⑧独占使用许可的被许可人在许可合同有效期内,可以作为注册商标的利害关系人,以自己的名义向工商行政管理机关投诉。

例如,1995年10月,成都建筑五金厂向成都市工商局投诉,称永丰联营厂侵犯其"虹"牌注册商标专用权。成都市工商局对永丰联营厂进行了检查,发现了大量的"虹"牌注册商标标识,且标识上只印有成都建筑五金厂的企业名称及其5种不同产品规格。经进一步调查得知,永丰联营厂和成都建筑五金厂曾经签订联营协议,联营期限自1987年12月31日至1997年12月31日止,协议中明确了双方在"虹"牌商标使用上的许可与被许可关系,即"虹"牌商标注册人——成都建筑五金厂允许永丰联营厂使用其"虹"牌商标,由永丰联营厂向成都建筑五金厂缴纳商标使用费。而在履约过程中,被许可人永丰联营厂虽然按照约定向许可人成都建筑五金厂缴纳了注册商标使用费,但却未按规定真实地标注自己的厂名和厂址,而是使用了成都建筑五金厂的厂名和厂址。因此,成都市工商局责令永丰联营厂立即停止违法行为,收缴其现存的商标标识,罚款15 000元整。这是一起比较典型的因商标被许可人使用商标标志不标明被许可人名称和商品产地而被处罚的案件。

### (五) 续展权

续展权也称商标权的续展,是指通过法定程序,延续原注册商标的有效期限,使商标权人继续保持对其注册商标的专用权。各国商标法都有关于商标权有效期届满后可以续展的规定,但是各国规定续展的方式不同。有的国家规定,商标权有效期届满后,不必办理续展手续,只要继续缴纳费用,商标专用权就继续有效,例如法国。有的国家规定,商标权有效期届满后,除提交续展申请和缴纳费用之外,还必须经过商标主管部门审查并公告后,商标专用权才可以续展。我国《商标法》第38条规定,注册商标有效期满,需要继续使用的,应当在期满前6个月内申请续展注册;在此期间未能提出申请的,可以给予6个月的宽展期。宽展期满仍未提出申请的,注销其注册商标。每次续展注册的有效期为10年。续展注册经核准后,予以公告。

并非所有注册商标都可以获得续展。注册商标续展,需要接受商标局的重新审查,确定是否存在违反禁止性规定的情形。因为随着时间的推移,很多情况会发生变化,使得原来的商标标识已经不具备注册商标所应该具备的特征；或者随着社会的变化，原来不违反法律规定的标识，现在有可能违反了法律规定。因此，申请注册商标续展时，有可能出现不予续展的情况。原注册商标只有在不违反现行法律禁止性规定的前提下，才能够获得续展核准。只有获得续展核准的注册商标，才能够继续使用。

例如，某企业在其生产经营的牛肉类食品上申请注册了"伊达"商标，2003年12月17日，该商标有效期届满，而该企业没有申请续展注册。但是，该企业在其以后生产经营的牛肉类食品上仍然继续使用"伊达"商标，并且标注注册商标标记。该企业的行为显然是不合法的。因为"伊达"商标有效期届满，而该企业没有申请续展注册，因而"伊达"已经不再是注册商标。根据《商标法》的有关规定，未注册商标使用人不得以未注册的商标冒充注册商标。

## 第五节 商标侵权与救济

注册商标在市场经济中所占的地位越来越重要。保护商标专用权需要用法律手段制裁商标侵权行为，从而切实保护商标权人对其注册商标所享有的专用权。而保护商标专用权是健全商标法律制度的中心环节。本节介绍商标侵权行为的认定、商标侵权案件的处理、侵犯商标权的法律责任以及驰名商标的保护。

### 一、商标侵权行为的认定

（一）商标权的保护范围

保护商标专用权，是指用法律手段制裁侵犯他人注册商标专用权的行为，以保护商标权人对其注册商标所享有的专有权利。我国2001年修订的《商标法》加大了对商标侵权行为的打击力度，为注册商标的保护提供了更加完善、具体、科学的法律依据。根据《商标法》第51条的规定，注册商标专用权的保护，以核准注册的商标和核定使用的商品或服务为限。这是区别和判断商标侵权与否的一条重要规定。这是界定商标专用权保护范围的两个具体标准，缺一不可。这就是说，只有在同时考虑了这两个法律标准的前提下，才能确认商标权人的某一商标权益是否应受法律保护，他人的某一行为是否侵犯其商标专用权。注册商标专用权的保护范围不仅充分保障商标权人在特定范围内能够有效行使权利，同时也限制商标权人恣意扩大保护范围。

2002年5月9日上午,在黑龙江省高级人民法院1号法庭开庭审理的"得莫利"商标侵权纠纷一案争议的主要问题就是如何认定注册商标的保护范围。

"得莫利"是黑龙江省方正县的一个小村子,当地居民用鲤鱼、粉条以及豆腐等炖制而成的"得莫利炖鱼",因其味道异常鲜美而成为黑龙江省的一道名菜。得莫利村因此美名远扬,许多人甚至慕名专程来到这里,目的就是品尝"得莫利炖鱼"。

1993年12月,哈尔滨北方大酒店向国家工商行政管理局申请注册"得莫利DEMOLI"服务商标,并于1995年8月取得第761582号商标注册证,核定使用的服务项目是第32类。1997年1月,北方大酒店将该商标转让给哈尔滨得莫利实业有限公司(以下简称得莫利实业有限公司)。

1995年12月,方正县胜利大酒店申请注册"得莫利"商标,并于1997年6月取得第1024803号商标注册证,核定使用的项目是第31类活鱼。2001年9月20日,胜利大酒店与哈尔滨金凯大酒店(以下简称金凯大酒店)签订了商标使用许可合同。金凯大酒店开业,并挂上"正宗得莫利活鱼"的牌匾,餐巾、勺、盘等餐具也印有"正宗得莫利活鱼"字样以及注册商标标识。

得莫利实业有限公司认为金凯大酒店侵犯其"得莫利DEMOLI"服务商标的商标专用权,遂于2001年11月将金凯大酒店诉至法院。

得莫利实业有限公司诉称:哈尔滨北方大酒店于1997年1月8日将"得莫利DEMOLI"注册商标(第42类餐馆)经国家工商行政管理局核准转让给本公司。金凯大酒店未经本公司许可,擅自在牌匾、菜谱、账单、筷子包装、餐巾、碟、勺等餐具以及餐馆服务中使用与商标注册人相同、相近的商标,侵害了商标注册人的商标专用权,足以造成误认、混淆。因此,要求金凯大酒店立即停止商标侵权行为,同时赔偿损失5万元及相关费用。一审法院支持了得莫利实业有限公司的诉讼请求,判令金凯大酒店立即停止商标侵权行为,同时赔偿得莫利实业有限公司经济损失4万元。金凯大酒店不服一审判决,向黑龙江省高级人民法院提起上诉。

金凯大酒店上诉称,该酒店与"得莫利"注册商标的所有人方正县胜利大酒店于2001年9月20日签订商标使用许可证合同(合作经营),已合法取得了该商标使用权。

得莫利实业有限公司辩称,金凯大酒店在经营过程中,在酒店门口的上方写有"正宗得莫利活鱼"字样，店堂内有活鱼池一个，筷子套和大小汤勺等餐具上均印有"正宗得莫利活鱼"字样，印有"®"标识。而金凯大酒店被许可使用的"得莫利"商标核定使用的类别是第31类活鱼，使用范围是养殖、贩卖活鱼。但是，金凯大酒店对活鱼进行加工，将其作为炖菜名称，用于招牌、餐具、广告等，这就超出了该商标的使用范围；而得莫利实业有限公司的"得莫利 DEMOLI"商标则是被核定用于第42类餐馆服务商标，餐馆服务正是本公司的注册商标"得莫利 DEMOLI"受法律保护的范围。因此，金凯大酒店超出许可范围使用"得莫利"商标，侵犯了本公司的利益。

黑龙江省高级人民法院经审理认为：方正县得莫利村胜利大酒家虽然许可金凯大酒店使用第1024803号"得莫利"注册商标，但这一商标核定使用商品的范围为第31类活鱼。我国《商标法》第51条规定，注册商标的专用权，以核准注册的商标和核定使用的商品为限。第31类活鱼不属于餐馆服务，餐馆服务属于第42类。金凯大酒店在其酒店的经营中使用"得莫利"注册商标，超出了被授权使用的第31类活鱼注册商标的使用范围，侵犯了第42类餐馆"得莫利 DEMOLI"注册商标权利人得莫利实业有限公司的合法权益，应承担侵权责任，原审对此判定正确。因此，依法作出终审判决，维持原判，驳回金凯大酒店的上诉请求。

由此可见，尽管金凯大酒店和得莫利实业有限公司都有一个可以依法使用的"得莫利"注册商标，但是，这两个"得莫利"注册商标虽然汉字表述与读音相同，却不是同一注册商标，这两个注册商标专用权被保护的范围不同。金凯大酒店在酒店经营提供餐饮服务时使用"得莫利"注册商标，超出了被授权使用第31类活鱼的使用范围，因而侵犯了得莫利实业有限公司的合法权益。如果金凯大酒店不是经营餐馆，而是单纯出售活鱼，那么就不构成对第42类"得莫利"注册商标的侵权。

（二）商标侵权行为的表现形式

1. 商标侵权行为的概念。商标侵权行为，是指违反《商标法》有关规定，侵犯他人注册商标专用权的行为。商标侵权行为不仅损害了商标权人的合法权益，同时也损害了消费者的合法权益，严重地破坏了正常的市场经济秩序。

随着国际经济关系的不断发展和国际经济技术的不断交流，商标侵权行为不断出现，商标侵权问题已成为全球性的严重问题，已经引起了世界各国的高度重视。各国都在商标立法中规定了具体的商标侵权行为的表现形式以及相应的制裁措施。我国《商标法》设专章第七章"注册商标专用权的保护"对此作出了明确的规定。

2. 商标侵权行为的表现形式。根据我国《商标法》第52条、《商标法实施条例》第50条以及《最高人民法院关于审理商标民事纠纷案件适用法律若干问题的解释》第1条的规定，商标侵权行为主要表现为以下几种形式：

（1）未经商标权人的许可，在同一种或者类似商品或服务项目上使用与其注册商标相同或者近似的商标的，属于侵犯注册商标专用权的行为。

根据我国《商标法》第40条规定，使用他人的注册商标必须经商标权人的许可，并且双方应当签订商标使用许可合同，报商标局备案。许可人应当监督被许可人使用其注册商标的商品或服务的质量，被许可人应当保证使用该注册商标的商品或服务的质量。同时，被许可人必须在使用该注册商标的商品或服务项目上标明被许可人的名称、商品产地或服务地址。因此，如果未经商标权人的许可实施上述行为，那么无论是出于故意还是过失，都构成对他人注册商标专用权的侵犯。

此类商标侵权行为的具体表现为，侵权行为人生产经营的商品或服务项目与注册商标被核定使用的商品或服务项目相同或者相类似；侵权行为人使用的商标与注册商标相同或者相近似。也就是说，判断是否构成侵犯注册商标专用权的行为，必须同时具备两个条件，即生产经营商品或服务项目的类似性和使用商标的近似性。如果不同时具备上述两个条件，则使用人的行为就不会造成商品出处混淆，因而不构成商标侵权行为。浙江省龙泉县宝剑厂（以下简称龙泉县宝剑厂）自1956年成立后，在其生产的宝剑上一直使用"龙泉"、"龙凤七星"商标。1979年2月，原告申请注册"龙泉"牌商标，并于同年10月31日被核准注册，注册证号为130250。该注册商标上有中文竖排篆书繁体"龙泉宝剑"4个字。1984年5月，龙泉县宝剑厂又申请注册"龙凤七星"商标，并附图说明：剑身正面"龙泉宝剑"篆字以及凤、七星图纹，剑身背面龙、七星图纹布置，七星状如北极星座。同年12月30日，该"龙凤七星"商标被核准注册，注册证号为218133。至此，龙泉县宝剑厂取得"龙泉"、"龙凤七星"两个商标注册证，享有上述两个注册商标专用权，并且可将两个商标用于同一剑身。

浙江省龙泉县万字号宝剑厂（以下简称万字号宝剑厂）于1984年4月登记开业后，生产的宝剑没有自己的商标，而擅自使用"龙泉"、"龙凤七星"商标。1984年7月,万字号宝剑厂申请"万"字牌商标,并于1985年3月30日被核准注册,注册证号为222720。万字号宝剑厂在取得"万"字注册商标专用权后,生产的宝剑上虽然用了"万"字商标,但同时又将龙泉县宝剑厂注册的"龙泉"、"龙凤七星"商标用于同一剑身。对此,龙泉县宝剑厂于1985年1月向龙泉县工商局申请,要求制止万字号宝剑厂的商标侵权行为。龙泉县工商局召集有关宝剑厂开会,明确指出:"龙泉"、"龙凤七星"是龙泉县宝剑厂的注册商标,若其他厂使用,则必须与注册人签订商标使用许可合同方能使用。此后,万字号宝剑厂将其生产的宝剑改用"龙泉古剑"、"龙凤七井"、"双龙七井"、"双凤七井"商标,包装仍然用"龙泉宝剑"4个字,字体排列与龙泉县宝剑厂的注册商标相同,产品说明书也仍然保留"龙泉宝剑"、"龙凤七星"等内容。龙泉县宝剑厂为了维护注册商标专用权,于1987年9月4日将万字号宝剑厂诉至丽水地区中级人民法院,请求法院判令被告停止商标侵权行为,将其侵权所获利润20.5万元赔偿给原告。丽水地区中级人民法院裁定责令被告立即停止在同一种商品上使用与原告注册商标相同或者近似的商标,并查封被告宝剑1735把和库存的宝剑包装物以及产品说明书。在委托丽水地区审计局对被告生产宝剑的利润额进行鉴定后丽水地区中级人民法院根据此鉴定判决:①被告立即停止在生产的宝剑上(包括包装物、说明书)使用与原告注册商品相同或者近似的商标;②消除被告现存宝剑及包装物上与原告注册商标相同或者近似的商标标识,销毁其现存的全部产品说明书;③被告在侵权期间因侵权所获利润96 770.65元,全额赔偿原告,并在判决生效后3个月内付清。本案诉讼费1450元,鉴定费416元,由被告承担。一审判决下达后,被告以原鉴定有些费用未列入生产成本为由,向浙江省高级人民法院提出上诉,要求对原鉴定进行复核。在复核时,丽水地区审计局依法重新作出鉴定:万字号宝剑厂侵权产品销售利润为91 505.15元,其中包括已上缴的所得税47 047元,国家给其减免的税款73 300.01元。

浙江省高级人民法院经审理认为,被上诉人龙泉县宝剑厂依法取得了"龙泉"、"龙凤七星"注册商标专用权。上诉人万字号宝剑厂未经注册商标所有人的许可,在其生产的宝剑上使用与被上诉人注册的"龙泉"、"龙凤七星"宝剑相同的商标,属侵犯注册商标专用权的行为;在生产的"龙泉古剑"、"双龙七井"、"双凤七井"宝剑及包装物、产品说明书上使用与"龙泉"、"龙凤七星"相近似的商标,亦属侵权行为。原审法院判决定性准确,审判程序合法。由于上诉人在原审法院审理中,未依法提供证据，致使鉴定机关对侵权期间产品销售利润额计算有误，责任在上诉人。遂浙江省高级人民法院作出如下判决：①维持丽水地区中级人民法院判决的第一项和第二项；②变更第三项为万字号宝剑厂在侵权期间因侵权所获利润37 088.14元，全额赔偿龙泉县宝剑厂，判决书送达后10日内付清；③万字号宝剑厂在侵权期间国家给予减免的7370.01元税款，上缴国库。本案二审诉讼费1450元，鉴定费500元，由万字号宝剑厂承担。

本案中的商标侵权行为，就是万字号宝剑厂未经商标权人龙泉县宝剑厂的许可，在同一种商品宝剑及其包装物、产品说明书上使用与商标权人的注册商标"龙泉"和"龙凤七星"相同的商标，以及使用与商标权人的注册商标"龙泉"和"龙凤七星"相近似的"龙泉古剑"、"双龙七井"、"双凤七井"商标，从而侵犯了商标权人龙泉县宝剑厂的注册商标"龙泉"和"龙凤七星"的专用权。

(2) 销售侵犯注册商标专用权的商品的，属于侵犯注册商标专用权的行为。

非法使用他人注册商标的侵权行为和销售侵犯商标专用权的商品的侵权行为，有时是由同一主体实施的同一侵权行为，或者说是同一侵权行为紧密衔接的两个阶段，例如，商品生产厂商自产自销，或者销售商非法使用他人注册商标销售商品；有时是由不同主体实施的相互独立的侵权行为，例如，商品生产厂商非法使用他人注册商标进行商品生产，再由销售商将侵犯注册商标专用权的商品进行销售。而无论由谁销售，最后都是通过流通渠道使非法使用他人注册商标的商品进入消费者手中，使侵犯注册商标专用权的商品与商标权人的商品混同，从而实现其获取非法高额利润的目的。它既侵犯了商标权人的注册商标的专用权，又损害了消费者的合法权益。因此，我国《商标法》规定，销售侵犯注册商标专用权的商品的，属于侵犯注册商标专用权的行为。

《与贸易有关的知识产权协议》第16条规定，注册商标所有人应享有专有权，防止任何第三方未经许可而在贸易活动中使用与其注册商标相同或近似的标记去标示相同或类似的商品或服务，以造成混淆的可能。其他国家的商标法律一般也不以当事人主观的故意来判定是否构成侵权，而是在法律责任上有所差别。为了保护注册商标专用权的实际需要，同时也为了使我国商标法律制度与世界贸易组织的有关规则相一致，我国2001年修订后的《商标法》修改了原《商标法》及其《商标法实施细则》的相关规定：①取消了原来以主观上的明知作为构成侵权行为前提条件的规定，

第三章 商标权法律制度

主观上的故意或者过失不再成为判定是否侵权的条件,只要存在销售侵权商品的行为,就构成侵犯注册商标专用权的行为;②侵权行为的范围从原来的销售假冒注册商标的商品的行为,扩大到销售所有侵犯注册商标专用权的商品的行为。销售者是否存在主观故意并不改变销售行为的性质,而只是在确定法律责任时作为考虑的因素之一。《商标法》第 56 条第 3 款增加了关于免除赔偿责任的规定:"销售不知道是侵犯注册商标专用权的商品,能证明该商品是自己合法取得的并说明提供者的,不承担赔偿责任。"

1996 年 12 月 28 日,经国家工商行政管理局商标局核准注册,北京市糖业烟酒公司(以下简称糖业烟酒公司)依法取得注册商标"JING TANG"专用权,其被核定使用的商品为第 30 类,其中包括糖,注册有效期自 1996 年 12 月 28 日至 2006 年 12 月 27 日。该公司生产的系列绵白糖先后被有关部门评定为知名商品,在同类商品中享有一定的声誉,其知名度已被新闻媒体报道。糖业烟酒公司为防止其商品被假冒,在商品的包装材料以及包装设计方面采取了一定的措施,使其外观更具美感,并且加贴了防伪标志。

1999 年 10 月 20 日至 11 月 12 日,北京美厨食品公司(以下简称美厨公司)分别从北京京西批发市场和北京太阳宫批发市场购进 500 克装的"JING TANG"牌精致绵白糖 24 000 余袋,总计价款为 40 000 余元。为了促销自己的产品,自 1999 年 10 月 20 日起,美厨公司将其购进的上述绵白糖中的一部分作为搭赠品放入自己生产的方便面包装箱中,每箱一袋,并在方便面的包装箱上标明"箱内附有精美赠品"字样。1999 年 11 月 16 日,北京市工商局门头沟分局对美厨公司购买的上述绵白糖进行检查,认定其购买的上述绵白糖系假冒糖业烟酒公司生产的商品,印有"JING TANG"商标的包装袋为他人擅自制造。据统计,已有 8743 袋"JING TANG"牌绵白糖作为赠品随方便面流入市场。遂糖业烟酒公司于 2000 年初向北京市第二中级人民法院提起诉讼,认为美厨公司侵犯自己的商标权,请求法院判令被告立即停止侵权、公开致歉,赔偿原告的经济损失 62.1 万元,商誉损失 200 万元,其他损失 94 832 元,并且承担全部诉讼费用。而美厨公司答辩称:自己没有直接销售上述绵白糖,只是将上述绵白糖作为搭赠品放入自己生产销售的方便面包装箱中,其行为不属于商标侵权行为。

北京市第二中级人民法院依照我国《商标法》的有关规定作出如下判决:美厨公司在其销售的商品中不得搭赠侵犯糖业烟酒公司"JING

TANG"注册商标专用权的商品;美厨公司向糖业烟酒公司书面致歉;美厨公司赔偿糖业烟酒公司经济损失1万元,商业信誉损失4万元,赔偿糖业烟酒公司因诉讼支出的合理费用。美厨公司不服一审判决,向北京市高级人民法院提起上诉。二审法院经审理认为,原审判决认定事实清楚,适用法律正确,遂作出终审判决:驳回上诉,维持原判。搭赠是一种"名为赠送,实为销售"的行为。从搭赠商品的目的来看,美厨公司虽然辩称搭赠假冒绵白糖时并未因此提高自己商品的售价、也未将搭赠品摊入成本,但毫无疑问,其搭赠商品的直接目的是为了促销自己的商品,根本目的则与销售自己商品的目的完全一致,即为了获得更多的商业利润,因此搭赠行为不过是其采取的一种经营策略而已。在实践中,虽然搭赠商品并不一定都能产生促销和获得更多利润的结果,但不能否认其营利的目的。从搭赠假冒商品(指侵犯注册商标专用权的商品)所产生的后果来看,美厨公司将自己从批发市场购买的假冒商品以搭赠的方式销售,客观上使假冒商品进入了流通领域,必然会给商标权人造成经济上和商誉上的损失,必然会破坏正常的市场经济秩序,同时也会损害消费者的合法权益。可见,搭赠假冒商品所造成的后果与《商标法》所禁止的其他侵犯注册商标专用权的行为所产生的后果是完全一致的,因此,搭赠假冒商品的行为必然是被法律所禁止的行为。根据我国《商标法》第52条第2款规定,美厨公司销售侵犯注册商标专用权的商品,构成对注册商标专用权的侵权行为,应当依法承担相应的责任。

(3)伪造、擅自制造他人注册商标标识或者销售伪造、擅自制造的注册商标标识的,属于侵犯注册商标专用权的行为。

商标标识是指附着于商品之上的由文字、图形、字母、数字、三维标志、颜色组合或者上述要素的组合所构成的可视性标志的物质实体。例如,电视机、冰箱、自行车上的商标铭牌,白酒、啤酒、饮料上的商标瓶帖,日用品上的商标贴纸以及服装上的商标织带等,都是商标标识。伪造他人注册商标标识,是指模仿他人注册商标的图样及其物质实体制造出来的商标标识;擅自制造他人注册商标标识,是指未经商标权人的同意而制造其注册商标标识;销售伪造、擅自制造的注册商标标识,是指以上述两种商标标识为标的进行买卖的行为。一般情况下,注册商标标识的伪造者、擅自制造者不自己使用其伪造、擅自制造出来的商标标识,而通常需要借助销售者的买卖活动销售给使用者,以便从中牟取非法利益。

伪造、擅自制造他人注册商标标识或者销售伪造、擅自制造的注册商标标识的商标侵权行为,同《商标法》第52条规定的第一类未经商标权人的许可,在同一种或者类似商品或服务项目上使用与其注册商标相同或者近似的商标的侵权行为是互相联系的。非法使用他人的注册商标来推销自己的商品或服务项目,其商标标识往往是从别人那里买来的。而伪造、擅自制造或者销售伪造、擅自制造的注册商标标识,又往往是供给别人使用的。如果商标标识的伪造者、擅自制造者与使用者是同一人,那么此人的行为就构成了两种形式的商标侵权。

由于伪造、擅自制造他人注册商标标识或者销售伪造、擅自制造的注册商标标识,都会造成商品出处混淆,既损害商标权人的利益,又损害消费者的合法权益,因此,我国《商标法》以及《商标印制管理办法》都将此类行为视为商标侵权行为。

(4) 未经商标注册人同意,更换其注册商标并将该更换商标的商品又投入市场的,属于侵犯注册商标专用权的行为。

未经商标注册人同意,更换其注册商标并将该更换商标的商品又投入市场的行为,学理上称之为"反向假冒"。此项规定也是2001年修订后的《商标法》新增加的一项内容,主要是指在商品销售活动中将他人在商品上粘贴的注册商标标记去除或撕掉,换上自己的或第三者的商标,再将该更换商标后的商品又投入市场的行为。由于更换商标后的商品,并不是新更换的商标所标示的生产者生产,而行为人故意使消费者误认为该商品来源于新更换的商标所标示的生产者,此类行为既妨碍了商标权人依法使用其注册商标的权利,又混淆商品的来源,欺骗消费者,导致消费者误认、误购。因此,构成侵犯注册商标专用权的行为。此类行为如果针对某一注册商标大规模实施,那么就有可能造成该商标被剥夺进入市场的权利,影响企业创立名牌,扰乱市场公平竞争的秩序。

1993年,鳄鱼公司授权同益公司在北京销售"鳄鱼"牌(CROCO-DILE)皮革制品和"卡帝乐"牌(CARTELO)服饰系列。1994年4月7日,同益公司与百盛购物中心签订合同,双方约定:同益公司在百盛购物中心设置专卖柜,双方联合销售鳄鱼牌(CROCODILE)皮革制品和"卡帝乐"牌(CARTELO)服饰;同益公司所陈列或销售的商品,不得侵害他人的商标权和著作权。1994年4月15日,同益公司的工作人员通过北京市服装一厂所属经营部,以每条188元的价格购买服装一厂生产的"枫叶牌"男西裤。随后,同益公司将"枫叶牌"更换为"卡帝乐"商标,价格则升为每条560元,标价签上标明的产地是"新加坡"。同益公司将

25条西裤换牌加价后，公开在百盛购物中心对外销售。

北京市服装一厂发现后，先以百盛购物中心为被告，在诉讼程序进行中又将同益公司和鳄鱼公司追加为共同被告。原告认为，被告的行为是不正当竞争行为，侵犯了原告的商业信誉，因此要求被告承担侵权责任。北京市第一中级人民法院审理认为：北京市服装一厂享有的商业信誉和正当竞争的权利应受到法律保护。本案中的被告同益公司利用原告的优质产品牟取暴利，无偿地占有了原告为创造其商业信誉和通过正当竞争占有市场而付出的劳动，其行为违反了诚实信用、公平竞争的基本原则，妨碍了原告商业信誉、品牌的建立，使原告的商业信誉受到一定程度的损害，正当竞争的权利受到一定的影响。因此，同益公司的行为构成侵权，应承担相应的法律责任。本案中的百盛购物中心并没有参与同益公司的侵权行为，因此，不承担侵权责任。同样，更换商标的行为是同益公司所为，被告鳄鱼公司也没有参与，因此，鳄鱼公司也不应承担侵权责任。于是，依照《民法通则》和《反不正当竞争法》的有关规定，法院作出如下判决：被告同益公司向原告承担赔礼道歉、消除影响、赔偿损失的法律责任。由于同益公司未按照有关规定参加1993年企业年检，1994年6月19日被工商局吊销了营业执照，已无承担民事责任的能力，故由其组建单位某开发促进会代其履行本案的法律责任。

这一案件发生在《商标法》修改之前，当时曾经引起很大争论。在《商标法》修订后同益公司的做法显然就属于此类侵犯注册商标专用权的行为了。

（5）在同一种或者类似商品或服务项目上，将与他人注册商标相同或者近似的标志作为商品或服务项目名称或者作为商品或服务项目装潢使用，误导公众的，属于侵犯注册商标专用权的行为。

在同一种或者类似商品或服务项目上，将与他人注册商标相同或者近似的标志作为商品或服务项目名称或者作为商品或服务项目装潢使用，误导公众的，是一种利用他人注册商标的良好信誉为自己牟取非法利益的行为。这里所说的"误导"，一方面是指造成消费者对商品或服务来源产生误认，即认为不正当使用者的商品或服务项目与商标权人的商品或服务项目系同一人的商品或服务项目；另一方面是指使消费者产生行为人与商标权人之间存在某种特殊联系的错误认识，例如，认为两者之间在业务上有某种关系存在，这都会损害商标权人的注册商标的信誉。除上述可能造成误认的后果外，还可能造成其他损害商标权人合法权益的后果，例如，使注册商标的显著特征逐步被淡化,甚至使注册商标逐渐被转化为商品或服务项目的通用名称,从而使其丧失商标的作用。

此类商标侵权行为《商标法》第52条规定的第一类未经商标权人的许可,在同一种或者类似商品或服务项目上使用与其注册商标相同或者近似的商标的侵权行为是不同的。其区别在于:《商标法》第52条规定的第一类商标侵权行为是在同一种或类似商品或服务项目上使用与注册商标相同或者近似的商标;而此类商标侵权行为是用与注册商标相同或者近似的文字、图形、字母、数字、三维标志和颜色组合以及上述要素的组合作为商品或服务项目名称或者作为商品或服务项目装潢。此类侵权行为构成的要件有:①行为人使用的商品或服务项目名称或者商品或服务项目装潢与他人注册商标的文字、图形、字母、数字、三维标志和颜色组合以及上述要素的组合相同或者近似;②行为人使用该名称或装潢的商品或服务项目与注册商标的商品或服务项目为同一种或者相类似;③行为人的使用足以造成误认。所谓足以造成误认,是指行为人的使用能使一般消费者发生混淆。需要注意的是,此类侵权行为只是使用与他人注册商标相同或者近似的文字、图形、字母、数字、三维标志和颜色组合以及上述要素的组合作为商品或服务项目名称或者商品或服务项目装潢使用,如果商品或服务项目名称或者装潢与他人的商品装潢相同或者近似,那么就不构成这种形式的商标侵权,而应为不正当竞争。

青岛灯塔酿造有限公司(以下简称灯塔酿造公司)是青岛一家生产酱油、米醋、料酒等调味品的知名企业,1998年被评为"中华老字号",2003年被青岛市工商局命名为青岛市知名企业打假维权重点保护单位。公司产品经过连续多年的市场销售运作,已成为本地区的知名商品,一直在其酱油、米醋包装上使用了由"灯塔"文字以及图形、蝴蝶结形、太极变形图等文字和图形组成的系列组合商标,并依法进行了核准注册。

青岛市八里春食品有限公司(以下简称八里春食品公司)是胶州的一家生产酱油、米醋的企业,拥有自己的注册商标"为口美",但该公司在自己设计商品装潢时,除了突出了自己的"八里春"企业字号和注册商标"为口美"外,还参照使用了灯塔酿造公司在酱油、米醋的组合注册商标中的蝴蝶结形、太极变形图。胶州市墨河延山调味厂(以下简称墨河延山调味厂)也是胶州的一家企业,生产"华府"牌料酒,"华府"商标也已注册,该厂在设计自己的料酒包装装潢时,也参照使用了灯塔酿造公司在酱油、米醋组合注册商标中的蝴蝶结形、太极变形图。

灯塔酿造公司在市场上发现了胶州上述两家企业的商品后，认为其构成了对自己注册商标专用权的侵犯，便依法向胶州工商部门申诉，要求工商部门采取行政措施，制止这种商标侵权行为。在接受工商部门的行政调查中，胶州两家企业都申辩说：我们都有自己的注册商标，在商品包装上都标明了自己的厂名、厂址，怎么会侵犯别人的权利？特别是墨河延山调味厂认为自己更冤枉，本来自己生产的是料酒，而灯塔酿造公司并没有在料酒上对蝴蝶结形、太极变形图进行商标注册，为什么还认为自己侵犯其注册商标专用权？

这两家企业商标法律意识淡薄，都存在着认识上的误区，他们认为，只有完全照搬别人的注册商标式样，将其作为自己的商标使用，这才是商标侵权。其实不然，根据我国《商标法》有关规定，商标侵权行为的表现形式是多种多样的。他们的行为就属于其中一类商标侵权行为，在同一种或者类似商品上，将与他人注册商标相同或者近似的标志作为商品名称或者商品装潢使用误导公众的，同样属于商标侵权行为。

(6) 故意为侵犯他人注册商标专用权行为提供仓储、运输、邮寄、隐匿等便利条件的，属于侵犯注册商标专用权的行为。

故意为侵犯他人注册商标专用权行为提供仓储、运输、邮寄、隐匿等便利条件的商标侵权行为，属于间接侵权行为。仓储、运输、邮寄，隐匿等条件是商品流通必要的中间环节。为侵犯他人注册商标专用权行为提供仓储、运输、邮寄、隐匿等便利条件，虽然不直接发生侵害后果，但事实上帮助了侵权行为的发生，为假冒、仿冒商品的流通提供了便利，间接地侵害了商标权人的合法利益，因而构成商标侵权行为。此种行为有两个构成要件：一是在客观上行为人为侵害注册商标专用权行为提供了便利条件，既包括仓储、运输、邮寄、隐匿擅自使用他人注册商标的商品，又包括对擅自制造或销售他人的注册商标标识提供仓储、运输、邮寄、隐匿等便利条件；二是在主观上行为人有故意。与其他商标侵权行为不同，此类侵权行为以行为人主观上有故意为前提条件。所谓故意，是指行为人明知他人的行为是侵害注册商标专用权的行为而仍然为其提供便利条件。例如，行为人明知某厂家生产的"康佳"牌电视机是冒用他人商标的产品，而仍然为其运输，就构成侵权。如果行为人因过失而不知道其仓储、运输、邮寄、隐匿的产品为侵害他人注册商标专用权的商品，就不构成商标侵权行为。

(7) 将与他人注册商标相同或者相近似的文字作为企业的字号在相同

或者类似商品或服务项目上突出使用,容易使相关公众产生误认的,属于侵犯注册商标专用权的行为。

商标专用权和企业名称权都是经过法定程序确认的权利,分别受商标法律、法规和企业名称登记管理法律、法规保护。企业名称是由行政区划、字号、行业或者经营特点、组织形式构成,其中字号是区别不同企业的主要标志。现实中时常出现企业名称字号与注册商标文字相冲突的情形,这主要是由于商标注册和企业名称登记分别由两个不同级别的工商行政部门办理,商标注册由国家工商行政管理局商标局办理,而企业名称登记由县级工商行政管理部门负责。同时,有些企业在登记自己名称字号时,出于某种动机而使用与他人注册商标相同或者近似的文字。再者,还有一些不法者故意在相同或者相近似商品上突出使用他人注册商标的文字,使消费者产生误认,以达到借他人注册商标的信誉、牟取非法利益的目的。

为了避免由于企业名称字号与注册商标文字相冲突而造成相关公众对市场主体及其商品或服务的来源产生混淆,《最高人民法院关于审理商标民事纠纷案件适用法律若干问题的解释》规定,将与他人注册商标相同或者相近似的文字作为企业的字号在相同或者类似商品上突出使用,容易使相关公众产生误认的行为,属于侵犯注册商标专用权的行为。对于此类商标侵权行为,应当依法制裁。此类商标侵权行为构成的条件主要有:①行为人使用了与他人注册商标相同或者近似的文字;②将所使用的文字作为其企业的名称字号;③将名称字号在与该注册商标被核定使用的商品或服务相同或者相类似的商品或服务上突出使用;④达到容易使相关公众产生误认的效果。

台湾媚婷峰公司长期从事美容业,在台湾已拥有多家分支机构,"媚登峰"已成为当地美容业的知名品牌。1999年4月,"媚登峰"商标经国家商标局核准注册,被核定使用在第42类的美发、美颜、化妆、皮肤保养、减肥、美容咨询顾问服务项目上。厦门媚登峰美容美发公司是于1999年5月12日才注册登记并领取营业执照的,被核准经营范围为美容、化妆、美发服务。以后,厦门媚登峰美容美发公司便以"媚登峰国际美容美体中心"名义为其经营的松柏总店、同安分店、禾祥分店做广告,并使用与台湾"媚登峰"注册商标相同的文字和相近似的图形。

2000年,台湾媚婷峰公司以侵犯注册商标专用权为由将厦门媚登峰美容美发公司诉至厦门市中级人民法院。厦门市中级人民法院认为,商标权与企业名称都需经有关部门核准后依法取得，一旦二者发生冲突，法律保护在先权利人的合法权益。台湾媚婷峰公司的"媚登峰"服务商标无论是申请时间还是核准时间都早于厦门媚登峰美容美发公司企业名称登记的申请及核准时间，台湾媚婷峰公司对其注册商标"媚登峰"享有在先权利，应该受到法律保护。因此，判令厦门媚登峰美容美发公司停止商标侵权及不正当竞争行为，登报道歉，并赔偿台湾媚婷峰公司10万元。

厦门媚登峰美容美发公司不服一审判决，上诉至福建省高级人民法院。福建省高级人民法院二审认为，厦门媚登峰美容美发公司在其经营场所使用"媚登峰国际美容美体中心"牌匾，并且以"媚登峰国际美容美体中心"名义发布广告，都属于未正常使用其企业名称；同时，在同一服务领域使用与台湾"媚登峰"注册商标相同的文字，使相关消费者对提供服务的主体产生混淆，构成了对台湾媚婷峰公司注册商标专用权的侵犯。

但是福建省高级人民法院认为，厦门媚登峰美容美发公司的行为不属于不正当竞争行为。因为台湾媚婷峰公司在中国内地没有任何经营机构，也没有任何经营活动，不属于《反不正当竞争法》所称的"经营者"，不能成为中国内地不正当竞争诉讼主体。

福建省高级人民法院最终判令厦门媚登峰公司登报道歉，停止商标侵权行为，赔偿台湾媚婷峰公司经济损失7万元，律师费2.8万元。福建省工商局根据法院判决结果，要求厦门市工商局变更厦门媚登峰美容美发公司的名称。

本案中，厦门媚登峰美容美发公司就是将与他人注册商标相同的文字作为其企业的字号在相同的服务项目上突出使用，造成容易使相关公众产生误认的效果，因而构成侵犯注册商标专用权的行为。

（8）复制、模仿、翻译他人注册的驰名商标或其主要部分在不相同或者不相类似商品或服务项目上作为商标使用，误导公众，致使该驰名商标注册人的利益可能受到损害的，属于侵犯注册商标专用权的行为。

驰名商标指在市场上享有较高声誉并为相关公众熟知的注册商标。在我国，驰名商标是指在中国为相关公众广为知晓并享有较高声誉的商标。根据《巴黎公约》的有关规定，各缔约国均有保护驰名商标的义务。我国商标法律、法规也对驰名商标的保护作出相应的规定。我国《商标法》第13条第2款规定，就不相同或者不相类似商品申请注册的商标是复制、模仿或者翻译他人已经在中国注册的驰名商标，误导公众，致使该驰名商标注册人的利益可能受到损害的，不予注册并禁止使用。且上述行为要承担不予注册和禁止使用的法律责任。在现实中，此类行为不但时常发生在行为人违法注册或者违法使用开始阶段，它还会贯穿于行为人长期使用或者持续使用的过程中，致使驰名商标注册人的利益受到损害。根据《最高人民法院关于审理商标民事纠纷案件适用法律若干问题的解释》第1条规定，复制、模仿、翻译他人注册的驰名商标或其主要部分在不相同或者不相类似商品上作为商标使用，误导公众，致使该驰名商标注册人的利益可能受到损害的，属于侵犯注册商标专用权的行为。对此类商标侵权行为，各级工商行政管理部门以及有关司法部门应当加强打击力度。

此类商标侵权行为构成的条件主要有：①侵权行为分为两个阶段，首先复制、模仿、翻译他人注册的驰名商标或其主要部分，然后将行为结果作为商标使用；②复制、模仿和翻译的对象是他人注册的驰名商标或该驰名商标的主要部分；③将复制、模仿、翻译的行为结果在与该驰名商标被核定使用的商品或服务项目不相同或者不相类似的商品或服务项目上使用；④达到误导公众的效果，并且造成该驰名商标注册人的利益可能受到损害的后果。

（9）将与他人注册商标相同或者相近似的文字注册为域名，并且通过该域名进行相关商品或服务交易的电子商务，容易使相关公众产生误认的，属于侵犯注册商标专用权的行为。

随着互联网的普及，利用网络侵权的现象也随之出现。在国际互联网上，我国大量知名企业、驰名商标以及其他特定称谓的网络名已经被人抢先注册，例如，"健力宝"、"容声"、"长虹"、"同仁堂"、"全聚德"、"红塔山"等已经成为别人的域名。因此，商标保护的范围已经扩展到互联网上。《最高人民法院关于审理商标民事纠纷案件适用法律若干问题的解释》第1条规定，将与他人注册商标相同或者相近似的文字注册为域名，并且通过该域名进行相关商品或服务交易的电子商务，容易使相关公众产生误认的行为，属于侵犯注册商标专用权的行为。此项规定从界定商标侵权行为的角度，明确规定了涉及网络域名和电子商务的商标侵权行为的情形。需要注意的是，不是使用了他人注册商标的文字作为网络域名，并在该网页上提供了相关信息，就一定构成商标侵权行为。此类行为，还有可能构成不正当竞争行为。除了具备上述条件，同时还要达到相关商品或服务交易的电子商务容易使相关公众产生误认的效果的，才构成侵犯注册商标专用权。此项规定为在网络环境下使用注册商标专用权，提供了有效的法律保护。此类商标侵权行为构成的条件主要有：①将与他人注册商标相同或者近似的文字注册为域名的行为；②通过该域名进行相关商品或服务交易的电子商务；③这里所说的相关商品或服务交易，是指与该注册商标被核定使用的商品或服务相同或者相类似的商品或服务交易；④达到容易使相关公众产生误认的效果。

同时，《最高人民法院关于审理涉及计算机网络域名民事纠纷案件适用法律若干问题的解释》第 7 条规定，人民法院在审理域名纠纷案件中，对符合该解释第 4 条规定的情形，依照有关法律规定构成侵权的，应当适用相应的法律规定；构成不正当竞争的，可以适用《民法通则》第 4 条、《反不正当竞争法》第 2 条第 1 款的规定。计算机网络域名民事纠纷，一般时常伴有商标侵权行为，因而划清商标侵权行为与不正当竞争行为的界限是非常必要的。符合《商标法》规定的应当依法认定为商标侵权行为，不能将不正当竞争行为混同商标侵权行为处理。

例如，2001 年 8 月 15 日，北京市第二中级人民法院对全国首例企业商号域名侵权案依法作出判决，判令被告广东佛山市现代装饰材料公司注销 "franke.com.cn" 域名，并且承担案件受理费 1000 元。此案是自 2001 年 2 月 24 日《最高人民法院关于审理涉及计算机网络域名民事纠纷案件实用法律若干问题解释》施行后，北京法院判决的第一件涉及网络域名侵权的案件，也是全国首例涉及企业商号权益保护的网络域名侵权案件。

本案中，原告弗兰卡（鹤山）厨具有限公司诉称，自己是世界上最大的不锈钢水槽制造商瑞士弗兰卡控股集团公司设立的一家独资企业，主营厨房用品和设施。1997 年和 1998 年，瑞士弗兰卡控股集团公司设立的另一家独资企业注册了"弗兰卡"（FRANKE）商标，并取得该注册商标的专用权。2000 年 7 月，原告准备申请注册"franke.com.cn"域名时，发现该域名已经被被告注册。

被告佛山市现代装饰材料公司辩称：本公司于 2000 年开始推广"飞兰鹤"体育用品，并将"飞兰鹤"作为商标向国家工商行政管理局商标局提出申请注册。"Franke"是"飞兰鹤"品牌的英文音译，因而注册了"franke.com.cn"为自己公司的域名。自己注册该域名时并不知晓"Franke"与"弗兰卡"之间的关系，原告未曾在中国注册过"FRANKE"商标，所以自己注册该域名并无恶意，未侵犯其商标权。

法院认为，"弗兰卡"与"FRANKE"是原告的商号，构成其企业名称中最具特征的部分，是区别不同市场主体的标志。因此，原告弗兰卡公司对其商号享有民事权益。由于瑞士弗兰卡公司多年经营"FRANKE"品牌的厨具产品,该品牌已经在一定程度上为相关消费者所知晓,同时,由于原告弗兰卡公司秉承"FRANKE品牌的品质,通过自身的广告宣传以及具体经营行为,使得"弗兰卡"作为该企业的字号与"FRANKE"品牌成为一体,逐渐被中国相关消费者所认知。被告将与原告企业名称中的字号相同的"FRANKE"注册为自己的域名,并且使用该域名介绍宣传其所代理的厨具品牌产品,有可能使相关消费者混淆被告佛山装饰公司与原告弗兰卡公司,并可能对关注"FRANKE"品牌的消费者产生误导,进而对原告弗兰卡公司的相应经济利益造成损害,从而损害了原告在先的权益,构成不正当竞争。

法院查明,被告佛山市现代装饰材料公司的"飞兰鹤"尚未取得国家工商总局商标局的核准注册,而且并没有使用该域名推广该品牌体育用品,并且"飞兰鹤"与"Franke"的对应关系缺乏历史渊源和事实的印证,因而法院认为被告注册"Franke"为自己公司的域名,缺乏合理的依据。同时,法院还认为,原告并没有取得"弗兰卡"与"FRANKE"注册商标的独占使用权,故原告不能就"弗兰卡"和"FRANKE"注册商标专用权所遭受的侵害主张权利。因此,法院驳回原告弗兰卡(鹤山)厨具有限公司的其他诉讼请求。

(三)侵犯注册商标专用权的抗辩事由

并非所有使用注册商标或其标记的行为,都构成侵犯注册商标专用权行为。以下情形属于对侵犯注册商标专用权的抗辩事由:

1. 权利的合理行使。注册商标的文字或图形等标记与他人的姓名、肖像相同或者近似,他人在商品或服务项目上以合理方式标注其姓名或肖像的,不构成侵犯注册商标专用权。这里涉及两种权利之间的冲突,如果商标权人通过权利人许可或其他合法方式而获得商标注册的,那么该姓名、肖像的所有人仍然有以善意、合理的方式标注、使用其姓名、肖像的权利,但其权利行使应限于表明权利人身份的目的。应当注意的是,如果该姓名、肖像的所有人以恶意或不合理的方式在商品或服务项目上进行标注,足以使消费者误认为其所标注的商品或服务项目为商标权人所生产经营的商品或服务项目的,则构成商标侵权。

再者,在商品上以普通方式表示本商品的通用名称、地理来源、产品种类、数量等所做的标记,即使该标记与注册商标相同或近似,只要其目的仅在于表明商品的信息,而不作为商标使用,并且不足以造成商品出处混淆的,也不属于对注册商标专用权的侵犯。我国《商标法实施条例》第

49条规定，注册商标中含有的本商品的通用名称、图形、型号，或者直接表示商品的质量、主要原料、功能、用途、重量、数量及其他特点，或者含有地名，注册商标专用权人无权禁止他人正当使用。国家工商行政管理局《关于商标行政执法中若干问题的意见》规定，下列使用与注册商标相同或者近似的文字、图形的行为，不属于商标侵权行为：①善意地使用自己的名称或者地址。②善意地说明商品或者服务的特征或者属性，尤其是说明商品或者服务的质量、用途、地理来源、种类、价值以及提供日期。

例如，2003年8月，广东省中山市凯达精细化工股份公司诉陆丰市全美实业有限公司"灭害灵"商标侵权一案，经汕尾市中级人民法院审理，判定被告并未侵犯原告注册商标专用权。凯达精细化工股份公司诉称，其拥有"灭害灵"牌注册商标专用权，全美实业有限公司在蚊香产品上使用了"灭害灵"商标，根据《商标法》有关规定，被告侵犯了原告的注册商标专用权，应承担相应的法律责任。全美实业有限公司辩称，"灭害灵"属于商品通用名称，并且直接表达了商品的用途。汕尾市中级人民法院经审理认为，"灭害灵"是"消灭害虫灵验"的意思，根据国家有关部门通知以及化工行业标准的规定，"灭害灵"是农药化学药品通用名称。被告全美实业有限公司生产的蚊香在包装上使用"灭害灵"字样，目的是作为其产品功能展示，属于正当使用"灭害灵"名称，并非作为商标使用，因此判定被告并没有侵犯原告注册商标专用权。

本案中，全美实业有限公司就是由于正当使用蚊香商品的通用名称，而被判定没有侵犯原告注册商标专用权的。

2. 权利用尽。商标权人或被许可人的商品出售后，第三人在该商品上正当使用该注册商标的，则不属于侵犯注册商标专用权的行为。这里涉及的是注册商标专用权的权利用尽问题，它是指商标权人或被许可人在商品上使用注册商标，并且将其出售，即已经对该商品上的注册商标专用权一次用尽，他人购得该商品后，有权继续出售、出租带有注册商标的该商品或以其他方式使用该商品。但是，如果该商品由于修理、加工、重做等原因而造成重大变化，又以同一注册商标而将该商品投入市场销售的，那么就属于侵犯注册商标专用权的行为。因为在这种情况下，行为人使用注册商标的商品已经不再是商标权人自己或许可他人生产经营的商品，而该商品却又以同一注册商标被投入市场销售，则侵犯该注册商标的专用权。

## 二、商标侵权案件的处理

### （一）工商行政管理部门对商标侵权案件的处理

1. 工商行政管理部门对商标侵权案件的处理。工商行政管理部门对商标侵权案件的处理分为对商标侵权纠纷的处理和工商行政管理部门主动对商标侵权案件的查处。商标侵权纠纷是指因商标侵权行为所引起的商标注册人与侵权人之间的纠纷。对于商标侵权纠纷，没有商标注册人或者利害关系人的请求，工商行政管理部门无权对商标侵权纠纷进行行政处理。我国《商标法》第53条规定，发生商标侵权纠纷后，商标注册人或者利害关系人可以请求工商行政管理部门处理。因而工商行政管理部门对商标侵权纠纷进行行政处理的前提是商标注册人或者利害关系人的请求。

同时，我国《商标法》第54条规定，对侵犯注册商标专用权的行为，工商行政管理部门有权依法查处；涉嫌犯罪的，应当及时移送司法机关依法处理。这是2001年修订后的《商标法》新增加的内容。由此可见，查处侵犯注册商标专用权的行为，是工商行政管理部门的一项法定职权。商标违法案件行政执法是根据法律、法规的规定实施的具体行政行为，工商行政管理部门必须依照法定的程序进行。

工商行政管理部门处理商标侵权纠纷由侵权人所在地或者侵权行为地县级以上工商行政管理部门管辖。所谓"侵权人所在地"是指侵权人办事机构所在地，若无办事机构，以其登记注册所在地为其"所在地"。这里所说的"侵权行为地"是指侵权行为发生地和侵权行为结果地，即制造、销售侵权商标商品的地区。侵权行为地可能是一个或多个，在有几个侵权行为地的情况下，当事人可以选择管辖机关。我国《商标法》第53条的规定，工商行政管理部门处理时，认定侵权行为成立的，责令立即停止侵权行为，没收、销毁侵权商品和专门用于制造侵权商品、伪造注册商标标识的工具，并可以处以罚款。

当事人对工商行政管理部门处理决定不服的，可以自收到处理通知之日起15日内依照《行政诉讼法》向人民法院起诉；侵权人期满不起诉又不履行的，工商行政管理部门可以申请人民法院强制执行。进行处理的工商行政管理部门可以根据当事人的请求，就侵权赔偿数额进行调解；调解不成的或者不履行调解结果，当事人可以向人民法院起诉。

2. 商标侵权案件移送司法机关的条件。工商行政管理部门在查处商标侵权行为的过程中，如果侵犯注册商标专用权的行为涉嫌犯罪的，则应当及时依法移送司法机关。我国《刑法》第213～215条对侵犯注册商标专用权犯罪做了明确规定,包括假冒注册商标罪、销售假冒注册商标的商品罪以及非法制造、销售非法制造的注册商标标识罪。最高人民法院和最高人民检察院于 2004 年 12 月 21 日发布的《关于办理侵犯知识产权刑事案件具体应用法律若干问题的解释》对商标犯罪的追诉标准做了规定,未经注册商标所有人许可,在同一种商品上使用与其注册商标相同的商标,具有下列情形之一的,属于《刑法》第 213 条规定的"情节严重",应当以假冒注册商标罪判处 3 年以下有期徒刑或者拘役,并处或者单处罚金:①非法经营数额在 5 万元以上或者违法所得数额在 3 万元以上的。②假冒两种以上注册商标,非法经营数额在 3 万元以上或者违法所得数额在 2 万元以上的。③其他情节严重的情形。

具有下列情形之一的,属于《刑法》第 213 条规定的"情节特别严重",应当以假冒注册商标罪判处 3 年以上 7 年以下有期徒刑,并处罚金:①非法经营数额在 25 万元以上或者违法所得数额在 15 万元以上的,②假冒两种以上注册商标,非法经营数额在 15 万元以上或者违法所得数额在 10 万元以上的;③其他情节特别严重的情形。销售明知是假冒注册商标的商品,销售金额在 5 万元以上的,属于《刑法》第 214 条规定的"数额较大",应当以销售假冒注册商标的商品罪判处 3 年以下有期徒刑或者拘役,并处或者单处罚金。销售金额在 25 万元以上的,属于《刑法》第 214 条规定的"数额巨大",应当以销售假冒注册商标的商品罪判处 3 年以上 7 年以下有期徒刑,并处罚金。伪造、擅自制造他人注册商标标识或者销售伪造、擅自制造的注册商标标识,具有下列情形之一的,属于《刑法》第 215 条规定的"情节严重",应当以非法制造、销售非法制造的注册商标标识罪判处 3 年以下有期徒刑、拘役或者管制,并处或者单处罚金:①伪造、擅自制造或者销售伪造、擅自制造的注册商标标识数量在 2 万件以上,或者非法经营数额在 5 万元以上,或者违法所得数额在 3 万元以上的;②伪造、擅自制造或者销售伪造、擅自制造两种以上注册商标标识数量在 1 万件以上,或者非法经营数额在 3 万元以上,或者违法所得数额在 2 万元以上的;③其他情节严重的情形。

具有下列情形之一的,属于《刑法》第 215 条规定的"情节特别严重",应当以非法制造、销售非法制造的注册商标标识罪判处 3 年以上 7 年以下有期徒刑,并处罚金:①伪造、擅自制造或者销售伪造、擅自制造的注册商标标识数量在 10 万件以上,或者非法经营数额在 25 万元以上,或者违法所得数额在 15 万元以上的;②伪造、擅自制造或者销售伪造、擅自制造两种以上注册商标标识数量在5万件以上，或者非法经营数额在15万元以上，或者违法所得数额在10万元以上的；③其他情节特别严重的情形。如果侵犯注册商标专用权的行为已经达到上述标准，即可以认为该行为已经涉嫌犯罪，则应当及时移送司法机关依法处理。

（二）人民法院对商标侵权案件的处理

根据《最高人民法院关于审理商标案件有关管辖和法律适用范围问题的解释》第2条以及最高人民法院《关于审理商标民事纠纷案件适用法律若干问题的解释》第6、7条规定，人民法院受理商标侵权纠纷案件采取级别管辖和地域管辖原则，具体分工如下：

（1）商标民事纠纷第一审案件，由中级以上人民法院管辖。

（2）各高级人民法院根据本辖区的实际情况，经最高人民法院批准，可以在较大城市确定1~2个基层人民法院受理第一审商标民事纠纷案件。

（3）因侵犯注册商标专用权行为提起的民事诉讼，由《商标法》第13、52条所规定侵权行为的实施地、侵权商品的储藏地或者查封扣压地、被告住所地人民法院管辖。

（4）对涉及不同侵权行为实施地的多个被告提起的共同诉讼，原告可以选择其中一个被告的侵权行为实施地人民法院管辖；仅对其中一个被告提起的诉讼，该被告侵权行为实施地的人民法院有管辖权。

《最高人民法院关于审理商标民事纠纷案件适用法律若干问题的解释》第18条规定，侵犯注册商标专用权的诉讼时效为2年，自商标注册人或者利害关系人知道或者应当知道侵权行为之日起计算。商标注册人或者利害关系人超过2年起诉的，如果侵权行为在起诉时仍在持续，在该注册商标专用权有效期限内，人民法院应当判决被告停止侵权行为，侵权损害赔偿数额应当自权利人向人民法院起诉之日起向前推算2年计算。

**三、侵犯商标权的法律责任**

（一）民事责任

根据《民法通则》的有关规定，侵犯商标权行为承担民事责任的方式主要有如下几种：①停止侵害；②消除影响；③赔偿损失。这几种方式可以单独适用，也可以合并适用。

停止侵害，消除影响是商标侵权案件中侵权人首先应承担的一项民事责任，它往往和其他民事责任合并使用。商标侵权行为的严重后果是给消费者造成混淆，使商标权人的商品或服务受到不利影响，停止侵害、消除影响可以减少商标权人的损失，尽快恢复商标权人在市场竞争中应有的地位。因此，在处理商标侵权案件时，通常要求侵权人承担此类民事责任。

损害赔偿是一种重要的责任方式。商标侵权行为或多或少会给被侵害人带来经济上的损失，因此，被侵权人可向侵权案件处理机关提出。赔偿数额为侵权人在侵权期间因侵权所获得的利益，一般是指销售收入减去成本及应缴纳的税金，销售收入只计算侵权人的实际收入，即已销出商品部分的收入，不包括库存商品；被侵权人在被侵权期间因被侵权所受到的实际损失，包括被侵权人为制止侵权行为所支付的合理开支。

对于侵权人因侵权所得利益或者被侵权人因被侵权所受损失难以确定的，《商标法》第56条确定了一个"法定赔偿额"，即在侵权人因侵权所得利益或者被侵权人因被侵权所受损失难以确定时，由人民法院根据侵权行为的情节判决给予50万元以下的赔偿。

对于销售不知道是侵犯注册商标专用权的商品的侵权人，只要其能证明该商品是自己合法取得的并说明提供者的，可以不承担赔偿责任。这一规定有利于弄清侵权商品的真正来源，打击侵犯注册商标专用权的商品制造者。

（二）行政责任

行政责任是工商行政管理部门在处理商标侵权案件中对当事人作出的处罚。根据法律规定，侵权人所在地或者侵权行为地县级以上工商行政管理机关有权依法对商标侵权行为采取行政处罚措施。对于《商标法》第52条所列侵犯注册商标专用权行为之一，工商行政管理部门认定侵权行为成立，可以根据《商标法实施条例》有关规定责令其立即停止侵权行为，没收、销毁侵权商品和专门用于制造侵权商品、伪造注册商标标识的工具，并可根据情节处以非法经营额3倍以下罚款，非法经营额无法计算的，罚款数额为10万元以下。

（三）刑事责任

根据我国《刑法》的有关规定，侵犯他人注册商标专用权构成的犯罪有三种：①假冒注册商标罪；②销售假冒注册商标商品罪；③伪造、擅自制造、销售非法制造他人注册商标标识罪。对此，《刑法》第213～215条作出如下规定：未经注册商标所有人许可，在同一种商品上使用与其注册商标相同的商标，情节严重的，处3年以下有期徒刑或者拘役，并处或者单处罚金；情节特别严重的，处3年以上7年以下有期徒刑，并处罚金。销售明知是假冒注册商标的商品，销售金额数额较大的，处3年以下有期徒刑或者拘役，并处或者单处罚金。销售金额数额巨大的，处3年以上

7年以下有期徒刑，并处罚金。伪造、擅自制造他人注册商标标识或者销售伪造、擅自制造的注册商标标识，情节严重的，处3年以下有期徒刑、拘役或者管制，并处或者单处罚金；情节特别严重的，处3年以上7年以下有期徒刑，并处罚金。

根据《刑法》第220条规定，法人单位和其他组织犯此类罪的，对单位判处罚金，对其直接负责的主管人员和其他直接责任人员追究刑事责任。

**四、驰名商标的保护**

（一）驰名商标的含义

根据国家工商行政管理总局于2003年4月17日发布的《驰名商标认定和保护规定》第2条的规定，驰名商标是指在中国为相关公众广为知晓并享有较高声誉的商标。相关公众包括与使用商标所表示的某类商品或者服务有关的消费者，生产前述商品或者提供服务的其他经营者以及经销渠道中所涉及的销售者和相关人员等。根据《巴黎公约》的有关规定，各缔约国均有保护驰名商标的义务。关于驰名商标的判断，《巴黎公约》没有规定统一标准，由缔约国商标主管机关自行确定，但是不以注册商标为限，也不受所使用的商品或者服务类别的限制。

驰名商标作为一种具有较高声誉的商标，对于商标权人、对于企业乃至对于国家都具有重要意义。有时一个国家是否拥有或者拥有多少国际驰名商标也可以作为一个指标，来判断一个国家的经济实力，甚至综合国力的强弱。美国作为当今世界惟一的超级大国，它不仅拥有"可口可乐"、"通用"、"福特"、"波音"、"万宝路"等众多老牌的世界驰名商标，而且它还能不断地创造出新的世界驰名商标。例如，"IBM"、"微软"、"英特尔"、"奔腾"等，就是它近年来创造出的新的世界驰名商标。现代世界经济竞争的一个突出特点是，由过去的国家之间的竞争转变为各个国家企业之间的竞争。而国家则在一定程度上退居幕后，为企业竞争设定规则。

（二）驰名商标的认定

我国《驰名商标认定和保护规定》第10条规定，商标局商标评审委员会在认定驰名商标时，应当综合考虑《商标法》第14条规定的各项因素，但不以该商标必须满足该条规定的全部因素为前提。《商标法》第14条规定，认定驰名商标应当考虑下列因素：①相关公众对该商标的知晓程度；②该商标使用的持续时间；③该商标的任何宣传工作的持续时间、程度和地理范围；④该商标作为驰名商标受保护的记录；⑤该商标驰名的其他因素。

根据《商标法实施条例》第 5 条规定，在商标注册、商标评审过程中产生争议时，有关当事人认为其商标构成驰名商标的，可以相应向商标局或者商标评审委员会请求认定驰名商标，驳回违反《商标法》第 13 条规定的商标注册申请或者撤销违反《商标法》第 13 条规定的商标注册。有关当事人提出申请时，应当提交其商标构成驰名商标的证据材料。商标局、商标评审委员会根据当事人的请求，在查明事实的基础上，依照《商标法》第 14 条的规定，认定其商标是否构成驰名商标。

此外，在法院处理商标纠纷时，同样可以认定某个商标是否构成驰名商标。

（三）驰名商标的特别保护

我国《驰名商标认定和保护规定》第 14 条规定，各级工商行政管理部门应当对驰名商标加强保护，对涉嫌假冒商标犯罪的案件，应当及时向有关部门移送。

驰名商标依法受到有别于一般商标的特殊保护。这种特殊保护主要表现在以下几个方面：

1. 驰名商标对抗冲突申请的特殊效力。对于《巴黎公约》成员国来说，不论是实行使用在先原则还是注册在先原则的国家，都应当根据公约的有关规定，对容易与成员国已驰名的商标产生混淆的注册商标申请，有义务拒绝或取消注册，并禁止使用。其法律后果是，如果一个商标是驰名的，那么，尽管其没有在一个《巴黎公约》成员国申请注册，它也照样可以对抗能产生混淆的、以复制、模仿或翻译该商标的方式由他人提起的冲突申请。即使与其冲突的商标已经被核准注册，也应当为驰名商标提供 5 年的期限，驰名商标所有人可以在此期限内对侵权商标提出撤销申请，如果是通过恶意方式取得注册的，则《巴黎公约》规定不应当规定时间限制。《与贸易有关的知识产权协议》也对驰名商标的保护作出了规定：一是宣布将《巴黎公约》的特殊保护延及服务商标；二是把保护范围扩展到非类似商品和服务；三是对如何认定驰名商标作出了原则性规定。

我国《商标法》第 13、41 条以及《驰名商标认定和保护规定》第 4 条也作出了类似的规定，就相同或者类似商品申请注册的商标是复制、模仿或者翻译他人未在中国注册的驰名商标，容易导致混淆的，不予注册并禁止使用。就不相同或者不相类似商品申请注册的商标是复制、模仿或者翻译他人在中国注册的驰名商标，误导公众，致使该驰名商标注册人的利益可能受到损害的，不予注册并禁止使用。已经注册的商标，违反《商标法》第13条规定的，自商标注册之日起5年内，商标所有人或者利害关系人可以请求商标评审委员会裁定撤销该注册商标。对恶意注册的，驰名商标所有人不受5年的时间限制。当事人认为他人经初步审定并公告的商标违反《商标法》第13条规定的，可以依据《商标法》及其《商标法实施条例》的规定向商标局提出异议，并提交证明其商标驰名的有关材料。当事人认为他人已经注册的商标违反《商标法》第13条规定的，可以依据《商标法》及其《商标法实施条例》的规定向商标评审委员会请求裁定撤销该注册商标，并提交证明其商标驰名的有关材料。

2. 驰名商标的跨种类保护。一般情况下，注册商标专用权的保护范围为核准注册的商标与核定使用的商品或服务项目为限，即一件商标只在其核定使用种类的商品或服务项目上才具有排他效力。但是，驰名商标的专用权效力范围却超出了核定使用的商品或服务项目的种类，即尽管在其他种类的商品或服务项目上也不能注册与驰名商标相同或相类似的商标。我国《商标法》第13条第2款规定，就不相同或者不相类似商品或服务项目申请注册的商标是复制、模仿或者翻译他人已经在中国注册的驰名商标，误导公众，致使该驰名商标注册人的利益可能受到损害的，不予注册并禁止使用。

例如，某企业在商标注册商品与服务国际分类第9类录像机商品上申请注册"HODAK"商标，经审查，商标局予以初步审定并公告。美国伊士曼柯达公司对"HODAK"和"HODAK及图"商标提出异议，商标局经审核认为，被异议商标与异议商标"KODAK"核定使用的商品虽然不完全类似，但是它们之间存在着很大的关联性，而且它们在整体上足以造成混淆，因此，该申请注册的商标，不予注册并禁止使用。

《最高人民法院关于审理商标民事纠纷案件适用法律若干问题的解释》第1条规定，复制、模仿、翻译他人注册的驰名商标或其主要部分在不相同或者不相类似商品或服务项目上作为商标使用，误导公众，致使该驰名商标注册人的利益可能受到损害的，属于商标侵权行为。《驰名商标认定和保护规定》第5条规定，在商标管理工作中，当事人认为他人使用的商标属于《商标法》第13条规定的情形，请求保护其驰名商标的，可以向案件发生地的市（地、州）以上工商行政管理部门提出禁止使用的书面请求，并提交证明其商标驰名的有关材料。

3. 驰名商标的其他特殊保护。

(1) 商号方面的保护。根据我国《商标法实施条例》第53条以及《驰名商标认定和保护规定》第13条规定,商标所有人认为他人将其驰名商标作为企业名称登记,可能欺骗公众或者对公众造成误解的,可以向企业名称登记主管机关申请撤销该企业名称登记,企业名称登记主管机关应当依照《企业名称登记管理规定》处理。

例如,1997年4月,"雅戈尔"被国家商标局认定为驰名商标。然而,某市制衣公司却将"雅戈尔"作为企业字号使用。结果被企业名称登记主管机关撤销了该制衣公司(某市雅戈尔制衣有限公司)的企业名称登记。

(2) 域名方面的保护。2001年7月24日开始实施的《最高人民法院关于审理涉及计算机网络域名民事纠纷案件适用法律若干问题的解释》第4条第2款规定,被告域名或其主要部分构成对原告驰名商标的复制、模仿、翻译或音译的,构成对商标权人驰名商标专用权的侵害。

# 第四章 著作权法律制度

## 第一节 著作权与著作权法

### 一、著作权的概念及沿革

著作权，在不同的国家有不同的含义，有时甚至是同一个国家在不同的历史时期，赋予著作权的含义也有所不同。根据我国《著作权法》的有关规定，著作权是指文学、艺术和科学作品的作者及其他著作权人依法对作品所享有的人身权利和财产权利的总称。

"著作权"，在英美法系国家的立法中又称为"版权"。在我国的法学研究和立法文件中也把著作权与版权作为同义语使用。[1]然而，从著作权和版权这两个概念的起源上看，它们却是不同历史阶段发展的产物，两者之间有着不同的内涵。早在西欧15世纪中叶，随着出版业的兴起，印刷商为了垄断某些图书的印刷和销售市场，防止同行的竞争，往往事先将书稿送往皇室或官府审查，以获得独自印刷图书的特权。1662年英王玛丽一世颁布了第一个许可证法。该法规定，经过皇家的特别授权，给予伦敦出版行会的成员或者其他持有许可证的人以出版书刊的特权。这部法律所保护的是以出版商利益为核心内容的权力，在英文中被称为"COPYRIGHT"（本义为"拷贝权"，引申为"复制权"）。1709年英国颁布了世界上第一部保护版权者利益的法令，即《安娜法令》。该法令规定："印刷人等，……未经作者、版权所有人的同意，擅自翻印他们的书籍……为防止这种业务行为，并为鼓励学者努力著述有价值的书籍……特别制定本法案。"由此可见，在《安娜法令》中，除了与第一个许可证法一样有保护出版商利益的内容外，还增加了保护作者权利的内容，但该法仍被称之为"COPYRIGHT"。

到了19世纪，日本人根据"COPYRIGHT"的英文含义，创造了汉字

---

[1]《中华人民共和国著作权法》第57条，《中华人民共和国民法通则》第94条。

"版权"一词，并于明治八年（1875年）和明治二十年（1887年）先后制定了两个版权条例。在第一个条例中，版权是指出版商经官方特许而享有的图书专卖权；在第二个条例中，版权则是指作者所享有的出版权。明治二十五年（1893年）日本正式制定了保护作者权利的法律，称之为《版权法》。随着历史的发展，版权已不再是原来意义上的仅仅指出版商的权利了，它加入了新的、更重要的内容，即保护作者的权利。因此，明治三十二年（1899年），日本在将有关法规综合修订后，制订成统一的作者权利保护法，并命名为《著作权法》。此后，"著作权"这一法律用语，先后为各国立法所接受。但是人们并没有因此而放弃"版权"这一词，而是给其赋予了新的含义，即在传统的出版商的权利上加入了作者的权利，从而使版权成为著作权的同义语。

我国的传统法律文化中并无"著作权"或"版权"的法律名词。但是由于日本政治法律名词大都用汉文本义，而中国的法令、公牍所用的专门术语又多取材于日本书籍，所以我国"著作权"、"版权"的概念是清朝时从日本传入中国的，并以1910年的《大清著作权律》为标志在立法文件中正式使用。

## 二、著作权法的形成与发展

著作权法，又称版权法，它是指调整人们之间因著作权以及与著作权有关的权益而产生的财产关系和人身关系的法律规范的总和。著作权法可以分为广义的著作权法和狭义的著作权法。广义的著作权法，是指所有调整著作权关系的法律规范的总称，它除了著作权法典之外，还包括其他调整著作权法律关系的规范性法律文件，如国务院制定的行政法规、国务院各部门制定的有关著作权法律问题的行政规章、最高人民法院关于执行著作权法的司法解释，以及我国参加或者缔结的国际条约等，如《实施国际著作权条约的规定》、《中华人民共和国著作权法实施条例》、《计算机软件保护条例》等，它们同《著作权法》一起，共同构成了著作权法的法律渊源；狭义的著作权法，则是指按照一定体系编纂的，以法典的形式命名的著作权法典，如《中华人民共和国著作权法》。

### （一）著作权法的萌生阶段

现代意义上的著作权，是指作者对自己创作的作品享有的权利。所以，作者是否享有控制和处理自己作品的权利，就应当成为我们确认著作权法是否产生的惟一标准。早在古代社会，虽然也曾存在过与现代意义上的复制权相似的禁止翻版印刷的法令、制度，但由于它保护的是印刷出版商的利益，而不是作者的利益，所以它的产生并不标志着著作权法的产生，而只能说是著作权法的萌芽。

(二) 著作权法的形成阶段

直到18世纪初，由于活字印刷术的广泛使用和资产阶级革命时期人权运动的日益高潮，英国率先废除了往日的皇家特许和议会特许，于1709年通过并颁布了世界上第一部著作权法，即《为鼓励知识创作而授予作者及购买者就印刷成册的图书在一定时期内之权利的法》，后人称之为《安娜法令》。《安娜法令》的内容，从主要保护出版者的权益转为主要保护作者的利益，这不仅表明了人类对智力创作认识的深化和尊重，也表明了立法技术的日趋科学、完善。但《安娜法令》作为世界上第一部保护作者权益的法律，具体的规定也难免有不足之处，主要表现在：①立法首先考虑的是保护作者及有关权益人的经济权利，对作者的精神权利，还缺乏足够的认识，当然也就不可能有什么相应的保护措施；②保护的客体只包括图书和其他作品，而音乐、戏剧、雕刻作品等被排除在法律保护之外。

18～19世纪，是著作权法进一步发展的时期。英国继《安娜法令》颁行后不久，又从保护艺术作品著作权的角度出发，分别于1734年和1814年颁布了《雕刻家法》（一译《雕刻著作权法》）和《雕塑著作权法》，1838年颁布《戏剧著作权法》。法国在大革命时期也制定了著作权法，法国制定的著作权法进一步完善了著作权法律保护制度的内容，使著作权立法大大迈进了一步。1791年和1793年，法国又先后颁布了《表演权法》和《作者权法》，这两部法律不是仅从某一方面而是从综合的角度全面规定了作者的权益，并首先体现出强调保护作者精神权利的内容。法国著作权法的这一特点一直为法国法所继承，并为大陆法系其他国家的著作权立法所沿袭。

随后，各国纷纷制定著作权法，以保护著作权人的利益。1741年，丹麦、挪威颁布了著作权法。美国独立战争后，在1783年至1789年期间，先后有12个州制定了著作权法。1790年美国国会仿照英国《安娜法令》，制定并通过了《联邦著作权法》。1832年，德意志同盟协议决定在各公国实行著作权互惠保护。1865年巴伐利亚州颁布了《保护文学作者权法》，1871年，统一后的德国颁布了第一部著作权法。此外，俄国于1828年亚历山大一世在位时颁布了著作权法，日本于1899年制定了日本第一部现代著作权法。

## （三）著作权立法的国际化阶段

随着社会发展和科学、文化事业的进步，各国都根据社会实际需要，纷纷制定著作权法。目前，世界上170多个国家中，约有150多个国家建立了著作权法律制度。许多国家还对本国的著作权法作了多次的修改，使之进一步的完善。同时，随着交通业的日益便利和国际间交往的频繁，单一的国内著作权保护已显不足，并逐步发展到两国的著作权双边保护。到了19世纪下半叶，国际著作权保护又由双边协议开始转向多边保护，并逐步产生了一些具有世界性的国际著作权保护公约。

### 三、中国的著作权立法

（一）旧中国的著作权立法

我国的著作权立法，始于清朝末年。宣统2年（1910年），清末在进行法律改革过程中，颁布了我国历史上的第一部著作权方面的法律，即《大清著作权律》。该法分为通例、权利期限、呈报义务、权利限制、附则，共5章55条。此后，一直到1990年《中华人民共和国著作权法》颁布，包括《大清著作权律》在内，前后共颁布过四部有关著作权保护的法律。

1912年南京临时政府成立后，由于存续时间短未及时制定著作权法。我国历史上的第二部著作权法是北洋政府于1915年颁布的，该法分为总则、著作权人之权利、著作权之侵害、罚则、附则5章共计45条。从内容上看，该《著作权法》基本上是照抄《大清著作权律》的规定。

第三部著作权法是1928年5月14日南京国民政府颁布的《著作权法》，这部法典分总纲、著作权之所属及限制、著作权之侵害、罚则、附则5章共40条。同日，国民政府又颁布了《著作权法实施细则》共15条。[1]此后，国民政府立法院于1944年3月31日和1948年12月31日对该法进行了修正。

中华人民共和国成立后，该法仍在我国台湾地区适用，并先后于1964年、1985年、1990年、1992年（当年曾进行过两次修订）、1993年、1998年、2001年、2003年对该法进行过9次修正。而最新的修订本，则是2004年9月1日公布的修正文本。并且，最新公布的文本对原法进行了较多的修正。

---

〔1〕 该细则已于1998年1月21日正式废止。本处所引民国时期及1949年后台湾地区立法资料，均来源于台湾地区法源法律网：http://www.lawbank.com.tw。

### (二) 我国建国后的著作权立法

中华人民共和国成立后便着手建立新的著作权保护制度，但由于各种条件的限制，在建国后相当长的一段时间内，我国没有颁布一部全面的、完整的保护作者及其他著作权人的单行著作权法律，有关保护著作权的规定仅散见于一些单行规范性文件之中。其中，最早就著作权保护问题作出原则性规定的，是1950年9月在全国召开的第一次出版工作会议上通过的《关于改进和发展出版工作的决议》，该决议对于保护著作权作了一些原则规定。随后，国务院及有关部委也相继颁布了一些有关稿酬、出版合同等方面的文件，作为当时处理著作权纠纷的依据。由于当时对是否需要著作权保护制度，知识产品能否成为财产等问题存在分歧，建立全面保护著作权制度的设想也就被搁置下来。

改革开放以来，全国工作重点发生了转移。为了发展科学文化事业、开展对外交流，从1979年起，有关部门开始进行著作权立法的准备工作。1985年，文化部颁布《图书、期刊版权保护试行条例》，作为20世纪80年代著作权保护方面的内部规则。但该条例仅适用于国内的图书、期刊的著作权纠纷，且不对外公布。

建国后第一次正式以国家立法的形式对著作权给予法律保护的，是1986年4月12日由第六届全国人民代表大会第四次会议通过的《中华人民共和国民法通则》。该法第94条明确规定："公民、法人享有著作权（版权），依法有署名、发表、出版、获得报酬等权利。"此外，还在第118条规定："公民、法人的著作权（版权）……受到剽窃、篡改、假冒等侵害的，有权要求停止侵害，消除影响，赔偿损失。"

随着国家立法的发展，著作权法也被列入了国家立法议程。经过11年的努力，著作权法经过反复论证、讨论，先后易稿25次，终于在1990年9月7日，第七届全国人民代表大会常务委员会第十五次会议获得通过，成为我国建国后的第一部著作权法，即《中华人民共和国著作权法》，并于1991年6月1日起开始正式施行。该法分总则、著作权、著作权许可使用合同、出版、表演、录音录像、播放、法律责任、附则，共6章56条。该法是在参考国际惯例和借鉴外国经验的前提下制定的，充分体现了我国经济和文化的发展状况以及健全社会主义法制的实际需要，是一部具有中国特色的著作权法。

《著作权法》的颁布，标志着我国著作权法律保护制度的全面建立。通过该法的实施，著作权人的合法权益得到了较好的保护，也极大地推动了我国科学文化事业的发展。但随着改革开放的深入发展，社会经济的发展，《著作权法》的修订也势在必行。一方面，经济的发展、科技的进步，推动了传播技术的革新，复印机、录制机、扫描仪等复制设备迅速普及，互联网、有线电视、可视电话等传播手段竞相诞生，作品的载体也发生了很大的变化；另一方面，我国在加入世界贸易组织的谈判中也承诺在正式加入世界贸易组织后将全面实施《与贸易有关的知识产权协定》，而1991年生效的著作权法在许多方面都与《与贸易有关的知识产权协定》存在一定的差距，因此，著作权法的修订也就成为必然。为了进一步完善我国的著作权保护制度，促进经济、科技和文化的发展繁荣，适应我国加入世界贸易组织的进程，我国早在1998年即已启动对著作权法的修订程序。全国人大法律委员会、教科文卫委员会、法制工作委员会多次联合召开座谈会，在听取了各方面意见的基础上，2001年10月27日，中华人民共和国第九届全国人民代表大会常务委员会第24次会议通过了《关于修改〈中华人民共和国著作权法〉的决定》，并于同日由国家主席令公布施行。

2010年2月26日，第十一届全国人大常委会第十三次会议通过了《关于修改〈中华人民共和国著作权法〉的决定》，并自2010年4月10日起施行。其内容主要有两条：①对第4条的修改，取消了原第1款关于"依法禁止出版、传播的作品，不受本法保护"的规定，并将第2款略加修改后代替原来的第4条。修订后的内容为："著作权人行使著作权，不得违反宪法和法律，不得损害公共利益。国家对作品的出版、传播依法进行监督管理。"②增加一条作为第26条，具体内容为："以著作权出质的，由出质人和质权人向国务院著作权行政管理部门办理出质登记。"

## 第二节　著作权的客体

### 一、著作权客体概述

著作权的客体，亦即著作权保护的对象。从法律上说，著作权保护对象被称为作品，或称"著作"，是指文学、艺术和科学领域内具有独创性并能以某种有形形式复制的智力创作成果。作品是我国著作权法保护的对象，但并不是所有的作品都可以受到著作权法保护。根据有关法律、法规的规定，可以成为著作权保护对象的作品，必须具备以下条件：

1. 作品具有独创性。独创性是作品的重要特征。从目前各国著作权法的规定来看，大多数国家的著作权法都有作品必须具有独创性的规定。所谓作品的独创性，是指作者创作出来的作品，无论从内容上来看还是从表现形式上来看，都是经过作者独立的思考而创作出来的，作者为此付出了创造性的劳动。所以，独创性应该包括两个相互关联的要素：一是从创作过程上看，作品是由作者（既可以是单个作者，也可以是两个或两个以上作者合作）独立完成的，是作者独立劳动的成果。换言之，作者的作品，并非纯粹是另一作品的复制品，而是源于其作者的内心的体验、感受和思考。二是从作品本身来看，作品应具有个性特征，它应体现作者创造性劳动的成果。至于对其创作成果的艺术水平、理论或技术含量，法律并没有规定具体的标准。一个剧本并不会因为它的质量"次"或"劣"而得不到著作权法的保护，一位画家也不会因为自己的作品缺乏技巧而不对自己创作的作品享有著作权。

值得注意的是，著作权法中对作品的独创性要求有别于专利法中的新颖性。在专利法中，对新颖性的要求是指申请中的发明创造的内容在申请日之前不为公众所知；而著作权法的独创性则不要求具备这一特点，著作权法只要求作品是作者独立创作完成的，就具备了独创性的特点，这一要求并不排斥他人再创作出同样的作品。

2. 作品有客观的表现形式。由于受著作权法保护的，只是作品的表现形式，而不是作品的内容。所以作者的思想、情感等，只有在通过某种形式表达出来，才能够被人感知，也才具有获得法律保护的可能性。根据《著作权法》的规定精神，受其保护的作品必须以一定的客观形式表现出来或固定下来，以便人们能够直接或通过辅助工具看到、听到或触摸到，或者能够使用它（如计算机软件）。反之，如果作品所蕴涵的思想、情感、理论、技术等仅仅存在于作者内心深处，未以一定的物质形式表现出来，则不管具有多大的科学或艺术价值，都不能成为著作权法保护的客体。

**二、受著作权法保护的作品范围**

在理论上，作为著作权客体的作品，可以依据不同的标准进行不同的分类。例如，按照作品存在形态的不同，作品可以分为以书籍、乐谱、绘画、照片、电影等以平面载体直接表现出来的平面作品，以唱片、录音录像、广播电视节目等为载体的音响音像作品，以雕塑、工艺美术、建筑模型等表现的立体作品，以及以舞蹈、哑剧表演等为表现形式的形体作品；依据作品的来源不同，作品可以分为由作者直接创作形成的原始作品、以别人的作品为蓝本,通过再创作以其形式表现相同内容的邻接作品,以及以若干分别独立作品组成一个新的作品组合作品等;而根据与已有作品的关系,还可以将之分为原始作品和演绎作品。

但在立法上,著作权法所保护的作品的类别,各国往往采取不同的立法体制,有的国家采取概括性规定。如英国,澳大利亚等,而大多数国家则采用列举式规定,如法国、德国、日本等。我国著作权法也是采用列举的方式来规定著作权法所保护的作品范围。根据我国《著作权法》第3条的规定,受我国著作权法保护的作品共分为文字作品、口述作品等作品类型。

### (一) 文字作品

文字作品,是指小说、诗歌、散文、论文等以文字形式表现的作品。这里的文字,既可以是汉文、少数民族文字、盲文,也可以是外国文字;从内容上说,既可以是文学作品,也可以是以文字形式表现出来的其他作品,如各种科研论文等。由于文字作品的范围极其广泛,所以各国都将文字作品列为著作权保护的第一客体,各种国际公约也将文字作品列入自己的保护范围之内,只是有些提法不同而已。例如,在《伯尔尼公约》中,就将文字作品称为"书籍、小册子和其他著作"。

### (二) 口述作品

口述作品,是指以口头语言创作、未以任何物质载体固定的作品,如即兴演说、授课、法庭辩论等。已往的口述作品,主要是口述者的讲述,其传播范围很小,因而也很少出现侵权的事件。随着科学技术的发展,录音、录像制品产生了,口述作品也就越来越多,被侵权的可能性也越来越大。为了保护口述作品创作者的正当权益,我国的著作权法将口述作品列入了自己的保护范围之中。

### (三) 音乐、戏剧、曲艺、舞蹈、杂技等艺术作品

音乐、戏剧、曲艺、舞蹈、杂技等艺术作品,都属于表演类艺术作品的范畴,即为用于表演而专门创作的作品或者直接通过表演而形成的作品。表演类作品具体又包括两种情况,一种是通过表演而形成的。例如,戏剧作品、曲艺作品、舞蹈作品、杂技作品等,没有表演,也就无所谓舞蹈或杂技。虽然舞蹈、杂技作品可能是根据一定的文字或图形描述即脚本而进行的,但脚本本身不构成所谓的舞蹈作品或者杂技作品,而应当属于文字作品的范畴。另一种则是直接为表演而创作的作品,如音乐作品等。

根据我国《著作权法》第3条第3项的规定,表演类艺术作品主要包

括音乐作品、戏剧作品、曲艺作品、舞蹈作品和杂技作品等。

（四）美术、建筑作品

1. 美术作品。它是指以线条、色彩或者其他方式构成的有审美意义的平面或者立体的造型艺术作品，如绘画、雕塑、书法等。美术作品可以分为纯美术作品和实用美术作品两种。纯美术作品是指仅供人们艺术观赏、享受的作品。从其价值意义上看，它只具有观赏价值，而不具有实用价值。实用美术作品则是在具备日常生活、生产实用价值的同时，又具有观赏价值，它是将使用价值与观赏价值融为一体的一种特殊作品。

2. 建筑作品。它是指以建筑物或者构筑物的形式表现的，具有审美意义的作品。对建筑作品的保护始于1908年的《伯尔尼公约》柏林文本，我国1990年的《著作权法》并没有单列建筑作品一类，而是将之视为美术作品。2001年修订《著作权法》时，增列建筑作品一类。应当指出的是，虽然建筑作品在形式上也表现为建筑物或构筑物，但并非所有建筑物或构物都构成《著作权法》意义上的建筑作品，只有满足独创性要求的建筑才可以作为建筑作品得到保护，对于那些纯粹为了实用目的而建筑的房屋等不属于建筑作品的范畴，因而也就不受《著作权法》的保护。

（五）摄影作品

摄影作品，是指借助一定的器械，在感光材料上记录客观物体形象的艺术作品。

（六）电影作品以及以类似摄制电影的方法创作的作品

电影作品以及以类似摄制电影的方法创作的作品，是指通过摄制技术固定在一定物质载体上，由一系列有伴音或者无伴音的画面组成，并借助适当装置放映、播放的作品。其范围包括影视作品、录像作品、载有音像节目的半导体芯片、激光视盘等作品。在这里，《著作权法》所保护的，是整部电影、电视或者录像，而不是据以制作该电影作品等的剧本。对于电影、电视或录像来说，剧本的完成，〔1〕只是作品创作的开始，要把整个剧本搬上银幕，还需要导演、摄影、作词、作曲等作者的智力活动，所以《著作权法》也应保护他们的权利。当然，如果这类影视作品只是对某些客观情况的记录，而没有加入摄制者的创作性劳动，如对会议、讲演、表演进行录像等，就不属于电影、电视、录像作品的范畴，而应当根据《著作权法》第四章的有关规定予以保护。

---

〔1〕 剧本的保护适用著作权法关于文学作品（文字作品）的保护规定。

### (七) 工程技术作品

工程技术作品，主要是指为工业应用而创作的作品。根据我国《著作权法》的规定，工程技术类作品主要包括以下两种：

1. 工程设计、产品设计图纸及其说明。工程设计、产品设计图纸及其说明，是指为施工和生产绘制的图样及对图样的文字说明。具体地说，工程设计图纸及其说明是指工厂、铁路、桥梁及建筑工程施工之前，根据一定目的要求所创作的能为建设施工提供依据的设计图纸及其说明。产品设计图纸及其说明是指生产企业为确定产品的构成、成分、规格和各项应达到的技术指标而制作的图纸及其说明，如服装设计图、家具设计图等。工程设计、产品设计图纸及其说明，体现了设计者的思想、风格，设计者为此付出了创造性的劳动，因此，它们属于作品的范畴。但是著作权法保护的工程设计、产品设计图纸及其说明，仅仅指以印刷、复印、翻拍等复制形式使用的图纸及其说明。至于依照设计图纸及其说明进行施工而获得的产品，则不受著作权法的保护。但是，如前所述，如果依照设计图纸施工而形成的建筑作品，则受《著作权法》的保护。

2. 地图、示意图等图形作品和模型作品。地图、示意图等图形作品，是指地图、线路图、解剖图等反映地理现象，说明事物原理或者结构的图形或者模型。地图是指运用符号和地图制图原则表示地面自然现象和社会现象的图形；线路图是指运用线条和符号反映一定的自然和社会现象的图形，如电路图、热力循环图、公路图、铁路图等，广义的地图，包括线路图；解剖图是指全面或局部反映人们和各种动物身体内部结构的图形，如人体解剖图、人体穴位图等。

模型作品，则是指为展示、试验或者观测等用途，根据物体的形态和结构，按照一定的比例制作的立体作品，如建筑物模型、航天器具模型等。

### (八) 计算机软件

计算机软件是相对于硬件而言的一个概念，主要是指计算机程序及其文档。所谓计算机程序，是指为了得到某种结果、显示某种作用或完成一定任务而可以由电子计算机等具有信息处理能力的装置执行的代码化指令序列，或可被自动转换成代码化指令序列的符号化指令序列或符号化语句序列，以及有关的数据；所谓文档，是指用一般文字、符号介绍计算机程序的说明，以及帮助理解和运用计算机程序的用户手册、流程图等。

在我国《著作权法》中，计算机软件属于特殊作品，因而其保护方式

"另行规定"。为了实现对计算机软件的保护，我国早在 1991 年就由国务院发布了《计算机软件保护条例》，并于次年由原电子工业部发布了与之配套的《计算机软件著作权登记办法》以及其他一系列相关的法规、规章和制度。为配合《著作权法》的修订，新的《计算机软件保护条例》和《计算机软件著作权登记办法》也分别于 2001 年和 2002 年由国务院和国家版权局修订发布。

应当指出的是，由于 1992 年《中美知识产权谅解备忘录》及世界贸易组织的《知识产权协议》均要求把它视同文字作品给予保护，所以在司法实践中，我国也就只能把它归入文字作品，而不宜特别对待。

（九）法律、行政法规规定的其他作品

随着科学技术的发展，作品的表现形式也在丰富和发展之中，现有的著作权立法采用的列举式立法模式可能无法概括所有的作品形式。因此，除前列八种为《著作权法》明确列举的作品外，其第 3 条第 9 项同时规定：法律、行政法规规定的其他作品也受《著作权法》的保护。

应当注意的是，为了防止这一规定的滥用，任意扩大《著作权法》的保护范围，《著作权法》明确规定，作为《著作权法》保护的"其他作品"，只限于有法律、行政法规明文规定的作品。除法律或行政法规以外，包括国务院部门规章在内的任何其他规范性文件增列的"作品"都不在《著作权法》的保护范围之内。

在我国现行立法中，已正式纳入著作权法保护范围之内的其他作品，是《著作权法》第 6 条规定的民间文学艺术作品。但考虑到我国是一个多民族的大国，民间文学艺术作品种类繁多、情况复杂，也具有与一般意义上的作品不同的特点，[1]其保护方式也必然有所不同。因而《著作权法》第 6 条规定："民间文学艺术作品的著作权保护办法由国务院另行规定。"

此外，应当指出的是，原《著作权法》曾通过第 4 条规定了不受《著作权法》保护的作品的范围。2010 年全国人大常委会在修改《著作权法》时，该条被修改为："著作权人行使著作权，不得违反宪法和法律，不得损害公共利益。国家对作品的出版、传播依法进行监督管理。"这无疑是《著作权法》的一大进步。这是因为，从理论和立法上说，任何作品一经创作完成，即成为著作权法意义上的作品。国家可以对某一作品的出版、

---

〔1〕 如创作过程的集体性、形成时间的长期性、变异性及传承性等特点，都是民间文学艺术作品不同于一般意义上的作品的特点。

传播进行必要的限制，甚至是禁止。国家之所以限制或者禁止某类或某些作品的传播，其目的是为了预防或防止这些作品对对他人、对社会可能造成的危害。如果将之列为不受法律保护，则有可能违背立法的初衷，导致这些作品更广泛的传播（非法出版、传播）。因此，著作权法所保护的仅仅是创作者创作出来的作品的表现形式，至于作品中所反映出来的作者的思想情感等具体内容如何，与作者是否能够享有著作权并无关系。

### 三、不适用著作权法的作品

所谓不适用著作权法的作品，主要是指某些因其创作目的和用途的特殊性而被排除在著作权法保护范围之外的作品。根据《著作权法》第5条的规定，这类情形有：

1. 法律、法规，国家机关的决议、决定、命令和其他具有立法、行政、司法性质的文件，及其官方正式译文。这类文件，虽然也是智力创作的成果，也是作品的一种表现形式，但创作这类作品的目的，就是为了使其广泛传播，让人知晓，以便人们及时的了解和执行。从各国著作权法的规定及有关的国际公约来看，这类作品一经公布，便进入公有领域，任何人对它的使用，都不受限制。如《伯尔尼公约》第2条第4款规定："本同盟各成员国对立法、行政或司法性质的官方文件以及这类文件的正式译文的保护由其国内立法确定。"

2. 时事新闻。时事新闻，是指通过报纸、广播电台、电视台等新闻媒介发布的关于事件或者事实的单纯消息。著作权法不保护时事新闻的缘故，一方面，是因为这种消息只是用简单的文字或机械的录制手段将客观现象或事实记录下来，它基本上不反映记录人的思想或情感，也没有表现出记录人创造性的劳动，所以它不能构成受著作权法保护的作品；另一方面是因为时事新闻作为一种信息，其本身存在的价值就在于它的迅速传递和扩散。所以，各国著作权法都不把它列入自己的保护范围之内。《伯尔尼公约》第2条第8款也规定："本公约的保护不适用于日常新闻或纯属报刊消息性质的社会新闻。"但是，值得注意的是，如果作者对时事新闻进行了加工整理，并进行评论，付出了自己创作性的劳动，那么这类作品，已不再是单纯的消息，而应当与其他的创作作品一样，受到著作权法的保护。

3. 历法、通用数表、通用表格和公式。历法，是指年、月、日计算时间的方法，如我国通行的阳历和阴历。数表，是指含有一定数字，并能反映一定关系的表，如元素周期表、三角函数表等。根据修订后的《著作权法》的规定,只有"通用数表"才不适用《著作权法》,"通用数表"以外的其他数表,仍然可以适用《著作权法》,取得著作权并受《著作权法》的保护。通用表格,是指可以普遍使用的、为填写文字或数字、按一定的数目画成的表格,如商业通用发票、会计账册表格等。公式,是指用数字符号表现几个量之间关系的式子,如三角形面积公式等。由于历法、通用数表、通用表格和公式,是人们经常运用的,如果用著作权法来保护历法、通用数表、通用表格和公式,将限制人们对它的复制和使用,从而妨碍人们的日常工作、学习和生活,阻碍科学技术的发展。所以,《著作权法》将这类作品排除在适用范围之外。

## 第三节 著作权的主体

### 一、著作权主体的概念和范围

(一)著作权主体的概念

著作权主体,又称著作权人,是指按照法律规定,对特定的文学、艺术或科学作品享有权利和承担义务的人。著作权主体与作者是两个不同的概念,作者是创作作品的人,他自然是著作权的主体,但作者以外的人也可以通过其他合法形式而成为著作权人,如通过继承的方式而成为著作权的主体等。

由于对著作权概念认识上的分歧,在我国民法理论上,对著作权主体的概念也曾有过两种不同的见解。一种意见认为,著作权主体是指从事科学研究、文学艺术等创作活动,依法对其作品享有著作权的人。换言之,著作权就是作者权,是作者对自己创作成果依法享有的权利。另一种意见则认为,著作权主体是依法对特定科学艺术、文学作品和科学作品享有著作权的人。从《著作权法》的立法精神来看,后一种意见对著作权主体的理解是正确的。

(二)著作权主体的范围

根据我国《著作权法》及《著作权法实施条例》的有关规定,著作权主体的范围主要包括:

1. 中国公民。凡具有中华人民共和国国籍的自然人,即中国公民,都可以成为著作权主体,中国公民成为著作权主体,主要通过两种途径:其一是创作作品。根据我国《著作权法》第 9 条的规定,著作权人包括作者,而作者就是创作作品的公民,所以,公民可通过创作作品的活动而成为著作权主体。其二是通过继承、遗赠等方式而成为著作权主体。

2. 法人或其他组织。法人是具有民事权利能力和民事行为能力,依法独立享有民事权利和承担民事义务的组织。著作权法所称的其他组织是指不具备法人条件,经核准登记的社会团体、经济组织或者组成法人的各个独立的部门,如创作组。法人或其他组织成为著作权主体,主要通过两种途径:其一是法人或者其他组织被视为作者。《著作权法》第 11 条第 3 款规定:"由法人或者其他组织主持、代表法人或者其他组织意志创作,并由法人或者其他组织承担责任的作品,法人或者其他组织视为作者。"由此可见,法人或者其他组织可以成为作者,但必须具备三个条件:①作品的创作,须由法人或者其他组织主持;②作品的内容,须反映法人或者其他组织的意志;③制作的后果由法人或者其他组织承担。其二是和公民一样,通过合同、受遗赠等方式而成为著作权主体。

3. 外国人。外国人,包括外国公民、外国法人和无国籍人。鉴于文学、艺术和科学作品的国际流通性,各国版权法都承认外国人可以成为本国著作权主体。但这种承认是有条件的,我国著作权法也一样。根据我国《著作权法》第 2 条的规定,外国人的作品要想享有中国的著作权,必须符合三个条件之一:作者所属国或者经常居住地国同中国签订了相关双边协议或者共同参加了相关国际条约;或者外国人的作品首先在中国境内发表,即外国人未发表的作品通过合法方式首先在中国境内发表;外国人的作品首次在中国参加的国际条约的成员国出版,或同时在成员国和非成员国出版。根据《著作权法实施条例》第 8 条的规定,如果外国人的作品在中国境外首先出版后,30 天内又在中国境内出版的,视为该作品首先在中国境内发表。

4. 国家。国家在特殊的情况下可以成为著作权主体。国家作为特殊的著作权主体,是由国家本身的性质和职能所决定的。国家作为著作权主体,主要有以下几种情况:①国家接受已故作者遗赠的作品著作权;②作者或者其他著作权人,将自己的著作权赠与、捐献给国家;③接受无人继承又无人受遗赠的著作权。此外,有的国家著作权法还规定,对作者的著作权可以通过征购的形式,将其著作权收归国家所有,如前苏联、东欧各国等。

## 二、原始主体

### （一）作者

作者，是指文学、艺术和科学作品的创作人。在实际生活中，由于文学、艺术和科学作品的表现形式极其繁多，不同形式作品的创作者，人们对其的称谓也有所不同。如文字作品的创作者，人们一般称之为作家、诗人（文学作品）；美术作品的创作者，人们一般称之为画家；音乐作品的创作者被称之为作曲家。称谓的不同，对作者身份的确定并没有任何影响。根据《著作权法》的规定，创作人只要符合法律规定的条件，无论是何种称谓，在法律上都是作者。具体地说，作者应具备的条件有：①作者须是具有创作能力的人。即作者须掌握一定的文学、艺术和科学知识，具有以一定形式将这种知识表现出来的能力和技巧。由于作者所掌握的文学、艺术和科学知识的范围和程度不同，所以同样的题材，同样的内容，同样的表现形式，如果由不同的作者来创作，其创作出来的作品的水平也有所不同。值得注意的是，法律要求作者应具备的条件是有创作能力，而对其能力的大小并没有要求。②作者是实际参加了创作活动的人。一个有创作能力的自然人可能成为作者，但并不是所有有创作能力的人都是作者。有创作能力的人，要真正成为作者，还需实际参加作品的创作实践活动。即将自己内心世界的知识、思想情感等主观方面的东西，转化为人们能够感知、欣赏或者通过某种特定方式加以使用的，以一定的客观物质形式表现出来的作品。

根据我国《著作权法》第11条第1款的规定，著作权最原始、最基本的主体就是作者。且根据该条第2款关于"创作作品的公民是作者"的规定，作者主要是指公民。从法律上说，所谓公民，也就是指具有某国国籍的自然人。自然人有思想，他们能运用思维能力并借助一定表现形式创作作品。事实上创作作品的人，只能是自然人。任何其他生命体、无生命体和社会组织，都不能从事作品的创作活动，因此，他们都不能成为真正意义上的作者。

### （二）视为作者的法人或者其他组织

对于法人或者其他组织是否可以成为作者，学理上和实践上都存在两种对立的观点和做法。一种观点认为，法人或者其他组织没有思维，不能创作作品，它可以成为著作权人，但不能成为作者。许多国家的著作权法都没有关于法人或者其他组织成为作者的规定。另一种观点则认为，法人或者其他组织是社会组织的拟人化，它具有意志力，可以创作作品，从而成为作品的作者。例如，根据《日本著作权法》第15条规定，根据法人及其他使用人的提议，从事该法人业务的人在履行职务时做成著作物时，只要在其做成时的合同、工作章程中无另外规定，则该法人等视为作者，我国《著作权法》采纳的也是这种观点。

我国《著作权法》第11条第3款规定，法人或者其他组织可以被视为作者，但该法人或者其他组织要被视为作者，必须具备我们在前面提到的条件。

**三、继受主体**

继受主体即是指作者以及被视为作者的法人或者其他组织以外，依据继承、遗赠等方式而取得著作权的人或者组织。根据我国《著作权法》的规定，在下列情形下，作者或者被视为作者的法人或者其他组织以外的其他自然人或者组织可以成为著作权的主体，即继受主体：

（一）因继承而取得著作权

《继承法》第3条第6款规定，公民著作权中的财产权利属于遗产的范围，公民死后可以由其继承人继承。《著作权法实施条例》也规定，作者死亡后，其著作权中的署名权、修改权和保护作品完整权由作者的继承人或者受遗赠人保护。著作权无人继承又无人受遗赠的，其署名权、修改权和保护作品完整权由著作权行政管理部门保护。关于发表权的继承问题，《著作权法实施条例》规定："作者生前未发表的作品，如果作者未明确表示不发表，作者死亡后50年内，其发表权可由继承人或者受遗赠人行使；没有继承人又无人受遗赠的，由作品原件的所有人行使。"[1]由于继承权是公民特有的一种民事权利，所以因继承取得著作权的主体，只限于公民，法人、其他组织或者国家均不可能以此种方式取得著作权。

（二）因遗赠而取得著作权

遗赠是指公民通过遗嘱的形式将个人的财产赠给国家、集体或者法定继承人以外的公民。它与遗嘱继承的区别在于接受遗产的对象不同。公民著作权中的财产权，如果通过遗嘱方式将其处分给法定继承人中的一人或者数人，那么该继承人是因遗嘱继承而取得著作权；如果公民著作权中的财产权，是通过遗嘱方式将其处分给法定继承人以外的国家、集体组织或者其他公民，那么国家、集体组织或者其他公民是因受遗赠而取得著作权。这时，国家、集体组织或者法定继承人以外的公民，即成为著作权

---

[1]《中华人民共和国著作权法实施条例》（2002年修正）第15、17条。

人，享有著作权中的财产权，并对作者著作权中的署名权、修改权和保护作品完整权加以保护。

（三）根据遗赠扶养协议而取得著作权

根据《继承法》第31条的规定，公民可以与扶养人或集体所有制组织签订遗赠扶养协议。按照协议的约定，扶养人或集体所有制组织承担该公民的生养死葬的义务，享有受遗赠的权利。当公民或集体组织根据扶养协议而成为死者著作权中的财产权利的受遗赠人时，即取得了著作权人的资格。

（四）因无人继承或接受遗赠而取得著作权

《继承法》第32条规定："无人继承又无人受遗赠的遗产，归国家所有；死者生前是集体所有制组织成员的，归所在集体所有制组织所有。"据此，作者死亡后没有继承人或受遗赠人，或继承人放弃继承权、受遗赠人拒绝受遗赠的，由国家或作者生前所在集体所有制组织取得其著作权中的财产权，从而成为著作权人。作者的署名权，修改权和保护作品完整权由著作权的行政管理部门保护。

（五）因法人或其他组织的变更、终止而取得著作权

享有著作权的法人或者其他组织变更后，由承受其权利义务的法人或者其他组织享有作品的使用权和获得报酬权，成为著作权人；没有法人或者其他组织承受其权利义务的，由国家享有著作权。

（六）根据委托合同而取得著作权

《著作权法》第17条规定，因受委托而创作的作品，著作权的归属由委托人和受托人约定，如合同约定著作权由委托人而非受托人享有，委托人即成为作者之外的"其他著作权人"。

**四、作品著作权的归属**

《著作权法》第11条第1款规定："著作权属于作者，本法另有规定的除外。"著作权属于作者，是著作权归属的一般原则，为世界上大多数国家所接受。如《英国著作权法》第201条规定，根据该法受保护的作品著作权，最初属于作品的作者。《突尼斯样版版权法》第11条也规定，受本法保护的权利，首先属于创作作品的作者。著作权属于作者，这一原则的理论依据是，著作权基于智力创作而产生，惟一能够进行智力创作的是人，即作者，作者通过自己的创作行为完成了作品，从而产生了著作权。

（一）职务作品

职务作品，是指公民为完成法人或者其他组织的工作任务所创作的作

品。根据《著作权法》第 16 条的规定，确认职务作品著作权的归属具体可分为两种情况：

1. 职务作品的著作权归作者所有，但作者所在的法人或者其他组织在其业务范围内有权优先使用该作品。在作品完成 2 年内，未经单位同意，作者不得许可第三人以与单位使用的相同方式使用该作品。作品完成 2 年内，作者可以经单位同意由第三人以与单位使用的相同方式使用，单位没有正当理由不得拒绝。

2. 作者仅享有职务作品中的署名权，职务作品的其他著作权由法人或者其他组织享有，法人或者其他组织可以给予作者奖励。根据《著作权法》第 16 条第 2 款的规定，属于这种情形的，主要有：①作者主要是利用法人或者其他组织的物质技术条件创作，并由法人或者其他组织承担的工程设计图、产品设计图、计算机软件、地图等职务作品；②法律、行政法规规定或者合同约定著作权由法人或者其他组织享有的职务作品。

（二）演绎作品

演绎作品，又称派生作品，是指在已有作品的基础上，经过创造性的劳动而产生的新的作品。演绎作品包括改编、注释、翻译和整理四种方式。

改编，是指在原有作品的基础上，通过改变作品的表现形式或者用途，创作出具有独创性的新作品，如将小说改编成话剧等；翻译，是指将作品从一种语言文字转换成另一种语言文字，如将中文翻译成日文等；注释，是指对文字作品中的字、词、句进行解释，如对唐诗、宋词的解释；整理，是指对内容零乱、层次不清的已有文字作品或者材料进行条理化、系统化的加工，如对古籍的校点、补遗等。

演绎作品著作权的归属，《著作权法》第 12 条有明确的规定，改编、翻译、注释、整理已有作品而产生的作品，著作权由改编、翻译、注释、整理人享有。《著作权法》之所以对演绎作品给予著作权法的保护，是因为演绎作品的作者们为演绎作品的产生，付出了创造性的劳动，他们在已有作品的基础上创作出了相对独立的新作品。但是演绎作品的作者在行使著作权时，不得侵犯原作者的著作权，而且注释、整理他人作品的人，也只能对经过自己注释、整理产生的作品享有著作权，他无权阻止其他人对同一已有作品进行注释、整理。

（三）合作作品

合作作品，是指由两人以上合作共同创作的作品。合作作品必须具备三个条件：①须有两个或两个以上的创作人。②每个创作人都参加了创作。即每个创作人都直接进行了产生文学、艺术、科学作品的智力活动。如果仅仅是为他人创作进行组织工作、提供咨询意见、物质条件或者进行其他辅助性活动的，不能视为创作人，因而也就不能成为合作作者。③共同创作的作品是通过一个连贯的、完整的作品形式体现出来的。如果作者之间"各自为政"，所创作出来的作品互不关联，即使把他们印刷、编排在一起，也不能成为合作作品。

合作作品产生以后，有两种表现形式：一种是由两个以上的人共同创作的统一的不可分割的作品，如马克思、恩格斯共同创作的《共产党宣言》；另一种是由两个或两个以上的人分别创作一个作品的各个部分，而每个部分都具有相对的独立性，它们合在一起共同构成一个完整的作品，分开以后也可以脱离整个作品而独立存在，如由不同的作者写词、谱曲的音乐作品。

合作作品著作权的归属，《著作权法》第 13 条规定，两人以上合作创作的作品，著作权由合作作者共同享有。合作作品可以分割使用的，作者对各自创作的部分可以单独享有著作权。合作作品不可以分割使用的，著作权由合作作者共同享有。如果合作作者对著作权的行使不能协商一致，任何一方无正当理由都不得阻止他方行使除转让权以外的其他权利。但是所得收益应当合理分配给所有合作作者。[1] 同时，根据《著作权法实施条例》第 14 条规定合作作者之一死亡后，其对合作作品享有的《著作权法》第 10 条第 1 款第 5～17 项规定的权利无人继承又无人受遗赠的，由其他合作作者享有。

（四）汇编作品

汇编作品，是指对若干作品、作品的片段或者不构成作品的数据或者其他材料的内容加以选择和编排而形成的体现出独创性的作品，如文摘、论文集、选集等。可见，汇编作品必须符合两个基本条件：①汇编作品是按照特定要求而对已有作品的选择和编排。从形式上看，可以是将多部作品或作品的片断编排在一起，也可以是对不属作品范畴的数据材料或者其他材料的选择和编排。②必须体现出一定的独创性。这也是任何享有著作权的作品所必须具备的特点。对其内容的选择或者编排体现独创性的作品，为汇编作品，其著作权由汇编人享有，但行使著作权时，不得侵犯原

---

[1] 《中华人民共和国著作权法实施条例》（2002 年修正）第 9 条。

作品的著作权。

根据《著作权法》第14条的规定，汇编作品由汇编人享有著作权，但汇编人在行使著作权时，不得侵犯原作品的著作权。汇编作品中可以单独使用的作品的作者有权单独行使著作权。由此可见，汇编作品存在着两方面的著作权，即汇编人的著作权和原作品作者的著作权。作者对自己创作的作品，可以单独享有著作权，而汇编人对整个汇编作品享有著作权。

应当指出的是，汇编人享有汇编作品的著作权，这里的汇编人可以是自然人，也可以是符合著作权法规定的法人或者其他组织。

（五）电影作品和以类似摄制电影的方法创作的作品

根据《著作权法》第15条的规定，电影作品和以类似摄制电影的方法创作的作品，其著作权由制片者享有，但编剧、导演、摄影、作词、作曲等作者享有署名权，并有权按照与制片者签订的合同获得报酬。同时，电影作品和以类似摄制电影的方法创作的作品中的剧本、音乐等可以单独使用的，该剧本、音乐作品的作者可以单独行使对这些作品的著作权。

（六）委托作品

委托作品，是指受托人按照委托人的委托而创作的作品。委托作品与合作作品不同，因为合作作品是由合作作者共同创作的，每一个合作人都为作品的创作完成付出了创造性的劳动。而委托作品则是由受托人一方创作的，委托方自己并不参加创作，没有为作品的创作完成付出创造性劳动。委托作品与职务作品也不同，委托作品中委托人与受托人之间的关系是平等民事主体之间的关系，而职务作品创作者与著作权人之间的关系则是行政隶属关系。

委托作品著作权的归属，《著作权法》第17条规定："受委托创作的作品，著作权的归属由委托人与受托人通过合同约定。合同未作明确约定或者没有订立合同的，著作权属于受托人。"

（七）匿名作品

匿名作品有两种情况：一种是作者选择不署名而造成作品成为匿名作品。在这种情况下，只要作者是可以实际辨明的，此时的匿名作品的著作权仍然归作者所有；另一种情况是指作者身份不明的作品。关于后一种作品著作权的归属，存在着两种不同的观点，一种观点认为，这类作品属于无主财产，收归国有，由著作权行政管理机关行使其著作权；另一种观点认为，这类作品应当由作品原件的所有人行使其发表权、使用权。我国《著作权法实施条例》第13条规定："作者身份不明的作品，由作品原件的所有人行使除署名权以外的著权。作者身份确定后,由作者或者其继承人行使著作权。"

## 第四节 著作权的内容

### 一、著作人身权

著作人身权,又称作者人格权或精神权,是指作者基于作品创作所享有的各种与人身相联系的非财产性权利。与财产权不同的是,人身权具有永久性、不可分割性和不可剥夺性的特点。所谓永久性,是指对作者人身权的保护通常不受时间上的限制,例如,我国《著作权法》第20条规定:"作者的署名权、修改权、保护作品完整权的保护期不受限制。"而财产权则通常有时间上的限制;所谓不可分割性,则是指作者人身权与作者本身的不可分离性,是不可转让的;所谓不可剥夺性,则是指任何组织或者个人,都不得以任何理由剥夺作者的人身权。

根据《著作权法》第10条第1款第1~4项的规定,著作人身权主要包括以下几个方面的内容:

(一) 发表权

发表权,是指作者享有的决定自己的作品是否公之于众,以及在什么时间、什么地点、以什么方式公之于众的权利。发表即公之于众,衡量的标准有二:①著作权人要有将作品公之于众的意思表示;②要有著作权人将作品以某种方式公开,并为不特定的多数人知晓的事实。

作品发表的时间,是指作者决定发表自己作品的具体时间,如是现在发表还是将来发表,是生前发表还是死后发表。根据我国《著作权法》的规定,有些作品的著作权保护期是从作品发表之日起开始计算的,所以确定作品发表的准确时间,便具有十分重要的意义。

作品发表的地点,是指作者发表自己作品的区域范围。确定作品发表地点的法律意义,一方面是为了保护作者的权利,另一方面也在于确定外国人的作品在中国是否得到保护。《著作权法》第2条第2~4款规定:"外国人、无国籍人的作品根据其作者所属国或者经常居住地国同中国签订的协议或者共同参加的国际条约享有的著作权,受本法保护","外国人、无国籍人的作品首先在中国境内出版的,依照本法享有著作权","未与中国签订协议或者共同参加国际条约的国家的作者以及无国籍人的作品首次在中国参加的国际条约的成员国出版的,或者在成员国和非成员国同时出版的,受本法保护。"

作品发表的方式,可以是口头的,也可以是书面的;可以以出版的形式,也可以将其摄制成电影、电视等,其决定权应由作者根据自己的意愿来决定。

作者有权决定发表自己的作品,也就有权决定不发表自己的作品。根据《著作权法》第21条的规定,作品发表权的保护期限为作者有生之年加死后50年,也就是说,作者死后50年,作品就进入公有领域,已无著作权可言。即使作者已明确表示过自己的作品不予发表,由于作品的保护期已过,他人仍然可以发表其作品,作者生前未发表作品,只要其未明确表示死后不发表的,在作者死后50年内,其发表权由其继承人或者受遗赠人行使;没有继承人又无受遗赠人的,则由作品原件的合法所有人行使。50年后,作品进入公有领域。

一般情况下,作者的发表权,由作者自己行使。但是在特殊情况下,发表权也是可以与作者相分离的。作品的发表权与作者相分离,主要有两种情况:

1. 职务作品的发表权。根据《著作权法》第16条的规定,职务作品的著作权由作者享有,但有下列情形之一的,署名权由作者享有,包括发表权在内的其他权利则由法人或者其他组织享有。这些情形包括:①主要是利用法人或者其他组织的物质技术条件创作,并由法人或者其他组织承担责任的工程设计图、产品设计图、地图、计算机软件等职务作品;②法律、行政法规规定或者合同约定著作权由法人或者其他组织享有的职务作品。

2. 委托作品的发表权。根据《著作权法》第17条的规定,委托作品的发表权,是通过订立合同来明确的。没有合同规定或者合同规定不明确的,发表权由受托人享有;但如果合同明确规定发表权属于委托人的,那么此时发表权与作者就分离了。

关于发表权的性质,理论界一直有两种不同的观点:一种观点认为发表权属于著作权中的人身权;另一种观点则认为发表权具有人身权和财产权的双重性质。我们认为,发表权是作者选择是否发表作品和以何种方式发表作品的权利。作品是否达到发表水平,是否愿意发表,以及以何种方式发表,都与作者的精神利益息息相关。因而,发表权首先是一种人身权。但是，我们也不能否认，发表权的行使，总是与财产权利行使方式的一种共同进行，从这个角度来说，发表权也包括了经济利益，具有财产权的性质。由于发表权的复杂性，我国著作权法在规定发表权的保护期限和继承问题时，将其与署名权、修改权和保护作品完整权等人身权区别对待。发表权的保护期是有限制的，且在作者死后可以为继承人继承取得；而其他人身权的保护期是无限制的，在作者死后也不得继承。

（二）署名权

署名权，是指表明作者身份，在作品上署名的权利。署名权包括作者在作品上署名或不署名两方面的权利。作者在作品上署名的，可以署自己的姓名、笔名、艺名、别名、化名等。作者在作品上署名的目的是为了表明作者自己的身份，有些作品无法用署名来表明作者的身份，如口头作品、舞蹈表演等，这样就必须采用别的方式，如口头说明等，来表明作者的身份。

署名权是著作权人身权内容的一部分，但它可以与著作权财产权分离而独立存在。例如，《著作权法》第15条规定："电影作品和以类似摄制电影的方法创作的作品的著作权由制片者享有，但编剧、导演、摄影、作词、作曲等作者享有署名权，并有权按照与制片者签订的合同获得报酬，""电影作品和以类似摄制电影的方法创作的作品中的剧本、音乐等可以单独使用的作品的作者有权单独行使其著作权。"著作权归法人或者其他组织享有的职务作品，其署名权也归作者享有，而不属于法人或者其他组织。

关于署名权的保护期，法律没有规定时间上的限制。作者生前，署名权由作者自己行使；作者死后，署名权仍属于作者，但由作者的继承人或者受遗赠人保护；著作权无人继承又无人受遗赠的，其署名权由著作权行政管理部门保护。

（三）修改权

修改权，是指作者享有的修改作品的权利。作品是作者思想、感情的一种表现。当作者的思想、感情发生变化时，作者就应当有权修改自己的作品。作者修改自己的作品，可以分为两种情况：一种是作者对自己尚未发表的作品进行修改，这种修改由于不涉及任何人的利益，所以作者可以充分地行使，而不受任何时间、地点和方式的限制；另一种是作者对于自己已经发表的作品进行修改。由于作者在行使这项权利时，可能会涉及到他人的经济利益，所以在行使时，将受到一定的限制。如美术作品，若其原件卖出后，作者欲对之进行修改，一般应先取得买方的同意，这样作者的修改权就受到了物权的限制。《著作权法》所说的修改，是指对内容的改动，编辑为出版需要对文字的润色，或对错别字的纠正，不属于修改作品。

作者修改自己的作品，可以是自己亲自修改，也可以是授权他人进行修改。根据《著作权法》和《著作权法实施条例》的规定，由作者授权修改的情况有：①图书出版者经作者许可，可以对作品进行修改、删节；②报社、期刊社经作者许可，可以对作品的内容进行修改。

由法律直接授权的情况有：①报社、期刊社对作品进行的文字修改、删节，可以不经作者的许可；②著作权人许可他人将其作品摄制成电影、电视的，视为已同意对其作品作必要的改动。

作者修改权的保护期没有时间的限制。作者死后，其修改权由作者的继承人或者受遗赠人保护；无人继承又无人受遗赠的，这项权利由著作权行政管理部门保护。

### （四）保护作品完整权

保护作品完整权，是指作者享有的保护自己创作的作品不被歪曲、篡改的权利。保护作品完整权是修改权的一种延伸，但它在内容上比修改权更进了一步，保护作品完整权不仅禁止他人对原作品进行直接的修改，而且禁止他人在以改编、注释、翻译、制片、表演等方式使用作品时，对作品做歪曲性的改变。

作者享有的保护作品完整权，不受时间上的限制。作者死后，他的这项权利由他的继承人或者受遗赠人保护；无人继承又无人受遗赠的，这项权利由著作权行政管理部门保护。

此外，德国、意大利、俄罗斯等部分国家的著作权法还规定了作者享有"收回权"，即"作者在有正当理由的前提下，以赔偿使用者的经济损失为条件而收回已公开发表的作品的权利。"如德国《著作权法》第41条规定："如果专有使用权人不行使或者不充分行使权利并因此严重损害作者的合法利益的，作者可以行使收回权。"但这一权利并未为我国《著作权法》所确认。

## 二、著作财产权

著作财产权，又称著作经济权利，是指著作权人自己使用或者授权他人以一定方式使用作品而获得报酬的权利。与著作人身权不同的是，著作财产权可以转让、继承，也可以放弃。

根据我国《著作权法》第10、12条等的规定，著作权人依法享有复制、发行、广播、摄制等权利。根据这些权利的性质，可以将这些权利分为以下三类：

（一）复制作品的权利

复制，是指以印刷、复印、拓印、录音、录像、翻录、翻拍等方式将作品制作一份或者多份的行为。复制作品的权利，亦即复制权，具体是指以印刷、复印、拓印、录音、录像、翻录、翻拍的方式将作品制成一份或者多份的权利。复制权是著作权中最重要、最普遍的财产权，也是最基本的一项权利。由于各国著作权法对复制的定义和复制行为的界定范围不同，所以对复制权所包含的具体内容也有不同的解释。复制权大体可以分为广义的复制权和狭义的复制权。狭义的复制权，是指仅以同样的形式制作作品复制件的权利，如书籍、杂志的原件复印；广义复制权则是指除了以同样的形式制作作品复制件的权利以外，还包括以不同的形式表现同一作品的权利，如将平面作品制成立体作品。

（二）传播作品的权利

传播作品的权利，是指著作权人通过一定的途径、手段或方式，将其创作的作品传播给社会公众的权利。作者创作作品的基本目的，在于将自己的思想、情感表达出来，因而向公众传播也就成为著作权人享有的基本权利之一。随着社会经济的发展和传播手段、技术、方式方法的不断发展，传播的途径、方式、方法等也在不断进步，从而也使得著作权人所享有传播作品的权利的内容在不断发展、充实。这在我国《著作权法》的修订中得到了突出的体现，增加了诸如出租权、广播权、通过信息网络向公众传播作品等权利。根据我国《著作权法》第10条的规定，作者依法享有的传播作品的权利主要包括以下几项：

1. 发行权。发行是指为了满足公众的合理需要，通过出售等方式向公众提供一定数量的作品复制件。发行权，则是指通过出售或赠与方式向公众提供作品复制件的权利。发行权作为著作权的一项内容往往是与作品的复制联系在一起的。作品的复制，是作品发行的前提条件，而作品的发行，一般也是著作权人进行复制行为所追求的目的。因为只有发行，向社会传播，才能实现复制者所追求的经济利益。

著作权人的发行权，根据《著作权法》的规定，可以由著作权人自己行使，也可以由著作权人授权他人行使。但由于物质技术条件等方面的限制，除著作权人是属于法人或者其他组织以外，一般著作权人都授权他人来行使发行权。如将作品交给出版社出版，若没有特别的约定，则视为将作品的发行权授权给了出版社，由出版社来行使发行权。

2. 出租权。1990年的《著作权法》并没有关于出租权的规定。但根据1991年的《著作权法实施条例》的规定，以出租的方式向公众提供复制件被解释为发行权的一部分。为了适应加入世贸组织的要求，2001年在修改《著作权法》时增加了此项权利。根据《著作权法》第10条第1款第7项的规定，所谓出租权，是指著作权人有偿许可他人临时使用电影作品或者类似摄制成电影的方法创作的作品、计算机软件的权利。从世界各国的立法与实践看，对作者是否拥有出租权，各国做法并不一致，但在《与贸易有关的知识产权协定》中该权利却得到了明确的确认。根据该协定第11条的规定："至少对计算机程序及电影作品，成员应授权作者或作者之合法继承人许可或禁止将其享有版权的作品原件或复制件向公众出租。对于电影作品，成员可不承担授予出租权之义务，除非有关的出租已导致对作品的广泛复制，其复制程度又严重损害了成员授予作者或作者之合法继承人的复制专有权。对于计算机程序，如果有关程序本身并非出租的主要目的，则不适用本条义务。"

3. 展览权。根据《现代汉语词典》的解释，展览就是将一定物品——通常是（但不限于）艺术品"陈列出来供人观看"。但《著作权法》上的展览权则主要是对作品的公开陈列，而且只限于特定的作品，即美术作品和摄影作品。根据我国《著作权法》第10条第1款第8项的规定，展览权是指"公开陈列美术作品、摄影作品的原件或者复制件的权利。"根据这一规定，著作权人展览自己的作品，可以是已经发表的作品，也可以是尚未发表的作品。但由于展览是作品发表的一种形式，展览未发表的作品，事实上就是将该作品以展览的形式发表，著作权人许可他人展览其未发表的作品的，就应当推定展览人获得了以展览方式发表著作权人作品的权利。

美术作品，是一种较为特殊的作品。美术作品的著作权与美术作品原件的所有权往往分离。根据我国《著作权法》第18条的规定，美术作品原件所有权转移的，不视为美术作品著作权的转移，但美术作品原件的展览权由原件所有人享有。也就是说，美术作品的原件所有人，也可以以展览的方式发表该美术作品，而无须征得著作权人的同意。

4. 表演权。表演是指演奏乐曲、上演剧本、演唱歌曲等直接或者借助技术设备，以声音、表情、动作公开再现作品。表演权，则是指以声音、表情、动作公开再现作品的权利。著作权人享有的表演权,既可以自己行使,如自己创作的作品自己表演,也可以许可他人行使,如许可他人来表演自己的作品。

应当指出的是,著作权人享有的表演权与表演者权是两个不同的概念。表演权是著作权人以声音、表情、动作再现作品的权利,属于著作权的范畴;而表演者权则是指表演者因表演作品而享有的权利,属于邻接权的范畴。

5. 放映权。放映是作者将自己的作品公开展示的方式之一。作为新增的一项权利,放映权是指通过放映机、幻灯机等各种技术设备和手段公开再现、播送美术、摄影、电影和以类似摄制电影的方法创作的作品的权利。

6. 广播权。广播权是指以无线方式公开广播或者传播作品,以有线传播或者转播的方式向公众传播广播的作品,以及通过扩音器或者其他传送符号、声音、图像的类似工具向公众传播广播的作品的权利。根据我国《著作权法》第10条第1款第11项的规定,同时参考《伯尔尼公约》的规定,作者的广播权包括三个方面的内容:①有线广播权,即通过电缆等设备以有线方式公开广播作品的权利;②无线广播权,即通过空间传播电磁波公开广播作品的权利,如通过广播电台、电视台传播、转播作品等;③使用扬声器等广播技术设备广播作品的权利。

7. 信息网络传播权。信息网络传播权是指以有线或者无线方式向公众提供作品,使公众可以在其个人选定的时间和地点获得作品的权利。这一权利是随着现代互联网等新型传播技术的出现而增加的一项权利。根据我国《著作权法》的规定,通过信息网络传播作品,不但是作品创作者的一项权利,表演者、音像制作者也享有通过信息网络向公众传播自己表演或制作的音像制品的权利。

(三) 演绎作品的权利

演绎作品的权利,即通常所谓的演绎权,是指著作权人所享有的,以其作品为蓝本进行再创作的权利。根据我国《著作权法》的规定,演绎作品的权利主要包括摄制权、改编权、翻译权、整理权、注释权、汇编权等内容。

1. 摄制权。摄制是指摄制电影、电视和录像作品,即以拍摄电影或者类似的方式,首次将作品固定在一定的载体上。摄制权,则是指著作权人享有的将其作品摄制成电影、电视,录像等影视作品的权利。但是如果仅仅将表演或者景物机械地录制下来，不能视为摄制电影、电视、录像作品，当然也就不属于摄制权的范畴。由于电影、电视、录像作品的摄制，需要投入大量的人力、物力，需要付出大量的创造性劳动，所以我国《著作权法》第 15 条规定，电影、电视、录像作品中的导演、编剧、作词、作曲、摄影等作者享有署名的权利，著作权的其他权利，由电影、电视、录像作品的制片人享有。

2. 改编权。改编是指在原有作品的基础上，通过改变作品的表现形式或者用途，创作出具有独创性的新作品。改编权，则是指在原有作品的基础上通过改变作品的表现形式或者用途，创造出具有独创性的新作品的权利。改编权由著作权人享有，著作权人可以自己行使，如将自己的学术著作改编为科普读物；也可以许可他人行使，如许可他人将自己的小说改编为电影剧本。

3. 翻译权。翻译是指将一种语言文字转换成另一种语言文字。翻译权，则是指将作品从一种语言文字转换成另一种语言文字的权利。翻译权属于著作权人所有，著作权人可以自己行使翻译权，也可以将这项权利授权予他人。一般情况下，著作权人是将自己的作品授权给他人翻译。

值得注意的是，根据我国《著作权法》第 22 条第 1 款第 11 项的规定，将已经发表的汉字文字作品翻译成少数民族文字作品在国内出版发行的，属于合理使用的范畴，可以不经作者的同意，也不向其支付报酬。

4. 汇编权。[1]汇编是指根据特定要求，选择若干作品或者作品的片断汇集编排成一部作品。汇编权，则是指根据特定要求，选择若干作品或者作品片断汇集成一部作品的权利。汇编权是著作权人自己的权利，著作权人有权自己汇编自己的作品，也可以授权他人汇编自己的作品。汇编人在行使汇编作品的著作权时，不得侵犯作者对其中可单独使用部分著作权的行使；反之，作者单独行使自己作品的著作权时，也不得侵犯汇编人的著作权。

5. 注释权。注释是指对文字作品中的字、词、句进行解释。注释权，则是指对文字作品的字、词、句进行解释的权利。

6. 整理权。整理是指对内容零乱、层次不清的已有文字作品或者材料进行条理化、系统化的加工，如古籍的校点、补遗等。整理权，则是指对

---

〔1〕 修改前的《著作权法》及其实施条例使用的是"编辑"的表述方式。相比之下，汇编权能更好地反映这一权利的性质和特点。

内容零乱、层次不清的已有文字作品或者材料进行条理化、系统化的权利。整理权是著作权人的权利，对他人作品的整理应征得著作权人的同意并向其支付报酬。

此外，根据《著作权法》第 10 条第 1 款第 17 项的规定，著作权人还享有应当由著作权人享有的其他权利。这里所谓的其他权利，自然也包括财产权。

##  第五节　邻接权

### 一、邻接权概述

（一）邻接权的概念

邻接权，是从 neighboring rights 一词翻译过来的，《与贸易有关的知识产权协定》中将其称为"相关权利"，指与著作权相邻的权利。具体地说，它是指作品的传播者在传播作品的过程中，对其所付出的创造性劳动成果，依法应当享有的专有权利的统称。

邻接权的产生，源于科学技术的发展。在 19 世纪上半叶著作权制度产生时，并没有关于邻接权的保护问题。但是随着录音、录像和无线电传播技术的产生，为作品的传播和使用提供了更多的方式。如演员的表演实况可以通过唱片、电影、电视而被广泛地传播，观众看到或者听到演员的表演，已经不需有演员亲自在场，甚至可以不经演员的同意，极大地损害了演员的权利，演员们纷纷要求通过立法来保护自己的合法权利。英国作为最早保护著作权的国家，于 1911 年在其版权法中率先把音乐作品列入了保护范围之中，从而在成为世界上最早保护著作权的国家之后，又成为世界上最早保护邻接权的国家。随后，意大利、西班牙、罗马尼亚等国也在自己的《著作权法》中增加了保护邻接权的条款。1961 年 10 月，国际上通过了《保护表演者、唱片制作者和广播组织的国际公约》（简称罗马公约），1971 年 10 月又通过了《保护唱片制作者防止唱片被擅自复制公约》（简称唱片公约），1974 年 5 月通过了《关于播送由人造卫星传播载有节目信号的公约》（简称卫星公约），至此，保护邻接权的法律制度得以在世界各地基本建立。

我国的《著作权法》第四章就是关于邻接权的规定。

## （二）邻接权的特征

作为从著作权中派生出来的一种权利，邻接权与著作权一样，同属于知识产权的范畴，并且与著作权有着极为密切的关系。它既以作品的存在为前提，又是作品著作权得以实现的手段之一。作为一种从著作权派生的权利，邻接权有其自身的特征：

1. 邻接权的主体与著作权的主体不同。在邻接权法律关系中，其权利主体主要是表演者，录音、录像制作者，广播电视组织者以及图书、报刊出版者。在这些主体中，除表演者为自然人外，其他主体往往表现为法人或者非法人单位。而在著作权法律关系中，其主体主要是作者或者其他著作权人，除职务作品和一部分委托作品外，大多数主体均为自然人。

2. 邻接权的内容与著作权的内容不同。邻接权的内容主要是出版者对其出版的书刊的权利、表演者对其表演的权利、音像制作者对其音像制品的权利，以及广播电视组织者对其制作的广播电视节目的权利，而著作权的内容则是作者对其作品享有的发表权、署名权、修改权、保护作品完整权以及使用权和获得报酬权。

3. 邻接权与著作权取得的前提不同。对于有著作权的作品，邻接权的取得，通常首先要取得著作权人的授权，然后再有传播作品的行为；而著作权的取得，只要有作品创作完成的事实即可，不需要有任何人的同意或者授权。

4. 邻接权的客体与著作权的客体不同。邻接权保护的客体，是经过传播者艺术加工后的作品，它体现了传播者的创作性劳动；而著作权保护的客体，是作者的原始作品，它体现的是作者的创作性劳动。

## 二、出版者的权利

出版者权，是指图书、报刊的出版者与著作权人通过合同约定，在一定期限内，对其所出版的作品享有的专有使用权。根据我国《著作权法》的规定，图书出版者享有的是专有出版权。因此，对于著作权人来说，在授权出版者出版其作品后，在合同规定的有效期限内，就不得再次授权他人出版该作品。对于出版者来说，一旦获得著作权人的授权，即可以在合同约定的期限内，享有该作品的专有出版权，包括著作权人在内的任何其他人，不得再出版该作品。但出版者也无权将自己的专有出版权转让给他人，或者许可他人出版。

根据我国《著作权法》的规定，出版者享有下列权利：

1. 图书出版者对著作权人交付出版的作品，在合同约定的期限内，享

第四章 著作权法律制度

有专有出版权。所谓专有出版权，是指在合同约定的有效期限内，著作权人无权将同一作品再次授权给他人出版；出版者在其享有出版权期间，只能自己出版，不得许可他人出版；除出版者外的任何人不得复制、发行该作品。

2. 出版者对其出版的图书、报纸、期刊的版式设计享有专有权。版式设计是书刊的排版格式，是出版者在出版图书时，在版面的安排、采用的字体、字号等方面付出的创造性劳动的成果。所以，出版者的专有出版权与出版者对图书、报纸、期刊的版式设计的专有权是两种不同的权利。出版合同期满后，即使出版者因未与著作权人续订合同而丧失了对作品的出版专有权，也不丧失对自己作品版式设计所享有的专有权，也就是说，其他出版者不能使用原出版者出版作品的版式设计。

3. 图书出版者经作者许可，享有对作品修改、删节的权利。报社、杂志社可以对作品做文字性修改、删节，但对作品内容的修改，必须取得作者的许可。

4. 图书出版者依照《著作权法》的规定，在合同有效期限内和在合同约定的地区内，享有以同种文字的原版、修订版和缩编本的方式出版图书的独占权。

5. 报纸、期刊的出版者，享有转载其他报纸、期刊刊登的作品的权利。《著作权法》第33条第2款规定："作品刊登后，除著作权人声明不得转载、摘编的外，其他报刊可以转载或者作为文摘、资料刊登，但应当按照规定向著作权人支付报酬。"

6. 报纸、期刊的出版者，对著作权人投来的稿件享有决定刊登和不刊登的权利。《著作权法》第33条第1款规定："著作权人向报社、期刊社投稿的，自稿件发出之日起15日内未收到报社通知决定刊登的，或者自稿件发出之日起30日内未收到期刊社通知决定刊登的，可以将同一作品，向其他报社、期刊社投稿。双方另有约定的除外。"

根据《著作权法》的规定，出版者在享有权利的同时，也必须承担相应的义务。这些义务包括：①图书出版者出版图书，应当与著作权人订立出版合同，以明确双方当事人的权利和义务。图书出版合同的订立，应当符合《图书出版合同》的标准式样。②出版者出版图书，应当向著作权人支付报酬。支付报酬的标准，可以由双方约定，双方没有约定的，应当按照国家规定的书籍稿酬标准来办理。如果出版者出版的作品是在改编、翻译、注释、整理、编辑已有作品基础上而产生的作品，出版者应当向改编、翻译、注释、整理、编辑作品的著作权人和原作品的著作权人支付报酬。③图书出版者应当按照合同约定的出版质量、期限出版图书，如有违反，应当根据《著作权法》承担相应的法律责任。④图书出版者重印、再版作品时，应当通知著作权人并支付报酬。图书脱销后，如果图书出版者拒绝重印、再版的，著作权人有权终止合同并有权要求出版者承担民事责任。所谓图书脱销，根据《著作权法实施条例》第 29 条的规定，是指著作权人寄给图书出版者的两份订单在 6 个月内未能得到履行，即可视为图书脱销。

### 三、表演者的权利

所谓表演，是指演奏乐曲、上演剧本、演唱歌曲等直接或者借助技术设备以声音、动作公开再现作品的活动。表演的形式有舞蹈、歌唱、戏剧表演、朗诵等。根据《著作权法》的有关规定，表演应当具备两个条件：①表演须是对作品的表演，是对作品的再现。如果表演的不是作品，则不属于《著作权法》规定的表演。如电视台录制的一场足球赛，足球运动员就不能向电视台主张表演者权。②表演必须是公开进行的。若表演者的表演是不公开的，如在家里演唱别人的歌曲，就不应当属于《著作权法》所保护的表演的范畴。

表演者的权利，是指表演者对其文学、音乐、戏剧、舞蹈、曲艺等作品的艺术表演依法所享有的权利。表演者权与表演权，是两项不同的权利：①表演者权产生的基础，是表演者对文学、艺术作品的表演；而表演权产生的基础则是作品的创作。②表演者权的主体是表演者。根据《著作权法实施条例》第 5 条第 6 项的规定："表演者，是指演员、演出单位或者其他表演文学、艺术作品的人。"而表演权的主体则是创作作品的人。③表演者的权利属于邻接权的范畴，包括财产权和人身权两个方面的内容；而表演权则属于著作权的范畴，它属于著作权中的一项财产权。

根据《著作权法》第 38 条第 1 款的规定，表演者对自己的表演享有如下的权利：

1. 表明表演者身份的权利。表明表演者身份，这是表演者最基本的一项权利。表演者有权要求他人在使用其表演的作品时表明表演者的身份。由于表演活动的特殊性，所以表明表演者身份的方式与表明著作权人身份的方式也有所不同。表明著作权人身份的方式，一般用署名方式，包括署真名、笔名、艺名等；而表明表演者的身份，一般则是通过广播电台、电视台、节目主持人播报节目时，来表明表演者的身份，或者是在电视屏幕上用文字来表明表演者的身份。值得注意的是，由于有时在一场演出中，参加演出的人可能很多，事实上不可能一一表明表演者的身份，所以通常只表明表演节目的单位或者参加演出的主要演员的身份。

2. 保护表演形象不受歪曲的权利。表演者对其表演享有保护其表演的完整性和表演形象不受歪曲、丑化的权利。表演形象，是表演者在表演时创作出来的，表演者有权要求对他创作出来的形象，给予法律的保护，禁止他人不正当地使用其创作出来的形象。至于什么是歪曲表演形象，《著作权法》没有明文规定。我们认为，歪曲表演者创作的表演形象，首先，主观上要有歪曲表演形象的故意，如果由于技术故障或者个人技术水平的原因等造成表演形象的失真，不应认为是侵犯了表演形象不受歪曲的权利；其次，实施了歪曲表演形象的行为；最后，造成了一定的后果。应当注意的是，由于表演者的个人肖像与表演者的表演形象是两个不同的概念，所以如果他人歪曲使用的是表演者个人的肖像，那么，他侵犯的是表演者的肖像权；如果他人歪曲使用的是表演者的表演形象，所侵犯的则是表演者的表演形象权。

3. 许可他人现场直播、公开传送其现场表演并获得报酬的权利。现场直播，是指在表演者进行表演的同时，广播电台、电视台运用现代通讯设备，将表演者的表演播放给现场之外的观众和听众。由于这种现场直播，会直接影响到表演者再次表演时的观众和听众数量，进而影响到表演者的经济利益，所以，《著作权法》规定，现场直播，须得到表演者的许可并支付报酬，否则构成侵权。

4. 许可他人录音、录像并获得报酬的权利。即表演者对其表演享有录音、录像的专有权。《著作权法》规定表演者享有这项权利，主要是基于两方面的原因：一是将表演者的表演录音、录像，会影响到表演者的经济利益；二是录音、录像者制作的作品中，有表演者的创造性劳动。所以，如果以营利为目的，对表演者的表演进行录音、录像的，应当得到表演者的许可，并支付报酬，以维护表演者的合法权益；但如果录音、录像的目的，只是为了个人的欣赏，则应属于合理使用的范围，不构成侵权。

5. 许可他人复制、发行录有其表演的录音录像制品，并获得报酬的权利。由于录音录像制品的发行将导致表演者的表演机会减少，建立二次使用费请求制度也就显得极为必要。根据《著作权法》的规定，只有在获得表演者许可并支付报酬的情况下，他人才能复制、发行录有表演者表演的录音录像制品。

6. 许可他人通过信息网络向公众传播其表演，并获得报酬的权利。为了防止通过信息网络传播的形式损害表演者的合法权益，2001年修订《著作权法》时新增了本项内容。根据修订后的《著作权法》，通过信息网络向公众传播表演者的表演，同样必须获得表演者的许可并支付报酬。

在上述六项权利中，前四项权利是在继承1990年《著作权法》规定的基础上作出规定的，但也有所发展。例如，以第三项权利为例，修订后的《著作权法》不但增加了许可他人"公开传送"的权利，而且增加了获得报酬权，而后两种权利则是2001年修改《著作权法》时新增的权利。从表演者权利的性质看，表明表演者身份权和保护表演形象不受歪曲权，属于人身权的范畴。它与著作权中的其他人身权一样，对它的保护，没有时间的限制。许可他人现场直播、公开传送、允许他人录音、录像权等后四项权利，则属于财产权的范畴，其保护期限为50年，截止于表演发生后第50年的12月31日。

根据我国《著作权法》第37条的规定，表演者（演员、演出单位）应当承担的义务主要有：①使用他人作品演出的，应当取得著作权人许可，并支付报酬。演出组织者组织演出，由该组织者取得著作权人许可，并支付报酬。与修改前的《著作权法》不同的是，修改后的规定未区分表演者表演的他人作品是否已经发表。也就是说，无论被表演者表演的作品是否发表，表演者都必须获得著作权人的许可并支付报酬。而且，也未区分演出是营业性演出还是非营业性演出。②使用改编、翻译、注释、整理已有作品而产生的作品进行演出，应当取得改编、翻译、注释、整理作品的著作权人和原作品的著作权人许可，并支付报酬。③表演者使用改编、翻译、注释、整理已有作品而产生的作品进行演出的，即表演者表演的是演绎作品，那么表演者应当按规定向演绎作品的著作权人和原作品的著作权人支付报酬。与修改前的《著作权法》不同的是，新《著作权法》对演绎作品的表演者的义务作了三点修改：①要求演绎作品的表演者必须获得演绎作品的著作权人和原作品的著作权人的许可；②删除了原《著作权法》对演出所附加的"营业"的限制。换言之，不管是营业性演出，还是非营业性演出，都必须承担获得许可并支付报酬的义务；③在报酬的支付上也有所不同，由原来的"按照……的规定支付"改为"并支付报酬"。

### 四、录音录像制作者的权利

录音录像制作者的权利，是指录音录像制作者对其制作的录音录像制品所享有的许可他人复制、发行并获得报酬的权利。音像制品，包括录音制品和录像制品。录音制品，是指任何声音的原始录制品；录像制品，是指电影、电视、录像作品以外的，任何有伴音或者无伴音的连续相关形象的原始录制品。需要注意的是，音像制品与音像作品是两个不同的概念。音像制品是制作者将他人创作的作品或者表演的节目机械地录制而形成的，如将已摄制的电影转录于录像带上等，制作者仅仅改变了已有作品的载体或只是对已有的作品进行了一些必要的技术加工，并未参加作品的创作，所以，他不是著作权人，他只能对自己在录制过程中所付出的劳动享有权利；而音像作品则不同，音像作品的制作，是一个大的组合工程，音像作品的制作者，在制作过程中，是以剧本为基础，经过导演、摄影、配乐等共同创作而形成的，音像作品的制作者在录制的过程中，为作品的形成付出了创造性的劳动，所以享有的是著作权。

根据我国《著作权法》第42条第1款的规定，音像制作者依法享有许可他人复制、发行、出租、通过信息网络向公众传播并获得报酬的权利。未经音像制作者的许可，任何人都不得对其进行非法复制、发行、出租、通过信息网络向公众传播音像制品。所谓复制，是指对制作的音像制品进行翻录的行为；发行，是指为了满足公众的需要，通过出售等方式向公众提供一定数量的音像制品的复制件的行为；出租，则是指利用复制品向公众出租并取得租金的经营活动；而通过信息网络向公众播放音像制品，在当前的技术条件下，主要是指通过互联网络向公众传播音像制品。

在上述权利中，许可他人出租和通过信息网络向公众传播音像制品，是2001年修改《著作权法》时，针对音像制品传播过程中出现的新技术、新方法，为了更好地保护音像制作者的权利而增加规定的内容，以便为音像制作者提供更加全面、完整的保护。

根据我国《著作权法》第42条第1款的规定，音像制作者享有的许可他人复制、发行、出租、通过信息网络向公众传播并获得报酬的权利的保护期限为50年，截止于该制品首次制作完成后第50年的12月31日。关于音像制品保护期限的计算起点，修改前的《著作权法》采取的是"首次出版"，2001年修订时，参照《罗马公约》的规定模式，修改为自"首次制作完成"之日起计算。

根据《著作权法》第40、41条的规定，音像制作者同时应当履行下列义务：①录音录像制作者使用他人作品制作录音录像制品，应当取得著作权人许可，并支付报酬；②录音录像制作者使用改编、翻译、注释、整理已有作品而产生的作品，应当取得改编、翻译、注释、整理作品的著作权人和原作品著作权人许可,并支付报酬;③录音制作者使用他人已经合法录制为录音制品的音乐作品制作录音制品,可以不经著作权人许可,但应当按照规定支付报酬,著作权人声明不许使用的不得使用;④录音录像制作者制作录音录像制品,应当同表演者订立合同,并支付报酬。

**五、广播组织的权利**

广播组织的权利也有人称为"广播电视节目制作者权"。这里之所以使用"广播组织的权利"而没有使用"广播电视节目制作者权"的概念,其原因有二:①二者的内涵和外延存在某些区别。例如,根据《著作权法》第 44 条的规定,广播电台、电视台可以在不经著作权人许可的条件下播放他人已经出版的录音制品。很显然,它明显不属于"节目制作者权"的范畴。②在《与贸易有关的知识产权协定》(第 14 条第 3 款)以及如法国等其他国家立法中使用的也是"广播组织"的表述方式。广播组织,是指通过无线电波传播由声音或图像或由二者组合构成的实况或制品的组织。在我国《著作权法》中,特指广播电台和电视台,即专门从事广播电视节目制作并面向其覆盖范围内不特定的公众播发图文、声像信息的组织,而不包括企业事业组织内部和乡镇地方组织设立的广播站、电视台。[1]

根据我国《著作权法》第 43～46 条的规定,广播组织依法享有以下权利:

1. 对自己制作的广播电视节目的专有播放权。对广播组织制作的广播电视节目,任何其他组织或者个人未经其许可都不得播放。基于专有播放权,广播组织在其制作的"广播、电视首次播放后"第 50 年的 12 月 31 日前,有权禁止他人实施下列行为:①将其播放的广播、电视转播;②将其播放的广播、电视录制在音像载体上以及复制音像载体。

2. 许可他人播放并获得报酬的权利。广播电视节目的制作者对其制作的广播电视节目制品,享有专有的权利,其他广播电视节目的制作者未经该节目制作者的同意,不得进行营利性的播放;只有在征得原广播电视制作者同意,并在支付一定报酬的情况下,才可以播放其制作的广播电视节目。

需要注意的是,由于我国现行的广播电视节目制作者往往通过交换广播电视节目,来取得他人的广播电视节目制品,因此,我们不能认为这就

---

〔1〕 吴汉东主编:《知识产权法》,中国政法大学出版社 2004 年版,第 86 页。

是无偿使用他人的广播电视节目，而应当将其理解为一种特殊的支付报酬的方法。

3. 许可他人复制并获得报酬的权利。广播电视节目的制作者，对自己制作的广播电视节目，享有许可他人复制发行的专有权，并因此而获得报酬。

4. 播放他人作品权的权利。这里所谓的他人作品，是指播放人以外的其他人制作的已经发表或者尚未发表的作品。其范围包括：①他人已经发表的作品。根据《著作权法》第43条的规定，广播电台、电视台既可以播放他人未发表的作品，也可以播放他人已经发表的作品。播放他人未发表的作品的，应当取得著作权人的许可并支付报酬，播放他人已经发表的作品则可以不经著作权人许可，但应当支付报酬。②已经出版的录音制品。根据《著作权法》第44条的规定，广播电台、电视台播放已经出版的录音制品时，无需取得著作权人的许可，但应当支付报酬。③他人的电影作品和以类似摄制电影的方法创作的作品、录像制品（仅限于电视台）。根据《著作权法》第46条的规定，电视台播放上述作品时，应当取得制片者或者录像制作者的许可，并支付报酬。播放他人的录像制品时，还应当取得著作权人的许可并支付报酬。

广播组织在享有上述权利的同时，也必须依法承担相应的义务。根据《著作权法》第43～46条的规定，广播组织应承担的义务主要有：①支付报酬的义务。根据规定，广播电台、电视台在播放他人作品时，无论是已发表作品还是未发表作品，都必须向著作权人支付报酬；播放已经出版的录音制品的，除当事人另有约定外，也应当支付报酬。②获得许可的义务。广播电台、电视台在播放他人未发表的作品时，还必须取得著作权人的许可。

## 第六节 著作权的取得、行使、限制与终止

### 一、著作权的取得

（一）自动取得

自动取得，是指著作权的取得无需履行任何手续，也不需要在作品上作出任何特别的著作权标示，只要作品创作完成就自然获得了著作权。

著作权的自动取得，在理论上也称之为创作保护主义，它最早产生于法国大革命时制定的著作权法，至今已被大多数国家的著作权法所接受，如欧洲国家和日本等。《伯尔尼公约》第3条也规定："作者为本同盟任何成员国的国民者，其作品无论是否出版，都受到保护"。由此可见，《伯尔尼公约》确认的也是著作权的自动保护原则。

然而，由于著作权的取得，不需要履行任何手续，所以对著作权取得的具体时间，就应该确定一个明确的标准。一般来说，采用著作权自动取得原则的国家，都是以作品创作完成为标准来确定著作权产生的时间。作品的创作完成，可以分为全部完成和部分完成两种情况。一部作品全部创作完成之后，根据自动保护的原则，固然取得了著作权；但当一部作品作为一个整体尚未完成，而该作品中的某一部分已创作完成，且能作为一个独立的作品进行使用时，是否能取得著作权？回答是肯定的。因为在这一独立存在的作品中，同样包括了作者的创造性劳动，其作品也符合著作权法对作品的要求。

（二）注册取得

注册取得，是指作品必须进行登记注册后才能取得著作权。在这里，登记注册是著作权产生的前提条件，没有进行登记注册的作品，不能取得著作权。著作权的这种取得方式，在理论上也称为注册主义。

由于著作权的注册取得，须以登记注册为条件。在作品完成之后履行登记注册手续之前，作品作者的著作权处于一种"真空"的状况，无法得到法律的保护。所以，从目前来看，除了少数拉丁美洲国家和非洲国家采用这种注册登记的取得方式外，其他国家已不再使用。

《伯尔尼公约》也没有把注册登记作为作品取得著作权的前提条件。但由于《世界版权公约》第3条第1款的规定："对于公约应于保护的他国国民在境外首次出版的作品，只要作品在出版时标上'版权标示'，即使不按某一缔约国的规定履行登记手续，也应给予著作权"，所以，许多本国法中不要求履行登记注册手续或者加注版权标示的国家的作者，在出版自己的作品时往往也加注版权标示，以免作品出版后，在其他国家得不到著作权法的保护。根据《世界版权公约》第3条第1款的规定，"版权标示"由三个部分组成。即：①在英文字母C外加一圆圈，代表版权；②版权所有者姓名；③首次出版年份等。

我国在制定著作权法时，对于著作权的取得采用何种方式，曾经存在过争议。一种观点认为，著作权的取得应履行一定的手续，而不能采用自动取得的方式;另一种观点则认为,著作权的取得方式,应与国际上通行的做法相吻合,采用自动取得的方式。我国《著作权法》第2条第1款规定:"中国公民、法人或者非法人单位的作品,不论是否发表,依照本法享有著作权。"这说明,我国著作权的取得,不需要履行登记注册手续,作品自创作完成时即自动取得著作权。我国著作权法确认的这项制度,既符合我国的实际情况,也符合国际著作权法的发展潮流。

**二、著作权的行使**

(一)著作权行使的原则

任何权利的行使都必须遵守必要的规则。著作权也不例外。2010年修订的《著作权法》第4条规定:"著作权人行使著作权,不得违反宪法和法律,不得损害公共利益。国家对作品的出版、传播依法进行监督管理。"根据这一规则,著作权人在行使著作权时,必须遵守以下两项原则:

1. 不得违反宪法和法律。这意味着,著作权人在行使著作权时,不得违反宪法和法律的强行性规定。在这里应注意的主要有两点:其一,就宪法而言,不违反宪法,其中最重要的一点,就是必须遵守宪法第51条的规定。根据该条规定,公民在行使权利时,"不得损害国家的、社会的、集体的利益和其他公民的合法的自由和权利"。其二,从我国立法语言的运用来看,这里所谓的"法律",是指狭义上的法律,即由全国人大或其常委会制定的规范性法律文件。换言之,行政机关制定的行政法规、行政规章或行政规定,以及地方国家权力机关制定的地方性法规、地方规定,都不在其范围之内。例如,根据1955年11月8日第一届全国人大常委会第二十三次会议通过的《关于处理违法的图书杂志的决定》。根据该决定,图书、杂志有下列情形之一的,为违法:①反对人民民主专政,违反政府现行政策和法律、法令的;②煽动对民族和种族的歧视和压迫,破坏各民族团结的;③妨碍邦交、反对世界和平、宣传帝国主义侵略战争的;④泄露国家机密的;⑤宣扬盗窃、淫秽、凶杀、纵火及其他犯罪行为,危害人民身体健康,败坏社会道德、破坏公共秩序的;⑥其他违反宪法和法律、法令的,都是违法的。尽管上述规定主要是从作品的内容上所作的限制,但从著作权的行使而言,其中的大部分规定仍然具有重要的指导意义。

2. 不得损害公共利益。公共利益既然是国家存在的正当性理由,也就成为正当限制公民权利行使的基本事由。国家在对著作权的正当行使给予保护的同时,也对著作权的不当行使实施必要的限制。但是,公共利益作为一个不确定性的法律概念,无论是在理论上还是在实务上,都有不同的理解和把握。仅就字面理解，可称之为公共的利益，简称公益，如宣扬盗窃、淫秽、凶杀、纵火及其他犯罪行为，危害人民身体健康，败坏社会道德、破坏公共秩序等，都可视为损害社会公共利益的行为，著作权人在行使著作权时，就不得有此类行为，或以此为目的行使其依法享有的著作权。

（二）著作权集体管理

著作权集体管理，是指代表著作权人的组织授权不同的著作权使用人使用其组织成员的作品，并收取报酬分发给著作权人的行为。从性质上说，集体管理组织不是政府机构，而是代表著作权人行使权利的专门的社会组织或社团法人。它通过把每个著作权人的作品使用权集中在一起，统一管理，以一个统一的、法律承认的作者集体代表的身份与著作权的使用者交往。

著作权集体管理是随着复制、传播技术的发展，在作品使用形式日趋多样化，使用范围日趋扩大的情势下产生的。著作权人由于时间和精力的限制，无法确切了解自己的作品被何人、何时、何地使用，更谈不上取得报酬，在此情况下，著作权人需要一种组织机构，代表自己解决这些问题，以维护自己的合法权益，著作权集体管理制度也就因此应运而生了。

第一个著作权集体管理组织是法国的戏剧立法局，由戏剧作家博马歇于1777年7月创立，现在法国的戏剧作者、作曲者协议（SACD）即是在其基础上演变发展而来的。1926年，18个国家的音乐演奏者协会联合组成了"国际作者作曲者协会联合会"（CISAC）。[1]集体管理作为对著作权管理的一种制度，逐渐被世界各国所肯定，在一些国家（特别是经济发达国家）已相继成立了各种集体管理组织，而且这种管理模式得到了世界知识产权组织领导机构的重视。1959年，世界知识产权组织领导机构指示该组织国际局准备一份研究报告，作为就著作权中某些权利的集体管理方面向各国政府提出适当建议的依据。世界知识产权组织著作权和邻接权集体管理顾问小组曾讨论过研究报告的草案，目前该研究报告已由世界知识产权组织国际局用英、法、德、日文出版。我国《著作权法》分别就著作权集体管理组织的性质、法律地位及职能等作了规定。

从世界各国的著作权集体管理制度的情况看，主要涉及到两个方面的问题：其一是集体管理组织的法律地位问题。世界各国集体管理组织有两

---

［1］ 湛益祥："论著作权集体管理"，载《法学》2001年第9期。

种类型，即民间性的私人团体和官方或半官方的机构。在第二次世界大战之前，著作权集体管理组织都属于民间性质。官方或半官方性质的著作权管理组织则是在第二次世界大战之后首先出现在东欧国家的，后来又发展到讲法语的非洲国家及其他国家。我国成立的中国音乐著作权协会和中华版权代理总公司属于半官方机构。其二是集体管理的布局问题。有的国家按作品的分类分别成立协会，而另一些国家则成立一个包括各创作领域的统一的协会。无论采取何种布局，重要的是如何提高管理组织的工作效率，否则，著作权人的权利就很难得到切实保障。值得注意的是，由于工作效率的需要，著作权管理机构往往具有相当程度的集中性与垄断性，以提高工作效率。

在我国，1990年制定的《著作权法》仅规定有著作权行政管理制度，而没有规定著作权的集体管理问题。著作权管理也主要表现为著作权的行政管理。首次将著作权集体管理纳入著作权管理体系的，是1991国家版权局颁布的《中华人民共和国著作权法实施条例》。条例第54条规定："著作权人可以通过集体管理的方式行使其著作权。"经过多年的探索，2001年在修改《著作权法》时，在结合我国的国情，参考国际著作权保护的经验和惯例的基础上，正式将集体管理纳入到著作权管理体系之中，明确规定："著作权人和与著作权有关的权利人可以授权著作权集体管理组织行使著作权或者与著作权有关的权利。著作权集体管理组织被授权后，可以以自己的名义为著作权人和与著作权有关的权利人主张权利，并可以作为当事人进行涉及著作权或者与著作权有关的权利的诉讼、仲裁活动。"

集体管理组织的职能，主要是代表著作权人行使著作权，以自己的名义开展业务，并作为诉讼当事人进行与著作权有关的诉讼活动。我国《著作权法》第8条第1款规定："著作权人和与著作权有关的权利人可以授权著作权集体管理组织行使著作权或者与著作权有关的权利。著作权集体管理组织被授权后，可以以自己的名义为著作权人和与著作权有关的权利人主张权利，并可以作为当事人进行涉及著作权或者与著作权有关的权利的诉讼、仲裁活动。"具体表现为：①代表著作权人授权或许可他人使用作品；②负责与使用人谈判、签约工作；③追索作品使用费并定期向作者分配；④追究侵权行为和参加诉讼；⑤建立国际间的集体管理网络，维护本国作者在国外享有的权利；⑥向著作权人宣传著作权知识，提高著作权意识，增强著作权人自我保护合法权益的能力，等等。

### 三、著作权的限制

**（一）著作权限制的概念**

著作权的限制，是指对作者享有的著作权和著作权的行使，从法律上给予一定的约束。著作权的限制，可以分为广义的和狭义的两种。广义的著作权限制，包括对著作权保护期限的规定、对著作权地域上的限制和权能的限制；狭义的著作权限制，仅指权能上的限制，如合理使用，即是对著作权的许可权、取得报酬权的限制。这里所讨论的主要是基于著作权法的规定，而对著作权所作的权能上的限制。

著作权包括人身权和财产权两方面的内容。而对著作权的限制，主要是指对著作权人财产权的限制。之所以对著作权施以必要的限制，其原因在于：①从作者创作作品的情况来看，著作权法所保护的作品，是著作权人在继承、吸收了前人创造的文化和他人的知识经验基础上创造出来的。一部作品的创作完成，既是作者个人的创造性劳动，也是社会集体智慧结晶，离开了前人创造的文化和他人的知识经验，作者不可能创造出作品。所以，作者享有的著作权也不应该是绝对的。作者在享有权利的同时，也应对社会尽一定的义务，即对他的权利进行一定的限制。②从著作权法的立法宗旨来看，制定著作权法的目的，一方面是为了鼓励作品的创作，另一方面也是为了传播优秀作品，以推动整个社会文化和科学事业的发展与繁荣。如果人们在任何情况下使用作品，都必须征得作者的同意并支付报酬，显然是不利于作品的传播和文化事业的发展的，也有悖于著作权法的立法宗旨。③从法律权利本身来看，任何权利都不是绝对的。权利人行使权利时，不得损害国家、集体、社会的利益和其他公民的合法权益。社会主义国家既不允许存在无权利的义务，也不允许存在所谓无义务的权利。显然，如果作者不顾作品可能产生的社会效益和经济效益，而一味强调作品的著作权保护，国家法律对这种著作权的行使的干预就是必要的、合理的。

现代各国著作权法确认的著作权限制，主要有合理使用、法定许可和强制许可等制度。

**（二）合理使用**

合理使用，也称为"自由使用"或"正当使用"，是指作品著作权人以外的公民，法人或者非法人单位，根据法律的规定，在一定范围内不经著作权人的同意且不向其支付报酬而使用其享有著作权的作品的一种制度。

合理使用是各国著作权法普遍承认的一项对著作权的限制,许多国家的著作权法都对它作了规定。但由于各国政治制度、经济状况以及科学、文化发展水平的不同,其具体规定的合理使用范围不尽相同。如《日本著作权法》第32条规定:"已经发表的著作物可以引用,但引用必须符合公正的惯例。在报道、评论研究上的引用,其目的也必须限定于正当范围。"《意大利著作权法》第70条则规定:"为了评论、论述或教育目的,可在符合上述目的的限度内,引用一部作品的片断或部分章节。"尽管如此,各国著作权法对合理使用的范围规定也有其共同之处,即都认为下列行为属于合理使用的范围,不构成对著作权的侵犯:①为个人学习和研究而使用享有著作权的作品;②为科学研究或课堂教学目的而复制少量享有著作权的作品;③为评论、新闻报道的需要而引用或复制某一作品;④以绘画、雕刻、摄影等方式,复制长期陈列于公共场所的艺术作品;⑤图书馆、档案馆或其他非营利的资料中心为保存版本而复制某一作品;⑥以及因法律诉讼程序的需要而复制某些作品,等等。

我国《著作权法》第22条第1款,以列举的方式规定了合理使用的范围。具体来说,我国著作权法上的合理使用包括以下情形:

1. 为个人学习、研究或者欣赏,使用他人已发表的作品。在人们的日常生活、工作和学习中,个人使用他人作品的方式众多,使用的作品范围也相当广泛,要求每个人在每次使用作品时都必须征得著作权人的同意并支付报酬,既不利于作品的传播,在事实上也无法操作。所以,《著作权法》规定,如果为个人学习、研究或者欣赏,使用他人已经发表的作品,属于合理使用的范围。但必须符合三个条件,即:①使用作品的主体,必须是个人。对于"个人",学界存在不同的观点。一种观点认为仅限于单个的自然人;另一种观点认为包括"家庭";还有学者则主张将"个人"扩展至第三人或者家庭、单位。②使用作品的目的是为了个人学习、研究或者欣赏。③使用的作品,必须是已经发表的作品。

2. 为介绍、评论某一作品或者说明某一问题,在作品中适当引用他人已经发表的作品。引用他人作品,是指将别人的作品作为自己的作品的根据,并在此基础上创作出新的作品。引用他人的作品,对于某些作品的创作来说,是必须的,如写一篇评论文章,不引用原文,评论就成为无的放矢。一般认为,引用他人作品必须符合下列条件:①引用的必须是他人已经发表的作品;②引用的目的仅限于为介绍、评论某一作品,或者为了说明某一问题;③所引用的部分不能构成引用人作品的主要部分或者实质部分；④不得损害被引用作品著作权人的利益。

3. 为报道时事新闻，在报纸、期刊、广播电台、电视台等媒体中不可避免地再现或者引用已经发表的作品。根据《著作权法》第22条的规定，新闻媒体出于报道时事新闻的需要而再现或者引用他人已经发表的作品时，必须符合"不可避免"的条件，而不得随意地、不必要的大量使用他人的作品。

4. 报纸、期刊、广播电台、电视台等媒体刊登或者播放其他报纸、期刊、广播电台、电视台等媒体已经发表的时事性文章。根据《著作权法》第22条的规定，新闻媒体在刊登他人已经发表的时事性文章时，必须符合以下的条件：①从内容上看，仅限于政治、经济或宗教方面；②所刊登或者播放的他人已经发表的作品应当是作者未作不许刊登、播放的声明的，如果作者明确声明不得刊登或者播放，则不得刊登或者播放。

5. 报纸、期刊、广播电台、电视台等媒体刊登或者播放在公众集会上发表的讲话，但作者声明不许刊登、播放的除外。这里所谓的公众集会，是指在公共场所举行的集会，如政治集体会、庆祝集会等。在公众集会上的讲话，一般具有很强的政治性，演讲者也希望自己的讲话能够在社会上广泛传播，因此，应允许报纸、期刊、广播电台、电视台刊登或者播放，但作者声明不许刊登、播放的除外。

6. 为了学校课堂教学或者科学研究，翻译或者少量复制已经发表的作品，供教学或者科学研究人员使用，但不得出版发行。为学校课堂教学或者科学研究，翻译或者复制他人已经发表的作品，这在教学和科研领域是较为普遍的一种现象。但使用者在"翻译"或"复制"时，必须具备下列条件：①使用者必须是教学人员或者科研人员；②使用的目的，是为了课堂教学或者科学研究，而不是以营利为目的；③使用的方法是翻译或者复制；④使用的范围应当是"少量"的，至于"少量"的具体标准是多少，《著作权法》没有明确的规定，根据《著作权法实施条例》第21条的规定，少量地翻译或者复制他人已经发表的作品，不得影响作品的正常利用，也不得不合理损害著作权人的其他权利。

7. 国家机关为了执行公务使用已经发表的作品。国家机关，是指国家依法设立，行使国家权力，管理国家事务的机关，包括立法机关、行政机关、司法机关以及军事机关。国家机关执行公务的活动，关系到整个国家和社会的利益，所以，它们为了执行公务的需要，使用已经发表的作品，可以不经作者的同意，也无须支付报酬。当然，国家机关为了执行公务使用他人的作品时,不得影响作品的正常使用,也不得侵犯著作权人的其他合法权益。

8. 图书馆、档案馆、纪念馆、博物馆、美术馆等为陈列或者保存版本的需要,复制本馆收藏的作品。在这里,复制的主体,必须是图书馆、档案馆、纪念馆、博物馆、美术馆等具有收藏性质的单位;复制的目的,是为了陈列或者保存版本的需要;复制的对象,只能是本馆收藏的作品,在这些作品中,既可以是已经发表的作品,也可以是尚未发表的作品。

9. 免费演出已经发表的作品。免费演出已经发表的作品,其目的是为了丰富人们的文化生活,组织者和演出者并不因此而获得利益,所以免费表演应当属于合理使用的范围。值得注意的是,根据《著作权法》第22条的规定,免费表演已经发表的作品,不得以任何形式向公众收取费用,也不得向表演者支付报酬。如果以任何形式向公众收取费用,或者向表演者支付了报酬,则不属于合理使用。

10. 对设置或者陈列在室外公共场所的艺术作品进行临摹、绘画、摄影、录像。设置或者陈列在室外公共场所的艺术作品,其本身就具有长期公开的性质,作者如果将自己的作品设置或者陈列在室外公共场所,就意味着将这一作品的财产权投入公有领域。如果这样也要求他人在使用这一作品时,征得作者的同意并支付报酬,是不现实的,也是不合理的。但应当注意的是,对这类作品的合理使用,必须具备两个条件:①这类艺术作品是设置或者陈列在室外公共场所的,如果作者将自己的作品设置于室内某个场所,进行展览,或者虽然在室外,但不是公共场所,就不属于合理使用的范围;②对这类作品的使用方式,只限于临摹、绘画、摄影和录像,如果用直接接触的方式使用这类作品,不属于使用合理的范围,如拓印等。

11. 将中国公民、法人或者其他组织已经发表的以汉语言文字创作的作品翻译成少数民族语言文字作品在国内出版发行。我国是一个多民族的国家,汉族占总人口的绝大多数。《著作权法》作此规定的目的,是为了加强各民族之间的文化交流,推动少数民族经济和文化的发展。与1990年《著作权法》相比,修订后的《著作权法》将合理使用的范围作了进一步的限制,根据修订后的《著作权法》,此种合理使用必须符合三个条件,即:①使用的对象仅限于中国作者已经发表的作品;②该作品须为"文字作品",而不包括电影、电视等文字作品以外的其他作品;③翻译成少数民族语言文字的作品只能在国内发行。

12. 将已经发表的作品改成盲文出版。盲人由于身体的残疾,其阅读只能借助于触摸。为了丰富盲人的精神生活,改善他们的学习条件,《著作权法》规定,将已经发表的作品改成盲文出版的,属于合理使用的范围,这一规定,也符合人道主义的精神。

合理使用虽不需获得许可、无需支付报酬,但应注明原作者的姓名、作品名称和出处,并且不得侵犯著作权人依照著作权法享有的其他权利。同时,这些限制同样适用于对出版者、表演者、录音录像制作者、广播电台、电视台的权利的限制。

(三) 法定许可

1. 法定许可的概念。法定许可,是指法律规定可以不经著作权人的许可,而在一定范围内有偿使用他人享有著作权法保护的作品的法律制度。法定许可与合理使用一样,都是由法律明确规定的。但法定许可已超出了合理使用的范围,法定许可中的使用者,虽然可以不经著作权人的许可而使用作品,但必须支付报酬。

虽然各国都从立法上确认了法定许可制度,但对法定许可的范围,各国的规定不尽相同。相比之下,前苏联、东欧国家所规定的法定许可的范围,要比西欧国家广泛得多。例如,前苏联法律规定:凡是表演已经发表的作品,均无需取得作者的许可,但必须向作者支付报酬。匈牙利著作权法也规定:广播和电视组织有权通过支付适当报酬,以原有的方式播放任何已经公开发行的作品。除非对剧院使用作品有相反的合同约定,广播和电视组织亦有权转播公开演出的节目。而西欧国家的法定许可则多限于音乐作品。如英国版权法规定,音乐作品只要已经作者同意而录制成录音制品并发行的,其他录制者即可不经作者许可就可再行录制,但要向作者支付报酬。意大利著作权法规定:只有不是首次公演的戏剧、音乐或舞蹈作品,电台、电视台才可以现场转播,但要向作者和表演者支付报酬。

法定许可制度的建立,有助于简化作品的授权使用程序,避免著作权人以非正当理由阻挠作品的使用。但法定许可使用人在使用作品时,应说明作者的姓名,作品的名称和出处,并尊重作者享有的其他权利。

2. 法定许可与合理使用的区别。法定许可与合理使用相比,有其相同之处,如使用人在使用他人享有著作权的作品时,无须取得著作权人的许可。但也有不同之处,主要表现在:①法定许可制度承认和保护的是作者的财产权利。适用法定许可,使用人可以不经著作权人的同意而使用作品,但须支付报酬;而合理使用中的作品使用人使用作品,既不需要取得著作权人的许可，也无须向著作权人支付报酬。②从使用作品的目的上看，法定许可使用的目的既可以是公益性的，也可以是营利性的；而合理使用的目的，一般都限于个人的学习、研究和社会公益等方面。③从使用作品的范围上看，法定许可的使用范围要比合理使用的范围小。

3. 我国的法定许可。根据我国《著作权法》的规定，我国法定许可的范围包括：

（1）作品刊登后，除著作权人声明不得转载、摘编的外，其他报刊可以转载或者作为文摘、资料刊登，但应当按照规定向著作权人支付报酬。著作权人声明不得转载、摘编的，任何人不得转载、摘编，但著作权人的声明，应当在报纸、杂志首次刊登该作品时附带声明，或者在国家版权局的著作权公报上刊登声明。

（2）表演者使用他人已经发表的作品进行营业性演出，可以不经著作权人许可，但应当按规定支付报酬，著作权人声明不许使用的除外。著作权人的这种声明，应当在发表该作品时作出，或者在国家版权局的著作权公报上刊登声明。关于表演者向著作权人支付报酬的方法，根据《著作权法实施条例》第5条的规定，是通过演出组织进行的。其付酬的标准，根据《演出法定许可付酬标准暂行规定》的规定，是通过演出收入分成的办法进行的。

（3）使用他人已发表的作品制作录音制品的，可以不经著作权人的许可，但应当按照规定支付报酬；著作权人声明不许使用的不得使用。著作权人的这种声明，应当在发表该作品时作出，或者在国家版权局的著作权公报上刊登声明。

（4）广播电台、电视台使用他人已发表的作品制作广播、电视节目，可以不经著作权人的许可，但著作权人声明不许使用的不得使用；并且除本法规定可以不支付报酬的以外，应当按照规定支付报酬。

根据2001年《著作权法实施条例》第32条的规定，在法定许可条件下，著作权的使用人应当自使用该作品之日起2个月内向著作权人支付报酬。

（四）强制许可

强制许可，是指基于正当理由有必要使用作者或者其他著作权人在一定时期内未许可他人使用的某一作品时，使用人可申请政府主管机关批准获得对该作品的有偿使用权，而无需征得作者或其他著作权人同意的一种制度。建立著作权的强制许可制度，其目的主要是为了防止著作权所有人滥用自己的专有权，更好地促进科学、文化知识的传播。

到目前为止，世界上许多国家的著作权法都对强制许可制度作了明确规定。如《美国版权法》第 118 条规定，为非商业目的而广播享有版权的作品，可以依据版税裁判庭规定的程序取得强制许可证。前《捷克斯洛伐克版权法》第 18 条也规定，任何捷克斯洛伐克公民如果希望使用本国享有版权的作品而被作者无理拒绝，可以向文化部长请求得到准许使用的决定。从目前各国版权法对强制许可的规定来看，主要是针对翻译权和复制权规定的，有些国家的版权法对广播权、表演权等也设立了强制许可措施。《保护文学艺术作品伯尔尼公约》和《世界版权公约》中对强制许可制度也作了规定，并授予发展中国家颁发翻译权、复制权强制许可证的权力。

在使用作品时，强制许可与法定许可有些相同之处，如使用人都无须征得作品著作权人的许可就可以使用作品，使用人使用作品都须支付报酬。但两者的差异也是显而易见的，主要表现在：①强制许可是由政府主管部门按照一定的程序，以颁发许可证的方式授权申请人使用作品；而法定许可则是使用人根据法律的直接规定，或是法律的授权而使用作品。②强制许可的对象是特定的，即根据法律规定提出申请的强制许可申请人；而法定许可的对象则是不特定的，著作权人以外的任何人都可以根据法律规定的授权而使用作品。

我国现行《著作权法》并未规定著作权的强制许可制度。但由于我国已于 1992 年 10 月加入了《世界版权公约》和《保护文学艺术作品伯尔尼公约》。根据这两个公约的规定，发展中国家的著作权主管部门，有权颁发翻译权和复制权的强制许可证。因而从理论上和法律上说，我国作为一个发展中国家，可以根据这两个公约的规定，并以适当立法实施强制许可制度。

### 四、著作权的终止

（一）著作权终止的概念

著作权的终止，是指著作权因其保护期限届满而不复存在。著作权包括财产权和人身权两个方面的内容。著作人身权的保护期限，是不受法律规定的限制的。所以著作权的终止，事实上也只是指著作权中财产权的终止，即著作权的保护期限届满以后，作品就进入了公有领域，著作权人对作品不再享有使用权和获得报酬权。

近年来，一些国家对因超过保护期限而进入了公有领域的作品使用，实行了一种收费制度。即在以某种方式使用著作权终止的作品时，虽然不再需要经过著作权人的许可，但仍应向特定的机构支付费用，并以此费用作为公共福利的基金。如《意大利著作权法》第175条规定："适合于广播或表演的文字作品与音乐作品，在进入公有领域之后，将该作品用于广播或表演的使用人，仍需依法向国家交费。"我国的《著作权法》没有这方面的规定。但由于我国是一个发展中国家，作者进行创作活动往往没有很好的经济环境，所以将来我们不妨也可以借鉴外国的这一经验，这样既可以为文化科学事业的发展积累资金，也有利于加强对公有领域作品的使用和管理。

（二）作品的保护期限

我国《著作权法》根据著作权主体、作品性质的不同，对作品规定了不同的保护期限。根据我国《著作权法》的规定，对作品的保护期限，可分为以下几种情况：

1. 公民（自然人）著作权的保护期限。作者是公民的，其著作权的保护期限是作者有生之年加死后50年。50年的终止时间是作者死亡后的第50年的12月31日。如果作品是合作作品，其保护期限以最后死亡的作者的死亡时间为起算点。合作者之一死亡后，其对合作作品享有的著作财产权无人继承又无人受遗赠的，由其他合作者享有。

2. 法人作品和职务作品的保护期限。法人或者非法人组织享有著作权的作品，其发表权以及《著作权法》第10条第1款第5~17项规定的权利的保护期限为50年，自作品首次发表时起算，截止于作品首次发表后第50年的12月31日，但作品自创作完成后50年内未发表的，著作权法不再保护。

3. 电影作品和以类似摄制电影的方法创作的作品、摄影作品的保护期限。根据《著作权法》第21条第3款的规定，电影作品和以类似于摄制电影的方法创作的作品，以及摄影作品的发表权，以及根据《著作权法》第10条第1款第5~17项规定的各项权利，其保护期限为50年，截止于作品首次发表后第50年的12月31日，但作品自创作完成后50年内未发表的，不再保护。

4. 匿名作品的保护期限。根据《著作权法实施条例》第18条的规定："作者身份不明的作品，其著作权法第10条第1款第5~17项规定的权利的保护期截止于作品首次发表后第50年的12月31日。作者身份确定后，适用著作权法第 21 条的规定。"[1]也就是说，如果作者被确认为公民的，则适用第 21 条第 1 款关于公民著作权保护期限的规定；如果作者被确认为法人或者其他组织的，则适用《著作权法》第 21 条第 2 款关于法人作品、职务作品保护期限的规定。

5. 计算机软件著作权的保护期限。根据国务院 2001 年发布的《计算机软件保护条例》第 14 条的规定，软件著作权自软件开发完成之日起产生。著作权人为自然人的，保护期为自然人终生及其死亡后 50 年，截止于自然人死亡后第 50 年的 12 月 31 日；软件是合作开发的，截止于最后死亡的自然人死亡后第 50 年的 12 月 31 日；法人或者其他组织的软件著作权保护期为 50 年，截止于软件首次发表后第 50 年的 12 月 31 日，但软件自开发完成之日起 50 年内未发表的，不再保护。

此外，《著作权法》还对著作邻接权的保护期限问题作了具体的规定。根据这些规定，邻接权的保护期限为 50 年，截止于权利形成后第 50 年的 12 月 31 日。具体可参阅本章第六节有关邻接权的阐述。

##  第七节　著作权的法律保护

### 一、著作权法律保护的类型

制定《著作权法》，建立著作权法律制度的首要目的，即在于保护著作权人的著作权，因此，著作权的法律保护是《著作权法》的核心内容。从类型上说，从不同的角度，可对之作不同的阐述。从著作权保护的法律渊源上说，则可作国际法保护与国内法保护之分；在国内法上，从著作权保护的法律性质上说，可分为民事法保护、行政法保护与刑事法保护；从保护的手段或措施上说，可分为行政保护与司法保护两大类；从实施保护的法律规范的性质上说，则可分为民法上的保护、行政法上的保护与刑事法上的保护三类。分述如下：

1. 著作权的行政保护与司法保护。著作权的行政保护，主要是指一国以国内立法的形式，通过对违反《著作权法》、侵犯著作权人著作权的行为给予行政制裁，以制止侵权行为，保护著作权人合法权益的法律制度。

---

[1] 参见《中华人民共和国著作权法实施条例》（2002 年修正）第 18 条。

根据我国《著作权法》的规定，著作权的行政保护主要由以下几个方面的内容构成：①著作权登记制度。著作权登记虽然不是作品享有权利的前提条件，但著作权登记使著作权人取得了权利存在的初步证据，是保护合法权益的第一步。②著作权行政处罚。所谓著作权行政处罚，是国家行政机关（主要是著作权行政管理部门）依法对违反有关著作权保护的行政法律规范，侵犯他人著作权的行为人给予的一种行政制裁措施，如责令停止侵权行为、警告、罚款、没收等。

著作权的司法保护：指由国家司法机关通过诉讼程序为著作权遭受侵害的著作权人所提供的法律保护措施。从具体方式看，著作权的司法保护主要包括两种：一是民事司法保护；二是刑事司法保护。前者主要是通过审理著作权纠纷案件，如著作权合同纠纷、著作权侵权纠纷等，以实现对著作权人合法权益的保护；后者则主要是通过对著作权领域中侵犯他人著作权的犯罪行为给予刑事制裁，以震摄严重的知识产权侵权行为，从而保护著作权人合法权益。从类型上说，除民事诉讼和刑事诉讼外，尚有行政诉讼。在我国，人民法院审理的著作权案件，既有民事案件（通常称为知识产权纠纷案件或著作权纠纷案件）和刑事案件，也有著作权行政案件。但这里的著作权行政案件侧重保护的是著作权人在行政法上的权利，而不是著作权本身。因而从著作权的司法保护的角度看，并不存在著作权行政司法保护的问题。

2. 著作权的民法保护、行政法保护与刑事法保护。所谓著作权的民法保护，是指国家通过民事法律规范给著作权人提供的保护。主要表现为通过确认著作权人在民法上享有的人身权、财产权，以及对著作权的侵权行为、违约行为提供法律救济来实现的。

著作权的行政法保护，则主要是指为著作权提供行政法律规范上的保护。其基本内容有二：一是确认著作权；二是对违反著作权行政法律规范，尚未构成犯罪的行为给予行政制裁，以预防、制止著作权侵权行为的发生，实现对著作权人权利的保护。

除了民法上和行政法上的保护外，无论是我国立法还是国外立法，对著作权人权利保护的另一重要手段，是刑事法上的保护，即通过将特定的侵犯著作权的行为界定为犯罪，并给予相应的刑事制裁，以威慑侵权者，从而达到保护著作权人的权利不受侵犯的目的。

3. 直接保护与间接保护。在上述各种保护途径中，它们提供保护的方式各不相同。有的是事前提供的，有的则是事后提供，有的是直接的保护措施,有的则是间接的保护措施。

所谓直接保护,是指通过该种保护措施,促成著作权人权利的实现。如行政法上的著作权登记制度、民法上的侵权损害赔偿制度与合同违约赔偿制度等,都能够使著作权人的人身权、财产权得以实现,或者使著作权人受到损害的权利得到补救。与此不同的是,刑事法上提供的保护措施,以及行政法提供的部分保护措施,则属于间接保护的范畴。著作权人受到损害的权利,不管是人身权还是财产权,通过这些保护措施并不能得到有效而公平的补救,而仅仅是对违法者的制裁,其目的主要在于制止或预防违法行为的发生。

但是,不管是民法上的保护,还是行政法或刑事法上的保护,也不管是直接保护还是间接保护,都有其存在的价值与意义。正是法律保护途径与方式上的多样性,使得著作权的法律保护形成一个严密而多样化的保护体系,这对于著作权法的保护来说是非常必要的。

**二、著作权侵权行为及其法律责任**

**(一)著作权侵权行为的概念**

著作权侵权行为,是指未经著作权人同意,且无正当法律依据而擅自使用享有著作权的作品,损害著作权人财产权和人身权等权利的行为。构成著作权的侵权行为,应当具备以下条件:

1. 使用人使用的作品,必须是享有著作权的作品。如果使用人使用的是著作权法不予保护的作品,或者是依法不适用《著作权法》的作品,或者是著作权的保护期限已过的作品,都不构成著作权侵权行为。

2. 行为人使用他人作品无法律上的根据。即行为人在使用著作权人的作品时,既未取得著作权人的授权,又不属于《著作权法》规定的合理使用或法定许可的范围之内。反之,如果行为人对某一享有著作权的作品的使用,已经获得著作权人的授权,或者属于法律所允许的合理使用或法定许可的范围之内,则不构成侵权行为。

**(二)著作权侵权行为的主要表现形式**

根据我国《著作权法》第47、48条的规定,侵犯著作权的行为主要有:

1. 擅自发表他人作品的行为。发表权是著作权中的一项内容。作品完成之后,著作权人何时、何地及以何种方式发表自己的作品,是著作权人享有的一项著作权。任何未经著作权人的同意,擅自将作品发表的,或者未按著作权人要求的时间、地点和方式发表的,都构成对著作权人发表权的侵犯，是侵犯著作权的行为。

2. 侵占他人作品的行为。它是指未经合作作者许可，将与他人合作创作的作品当作自己单独创作的作品发表的行为。合作作品是两个或两个以上的人共同创作的，它是合作作者创造性劳动的共同成果。《著作权法》第13条规定，合作作品可以分割的，合作作者只能就可以分割的自己创作的那部分作品行使自己的发表权和署名权。对于不可分割的合作作品，应当由合作作者共同决定作品是否发表，以及发表的时间、地点和方式。合作作者意见不一致时，不同意发表作品的作者无正当理由不得阻止其他作者发表作品。合作作品，作为所有作者共同劳动的成果，其著作权就应当由合作作者共同享有，任何一个合作者，作为一个单独的个人都无权决定作品是否发表以及发表的时间、地点和方式，更不能以个人的名义擅自发表合作作品，即未经合作作者许可，将与他人合作创作的作品当作自己单独创作的作品发表。否则，不仅侵犯了其他合作作者的发表权，而且还侵吞了他人的劳动成果，侵害了其他合作作者的署名权和使用权。

3. 强行在他人作品上署名的行为。这是指自己没有参加创作，为谋取个人名利，通过各种手段而在他人创作的作品上署名的行为。署名权，是著作权中的一项重要内容。对作者来说，署名，既是一种荣誉，同时也是一种责任。只有参加作品创作的人，才对自己的作品享有署名权，未参加作品创作的人，如果在作品上署名，属于严重侵犯他人著作权的行为。

4. 歪曲、篡改他人作品的行为。它是指行为人未经作者同意，以删节、修改等方式，故意或过失地曲解、破坏或改变作品真实含义的行为。歪曲、篡改他人作品的行为，既侵犯了《著作权法》第9条第3、4项规定的著作权人依法享有的修改权和保护作品完整的权利，也侵犯了作者的一般人格权。

歪曲、篡改他人作品的行为主要表现为以下三种形式：①在改编、翻译、整理、编辑他人作品或者将他人作品摄制成电影、电视作品时，歪曲原作品的真实含意；②出版部门对稿件进行加工时，歪曲、篡改作品作者的原意；③将作品用于有损作者尊严的场合。

5. 剽窃他人作品的行为。剽窃，也称为抄袭，一般是指把他人的作品据为己有的行为。从形态上说，剽窃主要有两种情形；一是在对他人的作品未作任何改动的情况下，原封不动地进行抄袭，直接以自己的名义发表。一般来说，这种侵权行为较易认定。二是部分地剽窃、抄袭他人的作品，这种行为较难认定。在司法实践中，一般是从作品的构成、作品的内容、作品的发表时间和作品的表现形式等方面来认定。实践中认定剽窃行为时，应当注意将剽窃行为与作品的合理使用以及模仿作品区别开来。

6. 擅自使用他人作品的行为。是指未经著作权人许可，又无法律上的依据而使用他人作品的行为。根据我国《著作权法》的规定，他人在获得著作权人的许可或者直接依据法律的规定，可以合理使用著作权人作品，如在支付报酬的条件下播放他人已发表的作品等。但是，如果未获许可，也无直接的法律依据而擅自使用他人的作品，则构成侵权。

根据我国《著作权法》的规定，在未获著作权人的许可，且《著作权法》未特别规定的条件下，通过以下几种方式使用他人作品的行为构成擅自使用他人作品的行为：①以展览、摄制电影或以类似摄制电影的方法使用作品，或者以改编、翻译、注释等方式使用作品的；②擅自出租权利人的电影作品及以类似摄制电影的方法创作的作品、计算机软件、录音录像制品的；③擅自复制、发行、表演、放映、广播、汇编，或者通过信息网络向公众传播其作品的。

7. 拒付报酬的行为。获得报酬权，是著作权人享有的最基本的权利之一。所谓报酬，是作者因其创作活动依法获得补偿的合法收入，通常是指稿酬。根据《著作权法》的有关规定，图书出版者出版他人作品、使用他人作品演出或者使用他人作品录制成音像作品，广播电台、电视台播放他人未发表的作品等，都应当支付报酬。至于使用作品的付酬标准，根据《著作权法》第28条的规定，"可以由当事人约定，也可以按照国务院著作权行政管理部门会同有关部门制定的付酬标准支付报酬。当事人约定不明确的，按照国务院著作权行政管理部门会同有关部门制定的付酬标准支付报酬。"为此，国家有关部门制定了相关的付酬标准，如1999年国家版权局发布的《出版文字作品报酬规定》等。除《著作权法》另有规定的以外，任何单位或个人使用他人享有著作权的作品，都应该按照国家有关规定或者根据当事人之间的约定向著作权人支付报酬，否则即构成侵权。我国《著作权法》第47条第7项规定，"使用他人作品，应当支付报酬而未支付的"，属于侵犯著作权的行为。所谓应当支付而未支付报酬，包括两个方面的含义：一是使用人依法或依合同的约定负有支付报酬的义务；二是使用人在客观上未支付报酬。未按照规定支付报酬的行为主要有：①应当给付报酬，而未给付的；②未按照规定的付酬标准或合同约定的付酬标准付酬；③未按规定的或者约定的付酬期限付酬。

8. 侵犯版式设计权和专有出版权的行为。版式设计权是指权利人基于对图书、期刊的字体设计、格式编排等而依法享有的权利。根据《著作权法》第47条第9项的规定，任何人未经出版者同意而使用出版者出版的图书、期刊的版式设计的行为，都是侵权行为。专有出版权是指出版机构根据其与著作权人的出版合同而享有的，在约定的期限内出版作者作品的专有权利。为保护出版机构的专有出版权，《著作权法》第48条第2项将出版他人享有专有出版权的行为确认为侵权行为。

9. 侵犯邻接权的行为。这主要是指行为人所实施的侵犯表演者权，录音、录像制作者权和广播电视组织权的行为。具体表现为：①未经表演者许可，从现场直播或者公开传送其现场表演，或者录制其表演的；②除《著作权法》另有规定外，未经表演者许可，复制、发行录有其表演的录音录像制品，或者通过信息网络向公众传播其表演的；③除《著作权法》另有规定者外，未经著作权人许可，播放或者复制广播、电视的。

10. 制作、出售假冒他人署名作品的行为。这里所谓的假冒他人署名，是指出于某种目的将行为人自己创作或他人创作的作品署以行为人或创作者以外的其他人的姓名的行为。如果是将他人创作的作品署以行为人的姓名，则构成侵占他人作品或者剽窃他人作品的行为。实践上，假冒他人署名作品，主要有以下几种形式：①将自己创作的作品署以他人姓名进行销售；②临摹他人作品，署以他人之名进行销售；③将他人作品署以作者以外的其他人的姓名（通常为名家或知名人士）进行销售。这些行为既侵犯了他人的人身权和财产权，也侵犯了他人的姓名权，属于典型的侵权行为。

11. 其他侵犯著作权或与著作权有关的权益的行为。除上述侵权行为外，2001年修订《著作权法》时还根据科学技术的发展，增加规定了两种侵权行为，这就是《著作权法》第48条第6、7项规定的侵权行为。根据《著作权法》的规定，除法律、行政法规另有规定者外，下列行为也构成著作权侵权行为：①未经著作权人或者与著作权有关的权利人许可，故意避开或者破坏权利人为其作品、录音录像制品等采取的保护著作权或者与著作权有关的权利的技术措施的行为。这里所谓的"技术措施"，主要是指诸如"加密锁"、"防火墙"之类的加密方式和设置。②未经著作权人或者与著作权有关的权利人许可，故意删除或者改变作品、录音录像制品等的权利管理电子信息的。

应当指出的是，近年来，通过计算机网络侵犯著作权的现象日益突出。为了切实保护著作权人的合法权益，最高人民法院于2000年11月22

日通过了《关于审查涉及计算机网络著作权纠纷案件适用法律若干问题的解释》,后经 2003 年 12 月 23 日最高人民法院审判委员会第 1302 次会议《关于修改〈最高人民法院关于审理涉及计算机网络著作权纠纷案件适用法律若干问题的解释〉的决定》予以修正。又于 2006 年 11 月 20 日最高人民法院审判委员会第 1406 次会议《关于修改〈最高人民法院关于审理涉及计算机网络著作权纠纷案件适用法律若干问题的解释〉的决定(二)》予以修正。

(三) 著作权侵权行为的法律责任

1. 著作权侵权行为的民事责任。民事责任,是指民事主体违反民事法律规范规定的义务所应承担的法律责任。我国《中华人民共和国民法通则》第 134 条规定的承担民事责任的方式有十种,但根据《著作权法》第 47、48 条的规定,著作权侵权行为人依法应当承担的民事责任,主要限于以下四种:

(1) 停止侵害。即行为人的违法行为可能或者正在侵害他人的著作权时,权利人有权请求行为人停止其侵害,以制止可能出现的损害,或者避免引起更大的损害。

(2) 消除影响。即权利人的著作权受到不法侵害时,权利人可以通过人民法院要求侵权人在影响所及范围内,以公开形式承认侵害过错,澄清事实。

(3) 赔礼道歉。即权利人的著作权受到不法侵害时,权利人可以要求侵权人承认错误,表示歉意。

(4) 赔偿损失。即当侵权人的侵权行为给著作权人造成财产损失时,依法应以相应数额的财产补偿权利人的损失。赔偿的范围,除权利人所受的实际损失外,还包括权利人为制止侵权行为所支付的合理开支。

根据《著作权法》第 49 条的规定,侵犯著作权或者与著作权有关的权利的,侵权人应当按照权利人的实际损失给予赔偿;实际损失难以计算的,可以按照侵权人的违法所得给予赔偿。权利人的实际损失或者侵权人的违法所得不能确定的,由人民法院根据侵权行为的情节,判决给予 50 万元以下的赔偿。

2. 著作权侵权行为的行政法律责任。行政法律责任,是指著作权侵权行为人因实施了违反《著作权法》的有关行政法律规范,尚未构成犯罪的行为,而依法应当承担的一种消极的法律后果。在一般情况下,著作权侵权行为引起的法律责任主要是民事责任,但为了更好地保护著作权人及与著作权有关的权利人的合法权益，打击严重的著作权侵权行为，维护国家正常的著作权行政管理秩序和社会主义文化市场秩序，我国《著作权法》同时对某些严重的著作权侵权行为设定了相应的行政法律责任和刑事法律责任。

根据《著作权法》的规定，凡实施了《著作权法》第48条规定的著作权侵权行为的，如侵犯著作权邻接权的行为、侵犯他人专有出版权的行为等，行为人除须承担停止侵害、赔偿损失等民事责任外，如果侵权行为同时损害公共利益的，由著作权行政管理部门依法追究行为人的行政法律责任。根据这一规定，在《著作权法》领域，行政处罚的适用须具备以下条件：①著作权行政处罚的对象，仅限于第48条明确列举的八类侵权行为。对于其他形式的侵权行为，不得追究行为人的行政法律责任。②侵权行为必须同时对公共利益构成损害。换言之，如果侵权行为仅对著作权人或与著作权有关的权利人的权利造成损害，而未损害公共利益的，不论其情节与损害的严重程度，均不承担行政法律责任。

根据《著作权法》第48条、《著作权法实施条例》第36条的规定，对有上述侵权行为的行为人，著作权行政管理部门可以单处或并处下列形式的行政处罚：

（1）责令停止侵权行为。责令停止侵权行为属于一种补救性的法律责任，其目的在于消除侵权行为对著作权人权利的侵害。从理论上说，责令停止侵权行为是所有著作权侵权行为人必须承担的最基本的法律责任形式，适用于所有的侵权行为。

（2）没收。没收是行政处罚的一种，即行政机关依法对违反行政法律规范的违法行为人所给予的剥夺其一定财产所有权的行政制裁措施。根据《著作权法》第48条的规定，凡具有该条规定的侵权行为且损害社会公共利益的，著作权行政管理机关可以依法没收违法所得和侵权复制品；情节严重的还可以没收侵权行为人主要用于实施侵权行为的相关财产，包括材料、工具、设备等。

（3）罚款。即强制侵权人在一定的期限内缴纳一定数额金钱的行政处罚措施。行为人有《著作权法》第48条所列侵权行为，同时损害社会公共利益的，著作权行政管理部门在责令行为人停止侵权行为、没收违法所得、没收、销毁侵权复制品的同时，可以并处非法经营额3倍以下的罚款；非法经营额难以计算的，可以处10万元以下的罚款。

3. 著作权侵权行为的刑事责任。根据《刑法》第217、218条的规定，侵犯著作权的行为情节严重，构成犯罪的，还应当依法追究行为人的刑事责任。根据《刑法》第220条的规定，单位实施了上述两条规定的著作权侵权行为的，构成单位犯罪，依法追究单位及单位主管人员和直接责任人员的刑事责任。具体而言，侵犯著作权的犯罪及依法应承担的法律责任为：

（1）侵犯著作权罪。侵犯著作权罪，是指以营利为目的，未经著作权人或与著作权有关的权利人的许可，复制发行其作品，出版他人享有专有出版权的图书，未经录音录像制作者许可复制发行其制作的音像制品，或者制作出售假冒他人署名的美术作品，[1]违法所得数额较大或有其他严重情节的行为。[2]根据《刑法》第217、220条的规定，违法所得数额较大或者有其他严重情节的，处3年以下有期徒刑或者拘役，并处或者单处罚金；违法所得数额巨大或者有其他特别严重情节的，处3年以上7年以下有期徒刑，并处罚金；单位犯本罪的，对单位判处罚金，并依照上述规定对单位直接负责的主管人员和其他直接责任人员进行处罚。

根据最高人民法院和最高人民检察院发布的《关于办理侵犯知识产权刑事案件具体应用法律若干问题的解释》和《关于办理侵犯知识产权刑事案件中具体应用法律若干问题的解释（二）》的规定，以营利为目的，实施《刑法》第217条所列侵犯著作权行为之一，违法所得数额在3万元以上的，属于'违法所得数额较大'；具有下列情形之一的，属于'有其他严重情节'，应当以侵犯著作权罪判处3年以下有期徒刑或者拘役，并处或者单处罚金。①非法经营数额在5万元以上的；②未经著作权人许可，复制发行其文字作品、音乐、电影、电视、录像作品、计算机软件及其他作品，复制品数量合计在500张（份）以上的；③其他严重情节的情形。

（2）销售侵权复制品罪。销售侵权复制品罪，是指以营利为目的，销售明知是侵犯他人著作权的复制品，违法所得数额巨大的行为。根据前述最高人民法院和最高人民检察院的司法解释，以营利为目的，实施《刑法》第217条所列侵犯著作权行为之一，违法所得数额在15万元以上的，

---

〔1〕 应特别指出的是，2001年修订《著作权法》时，将制售假冒他人署名的作品的范围扩大为一般作品，而不再仅限于美术作品。但现行《刑法》修订于1997年，且至今未对之进行修改。因此，按照罪刑法定原则的要求，如果行为人制售假冒他人署名的作品不属于美术作品而是其他作品，则仍然仅仅是一种民法或行政法意义上的侵权行为，不构成侵犯著作权罪。

〔2〕 高铭暄、马克昌主编：《刑法学》，北京大学出版社、高等教育出版社2000年版，第452页。

属于"违法所得数额巨大";具有下列情形之一的,属于"有其他特别严重情节",应当以侵犯著作权罪判处 3 年以上 7 年以下有期徒刑,并处罚金:①非法经营数额在 25 万元以上的;②未经著作权人许可,复制发行其文字作品、音乐、电影、电视、录像作品、计算机软件及其他作品,复制品数量合计在 2500 张(份)以上的;③其他特别严重情节的情形。

### 三、著作权纠纷的解决机制

从概念上说,著作权纠纷可作广、狭义两种理解。狭义上的著作权纠纷,主要是指因著作权侵权行为和违约行为而在著作权人与侵权行为人或违约人之间所引起的纠纷,属于民事纠纷的范畴;而广义上的著作权纠纷,不但包括因侵权、违约等行为所引起的民事纠纷,而且也包括国家著作权行政管理主体在著作权行政管理过程中与行政管理相对人之间所发生的行政纠纷。在这里,所谓的著作权纠纷是广义上的著作权纠纷,既包括著作权民事纠纷,也包括著作权行政纠纷。其中,著作权民事纠纷又包括著作权侵权纠纷和著作权违约纠纷两类。

(一)著作权侵权和合同纠纷及其解决机制

著作权侵权纠纷,是指当事人之间就侵犯著作权的行为是否存在或者承担责任的大小所产生的纠纷。著作权合同纠纷,是指在著作权许可使用合同的履行中,合同双方当事人就一方或双方违反合同约定不履行或不完全履行合同义务,以及承担责任的大小而产生的纠纷。《著作权法》第 55 条规定:"著作权纠纷可以调解,也可以根据当事人达成的书面仲裁协议或者著作权合同中的仲裁条款,向仲裁机构申请仲裁。""当事人没有书面仲裁协议,也没有在著作权合同中订立仲裁条款的,可以直接向人民法院起诉。"由此可见,解决著作权侵权纠纷的途径或方式主要有三种:

1. 调解。这里所谓的调解是指非诉讼调解,即第三人在当事人双方自愿的基础上查明事实、分清是非,通过劝导、说服教育,促使当事人双方互谅互让,自愿达成协议,使纠纷得以解决。至于调解的组织,我国《著作权法》未作明确规定。从理论上说,调解是一种适用范围极为广泛的纠纷解决方式。主持调解的既可以是个人,也可以是社会组织或者有关国家组织。其中,负责著作权行政管理事务的行政机关是当然的调解主持者之一。除此之外,主持调解的也可以是纠纷当事人所信任的任何个人或社会组织,如当地的人民调解委员会等,但不包括人民法院。人民法院在审理著作权案件中进行的调解,属于诉讼调解的范畴。

用非诉讼调解的方式,来解决著作权侵权纠纷,有利于纠纷的及时解决，避免矛盾的激化。但非诉讼调解的方式，不是解决著作权侵权纠纷的必经程序，所达成的协议，也不具有强制执行的效力。调解达不成协议或者达成协议后一方又反悔的，当事人也可以根据合同中的仲裁条款或者仲裁协议向仲裁机构申请仲裁，或者直接向人民法院提起诉讼。

2. 仲裁。当事人一方或者双方不愿意接受调解，可以根据合同中的仲裁条款，或双方事前或事后达成的仲裁协议，向仲裁机构申请仲裁。根据我国《仲裁法》的规定，合同中的仲裁条款或者双方当事人达成的仲裁协议，是申请仲裁的必备条件。如果没有仲裁条款或仲裁协议，或者仲裁协议内容不明确的，不能申请仲裁，但可以直接向人民法院起诉。

3. 提起诉讼。即当事人向人民法院起诉，要求人民法院通过审判活动来解决当事人之间的纠纷。人民法院通过审理，对著作权侵权纠纷所作出的裁决，具有法律上的约束力、强制力。当事人必须自觉履行，否则，人民法院有权采取强制执行措施。

为了更好地保护著作权人及与著作权有关的权利人的合法权益，修订后的《著作权法》还规定了相关的执行措施与诉讼保全措施。

（1）执行措施和财产保全措施。根据《著作权法》第50条第1款的规定，著作权人或者与著作权有关的权利人有证据证明他人正在实施或者即将实施侵犯其权利的行为，如不及时制止将会使其合法权益受到难以弥补的损害的，可以在起诉前向人民法院申请采取责令停止有关行为和财产保全的措施。由人民法院根据《中华人民共和国民事诉讼法》的相关规定予以处理。

（2）证据保全措施。《著作权法》第51条规定：为制止侵权行为，在证据可能灭失或者以后难以取得的情况下，著作权人或者与著作权有关的权利人可以在起诉前向人民法院申请保全证据。人民法院接受申请后，必须在48小时内作出裁定；裁定采取保全措施的，应当立即开始执行。人民法院在作出采取证据措施的裁定之前，可以责令申请人提供担保，申请人不提供担保的，驳回申请。依照规定，申请人在人民法院采取证据保全措施后，应当及时（15日内）向人民法院提起诉讼，否则人民法院应当解除保全措施。

（二）著作权行政纠纷的解决机制

1. 著作权行政纠纷的概念。所谓著作权行政纠纷，是指公民、法人或者其他组织因不服著作权行政管理机关的行政行为，而与著作权行政管理部门之间产生的，以行政法上的权利与义务为内容的法律纠纷。其特征为：著作权行政纠纷的一方当事人为著作权行政管理部门，另一方当事人为著作权行政管理行为的相对人。根据我国《著作权法》规定的精神，能够成为著作权行政管理行为相对人的，包括著作权人以及与著作权有关的权利人，以及接受著作权行政管理部门监督检查的其他人、侵权行为人等。

2. 著作权行政纠纷的种类。从《著作权法》的规定看，因著作权行政处罚所引起的法律纠纷是著作权行政纠纷中最重要，也是最基本的类型。但是，从著作权行政管理的实践看，著作权行政纠纷则不限于因著作权行政处罚行为引起的纠纷。例如，著作权行政管理部门为保护著作权人及与著作权有关的权利人的合法权益，打击各种侵犯著作权的行为的过程中，依法对相关人员或组织、场所的生产、经营情况所实施的监督检查行为等，都可能引发相应的行政纠纷，著作权行政管理部门也可能因为拒不履行保护权利人合法权益的行政不作为行为而与行政相对人发生法律纠纷。

根据《行政复议法》、《行政诉讼法》以及《著作权法》的规定，著作权行政纠纷的解决方式有两种：

（1）申请行政复议。作为解决行政纠纷的一种行政程序，行政复议是行政复议机关应行政相对人的申请而审理并裁决行政纠纷的活动。根据《行政复议法》的有关规定，不服著作权行政管理部门行政行为的当事人，在收到著作权行政管理部门的相关决定后，可以向作出该行为的著作权行政管理机关的上一级行政机关申请复议。复议机关应在收到申请书之日起60日内作出复议决定。情况复杂，不能在规定期限内作出行政复议决定的，经行政复议机关的负责人批准，可以适当延长，并告知申请人和被申请人；但是延长期限最多不超过30日。申请人不服复议决定的，可以在收到复议决定之日起15日内向人民法院提起诉讼。复议机关逾期不作出决定的，申请人可以在复议期满之日起15日内向人民法院提起诉讼。

（2）提起行政诉讼。根据《著作权法》第56条的规定。当事人对行政处罚不服的，可以在收到行政处罚决定书后3个月内，直接向人民法院提起诉讼，3个月期满后，当事人不起诉，又不服从行政管理机关作出的行政处罚决定的，著作权行政管理部门可以申请人民法院强制执行。

# 第五章 其他知识产权制度

## 第一节 商业秘密权

随着世界经济日新月异的飞速发展,知识已经无可争辩地成为推动社会生产力进步的第一要素,知识经济时代已经从理论学家睿智的推测迅速转变为活生生的社会现实。

在当今以知识为中心的经济生活中,在智力成果日益商品化、产业化和国际化的背景下,商业秘密逐渐成为整个社会关注的焦点,怎样正确认识以及如何保护商业秘密成为社会各界必须要面对和解决的课题。

### 一、商业秘密权概述

(一)商业秘密(trade secrets)

早在19世纪,人们已经注意到对商业秘密的保护,将商业秘密看作是一种无形的信息财产;至20世纪60年代,国际商会(ICC)率先将商业秘密视为知识产权;至90年代,《与贸易有关的知识产权协定》(TRIPS)将未披露信息作为其第二部分第七节与专利、商标、版权等相并列的知识产权保护客体。

在1985年我国出台的《技术合同法》中,第一次谈及了对非专利技术的保护问题,并在《技术合同法实施条例》中明确规定,非专利技术包括未申请专利的技术成果、未授予专利权的技术成果、专利法规定不授予专利权的技术成果。这次之后,在我国的相关法律、法规、政策规范及各类著述中,技术秘密、技术成果、保密技术、科技成果等概念经常交叉使用,这些概念与商业秘密均存在一定的联系,但是又互有差别。

商业秘密在我国法律中正式出现于1991年修改颁布的《民事诉讼法》。该法第66条将商业秘密、国家秘密和个人隐私三者并列,规定基于其具有的"秘密性"而不得在法庭公开开庭时出示;第120条规定,涉及商业秘密的案件,当事人申请不公开审理的,可以不公开审理。但是,该法并没有明确界定商业秘密的概念和范围。

1992年7月14日《最高人民法院在关于适用〈中华人民共和国民事诉讼法〉若干问题的意见》中首次对商业秘密作了解释,其第154条规定:商业秘密是指技术秘密、商业情报及信息等当事人不愿公开的工商业秘密。然而,这个列举式的概念,由于外延具有不确定性,还无法达到全面而严谨界定商业秘密的作用。

1993年12月1日,我国《反不正当竞争法》正式施行,该法是我国至今最为明确地对商业秘密保护的规定。该法第10条第3款对商业秘密的定义是:"商业秘密是指不为公众所知悉,能为权利人带来经济利益、具有实用性并经权利人采取保密措施的技术信息和经营信息。"采取保密措施的经营信息即经营秘密,是指未公开的与生产经营销售活动有关的经营方法、管理方法、产销战略、货源情报、客户名单等专有知识。采取保密措施的技术信息即技术秘密,是指未公开的与产品生产和制造有关的技术诀窍、生产方案、工艺流程、化学配方等专有知识。

在我国司法实践中,最高人民法院于1995年4月2日发布的《关于审理科技纠纷案件的若干问题的规定》(已废止)第51条对非专利技术成果的构成要件作了规定,具体而言是:①包含技术知识、经验和信息的技术方案或技术诀窍;②处于秘密状态,即不能从公共渠道直接获得;③有实用价值,即能使所有人获得经济利益或竞争优势;④拥有者采取了适当保密措施,并且未曾在没有约定保密义务的前提下将其提供给他人。我们可以看到,这一对非专利技术成果构成要件的规定,基本上是参照了《反不正当竞争法》第10条对商业秘密的规定。

世界贸易组织《与贸易有关的知识产权协议》(TRIPS)第39条第2款对商业秘密的规定是:"其在某种意义上属于秘密,即其整体或者要素的确切体现或组合,未被通常涉及该信息有关范围的人普遍所知或者容易获得;由于是秘密而具有商业价值;并且,是在特定情势下合法控制该信息之人的合理保密措施的对象。"

1998年12月3日修订的国家工商管理局制定的《关于禁止侵犯商业秘密行为的若干规定》第2条对于商业秘密进行了更为具体的规定:"本规定所称商业秘密,是指不为公众所知悉、能为权利人带来经济利益、具有实用性并经权利人采取保密措施的技术信息和经营信息;本规定所称不为公众所知悉,是指该信息是不能从公开渠道直接获取的;本规定所称能为权利人带来经济利益、具有实用性,是指该信息具有确定的可应用性,能为权利人带来现实的或者潜在的经济利益或者竞争优势;本规定所称权利人采取保密措施,包括订立保密协议,建立保密制度及采取其他合理的保密措施。本规定所称技术信息和经营信息,包括设计、程序、产品配方、制作工艺、制作方法、管理诀窍、客户名单、货源情报、产销策略、招投标中的标底及标书内容等信息;本规定所称权利人,是指依法对商业秘密享有所有权或者使用权的公民、法人或者其他组织。"

从上面定义中可以看出,构成商业秘密必须具备以下条件:

1. 必须具有新颖性。这是商业秘密区别于一般知识经验、技巧的重要特征。

2. 必须具有价值性和实用性。即它能给拥有者带来经济利益或竞争优势。

3. 秘密性。这种秘密性要求商业秘密拥有者首先应有保守商业秘密的愿望,同时采取相应的措施进行保密,而实际上该商业秘密也未被公众所知悉。

(二) 商业秘密权

商业秘密权是商业秘密所有人对于商业秘密所具有的一种无形财产权,它主要包括以下权利:

1. 占有权。它是指商业秘密所有人有权对商业秘密进行控制和管理,即采用合理的保密措施,防止他人用不正当的手段获取、披露、使用和许可使用。

2. 使用权。它是指商业秘密所有人有权依法使用自己的商业秘密,其他任何人不得干涉。

3. 收益权。它是指商业秘密所有人可以通过自己使用或者许可他人使用而取得经济利益;也可以转让商业秘密所有权获得经济利益;还可以将商业秘密作为投资入股,取得经济利益。

4. 处分权。它是指商业秘密所有人有权处分自己的商业秘密,有权作赠与、转让、抛弃等行为。

当然,商业秘密权的上述权能是以商业秘密的存在为前提的。一般认为,商业秘密被公开后,商业秘密权便不存在,其各项权能便无从谈起。

商业秘密权的行使除了受法律规定的限制之外,还受到民法基本原则中公序良俗原则的制约,包括:①竞业禁止中员工的就业权与生存权;②商业秘密本身的内容或实施手段违反公共利益或法律;③商业秘密本身或实施手段妨碍或可能妨碍公众健康、环境保护;④保密手段过分限制人身自由;⑤垄断技术,妨碍科技进步等。

商业秘密权与传统的知识产权相比具有如下特征:[1]

1. 权利主体的多元性与单一性。商业秘密可以同时被若干个主体实际占有,其权利主体不是单一的,而是多元的,只要合法拥有商业秘密,都可以成为其合法主体;然而在通常情况下,专利权、商标权、著作权的主体都是一元的,尤其作为工业产权的专利权和商标权,其权利具有严格的排他性。

2. 权利客体的秘密性与公开性。商业秘密的秘密性,是指其内容没有向社会公开过,这是它不同于其他知识产权客体,特别是与专利区别的最为明显的特征。商业秘密是以其秘密性来维持价值的,并由此获得法律的承认和保护,商业秘密一旦被他人非法获得、披露和使用,权利人只能证明自己采取了合理的保密措施,才能获得司法上的救济。

3. 权利确立的自然合法性和国家授予性。商业秘密权的取得采取"无手续主义",主要通过合法手段取得,从取得之日起其权利就自动产生,受到法律保护,不需要经审查批准。在这一点上它与大多数国家著作权取得的原则是一致的,但是它与其他知识产权尤其是专利权、商标权的取得却是截然不同的,专利权和商标权的获得必须向国家有关部门提出申请,并由国家专门部门审查批准授权,否则就不能确认权利的专有性,从而也得不到法律的保护。

4. 权利期限的不确定性和法定性。著作权、专利权、商标权具有法定期限,然而商业秘密权的保护期限不是法定的,保护期的长短取决于权利人的保密措施是否得力以及他人对于商业秘密是否公开。商业秘密权期限的不确定性,使商业秘密权始终处于一种不稳定状态,而现实中许多商业秘密就是一层"窗户纸",一经"捅破"就导致价值尽失,所以,人们形象地称之为"挥发性财产",有效的保密措施是延长权利期限的重要因素之一。

(三) 保护商业秘密权的法律

在我国调整商业秘密的法律主要包括以下几种:

(1)《合同法》。我国《合同法》规定,公民、法人在商业秘密开发、技术转让、技术服务、技术引进中,都可在合同中约定保密条款,一方违反保密义务,另一方可要求支付违约金或赔偿损失。

---

[1] 刘华:"论商业秘密权与传统知识产权的关系",载《华中师范大学学报(人文社会科学版)》2001年第5期。

(2)《反不正当竞争法》。该法对商业秘密的定义、侵权形式作了详细规定，它是目前保护商业秘密的理想途径。

(3)《民法通则》。商业秘密作为一项财产权，其商业活动主体的地位是平等的，理应受民法的调整。

(4)《劳动法》、《公司法》。劳动者在雇佣关系存续期间，对雇主的商业秘密有保密的义务。

(5)《刑法》。我国新《刑法》中对侵害商业秘密作了专门规定。

侵害商业秘密指行为人未经权利人（包括商业秘密所有人及使用人）的许可，以非法手段获取商业秘密并加以公开或使用的行为。我国《反不正当竞争法》规定了四种侵权具体形式：①以盗窃、利诱、胁迫或其他不正当手段获取权利人的商业秘密；②披露、使用或允许他人使用以不正当手段获取的商业秘密；③违反约定或违反权利人有关保守商业秘密的要求，披露、使用或允许他人使用其所掌握的商业秘密；④第三人在明知或应知前述违法行为的情况下，仍然从侵权人那里获取、使用或披露他人的商业秘密。

### (四) 商业秘密侵权及法律救济

具体判断行为人是否侵害权利人商业秘密的依据是侵害商业秘密行为的构成要件，一般认为，它应该包括以下三个方面：

1. 权利人有商业秘密存在。权利的存在是侵权的前提。但是由于商业秘密自身的秘密性特征，决定了其存在状态不像其他民事权利那样具有较强的公示性，因此，商业秘密权利存在与否及权利范围具有很大的不确定性。

2. 行为人针对权利人的商业秘密实施了法律所禁止的不正当行为。所谓不正当行为就是指我国《反不正当竞争法》的有关禁止性规定。

3. 行为人主观有过错。一般在民法领域中，行为人的主观状态区分为故意与过失没有太大意义，但是在侵害商业秘密时区分故意与过失则十分重要。侵害商业秘密行为的主观过错应以重大过失为底线，一般过失不应当承担侵权责任。这是因为：商业秘密公示程度低，权利具有不确定性，侵权人过失侵害的机会较大，所以只有行为人的过失达到相当严重的程度时才应追究其侵权责任。

除上述构成要件之外，商业秘密侵权诉讼中还有一些对抗权利人的事由：①当事人自己研究开发获得该项技术秘密；②当事人由反向工程获得技术秘密；③当事人善意取得技术秘密；④商业秘密涉及公共利益等。反向工程是指对合法获得的某种产品进行拆散、还原、分析等,从而掌握有关该产品的构造、成分以及制造方法或工艺的行为。通过反向工程获取有关技术秘密不会侵犯他人商业秘密,但是合法的反向工程的前提是获得该产品的行为是合法的,同时行为人也不负有不得分析揭示某一产品的义务,否则,反向工程也可以构成侵害商业秘密权的行为。

侵犯商业秘密权一般要承担以下法律责任:

1. 民事责任。《反不正当竞争法》对于侵犯商业秘密的行为,通常采用民事手段制裁,侵权人承担民事责任的形式主要有:停止侵害、返还财产、赔偿损失。

2. 行政责任。《反不正当竞争法》第25条规定:对于侵犯商业秘密的,监督检查部门应当责令其停止违法行为。监督检查部门可以根据情节处以1万元以上,20万元以下的罚款。

3. 刑事责任。根据《刑法》第219条规定,有《反不正当竞争法》规定的侵犯商业秘密行为之一,给商业秘密的权利人造成重大损失的,处3年以下有期徒刑或者拘役,并处或单处罚金;造成特别严重后果的,处3年以上7年以下有期徒刑,并处罚金。

从以下两个案例可以了解商业秘密侵权的一些基本要求。

通业公司主要从事纺织品外贸业务,拥有一批固定日本客户,因其自身并无进出口经营权,所以通过有进出口权的外贸企业代理的方式进行交易。

2000年3月,被告何伟东进入通业公司工作,2000年10月起担任贸易二部部长,主要负责与龙定、纳卡斯卡、柿野成喜、太子织物等日本客户进行纺织品进出口贸易。工作期间,何伟东掌握了通业公司大量的客户名单、行销计划、定价策略、进货渠道等经营信息。为了防止泄密,通业公司于2001年1月12日与何伟东签订了劳动合同,其中有何伟东应保守商业秘密的约定。2001年1月30日通业又与何伟东签订了保密合同,具体约定了何伟东任职期间应保守商业秘密且离职后1年内不得与其任职期内所接触的客户发生贸易关系等有关内容。此外,通业公司还制定了要求员工保守商业秘密的规章制度,并多次在全体员工会议上强调了保守商业秘密的要求。2001年7月19日,何伟东因故离开了通业公司。

被告张影与何伟东系夫妻关系。2000年7月张影从吉林来到南通,没有固定工作。2001年2月至11月,张影通过不同的公司以国际公司名义与龙定、纳卡斯卡、太子织物、柿野成喜、石光商事等7家日本客户共发生了49笔纺织品外贸业务，经营品种均与其丈夫何伟东在原告公司所经办的业务相同，总金额为521 179.14美元。其中，张影与柿野成喜、石光商事、太子织物、纳卡斯卡、龙定5家日本客户共发生33笔纺织品外贸业务，业务总额为358 651.94美元。

通业公司认为何伟东违反保密合同的约定，通过其妻张影及其他公司使用原告的客户名单，侵犯其商业秘密，遂诉至法院请求判令何伟东、张影于判决生效后1年内停止与原告的客户发生贸易往来，赔偿原告经济损失47.7万元人民币。

江苏省南通市中级人民法院审理后认为：

1. 原告通业公司所主张的客户名单是原告在外贸经营活动中付出时间、资金和劳动逐步积累起来的经营信息，具有特定性，其他不特定的任何人不付出时间、资金和劳动是不可能获知的。而且原告为了保护自己的商业秘密，先后采取了各种方法，这些保密措施是适当的和合理的。

2. 从通业公司保密合同第5条的约定来看，仅要求何伟东在离职后1年内不得使用原告的商业秘密从事纺织品外贸业务，这一约定没有加重被告何伟东应负担的法定义务，并非竞业限制条款，所以通业保密合同第5条的约定合法有效，被告何伟东应当依照约定履行自己的义务。

3. 被告何伟东在原告公司任职期间掌握了原告的上述商业秘密，而作为何伟东之妻的被告张影出面经营的绝大部分业务品种及其中5个日本客户又与原告的客户名单具有一致性或相同性。对此，被告张影在庭审中未能提供她所使用的信息是合法获得或者使用的证据。基于何、张二人之间特殊的身份关系以及张影并没有从事过纺织品外贸的经历，推定被告何伟东实施了违反保密合同的约定，将原告的商业秘密披露给张影并允许其使用的侵权行为，而被告张影则实施了使用并允许他人使用原告商业秘密的侵权行为。

4. 被告何伟东、张影的侵权行为侵占了原告的市场份额，给原告造成了较大的经济损失，依法应立即停止侵权并赔偿损失。根据有关法律规定，被告何伟东、张影停止侵权的义务本不应有具体时间的限制，但原告按照通业保密合同的有关约定，考虑到被告何伟东在职期间及离职之后与被告张影共同侵权的连续性，故要求1年的期间自本判决生效之日起计算，该要求符合通业保密合同约定的本意，予以准许。但在1年之后，非因其他原因，原告的客户名单仍将保持其商业秘密属性，何伟东与张影仍然负有不向公众扩散该商业秘密的义务。关于赔偿数额，根据《反不正当竞争法》第 20 条的规定,以原告每美元可获平均毛利润为参考依据,再综合考虑外贸经营上的风险以及除产品工料费外的其他费用支出等因素,适当予以扣减,将原告每美元可获纯利润酌定为人民币 0.8 元,再乘以被告侵权经营的总额即可得出原告的经济损失。

据此,江苏省南通市中级人民法院作出如下判决:①被告何伟东、张影自本判决生效之日起 1 年内在原告商业秘密存续的前提下停止披露、使用或者允许他人使用原告的客户名单;②被告何伟东、张影自本判决生效之日起 15 日内一次性赔偿原告通业公司经济损失人民币 28.7 万元整。

通业公司与何伟东、张影均不服,向江苏省高级人民法院提出上诉。江苏省高级人民法院审理后认为:①通业公司虽向大一商事、佐藤棉业两家日本客户多次寄送过货样,但对于其他竞争者来说,这些客户尚不具有特定性,不能使其产生一定的竞争优势。三棉虽已到通业公司进行考察,但因双方并未最终达成实际交易,不能认定通业公司已获得该客户一些更为特殊、更有价值的信息。石光商事根据通业公司寄送的货样,已向其发出订单。通过订单,通业公司掌握了该客户一些复杂信息,这些信息对于其他竞争者来说是未知的,且无疑给通业公司带来了竞争优势。故应当认定石光商事属于通业公司商业秘密的客户名单,而大一商事、佐藤棉业、三棉不属于通业公司商业秘密的客户名单。②通业公司诉讼请求何伟东、张影于判决生效之日起 1 年内停止与其客户发生贸易往来,意味着商业秘密的权利人仅针对侵权人停止使用其商业秘密限定了 1 年的期限,但并未对侵权人停止披露或允许他人使用其商业秘密附加期限。也即 1 年后,何伟东、张影虽然可以使用通业公司的客户名单,但只要该客户名单不丧失商业秘密属性,仍然负有不得披露和允许他人使用该商业秘密的义务。这是权利人对自己权利的处分,因不违反法律的规定,应当予以认可。③依据二审审计结论,通业公司的毛利率虽为 13.89%,但考虑到通常经营中存在一定的风险,及除产品工料费外的其他费用支出等因素,故原判酌定每美元可获利润为人民币 0.8 元,并以此确定的赔偿额并无不当。综上所述,何伟东、张影及通业公司的上诉理由均不能成立,原判认定事实清楚,但对何伟东、张影停止侵权的判决表述不当,应予变更。

江苏省高级人民法院作出如下判决:①变更江苏省南通市中级人民法院民事判决第一项为:何伟东、张影于本判决生效之日起 1 年内停止与属于通业公司商业秘密的涉案客户发生贸易往来;②维持江苏省南通市中级人民法院判决第二、三项及案件受理费部分。

安徽小小科技公司于1998年开始生产链条套筒,并于同年9月5日将"卷制链条套筒系列模具及勒圆模的上钉座,磷化程序加温箱等加工工艺"向绩溪县保密局申报商业秘密备案,其中用于冲压设备的连续模具于1999年5月31日向国家专利局申请实用新型专利。张可飞、冯成洲原系小小科技公司聘用人员。1999年2月,冯成洲到链条厂工作,1999年11月15日,张可飞又与链条厂签订了劳动合同书。1998年7月26日,链条厂从安徽飞彩黄山链条传动有限公司购置28A卷管模具一副,后于1999年2月份开始生产链条套筒。小小科技公司发现后,即找张可飞了解情况,同年2月27日,张可飞在写给小小科技公司的"请公司领导给予谅解说明"中称:"我利用对工艺技术方面工作之便,提供给链条厂一些技术资料,目前已收回我提供的全部原件,但我无法保证链条厂是否保留了复印件。"为此,小小科技公司于同年3月1日致函,要求链条厂在收到函件后即行拆卸并销毁与小小公司在结构原理上完全一致的模具,否则将通过法律来保护自己的工业产权。同年12月10日,小小科技公司以链条厂、张可飞、冯成洲侵犯其链条套筒模具及工艺技术和客户名单等商业秘密为由,向安徽省高级人民法院提起诉讼,请示判令三被告立即停止侵害其商业秘密的行为,链条厂返还以不正当手段获取的链条套筒模具的图纸资料,销毁侵权模具;赔偿经济损失500万元,由三被告承担连带赔偿责任;三被告公开赔礼道歉,承担本案全部诉讼费用。

安徽省高级人民法院法院审理期间,就小小科技公司所主张的链条套筒模具技术是否在国内公开使用过或者为公众所知悉及该模具图纸与链条厂使用的模具图纸是否相同等专业技术问题,委托吉林工业大学链传动研究所进行技术鉴定。该所鉴定认为:①原告的套筒卷制模具及工艺与冲压行业已有技术及链条行业现有技术,主要结构与关键工序相同或相仿,个别具体结构或工序上的差别也没有技术或性能上的显著进步,因而不能认定为专有技术;②原、被告提供的图纸所能生产的套筒规格不同,使用的套筒卷制模具,其成形原理与工位数相同,部分工位的成形方法和结构形式不同,由此可以认为原、被告的套筒卷制模具图纸并不完全相同,因而不能认定被告模具是按原告图纸制造的。

法院认为,商业秘密应属不为公众所知悉,能为权利人带来经济利益,具有实用性并经权利人采取保密措施的技术信息和经营信息。小小科技公司生产链条套筒的技术经鉴定部门鉴定属行业已有技术,而非专有技术,且小小科技公司与链条厂套筒卷制模具图纸并不完全相同,链条厂模具不是按小小科技公司图纸制造的,因此,不能认定链条厂侵犯了小小科技公司的技术秘密。小小科技公司主张链条厂和冯成洲侵犯了其经营信息,缺乏证据证明,该院不予采信。据此,判决:驳回小小科技公司的诉讼请求。一审案件各项费用由小小科技公司负担。

　　小小科技公司不服,向最高人民法院提起上诉。最高人民法院查明,原审判决认定的事实基本属实,争议的焦点是小小科技公司的商业秘密是否存在,而认定的关键在于原审法院委托有关机构所作鉴定能否采信。原审法院就本案所涉及的小小科技公司生产链条套筒的技术是否在国内公开使用过或者为公众所知悉以及该公司与链条厂所使用的图纸是否相同等两个专业技术问题,委托吉林工业大学链传动研究所组织有关专业技术人员进行技术鉴定,是经过双方当事人协商同意的。鉴定单位作出《鉴定意见》后,原审法院公开开庭对该《鉴定意见》予以质证,鉴定单位指派鉴定小组成员金昌副研究员到庭接受了询问,并于庭后又针对小小科技公司对鉴定意见所提出的异议进行了书面的答复,原审法院再次开庭进行质证。因此,无论原审法院,还是鉴定单位和参加鉴定的专业技术人员,对于本案的鉴定都是持慎重、认真和负责的态度。综合鉴定单位出具的各项文件以及鉴定小组成员金昌副研究员在一审庭审中就有关鉴定问题所作的陈述来看,制作《鉴定意见》程序合法,鉴定内容基本正确,应当予以采信。该《鉴定意见》有其不足之处,如《鉴定意见》中出现了"不能认定为专有技术"字样。首先,该结论超出了原审法院委托的范围,而且含义不明;其次,如果这里使用的"专有技术"是指技术秘密,也应由人民法院查清事实后运用司法程序予以认定,而不应由专业技术人员认定。但这一不足之处,并不影响鉴定意见在总体上的正确性。

　　鉴于小小科技公司所主张的一次成形的四工位模具等五项技术内容,已经成为公知公用技术,链条厂的套筒卷制模具由该厂自行开发研制而成,因此,小小科技公司指控链条厂、张可飞侵犯其套筒卷制模具技术秘密的上诉请求,缺乏事实依据,最高人民法院不予支持。

　　最高人民法院最终判定:①原审判决认定事实清楚,适用法律正确,应依法予以维持;②小小科技公司的上诉理由不能成立,应依法予以驳回。

**二、企业商业秘密的保护**

　　商业秘密是市场经济发展的产物,是知识产权的重要组成部分,也是企业重要的无形资产,它对企业在市场竞争中的生存和发展有着重要影响。随着我国社会主义市场经济的发展,商业秘密已经成为企业技术创新的重要内容,是企业形成和保持竞争优势的重要手段。在市场经济条件下,进一步加强企业商业秘密保护工作,对于保护企业知识产权,提高企业管理水平,增强企业的竞争能力,促进企业进一步发展,都具有十分重要的意义。

然而,当商业秘密在现代企业发展中扮演着越来越重要角色的同时,对于商业秘密权的侵犯也在恶性膨胀。虽然近年来部分国内企业已经认识到保护商业秘密的重要性,建立了相应的商业秘密保护制度,在一定程度上取得了较好的效果,然而从总体上看,我国多数企业保护商业秘密的意识仍然比较淡薄,保护措施仍然比较落后,致使侵害企业商业秘密权的案件不断增加,企业商业秘密被泄密和窃密的现象屡屡发生,部分企业的生产经营受到了严重影响。

目前我国企业商业秘密遭到侵犯,主要发生在"人才流动"过程中。随着我国社会主义市场经济体制的逐步建立和完善,科技、经济体制改革的不断深入和发展,我国的企业人员流动工作有了新的发展,这对于促进科技成果转化,科研结构调整、人才分流,实现在社会主义市场经济体制下人才和技术资源的优化配置,深化科技体制改革,都发挥了积极的作用。然而,随着社会经济生活的日益活跃,经济、技术竞争日益加剧,在人才流动过程中也出现了一些值得重视的问题,其中之一就是侵犯商业秘密权。据有关部门统计,企业商业秘密的流失 70% 是从本企业员工渠道泄露的,这是侵犯商业秘密的最主要的手段。

例如:"华为技术有限公司前员工王志骏、刘宁、秦学军涉嫌侵犯商业秘密案"就是一起典型由于"人才流动"而侵犯商业秘密案件。该案中的王志骏、刘宁和秦学军均为 30 岁出头的工学硕士研究生,曾在深圳华为技术有限公司工作 3 年有余,系华为传输部技术人员,与华为公司签署了保密协议。然而,2001 年 7 月至 9 月,王志骏等 3 人先后辞职,带走了华为公司的大量商业秘密,并且在上海成立了上海沪科公司,使用华为公司的光传输技术开发出与华为公司相同的产品,将产品销售到黑龙江佳木斯等地,这给华为公司造成了重大的经济损失。

此外,常见的侵犯商业秘密的现象还包括:①利用技术手段窃取商业秘密;②利用参观、洽谈机会骗取商业秘密;③保护意识淡薄,无偿赠送商业秘密;④还有些国家机关工作人员擅自将其在业务工作中了解到的他人商业秘密予以泄露等。

企业应该主动采取多种方式保护其商业秘密,防止商业秘密的泄露。具体而言,企业主要可以采取经济手段、行政手段和法律手段保护商业秘密:

1. 以经济手段保护商业秘密,主要包括下列三个层次:

(1) 使用特殊的工资分配方式保护商业秘密。对接触、使用以及其他易于了解商业秘密的职工,可以给予较为优厚的工资和奖金待遇,但是应明确这些职工所负担的保密义务。

(2) 使用长期化劳动契约保护商业秘密。通过设计长期化的劳动契约,使得人员工作的收益只有在较长时间之后才能得以完全兑现,这样就会抑制员工的离职,进而保护企业的商业秘密。

(3) 使用产权安排保护商业秘密。给予商业秘密的发明人,以及接触、掌握商业秘密的员工拥有本企业股权的权利,让这些维护企业商业秘密的关键人物成为企业的股东,使他们与企业形成休戚相关的命运共同体,这样既可以防止这些关键人才的流失,又可以防止商业秘密的外泄。

2. 以行政手段保护商业秘密,主要包括下列三个层次:

(1) 建立健全商业秘密管理制度。企业应该注重事前控制,防患于未然。公司中应该明文规定属于公司商业秘密的范围,并且开列清单,定期评价商业秘密清单。例如,公司专有信息清单可以包括:战略计划、产品计划、客户名册、配方、成本及定价、业绩评估、雇用统计、利润分配、商业赢利等。

企业要尽量缩小涉密范围,把接近商业秘密的人和区域限制在最小的范围之内,并把财会制度中人员之间的相互牵制制度引入到商业秘密的保密工作中。企业对有商业秘密的文件加印标记,合同执行完毕交还全部商业秘密文件的复印件。企业还可以在相关文件上打"专用"字样,或用不同颜色的文件夹区分密级以及收藏时间等。

一般而言,无论是磁盘类或文书类载体都要有商业秘密的警告标志,否则发生事故时无法证明雇员或外部人员是否明知故犯。此外,企业对于一些重大秘密应尽可能将其关键部分进行分解,使每一涉密者只见一斑,难窥全豹。

(2) 注重设施管理。企业为了保护商业秘密,在注重设施管理方面的措施主要包括:①对商业秘密的设施严格管理,限制人们进入大楼,设有密码门、密码通行证、定期更换密码;②专人或专柜管理属于商业秘密的文件,密级分类、归档、保存、销毁制度要极为严格;③电子文件及数据库有加密软件,以及异地替代磁带磁盘;④控制参观者进入企业的敏感地区和部位,并且对来访者分类,规定时间和地域限制等。

(3) 强调人事制度管理。企业应该强调雇员的个人责任心、忠诚与自豪感,注重宣传企业成功中的个人利益分配问题。企业在管理中注重亲善形象的建立,"宾至如归"不仅适用于员工之于顾客,也同样适用于企业之于员工。企业应通过对员工的感情投资,组织各种集体活动,关注他们的身心健康及家庭状况,并及时给予帮助,增强企业的凝聚力。当企业在员工心中温暖如家时,它的有形财产、无形财产便有了保障。企业要加强对员工的道德及法制教育,坚持职业技能、职业道德一起抓,只有德才兼备的员工才是企业的中坚力量。

此外,企业还可以任命一名管理部门干部担任"商业秘密保护措施"监督员,具体执行商业秘密的监督工作。企业各级领导和管理人员更要切实加强保密意识,切不可在谈话中,在媒介的宣传中,在介绍经验或撰写论文中,泄露企业的商业秘密。

3. 以法律手段保护商业秘密。目前我国对商业秘密的法律保护主要有两种形式:一是通过有关侵权行为的法律对商业秘密加以保护,主要是《民法通则》、《反不正当竞争法》和《刑法》;二是通过合同法对商业秘密加以保护,主要是《合同法》、《劳动法》和《劳动合同法》。

侵权行为法对商业秘密的保护是指,他人不法侵犯商业秘密时,权利人可以就其侵犯自己民事权利的事实,依照《民法通则》第117、118条的有关民事侵权的规定,向法院提起诉讼,请求停止侵害和赔偿损失。权利人还可以根据《反不正当竞争法》第10条的有关经营者不法侵权的规定,向工商行政管理部门请求处理,也可向人民法院提起诉讼。如果侵权人侵犯商业秘密,给权利人造成重大损失,构成侵犯商业秘密罪的,权利人还可依据《刑法》第219条向人民法院起诉,追究侵权人的刑事责任。

合同法对商业秘密的保护是指,商业秘密的权利人以订立合同的方式,明确各方对商业秘密保护的权利和义务。若对方违反了保密义务,则权利人可依合同对其追究违约责任,包括要求违约方支付违约金、赔偿金、继续履行合同中规定的保密义务等。《合同法》主要针对商业秘密在流转过程的保护,无论是权利人或与权利人为交易对象的相对人,都必须严格履行合同约定的保密义务,否则就要承担违约责任。而《劳动法》主要针对劳动者与用人单位有关商业秘密的保护问题。劳动合同的当事人可以在合同中约定保守用人单位商业秘密的有关事项,如果劳动者违反这些保密事项，给用人单位造成损失的，用人单位可以依据劳动合同的内容要求违约人承担相应的法律责任。

具体而言，企业应该在与职工特别是与可能接触到商业秘密的职工签订劳动用工合同时，附加具体的保密条款，使其履行保密的义务。企业要求雇员在受雇期间将有价值信息的所有权转给公司，对不同岗位的雇员根据接触秘密的程度签订不同的保密协议，并将其作为受雇协议的副本，当雇员离开公司时，重申其应承担的保密义务和责任。企业应该注重与商业秘密的被许可人及供应商签订书面协定，要求其对雇员签订明确的保密协议。

## 第二节 企业名称权

### 一、企业名称权概述

企业名称权是法人（包括机关法人、企业法人、事业单位法人等）、个体工商户、个人合伙等民事主体，依法决定、使用、变更自己的名称，以及排除他人非法侵害自己名称的权利。

我国规范企业名称权的基本法律是1987年1月1日起实施的《民法通则》，该法"人身权"一章第99条第2款规定："法人、个体工商户、个人合伙有权使用、依法转让自己的名称。"其次，我国《企业法人登记管理条例》第10条第1款规定："企业法人只准使用一个名称。企业法人申请登记注册的名称由登记主管机关核定，经核准登记注册后在规定的范围内享有专用权。"《企业名称登记管理规定》第3条规定："企业名称经核准注册后，在规定的范围内享有专用权。"此外，我国1993年施行的《反不正当竞争法》第5条第3款又将企业名称权纳入了反不正当竞争法的保护范围，该条规定："擅自使用他人的企业名称或者姓名，引人误认为是他人商品（包括服务）的行为，是一种不正当竞争行为。"

世界各国对企业名称权的保护存在一定的差异，这主要是由于不同国家经济、政治、文化、伦理以及法律传统等方面存在一定的区别。对不同国家关于企业名称权的规定加以分析，我们会发现主要存在以下四种立法模式：

1. 在民商法中规定。企业名称是企业生产经营活动过程中为彰显本企业而使用的代号,它是企业人格的载体,是企业合法存在的基本要件。为此,一些国家从民事主体的角度,在民、商法典中对企业名称作出了规定。如《日本商法典》第一编专设"商号"一章;瑞士《债权债务法》第四编即为"商业登记,商业名称、商业账簿"。我国的《民法通则》、《公司法》对企业名称进行了专项规定。

2. 以特别法的形式进行规定。如英国制定的 1985 年《商业名称法》(the Business Names Act, 1985),瑞典、荷兰亦制定了专门的商业名称法,哥伦比亚、秘鲁制定了商号保护法。我国制定的《企业名称登记管理规定》虽然不是专门保护企业名称权的,但也包含了保护的内容。这种立法体例,能将企业名称这一特定问题从传统的民商法典中单列出来,给予全面而细致的特别保护。

3. 在知识产权法中予以规定。企业名称作为无形财产,属于知识产权范畴。《保护工业产权巴黎公约》第 2 条将厂商名称与专利、商标等并列为工业产权的保护范围。从各国国内立法来看,西班牙、葡萄牙、巴西的工业产权法,英国、美国、德国的商标法,都分别对企业名称的保护进行了规定。例如,美国《1946 年兰哈姆商标法》对商标和商号作出了定义并统一将其纳入到该法的保护之中,并且同时规定,商标在联邦一级政府注册,而商号在州一级政府注册。

4. 在竞争法中进行规定。企业名称作为企业的商誉载体,代表着企业的形象,是市场竞争中的一个重要砝码。为了防止商业名称的滥用以及他人淡化商誉的行为,禁止不正当竞争,各国相应在竞争法的立法中进行了规范。台湾地区的"公平交易法"、匈牙利的《禁止不正当竞争法》、日本的《不正当竞争防止法》、德国的《反不正当竞争法》等,对此都作出了规定。我国《反不正当竞争法》、《产品质量法》也有原则性的规定。

在上述众多立法形式中,大多数国家并不固守单一的立法样式,一般均是运用综合性的立法模式,多角度、多层次地进行系统调节,以便相互配合和互为补充,发挥立法的整体效应。例如,德国通过《民法典》、《商法典》、《商标法》、《反不正当竞争法》等法律,形成了对企业名称权的系统保护的法律网络。[1]

企业名称权是一个享有众多权能的权利体系,兼具姓名权、人格权、

---

〔1〕 王斐民、李玉鹏:"企业名称权的性质及其法律保护",载《管理理论》2003 年第 2 期。

财产权以及知识产权的性质。对企业名称权进行综合分析，我们认为它主要具有以下特征：

1. 法定性。企业名称权作为一种特殊的民事权利，非经依法登记不能取得使用权。《企业法人登记管理条例》将企业名称作为企业法人必备的要素之一，只有经过核准登记，企业才能成立。《企业名称登记管理规定》将必须进行企业名称注册登记的企业类型扩展到不具备法人资格、但依法需要办理登记注册的其他企业，例如合伙企业、企业的分支机构等。《德国商法典》亦在第 29 条规定，每一位商人都负有义务将他的商号向其商业所在地商事登记法院申报登记，只有申报登记才具有法律效力。因此，一切企业都必须按照法律的规定依法取得企业的名称。

然而，从国际社会立法的发展来看，各国对名称专用权的保护范围呈现出宽松的趋势，即立法既确认和保护已注册的企业名称，同时亦保护未注册的企业名称。《巴黎公约》第 8 条规定；"厂商名称应在本联盟一切国家受到保护，没有申请或注册的义务，也不论是否为商标的一部分。"《班吉协定》附件 5 规定，商号权可以从两条途径取得：一是首先使用某个商号；二是首先就某个商号获得注册。《发展中国家商标、商号和不正当竞争行为示范法》第 48 条规定："尽管任何法律或规章规定了任何登记商号的义务，这种商号即使在登记前或者未登记，仍然受到保护，可以对抗第三者的非法行为。"

2. 可转让性。民事权利分为财产权和人身权。财产权是指具有物质财产内容，直接与经济利益相联系的民事权利。人身权与财产权相对称，是指与民事主体的人身不可分离而又不具有直接财产内容的权益。在通常情况下，人身权不得以任何形式加以转移，即不能出售、赠与或继承，如公民的姓名权、名誉权、企业法人的荣誉权等。这是因为：这些权利与特定的公民、企业法人密不可分，法律不允许这些人身权被出售、赠与或继承。但是，企业名称权具有特殊性，即企业的名称权虽然属于人身权内容，却可以依法转让，这种情况是人身权的一个例外。依据《民法通则》的相关规定，企业法人有权转让其名称，这种转让可以是全部转让，亦可是部分转让，而部分转让是指企业将名称的使用权部分转让而保留所有权，使用人在双方约定的范围内使用该名称。《企业名称登记管理规定》第 23 条规定，企业名称可以随企业或企业的一部分一并转让，企业名称只能转让给一户企业，企业名称转让后，转让方不得继续使用已转让的企业名称，企业名称的转让方与受让方应当签订书面协议，并由原登记主管机关核准。

企业名称权之所以可以转让，从本质上说，是因为企业名称权具有财产权的性质。企业存在的目的是为了"营利"，而要达到营利目的，企业必须以经营活动为基础，面向市场积极地生产或销售商品、提供服务。消费者对经营者的信任与认可程度，一般由经营者名称的社会影响和经营者提供商品或服务的质量所决定。消费者对经营者的认知和认可程度越高，经营者的社会影响就越大，企业名称所蕴涵的经济价值就越高。正是由于企业名称蕴涵一定的经济价值，因此法律上允许企业转让其名称权。

3. 地域性。根据《企业法人登记管理条例》和《企业名称登记管理规定》的内容，企业名称前应该冠以企业所在行政区划的名称（法律规定某些企业名称可以不冠以企业所在地行政区划名称的除外），并在冠用的行政区划范围内对企业名称享有专用权。可见，企业名称专用权具有地域限制，在企业名称登记主管机关所辖的行政区划内，在同一行业内享有专用权。如果超出该行政区域，或者虽然在该行政区域中，但是企业所属的行业不同，企业名称权均不享有专用权。但是，企业名称的地域性与可转让性存在一定的冲突，在同一个区域内，一个企业的名称不能同时由两个或两个以上的企业同时使用，企业不得将自己所使用的名称同时许可他人使用。

## 二、商号

对于商号的含义，我国理论界存在不同的理解。有的学者认为，商号是商品生产者或经营者为了表明不同于其他商品生产者或经营者而在商事交易中使用的特定名称；有的学者认为，商号是商事主体在经营、服务活动中用于区别于其他商事主体的特定名称，是商事主体人格化、特定化的表现形式，具有重要的识别价值；有的学者指出，商号是商品生产者为了表明不同于其他商品生产者的特征而在营业中使用的专属名称，即商事主体在商事交易中进行法律行为时，所使用的名称；还有的学者认为，商号是商人的姓名，商人以自己的商号从事法律行为，并以其商号起诉和应诉。商号的英文为 trade name，其含义是商事交易过程中所使用的名称。例如，《亚美尼亚商号法》第 2 章第 2 条第 1 款规定：商号（Trade Name）是法人从事活动并与其他法人相区别的名称。《德国商法典》第 17 条对商号进行了专门规定，指出商号具有双重含义：①商号是一个名称，在商事活动中，商人可以据此名称从事经营及服务；②商人以商号起诉和应诉。

商号作为一种法律权利的客体，应该包含以下内容：首先，商号是一种特定的名称或专属名称；其次，商号属于生产者或经营者（或称商事主体）所有；再次，商号在经营或服务（或商事交易）的过程中使用；最后，商号具有重要的识别价值。因此，我们可以给出商号一般的含义，即商号是商事主体在商事交易中所使用的具有明显识别价值的专有名称。

商号与企业名称之间存在一定的区别：首先，从构成结构上看，二者是包含与被包含的关系，商号包含在企业名称之中，是企业名称中不可或缺的组成部分。尽管我国有少数大中型国有企业的名称中没有设计商号，例如武汉钢铁厂、长沙客车厂等等，但是这类企业的情况是与我国《企业名称登记管理条例》不相符合的，是计划经济时代的一种产物。在市场经济条件下，企业名称中不包含商号，企业的特有商誉就难以形成，就不利于企业的生产和经营。其次，从功能上来说，商号侧重于将本企业与其他企业相区别，例如"同仁堂"药号与"九芝堂"药号，而企业名称则是对企业登记地、行业、财产责任形式、组织形式的一种综合反映，企业名称能较全面地反映企业所提供的商品或服务的信息。再次，从内容上来看，商号是一种无形财产，它能在企业经营活动中为企业带来除了商品和服务本身价值之外的利益，但是企业名称本身并不具有财产内容，它只有与商号相结合才有可能产生财产权。最后，从使用范围来讲，商号可以用于商品或者服务的包装、装潢，使用的方式与范围一般没有限制，其作用主要是为了突出相应产品，引起公众的广泛注意，而企业名称一般是按照有关法律的要求在商品包装上注明，以表明产品或服务的来源。

我国目前的知识产权保护体系没有将商号纳入保护范围，[1]但是国际上众多国家、地区以及国际公约均将商号作为知识产权来进行保护。由于世界范围内存在着民商合一和民商分立的两类不同的立法体制，所以，有的国家在民法典中规定商号问题，例如1942年《意大利民法典》第六编规定了劳动关系、合伙、公司、合作化、知识产权、竞争与垄断等内容，其中将知识产权明确规定为著作权、专利权、商标权与商号权四大类；而有的国家在专门的商法典中规定商号，例如德国将商号规定在《德国商法典》中；亦有国家对商号进行单独立法，例如亚美尼亚制定了《亚美尼亚商号法》。国际保护工业产权协会（AIPPI）在1992年东京大会上将商号划入知识产权保护的范畴。《巴黎公约》规定商号属于工业产权。

―――――――――
〔1〕 尽管目前尚无国家立法，2006年11月30日，浙江省人大常委会通过《浙江省企业商号保护和管理规定》，该规定于2007年3月1日起施行。

不同国家或国际组织的立法在界定商号时,所使用的称谓也存在一定的差别。我国台湾地区"商事登记法"称商号为"商号名称";日本将商号主要规定在《商法》第 16～31 条、《商业登记法》第三章第二节以及《有限责任法》第一章第 3 条、第二章第 6 条,其商号含义是指商事经营主体在从事单方或双方的商事行为时所使用的名称;在德国法中,商号是指在商事活动中商人依据的从事经营或署名的名称,即商业名称;而《巴黎公约》以及国际保护工业产权协会均将商号定义为厂商名称。

### 三、企业名称权的相关问题

(一)我国目前企业名称权制度的缺陷

对于企业名称权,我国已经建立起了名称专用权保护和反不正当竞争法保护两种主要形式,他人不得擅自使用其他企业的名称,擅自使用他人企业名称的行为是一种不正当竞争行为。虽然从立法上看,我国似乎建立起了完善的企业名称权保护制度(包括登记制度),然而我国企业名称权制度,在市场经济条件下特别是在知识产权日益被人们重视的今天,仍然存在着一定的缺陷:

1. 根据民事权利的基本分类,人身权和财产权属于两种不同性质的民事权利,人身权具有不可转让性,而财产权具有可转让性。我国立法上将企业名称权作为人身权来进行保护,但同时又承认企业名称具有可转让的财产权属性,这种规定在理论上是自相矛盾的。一方面,只有知识产权具有人身权和财产权的双重属性,然而我国并没有将企业名称权界定为知识产权;另一方面,在民事权利的人身权中规定企业名称权,掩盖了其本身所蕴含的财产权性质。这是因为,在经营和服务中企业名称除了具有与其他企业相区别的功能外,还直接代表着企业产品或服务的质量、商业信用以及企业强弱等信息,良好的商誉和信用本身就可以直接为企业带来经济利益,具有财产价值。因此,将企业名称权归属为人身权,实际上是对市场经济中各市场主体自身价值的否定以及对商业主体人格的蔑视,不利于整个社会市场信用的建立和维护。

2. 企业名称的转让受到严重制约。根据相关法律规定,企业名称由行政区划、字号(或商号)、行业或者经营特点、组织形式等内容依次组成。企业对自己的名称享有专用权,企业名称的转让应当是以上四个组成部分的共同转让(尽管其实质上是字号或商号的转让),因此,这种转让只有在登记机关辖区范围内才可能具有法律效力。然而由于绝大部分企业受到登记管理规定的限制,地域范围十分有限,企业名称中所含的财产利益难以通过交易得以实现，这直接制约了企业创立良好企业品牌的积极性。

3. 采取人身权法律制度保护企业名称权是有限的。根据《民法通则》的相关规定，侵犯人身权的民事责任主要是赔礼道歉、恢复名誉，物质赔偿是次要的，并且归责原则是过错责任原则。然而，企业名称权中的知名商号在使用过程中具有直接的财产利益，在法律保护上应当采用排他的请求权来维护企业利益，应该无须考虑侵权人是否有过错。因此，根据人身权制度保护企业名称权，其保护力度是十分有限的。

为了弥补我国企业名称权制度的缺陷，我国应该尽快建立商号以及商号权的保护制度，将企业名称权与商号权同时进行保护，这样就可以从根本上解决目前我国企业名称权法律制度的缺漏。

（二）商号权的建构

企业名称是企业区别于其他企业的标志，商号则是企业名称中的核心部分，是企业名称本身的标志，是企业名称的"魂"。设计优良的商号在市场竞争中不仅具有区别的作用，而且还能起到广告的功能。故而，企业在登记名称时，往往选择一个具有良好市场影响和丰富内涵的商号。商号经依法登记后，就成为商事主体生产经营以及产品质量在公众心目中的信誉，绝大多数的企业经营行为，均与商号密切相联，商号的使用、转让和继承均可以为企业带来财产利益。

我们认为，商号权是商事主体享有的在商事交易过程中占有、使用、收益、处分商号的权利。商号权属于知识产权范畴，商号权具有如下特征：①商号是商事主体在生产经营过程中所设计的一种企业信息，商号权是企业的一种无形财产权。一些知名的商号经过长时间的经营，积累了特有的对消费者的吸引力和号召力，这对于其产品或服务在市场上的占有率具有不可低估的作用。②商号权具有一定程度的专有性。现阶段，由于我国没有建立起完善的商号权保护制度，商号只能依附于企业名称权中进行保护，然而我国企业名称实行登记注册制度，只能在同一行业内享有排他的专有权，所以，商号的专有性亦是在企业登记的范围内排除同行业使用。③商号权具有地域性。商号权的地域性基于企业商品的流通范围，在该商品的流域内特定的企业对于其商号应该具有专用权。[1]④商号权在存续时间上具有相对无限性。一般地,商号权应该不受时间的限制,只要企业仍然存在,企业的良好的经营信誉没有丧失,该企业对其商号享有的专有权利就存在。

(三) 企业名称权与商标权

企业名称权与商标权的冲突已经成为实务界与理论界都深感头痛的老大难问题,各种法规、解释的接连出台,似乎也只是在做着修缺补漏的工作。标志功能的共同性、传统计划经济登记体制对市场经济需要的无法适应、双重的管理体制加上欠缺协调机制,以及同一市场情势下平等企业间权利空间的归一,都使二者在公众的视野中逐渐混同,经济上的搭便车的利诱和企业兼并、重组的频繁变动,更加剧了这一冲突的紧张程度。[2]

企业名称权与商标权分属于不同的法律制度,从表面上看,两者不应该发生直接的冲突。然而,由于市场经济利益的驱动,目前企业名称权与商标权之间的侵权纠纷愈演愈烈。根据有关法律的规定,商标注册由国家工商行政管理局商标局统一注册,企业名称的登记则分别由国家和地方各级工商行政管理局分别登记,因而出现了商标权的效力范围是全国范围,名称权的效力范围则有全国范围和地方范围之分。在市场经济体制下的今天,全国性企业和地方性企业在全国统一市场的经营活动中公平竞争,企业之间的市场竞争并没有全国性和地方性之分。于是,一些企业抓住名称权与商标权效力范围不一致这一法律规定的缺陷,为谋取不当利益,违反诚实信用与公平竞争的原则,恶意利用其他企业的商标或字号,损害其他企业的市场利益,欺骗消费者,从而引起了企业名称权与商标权之间的侵权纠纷。企业名称权与商标权的冲突主要有两种形式:一是将其他企业的商标作为自己名称的核心——字号或商号登记使用;二是将其他企业名称中的核心部分——字号或商号作为自己的商标申请注册。

---

〔1〕 有的学者具有类似的观点:"商号权具有地域性,商号权的地域基于企业名称登记的行政区域但又不应当限于该区域,否则就起不到保护商号的作用。企业名称权严格地限定于所登记的行政区域,但由于商品销售或者服务的范围很多情况下是超出该行政区域的,超出所登记的行政区域经营或服务而形成的商号当然受到保护,对于全国驰名的商号,其保护范围应扩大到全国范围,一省驰名的商号,则应扩大至全省。"见王良国:"我国企业名称权与商标权冲突的解决",载《人民法院报》2003年9月14日。

〔2〕 王占明:"企业名称权的法律再定位——兼论企业名称权与商标权的冲突解决",载《法学》2003年第2期。

第五章 其他知识产权制度

对于防止出现上述的企业名称权与商标权之间的侵权争议，相关企业可以采用两种手段：①事前主动采取措施，防止侵权的出现。企业应该将自己名称中的字号或商号申请注册为本企业商品或服务的商标，这样字号或商号作为企业名称的核心部分可以得到《民法通则》和《企业名称登记管理规定》的保护，而企业名称中的字号或商号作为商标注册后，亦可以得到商标法的保护。这样，企业就可以利用法律维护和保护自己的名称权和商标权，防止其他企业将自己的商号注册为商标。②事后利用法律手段，积极维护自己的利益。为了保护企业名称权和商标权，我国现行相关法律已经制定了有关规定，例如《民法通则》第96条和第99条确定商标权为知识产权，企业名称权为一般民事权利中的人身权，《民法通则》第118条和120条规定侵害名称权和商标权的民事责任等等，这些规定为保护企业名称权和商标权提供了基本的法律依据。此外，根据《商标法实施细则》第25条第1款第4项规定，侵犯他人合法的在先权利注册商标的，有关当事人可以以注册不当为由，向商标评审委员会申请撤销该注册商标。这里所谓的"在先权利"，包括登记在先的企业名称权。

1999年4月5日，国家工商局发布了《关于解决商标与企业名称中若干问题的意见》。该《意见》指出，商标专用权和企业名称权均是经法定程序确认的权利，分别受到商标法律、法规和企业名称登记管理法律、法规的保护；商标中的文字和企业名称中的字号相同或近似，使他人对市场主体及其商品或服务的来源产生混淆或混淆的可能，从而构成不正当竞争的，应当依法予以制止；处理商标与企业名称的混淆，应当适用公平竞争和保护在先合法权利人利益的原则。

原告烟台蓝白食品有限公司是山东省食品行业中享有很高声誉的企业，其生产的"蓝白"系列食品受到公众的广泛认可和好评，在烟台及周边地区的声誉尤为高，其拥有的"蓝白"商标早在1997年即获注册，2001年4月被评为"山东省著名商标"。被告先到工商行政部门申请成立"烟台市芝罘区蓝与白快餐店"，之后在市区繁华的南大街开店，自开业始横幅牌匾即打出"蓝&白"名称，而不按国家规定使用其"烟台市芝罘区蓝与白快餐店"的企业名称。被告不适当使用其企业名称侵犯了原告烟台蓝白快餐有限公司的企业名称权。原告请求判令：①被告立即停止对原告烟台蓝白食品有限公司"蓝白"注册商标的侵权，停止侵害两原告的企业名称权，向两原告赔礼道歉，消除影响；②判令被告立即停止使用"蓝&白"名称，整顿门头牌匾、价目牌等；③赔偿两原告损失10万元。

被告答辩称，被告使用的"蓝＆白"是经过国家工商局注册的商标，商标注册人是台湾人王文政，被告所使用的商标经过了王文政合法授权，并在工商管理部门办理了备案手续，"蓝＆白"商标用于中式快餐的连锁体系。被告的烟台市芝罘区蓝与白快餐店只是其中加盟店之一，于2002年5月1日开业，2002年7月与"蓝＆白"签订了加盟合同。原告所使用的商标是第30类商品，被告使用的商标是第42类服务。"蓝＆白"的品牌是王文政通过几年的努力打造出来的，不是利用原告的声誉，也没有损害原告的利益。被告在品牌上做了大量的宣传，"蓝＆白"在全国加盟的有一百多家，开业的有八十多家，被告没有侵犯原告的权利。通过庭审举证、质证、认证，法院查明以下事实：

1997年3月14日，烟台市正亚粮油食品公司获得"蓝白"注册商标专用权，核定使用商品为第30类，注册证号为962086号。1998年8月28日，经国家商标局核准，第962086号注册商标转让给烟台蓝白食品有限公司。2001年4月27日，山东省工商行政管理局审定"蓝白"商标为山东省著名商标。2000年10月8日，台商王文政向国家商标局申请注册由图形与文字"蓝＆白"组成的商标，2002年2月14日，王文政获得注册商标专用权，该商标核定服务项目为第42类，商标注册证号为第1715904。2002年3月20日，王文政（甲方）与烟台市芝罘区蓝与白快餐店（乙方）签订了商标使用许可合同。之后，被告王东刚于2002年4月19日取得了个体工商户营业执照，字号名称为"烟台市芝罘区蓝与白快餐店"。

王东刚在烟台市芝罘区南大街166号经营烟台市芝罘区蓝与白快餐店。店面装潢分为上下两层。在一层的顶端外墙的装潢按照从左到右的顺序，分别为：①第四十八店；②整体为蓝色、上边蓝白相间的长方形中标有NT字母，长方形下方为B&W；③上方为蓝色字体的"蓝＆白"，该字体上方为注册商标标志，下方为黑色字体的英语BLUE&WHITE；④呈倒品字形与正品字形连接的蓝色方块中的四个黄色汉字：快速餐饮；⑤黄色长方形中蓝色汉字：清粥、小米、米饭、套餐，汉字下方为英语"food China enterprise"；⑥"24小时营业"包含在黄色的长方形中；⑦不显眼的蓝色字体的"来自台湾的美食"。上述七个组合的下方为蓝白相间的方块。二楼外面是两个长方形组成的玻璃幕墙，中间立柱及幕墙右边也是蓝白相间的方块。二楼顶端外墙，最上端为蓝白相间的一条直线，与之平行的是黄色为主色调的一长方形方块压在中间的蓝色椭圆上，重叠部分是蓝色字体的"蓝＆白"，被告对此解释为系使用其商标的行为。店面外装潢没有"烟台

第五章 其他知识产权制度

市芝罘区蓝与白快餐店"的企业名称。店面门外为两块长方形的价目牌，分别标明"蓝&白早餐"、"蓝&白系列"和"蓝&白早餐港式系列"。"蓝&白早餐"、"蓝&白系列"里载明的食品分别为豆浆、油条、烧饼、馄饨、面条、小米粥、排骨包、叉烧包、芸豆包、韭菜包、八宝粥、绿豆粥。

另查，王文政于2001年1月8日申请了招牌（蓝白）外观设计专利，2001年9月19日授权公告，专利号为01316501.1，使用外观设计的产品名称为招牌（蓝白），其主视图与被告一楼顶端外墙装潢6个组成部分相比，除了缺少1中的"B&W"、2中的注册商标标志、5、6部分外，其他部分基本一致。"蓝&白"属于连锁店的性质问题，在全国加盟的有一百多家，开业的有八十多家。被告的店面装潢上标明为第四十八店。从门头装潢看，被告的装潢除了二楼顶端外墙的"蓝&白"装潢及店门口的价目牌外，其他部分与外地连锁店的装潢大同小异。但从被告提供的证据看，外地的店名不是以"某某蓝与白快餐店"的方式命名，而是各不相同，且无"蓝与白"字号。被告解释其在二楼顶端外墙标注"蓝&白"的行为属于商标使用行为。

法院认为，本案所涉及的注册商标专用权和企业名称权均是经法定程序确认的权利，分别受商标法律、法规和企业名称登记管理法律、法规保护。商标专用权人和企业名称权人应依法在各自经核准的范围内使用，并遵循诚实信用等原则。

《民法通则》第99条第2款规定，"法人、个体工商户、个人合伙享有名称权。企业法人、个体工商户、个人合伙有权使用、依法转让自己的名称。"，我国的企业名称是由行政区划、字号、行业、组织形式依次组成的。其中字号是企业名称最重要的组成部分，在名称中最显著、最具有识别作用，其与该企业的商业信誉、产品或服务质量紧密相连，可以产生较强的广告效应和公众影响力，其作用是将其与同行业其他企业区分开来。经营者在市场交易中，应当遵循自愿、平等、公平、诚实信用的原则，遵守公认的商业道德，开展公平有序的竞争。原告烟台蓝白食品有限公司中的字号"蓝白"已为当地普通消费者所熟悉，具有较高的知名度。原告依法取得的企业名称应受法律保护，其在烟台市范围内有权禁止任何人对其企业字号的非法使用。被告一是将其烟台市蓝与白快餐店开设在与原告同一行政区域——烟台市芝罘区；二是与外地连锁店的名称相比，其在工商登记中登记的企业名称单独出现了蓝与白的字号，三是其未依照法律规定，在其门头装潢上使用其依法注册的"烟台市芝罘区蓝与白快餐店"的名称，却突出使用了"蓝＆白"。这对于普通消费者来说，"蓝＆白"与"蓝白"在称呼上并无什么不同，从而使消费者认为被告的服务与原告有联系，造成了消费者对不同营业主体的混同，侵犯了原告的名称权。法院判定被告王东刚在《烟台晚报》公开声明向原告烟台蓝白食品有限公司赔礼道歉，消除影响，并赔偿原告损失1万元。

## 第三节　域名权

### 一、域名

域名是指在计算机网络中网络用户主机在互联网中的地址，其功能在于对网络中的不同用户主机进行识别。在互联网中，域名与用户主机是一一对应关系，其原理类似于电话网络中的电话号码和用户电话机之间的关系。但是，域名具有电话号码所不具备的功能，这就是能够在网上非常直观地显示出企业的商号和商标名称。域名是因特网上的地址名称，一个完整的域名是由两个或两个以上部分组成，各部分之间用英文的句号"点"间隔。在一个完整的域名中，最后一个"点"的右边部分（除美国外）称为国别顶级域名或一级域名，表示国家；最后一个"点"的左边部分成为顶级域名，一般表示网站的性质；顶级域名的左边部分为主域名，一般为网站的标志性代号。域名是地域空间上的知识产权在网络空间的自然延伸，是一种新类型的知识产权。

域名主要特征包括：①域名具有标识性。由于域名是企业和机构在因特网上的标识，其功能犹如市场上的商标。世界上众多著名公司都以其主商标来注册域名，如微软公司的域名为 www.microsoft.com，摩托罗拉公司的域名是 www.motorola.com。通过这些以商标作为域名的标志，我们可以容易地找到企业以及有关机构的主页和网络，这时域名是传统意义上的商标在因特网上的延伸和体现。②无形性。域名的载体是构成网络外部条件的计算机终端和缆线，它是有形的，然而域名本身却是无形的。域名由一系列数字或字母构成标识互联网地址的代码，方便人们登陆网络和进行信息的传递。③域名具有全球的惟一性和排他性。每个域名都有一个全球惟一的网际地址，域名一旦获得注册，该持有人对此域名即享有排他权，这意味着其他任何人不能就相同的域名申请注册。由于因特网的无国界性,域名的排他性不同于一般的知识产权在一国或几国境内的排他使用,域名的排他性表现在全球范围内的绝对的排他性。

**二、域名权**

注册了域名的人或单位对其使用的域名是否拥有权利?这是一个至今尚无定论的问题。对于域名权的性质存在一定的争议,有的学者指出:域名权不需要保护,域名权也不是一种民事权利。其理由是,首先,域名只不过是由英文字母排列的可以有一定含义的、便于人们记忆的一串字母的组合,从域名的功能来说,域名不需要保护;其次,知识产权是一种法定权利而不是一种天赋权利,至少我国目前未明文规定域名权是一项权利;最后,民法上讲只要是财产就有民事权利,域名虽然有财产价值,有市场推广价值,但是电话号码也是花钱买来的,电话号码有什么民事权利?而大部分学者均持有另一种主张,认为域名是一种商业标志,能给商家带来经济利益,域名与商标、商号等密切关联,如果不予以保护,不仅会给商标所有人造成损害,而且从另一角度讲也会给域名持有人造成损害。我们亦同意这种主张,认为应该将域名作为一项知识产权予以保护,即保护合法的域名持有人的权利。世界各国一般均持这种观点,英国在 Marks Spencer v. One In A Million 一案中确立了域名权受保护的判例。美国建立域名体系以来,将域名权作为一项专门的权利,认为经营者设立网站,如果是仅宣传自己商品、服务,则视同其在网下世界举办的宣传橱窗、宣传展览,在商标分类上,其域名应当与所宣传的商品、服务分为一类。如果经营者坚持认为,由于其建立了网站,就取得相当于报纸的地位,其域名就应当与报纸分为一类,则应当驳回其商标的申请。

现代社会生活日益依赖互联网,争夺网上的市场空间已经成为具有时代意识的企业家的必要商战策略。域名作为一种互联网上的地址名称,在因特网蓬勃发展的今天,已经成为代表企业形象的标志,对域名以及域名权法律冲突的研究已经成为新时代一个重大的法律课题。

随着域名重要性的凸显,伴随着域名所出现的纠纷大有愈演愈烈的趋势,"域名抢注"开始成为一个时尚的话题。所谓"域名抢注",主要包括两种情况:①将他人有一定知名度的商标或商号注册为域名,然后出价让权利人把这些域名赎回去;②将与他人的在先使用的相同或相近的商标、商号等商业标志注册为本企业的域名。这两种情况的区别在于,前者注册域名的目的是在于出售,而后者在于自己使用,但是,这两种情况均有一个共同点,这就是域名权与商标权之间的矛盾关系直接引发了域名的纠纷。

### 三、域名权与商标权的关系

域名与商标虽然都与企业以及企业所提供的产品具有紧密的关系,两者均具有标识的作用。然而,域名权与商标权具有诸多显著的区别:①两者的适用范围不同。商标是用来标识商品和服务的,只能用在商品和服务之上;域名是为了方便人们使用互联网而创立的,是网络地址及电子地址的识别标志。②两者的构成不同。商标是由文字、图案或其组合构成,在同类商品上使用与他人注册商标相类似的商标属于侵权;而域名仅仅由字母或数字等构成,域名的惟一性是就其整体而言的,只要其中有任何一点不同就不是同一域名,域名中的同一级中的字母或数字等不同,也不属于同一域名。③两者具有的排他性的基础不同。已经注册的商标在不同种类的商品或服务上,或在申请注册的地域范围外,或是超出注册的有效期使用就不具有排他性,商品种类、地域性和时效性是商标排他性的依据;已经注册的域名,只要交纳域名注册费和相应的域名延续费就可以在全球范围内无限期地使用该域名,惟一性和先申请先注册原则是域名排他性的基础。④两者取得的原则不同。商标取得的原则因国家不同而存在一定的差异,有的国家采取注册在先原则,有的国家采用使用在先原则,有的国家采取折中方案;域名采取注册在先原则,不注册就不能在互联网上使用。⑤两者注册途径不同。商标注册是由各国的专门机构依据各自的本国法律独立进行,商标注册所需的审查与比较也仅以国家或独立的法域为限,从而处于不同国家的法律主体就相同商标可以分别享有独立权利;域名注册由处于不同国家的非政府注册机构各自独立进行,然而其惟一性却是全球的,只有当有关域名尚无人注册时,该域名才能被注册,不存在不同国家的法律主体就相同域名分别主张权利的可能性。[1]

虽然域名权与商标权存在如此迥然的区别,但是两者之间的冲突与纠纷却是大量而复杂的,究其原因,主要包括以下几点:[2]

1. 按类别的排他性和绝对的排他性产生的冲突。商标与域名都具有排他性,但商标的排他性是相对的。如我国《商标法》第52条规定,未经注册商标所有人的许可,在同一种商品或类似商品上使用与其注册商标相

---

〔1〕姜晓亮:"论域名权与商标权的冲突",载《律师沙龙》2001年第11期。

〔2〕吕晓东:"域名权与注册商标在先权的冲突及协调",载《社会科学》2000年第9期。

同或类似的商标的，构成侵权。这意味着在不相似的商品上使用与他人相同或相似的商标不构成侵权，尽管可能存在着驰名商标的反淡化问题。商标的排他性同时还表现为比较严格的地域性特征，即超越了一国主权的地域之外就不受保护。域名排他性则是绝对的，由于域名不与某一特定的商品或服务相联系，并且由于网络的超空间性，一个域名一旦被注册就意味着在整个网络空间不可能出现相同的域名。我国的《中国互联网络域名注册暂行管理办法》第23条规定，各级域名管理单位不负责向国家工商行政管理部门及商标管理部门查询用户域名与注册商标或企业名称是否冲突，是否侵害了第三者的利益，同时也未规定申请人有查询的义务。因此，很有可能出现一个丰域名与我国注册的某一商标相同。此时，由于域名的绝对排他性，该商标所有人就不可能再注册与其商标相同的域名，域名权与商标权的冲突由此产生。

2. 以互联网名称与地址分配机构（Internet Corporation for Assigned Names and Numbers，ICANN）（国际互联网信息中心）为代表的一些国际知名管理组织制定的关于国际顶级通用域名的注册规则存在许多不完善之处，给恶意抢注者造成了可乘之机。ICANN作为一家非官方的国际顶级域名注册的组织，按照其规定，任何人都有权申请注册包括".com"在内的国际顶级通用域名，并且，申请注册者无须拥有与域名相一致的商号权和商标权；注册采用"先申请、先注册、先拥有"的原则；注册后，只要每年按规定缴纳费用，就可以永久占有该域名；允许域名注册人转让该域名。显然，从该条规定看，恶意抢注并不被禁止，相反给恶意抢注人留下了发挥的空间。

3. 在各国现实生活中，由于各国的商标法和商号法都允许不同的生产厂商分别在不同商品和不同行业中同时注册名称相同的商标和商号，因此，在现实生活中都合法地存在着大量的相同商标和商号。如我国，"长城"商标就被电子产品、皮鞋、风衣等商品共同拥有。因此，具有相同的商标、商号的英文名称或者汉语拼音名称的不同企业为争夺同一域名而导致了大量冲突产生。

由于存在上述诸多原因，域名权与商标权之间的纠纷已经成为有关域名争议中最为重要的部分。为了有效地处理此类争议，我们认为应该着重把握以下几方面：

1. 商标权人不可以依靠商标先占权剥夺他人的域名权。域名资源相对贫乏，如果给予注册商标过大范围的保护，以至于将与注册商标相同或相近的域名赋予注册商标权人独享权,那样就会阻碍互联网的良性发展。我们认为,应该本着"先申请先注册"的原则,域名的注册不以具有相同或相近的商标为前提,单纯的域名抢注不应该视为违法,只有恶意抢注才是违法的。世界知识产权组织在 1998 年 4 月的《互联网名称及地址的管理:知识产权议题》中曾给恶意抢注域名下了一个定义,即是"若域名持有人持有的域名与异议人所持有的商品或服务商标完全一致或极其相似,且域名持有人对域名本身并不享有任何合法的权利和利益,且域名的注册和使用为恶意。"根据 ICANN 推行的"统一域名争议解决政策"(Uniform Domain Name Dispute Resolution Policy)的相关规定,恶意可以表现为:注册域名是为了出售、出租或有偿转让,其费用超过注册域名的开支;注册域名的目的是为了阻止商标权人使用同样的域名;注册域名是为了干扰商标权利人正常开展业务;注册域名是为了误导消费者。当然,恶意注册还可以有其他表现形式,上述规定只是给解决纠纷的机构提供一种指导。

2. 加强对驰名商标的保护。驰名商标由于长期使用其无形财产具有现实和潜在的巨额价值,在世界各国都得到了较普通商标更为有效的保护。《巴黎公约》第 6 条第 2 款规定,如果某些商标在成员国被商标主管机关认定为驰名商标,可以禁止在相同或近似的商品上使用与之相同或近似的商标,并拒绝这种商标的注册,对已经注册的可在 5 年之内申请撤销,如果这种注册是非善意的,则撤销时间是无限制的。TRIPS 协议对驰名商标的保护扩大到了不相类似的商品或服务使用与之相同或近似的商标或标志之上。我国国家工商局在 1996 年 8 月颁布了《驰名商标认定和管理暂行规定》,并在 1998 年对该暂行规定进行了修订。该文件参考了欧美以及部分发展中国家的相关立法与实践,作出了相应的规定:要求将自己的商标作为驰名商标保护的,应当向商标局提出申请,并提交有关证明文件。一旦认定为驰名商标,商标局将予以公告,并在 3 年内有效。2003 年 4 月国家工商总局颁布《驰名商标认定和保护规定》,废止了此前的《暂行规定》。根据该规定,商标局不再主动认定驰名商标,而是依当事人申请,在商标异议程序中被动认定驰名商标。在诉讼以及仲裁等争议解决过程中,如果商标权人的商标为驰名商标,那么争议解决机构将不再要求商标权人提供与损害有关的证据,而直接保护商标权人的合法权益。因此,我们认为,在域名权与驰名商标权的争议中,如果将别人驰名商标注册为自己的域名,一般应该认定为存在恶意,即有必要将驰名商标的保护延伸到域名领域。

3. 严格限定域名抢注中"恶意"的认定，防止商标权人滥用商标的在先权利。在域名权与商标权的纠纷中，存在着一种域名的反向侵夺问题。所谓域名的反向侵夺，是指商标权人认为他人网络域名注册及使用构成了商标侵权，通过仲裁或诉讼方法不正当地剥夺域名权人使用其通过合法途径注册的域名。如果任何商标权人都可以依据其注册商标对抗注册的网络域名，那么现有的许多注册的域名将失去存在的基础，互联网将无法形成有序、良性、协调的发展。

ICANN 制定的《统一域名争议解决办法实施规则》列举了商标权人反向侵夺域名的认定：①争议域名的注册及使用没有恶意，也没有给商标权人带来不利的影响，或者这种影响属于合理的竞争。如果商标权人未提出任何足以证明争议域名的注册及使用构成恶意的证据，也没有举证证明其自身的利益因被投诉域名的注册与使用受到损害，即可直接认定商标权人的投诉本身已经构成了反向域名侵夺，从而驳回商标权人的投诉。域名权人也可依据商标权人投诉书中存在的举证缺欠而以其构成反向域名侵夺为自己辩护。②商标权人在被投诉的域名注册之前已经注册了完全不同的其他域名，并未提供确信的证据，证明其当初未注册该域名具有适当的理由。这是由于，域名注册实行申请在先原则，在申请域名注册时，域名注册机构并不要求申请人必须已经开通了实际的网络设备，对申请人申请注册的域名数量也不加任何限制，从而使所有商标权人有可能随时申请将其所拥有的全部商标注册为域名。如果商标权人在被投诉的域名注册之前已经申请了域名注册，表明其完全有机会将自己的全部商标都注册为域名。在此情况下，说明其无意将相关的商标注册为自己的域名。而当他人将该商标相同或相似的字符串注册为域名时，其再行提出投诉，如果此时对商标权人给予保护则没有理由。

## 第四节 虚构形象商业化权

### 一、虚构形象商业化权的概念

电视剧《刘老根》2002 年摘了好彩头，其续集 2003 年也在三羊开泰的鞭炮声中赢得了声声叫好。随着《刘老根》电视剧的热播，注册"刘老根"商标逐渐在东北热起来了。据了解，"刘老根小烧酒"刚在黑龙江双城出厂，"刘老根白酒"就紧接着在朝阳问世，之后，丹东的"刘老根咸菜"又亮相各大电视台，并开始隆重招商。此外，还有"刘老根化肥"、"刘老根铅笔"、"刘老根酱油"，等等，一时间，"刘老根"三个字铺天盖地。在注册人当中，最引人注目当算黑龙江省双城市人李光岚，他于2002年4月24日正式申请注册"刘老根"商标，申请的30类商品中包括咖啡、糖、非医用营养粉、谷类制品、冰淇淋、食盐、调味酱油等。

在该案中，"刘老根"作为电视剧的题名，同时也是该剧中的虚构角色，被他人以企业字号或商标等形式用于商业经营，这种行为是否构成侵权？换言之，电视剧《刘老根》的著作权人及创作人员是否拥有将"刘老根"这个名字商业化使用的独占权？这实质上所涉及的就是虚构形象商业化权的问题。

在世界范围内由于商标权、广告使用权与版权或姓名肖像权相互交叉所产生的争议，逐渐催生了"商业化权"（Merchandising Right）、"公开权（Right of Publicity）等概念的出现。"商业化权"最早起源于英美，后来被世界各国竞相借鉴。在美国，虚构形象的商业化权被称为"Right in characters"，日本学者将虚构形象和真实人物的商业化权统称为"角色商品化权"。国内主张商业化权的学者亦有不同观点，郑成思先生将这一领域的权利归纳为"形象权"，他认为"所谓'形象权'，包括真人的形象（例如，在世人的肖像）、虚构人的形象、创作出的人和动物形象、人体形象等。这些形象被付诸商业性使用的权利，我把它统称'形象权'。"有学者认为商业化权就是"著作权人使用其作品之角色印刷于销售的商品之上的专有权利"，有学者认为"谋求作品中角色（名称）的商品实用化的权利被称为商品化权"，还有学者认为虚构形象商业化权就是带有商业目的地将虚构角色及其一部分或全部的确认因素进行使用以促进商品或服务销售的权利。

"商业化权"或"商品化权"是一个广义的范畴，通常认为"商品化权"的概念并非由中国学者杜撰，它是从日文（日文原文即"商品化权"）转引而来的，而日文中的"商品化权"则是日本于20世纪60年代从英美法中的Merchandising Right一词直译而来。"虚构形象商业化权"只是"商业化权"的一个类别，它主要指将能够产生商业信誉的卡通人物、影视作品人物、文学人物等为代表的虚构角色等形象因素进行商业性使用的无形财产权。对于虚构的角色而言，无论是小说中的人物，还是美术作品中的形象，抑或是影视作品中的角色，其所体现出来的权利应该属于创作出该人物或形象的作品所有人享有。作品的所有者拥有决定是否将该形象用于商业目的使用的权利，任何人要将该形象用于商业使用，都必须经过许可。理解"虚构形象商业化权"应该掌握以下三方面问题：

1. "虚构形象商业化权"的客体。"虚构形象商业化权"的客体与"商品化"的客体不是一个概念。"虚构形象商业化权"的实现过程，是虚构的人或动物的形象被商业性使用的过程。虚构的人或动物形象是"商品化"的对象，而非是"虚构形象商业化权"的客体。"虚构形象商业化权"的客体是商品化权主体所享有的权利与承担的义务所共同指向的目标。虽然从表面上看，"虚构形象商业化权"是将虚构的人或动物的形象进行商业性使用的结果，但是并非所有的虚构形象都可以产生"虚构形象商业化权"。我们认为，只有那些知名的、为社会公众所熟知的虚构形象才有可能产生商品化权的问题，动画片中的唐老鸭、米老鼠、奥特曼、舒克和贝塔等。被商业性使用的虚构对象总是与某种抽象概念相联系，消费者见到商品上、服务上或宣传中使用的这些虚构形象，总是不由自主联想到它们背后的那个抽象概念，正是这种抽象概念吸引着广大消费者，而"虚构形象商业化权"的客体就是这个抽象概念。

2. "虚构形象商业化权"客体的特有属性。"虚构形象商业化权"的客体是一种抽象概念，即虚构形象的信誉，这种信誉的本质是一种无形财产，具有财产内容。但是，需要特别强调的是，这种信誉的载体形式即人物或动物的角色原来不是商业领域中的东西，因此，其知名度在商业领域中并不必然产生出与其在文学、美术、电影电视等领域中相同的效应。"虚构形象商业化权"的实质就是将在文学、美术、电影、电视等领域中已博得较高声誉和较大影响的角色形象进行商业性使用，使其信誉移转于商业领域，从而吸引广大消费者的眼球，达到扩大市场、创造商业效益的目的。可见，作为"虚构形象商业化权"客体的信誉，必须以能创造商业效益为基本属性。

3. "虚构形象商业化权"具有独占性。"虚构形象商业化权"是绝对权，具有独占性。这种独占性主要表现在："虚构形象商业化权"为合法主体所专有，在一定条件下通过授权他人使用而将该权利加以实现，"虚构形象商业化权"的主体有权禁止任何未经许可的使用行为。

二、"虚构形象商业化权"与著作权区别

在实践中，"虚构形象商业化权"的实现路径主要是将享有著作权的作品中的虚构角色形象进行商业性使用，因此，"虚构形象商业化权"产生之初就很容易同著作权相混淆。以下，我们具体分析"虚构形象商业化权"与著作权的区别问题。

1. 著作权与"虚构形象商业化权"保护的对象不同。著作权保护的对象是作为作者智慧与劳动产物的作品，是符合《著作权法》规定的文学、艺术、科学领域中的一切作品；而"虚构形象商业化权"保护的对象则是作品中虚构角色形象对顾客的吸引力，即信誉。并非所有受著作权法保护的作品都能产生出"虚构形象商业化权"，只有那些具有较高声誉和影响力的作品中的虚构形象才有这种可能。在我国目前法律框架下，著作权人的"虚构形象商业化权"适合由著作权法来加以保护，著作权法保护"虚构形象商业化权"主要偏重于经济内容，而保护著作权则包括人身权和财产权两方面。

2. 著作权与"虚构形象商业化权"保护的方法不同。受著作权法保护的作品必须具备一个主要条件，即独创性，"独创"与抄袭虽意义相反，但其中的界限在实践中却不易分清。法律对著作权的保护主要是通过区分"独创"与"抄袭"来实现的，划分独创与抄袭的标准是"程度"。客观对象经过复杂的加工整理过程而进入主观世界，然后再经过一系列的复杂过程生成新的形象体系，而独立地完成这个逻辑和实践活动，即属于"独创"；在他人创作基础之上进行继续创作则是演绎创作，重复他人创作就是抄袭。"虚构形象商业化权"的客体是一种信誉，法律对其保护并不是以禁止物质形式上的"抄袭"为限，相反，不管具体的物质形式如何，只要行为人未经权利人许可，盗用这种信誉而获利就构成了"虚构形象商业化权"的侵权。

3. 著作权与"虚构形象商业化权"保护的目的不同。著作权保护的目的在于鼓励创作，促进文化的传播，而"虚构形象商业化权"保护的目的在于保护权利人创造的信誉的财产性不被侵犯，"虚构形象商业化权"仅存在于商业领域。可见，从这个意义上讲，"虚构形象商业化权"应当划入工业产权的范畴。

### 三、我国现有法律对"虚构形象商业化权"保护的局限

"虚构形象商业化权"作为在无形财产领域出现的一种新型权利形态，应当划入知识产权的范畴。《世界知识产权组织公约》第2条第8款将"知识产权"的范围界定为八个方面，即关于文学、艺术和科学作品的权利；关于表演艺术家的演出、录音和广播的权利；关于人们努力在一切领域的发明的权利；关于工业品式样的权利；关于商品商标、服务商厂商名

称和标记的权利；关于制止不正当竞争的权利；以及在工业、科学、文学或艺术领域里一切其他来自知识活动的权利。"虚构形象商业化权"明显应该属于"工业"领域里"来自知识活动的权利"，它主要是在著作权与商标权或广告使用权相互交叉的领域。

在我国目前的司法实践中，由于不存在关于"虚构形象商业化权"的法律规定，因此，在具体处理涉及"虚构形象商业化权"的争议时，通常的做法是以著作权来保护或以著作权保护为主的综合保护（著作权、人格权、反不正当竞争法的综合保护）。虽然目前的这种对"虚构形象商业化权"的保护以现行诸法为依据，但是仍然存在诸多缺陷。

1. 著作权法对"虚构形象商业化权"保护的局限性。虚构形象的版权属性是指该形象构成了作品的实质内容，并且该内容达到了一定的表述程度。因此，如果一种虚构角色没有达到版权标准或不具备版权保护的全部要素时，版权法就无法保护该虚构形象。但是，由于商业性使用虚构形象一般都比较简洁明了，更多的情况是仅仅借用了已有虚构角色的名称、作品片段、题名、标志等一定抽象性的文字或图形，有时甚至仅仅是与虚构形象神似而非对该形象的完整复制，在这些情形下并不当然构成著作权意义上的侵权复制使用，甚至这种使用中的虚构形象都难以构成著作权意义上的"作品"而无法受到著作权法的保护。例如，文学作品中的虚构形象，尤其是那些在整部作品背景的衬托下才具有知名度的角色，但是该角色的形象未特定化或未惟一化而被从作品中抽出来加以使用时，其版权属性显然就微乎其微，可见，著作权法对虚构角色形象的保护具有很大的阻碍。此外，由于"虚构形象商业化权"的收益与版权侵权不当得利在计算结果上存在悬殊差异，且二者存在着间接保护与直接保护的本质差别，商业性使用所得利润与著作权意义上的使用收益相距甚远，即使以著作权法对"虚构形象商业化权"的权利人进行保护仍显杯水车薪。例如，可口可乐公司为在其产品上使用《哈里波特》电影主人公的形象支付了多达 1 亿美元的费用，这是一般著作权侵权赔偿所无法企及的。

2. 人格权对"虚构形象商业化权"保护的局限性。虽然"虚构形象商业化权"是从传统的人格权下的姓名权、肖像权、隐私权等权利衍生而来的，然而在其发展演化过程中，"虚构形象商业化权"早已突破了传统的人格权理论。目前，采用传统的人格权理论来规范"虚构形象商业化权"和解决由此所产生的争议，将遇到众多局限：①人格权保护范围的有限性。人格权一般只限于真人的姓名、肖像等人格特征和由此所得利益的独占性与支配性,这使得人格权的保护无法涉及"虚构形象商业化权"。②人格权的非商业性。人格权不允许转让和许可他人使用,而且对其的救济权未经权利人许可同意亦不得使用。但是,"虚构形象商业化权"主要就是通过转让或许可使用才得以实现的,而且使用许可合同中一般均明确规定被许可方有义务协助许可方对第三方未经许可的使用提起抗辩。人格权是一种精神权而非物质利益,但是"虚构形象商业化权"却是一种独立的收益方式,属于财产权,它除了可以由权利人控制之外,还可以以竞价、拍卖、转让、许可等商业方式获益。因此,以人格权来约束"虚构形象商业化权"将直接损害该权利的商业属性。③人格权的平等性。人格平等是人格权法的主要原则之一,但是关于"虚构形象商业化权"却显著地具有不平等性。在现实的商业活动中,两位知名度不同的演员所塑造的虚构角色在商业使用上将产生商业价值方面的巨额差异,若以"人格平等"这一人格权原则来衡量"虚构形象商业化权"是难以想像的。

3. 反不正当竞争法对"虚构形象商业化权"保护的局限。我国《反不正当竞争法》第5条第2款规定,经营者采用不正当手段,擅自使用他人知名商品特有标记的行为构成不正当竞争行为。此条款一定条件下可以作为保护"虚构形象商业化权"的法律依据,即当虚构形象的实质性人格特征用于知名商品特有表示或其本身即为知名商品时,如果这种虚构形象被他人擅自使用,造成混淆和误认,则"虚构形象商业化权"人可以依据反不正当竞争法寻求保护。无偿地利用他人劳动所形成的声誉而"搭便车"的行为显然有违于"诚实信用"或"公认的商业道德",反不正当竞争法规定了对违反"诚实信用原则"和"公认的商业道德"行为的限制,但是该法调整的是竞争者之间的法律关系,而"虚构形象商业化权"的权利人一般与可能的侵权人,即企业或其他经营主体与著作权人或创作人员之间很少有直接的竞争关系,因而很难将"虚构形象商业化权"完全纳入反不正当竞争法范畴进行规范。此外,不适当地扩展反不正当竞争法的适用范围使之保护"虚构形象商业化权",将引起知识产权诸法域之间的交叉保护、重叠保护、选择保护等一系列复杂繁杂的法律技术问题,容易引致理论上的不协调和实践中的不统一,并且直接提升了法律实施成本。

郑成思教授曾经指出,在一般民法的人身权与著作权之间,以及在商标权、商号权、商誉权与著作权之间,存在着一个边缘领域,把这一边缘领域的问题无论单放到人身权或商标权领域,还是单放到版权领域解决,都难以得出令人满意的答案。"虚构形象商业化权"即属于这一领域的一种权利。

我们认为,应该尽快在我国法律体系内设立"虚构形象商业化权",这样既能鼓励人们为了实现商业价值而努力创作更多的虚构形象,又可以制止商家无偿地利用权利人所创造的信誉而牟取不当得利。当然,在具体确立"虚构形象商业化权"时,我们应该合理的划定该权利的范围边界。这是因为,任何一项创作都是建立在公共知识的汲取之上,没有任何一个知识产权权利不存在对前人和他人作品的借鉴,如果没有整个社会知识的积累,根本就不可能有权利人之权利的产生。并且,权利人的新作品一旦产生之后,亦成为社会资源的一部分,成为他人创作的素材和源泉。知识产权法所保护的目的就在于促进人类文明的进步和社会财富的增长,它在赋予权利人一定期限的独占权,补偿权利人的劳动付出,激励其新的创作的同时,也保证了社会成员能够充分地获取相应的资源与信息。所以,在确立"虚构形象商业化权"时,恰当地划分私权领域与公权领域的界限具有重要的意义。

## 第五节　特许经营权

**一、特许经营权的概念**

一般认为,"特许经营"一词来源于英文 Franchise。实际上,英文 Franchise 是由法文 Franc 演变而来的。本意是"不受奴役",发展到 Franchise 就有了"特许"和"自由"的涵义。特许经营是与直营连锁、自由连锁并列的连锁经营的 3 种类型之一,是一种拓宽业务、销售商品和服务的营业方法,而非一个行业。我国 2007 年 2 月 6 日颁布的《商业特许经营管理条例》中指出,特许经营是指特许人将自己所拥有的商标(包括服务商标)、专利和专有技术等经营资源以合同的形式授予受许人使用,受许人按合同规定,在特许人统一的经营模式下从事经营活动,并向特许人支付相应的特许经营费用。国际特许经营协会对特许经营的概念是,特许经营是特许人与受许人之间的一种契约关系。根据契约,特许人向受许人提供一种独特的商业经营特许权,并给予人员训练、组织结构、经营管理、商品采购等方面的指导与帮助,受许人向特许人支付相应的费用。

特许经营的核心是知识产权,其本质特征是知识产权的许可及运作。

在特许经营中,特许人知识产权的总和即所谓特许经营权,亦可称为特许权或特许组合权。特许经营权是指为了实现一定的商业目的,由特许人拥有并授予受许人使用的具有市场竞争力的商业要素的组合。根据其权利内容的不同,特许经营权可分为以下四项权能:

1. 特许识别权。特许识别权是特许人授予受许人使用其识别体系的权利,包括理念识别、品牌识别、行业识别和店铺识别。特许识别权是特许权的基本载体。通过企业识别,使消费者对加盟店获得与总部直营店一致的形象。在特许识别权中,注册商标是其核心内容,是特许经营权最基本的内容。

2. 特许销售权。特许销售权是指特许人授予受许人销售其产品和服务的权利,是特许经营权的基本内容之一。其中,产品销售权和服务销售权是特许销售权的两种方式。产品销售权有两种方式:①特许人授权受许人生产并销售其产品,如可口可乐授权加盟的灌装厂生产和销售可口可乐饮料;②特许人授权受许人销售其产品,如联想1+1专卖店获得销售联想电脑等产品的专有权。

服务销售权通常有下列三种方式:①单纯销售服务,不与产品销售结合在一起,如21世纪房地产中介;②与产品销售结合在一起,在销售产品的同时,销售服务,如麦当劳特许方式,服务是与食品一起销售的;③在销售产品的同时提供售后服务。售后服务作为产品制造商和销售商法定或约定的附随义务,事实上也是一种销售,如广州本田专卖店提供的售后服务。

3. 特许技术权。特许技术权是特许人授予受许人实施专利和专有技术的权利。专利和专有技术的保护是为了提高特许体系的技术竞争力。然而,并不是每个特许体系中都存在着特许技术权,在协议特许体系中,可能并无专利和专有技术,尤其是一些销售服务的特许体系中更是如此。

4. 特许管理权。特许管理权是特许人授予受许人使用其管理技术的权利。由于特许体系是由众多独立的加盟商组成,加盟商个人的管理能力参差不齐,因此,对特许经营体系而言,经营管理技术或管理诀窍就显得尤为重要。如果没有良好的经营管理体系,必将导致部分加盟商的失败,从而损害特许体系的形象、声誉,进而危及整个特许体系的生存。

二、特许经营与知识产权的关系

如上所述,特许经营一词本意是"授权"。所授何权?知识产权。特许经营是与知识产权联系在一起的一种经营方式,具体而言,是与商标权、专利权、著作权、商业秘密权等紧密结合的一种商业运作手段。可以毫不夸张地说，没有知识产权的保护，特许经营就将失去存在的基础，知识产权是特许经营的核心。

1. 特许经营权使用中的商标权问题。传统理论认为，商标是商品的生产者或经营者为使自己的商品或服务在市场上同其他商品生产者或经营者的商品或服务相区别，而使用于商品的或其包装上的，由文字、图形或文字、图形的组合所构成的一种标记。世界知识产权组织（WIPO）给商标的定义是：商标是用来区别某一工业或商业或这种企业集团的商品的标志。特许经营运作模式的商标权问题主要涉及到商标许可问题，可以这么说，注册商标的许可使用成为特许经营权许可使用的核心内容和基本的载体。商标使用许可有普通许可、排他许可和独占许可等方式，这几种方式在前面章节中已经有所介绍，在一般情况下，特许经营不采用普通许可方式。在特许经营中，特许人应当尽量避免与加盟店之间产生竞争关系，因此，排他许可的方式一般也不宜采用。

特许经营一般均采用独占许可的方式，受许人的独占使用权将使其权益得到保障，让他更乐意于加盟特许体系。然而，值得一提的是，特许体系采用独占许可的方式，目的是严格划分市场区域，保证受许人的利益。但是，市场的发展和变化越来越快，而特许经营合同的期限很长，完全采用独占许可方式，将有可能错失发展良机，损害特许体系的整体利益，所以，特许经营合同通常会对独占许可方式进行有条件的保留。最典型的保留条件就是所谓的"半径规则"：即特许经营合同规定，总部不得在加盟店半径多少米范围内自己或让第三者经营公司店铺。

2. 特许经营权运作中的专利权问题。在特许经营模式下，特许经营权可能包含有专利权，但并非所有特许经营权都包含有专利权，他们之间并无必然的联系。同时，特许人所拥有的专利技术，并不一定都需要许可受许人实施，应当根据特许经营的需要予以确定。总的来说，专利实施许可也有以下三种方式：普通实施许可、排他实施许可和独占实施许可，其各自的内涵类似于商标权的三种许可方式。特许经营的专利实施许可方式应当与特许经营对市场区域的划分和保护方式相一致，通常都是独占实施许可的方式。

关于专利技术的后续改进问题，根据合同法的规定，当事人可以按照互利的原则，在专利实施许可合同中约定实施专利后续改进的技术成果的分享方法；没有约定或者约定不明确的，可以协议补充；不能达成补充协议的,按照合同有关条款或者交易习惯确定;仍不能确定的,一方后续改进的技术成果,其他各方无权分享。特许人与受许人对专利的后续改进的技术成果,应当按照上述规定确定。

3. 特许经营权运作中的商业秘密问题。商业秘密是指不为公众所知悉、能为权利人带来经营利益,具有实用性并经权利人采取保密措施的技术信息和经营信息。根据这3个条件,不仅传统的专有技术可以成为商业秘密,企业的很多经营管理信息,如管理方法、财务信息、客户资料、人事信息等,都可以成为商业秘密而受到各成员知识产权法的保护。[1]

特许经营权一般都包含有商业秘密,如特许人开发制定的机密性的店铺操作手册,这是特许经营企业一般都具有的。有的商业秘密对企业起着核心作用,例如:可口可乐通过特许经营模式在全球各地建立了大量的灌装厂,但可口可乐总部对其配方严格保密,由总部统一生产饮料的原浆,然后向灌装厂提供,由灌装厂稀释、加工、分装后销售。又如"全聚德"是国内著名的餐饮企业,也是国内特许经营的先行者。"全聚德"的烤鸭享誉中外,其技术属于商业秘密,对"全聚德"的发展起着至关重要的作用。商业秘密特别是核心商业秘密对企业的影响是重大的,决定性的,因此,加强商业秘密的保护也成为特许经营企业知识产权保护的重要内容。

特许经营的经营特点决定了商业秘密必然有多个独立的个体所享有,而商业秘密对企业的重要影响力又决定了商业秘密必须具有秘密性。在特许经营中如何协调这对矛盾?通常来看,一般主要有以下几种方式由特许人同时许可多个受许人合法使用和拥有:

(1)在特许人与受许人所签订的合同中要明确有关受许人保守商业秘密的要求,以及商业秘密使用人应负的保密义务,不得向他人泄露、披露、公开其获取的商业秘密;不得向他人有偿或无偿转让其掌握的商业秘密。

(2)特许人与受许人签订《商标使用许可合同》。

(3)受许人均应与其所有雇员签订《保护商业秘密协议书》,防止其雇员违反合同或违反权利人保守商业秘密的要求,发生侵犯商业秘密的行为。

(4)依靠《刑法》中的规定处理侵犯商业秘密行为。

(5)根据国家工商局规定,对违法披露、使用他人商业秘密并造成不可挽回的损失的,工商行政管理机关可采取行政处罚措施。

---

〔1〕 周忠海等:《国际法学述评》,法律出版社2001年版,第733页。

# 第六章 知识产权国际保护法律制度

## 第一节 知识产权国际保护概述

　　知识产权的法律保护主要是通过各国国内立法和司法实践来实现的。随着商品经济的发展，科学技术的进步以及文学、艺术创作的繁荣，智力性创造成果的财产价值以及对其应采取的法律保护措施也就越来越受到人们的关注。然而，由于知识产权具有严格的地域性，一国所授予的知识产权仅在该国有效，例如，在一国取得的商标权仅在该国的领域内受到该国的法律保护。因此，如果某种带有注册商标的商品越出国境，并同时希望能够得到该外国的法律保护时，就会产生知识产权的国际保护问题。

　　由于各国对知识产权的立法和司法实践不同，为了使在一国产生的知识产权在国外也能获得该外国法律的保护，各国通常以签订双边或多边协定的方式来调整知识产权在国外的各种关系，而其中的多边协定，即保护知识产权的国际条约就成为其国际保护的重要法律依据。

　　在版权方面，欧洲国家先后签订了一些双边协定，至19世纪下半叶，版权国际保护的中心转向了多边协定。1850年，法国颁布法令，规定所有作品不论作者国籍或作品发表国，都受法国版权法的保护。1879年，各国文学家在巴黎组成"国际文学联盟"，它是伯尔尼公约最早的倡议者。到1886年，版权领域保护水平相当高的国际公约——《保护文学艺术作品伯尔尼公约》正式签订，版权的国际保护制度逐渐完善起来。

　　1872年，奥匈帝国在维也纳举办发明博览会，宣布为参展的外国发明、外观设计、商标提供临时保护，并在维也纳召开第一次国际专利会议，呼吁为专利提供国际保护。到1883年，11个国家签署了《保护工业产权巴黎公约》，该公约奠定了工业产权国际保护的基础。此后签订的世界或区域性专利公约逐步完善了专利权的国际保护制度。

　　欧洲是国际贸易最早发达的地区，早在19世纪后半期，欧洲就召开国际会议，讨论包括商标权在内的工业产权的国际保护问题。《保护工业产权巴黎公约》、《商标国际注册马德里协定》、《商标注册条约》等国际公约和另外一些区域性商标保护的有关公约的陆续签订,逐渐推进了商标国际保护制度的发展。[1]

在一系列重要的国际公约中,除《世界版权公约》由联合国教科文组织管理外,其他大都由世界知识产权组织国际局管理或参与管理。

1995年1月1日,世界贸易组织成立后,《与贸易有关的知识产权协议》(简称TRIPS协议)除了保护与贸易有关的知识产权外,还引入了世贸组织的争端解决机制,这势必将知识产权的国际保护推向更高水平。

## 第二节 建立世界知识产权组织公约

### 一、《建立世界知识产权组织公约》概述

19世纪末,《保护工业产权巴黎公约》和《保护文学艺术作品伯尔尼公约》订立后,分别成立了两个"国际局",以便管理两个国际公约。1893年,这两个国际局合并为后来的"保护知识产权联合国际局"。1967年7月14日,缔约国在斯德哥尔摩修订上述两个国际公约的同时,签订了《建立世界知识产权组织公约》(Convention Establishing World Intellectual Property Organization 以下简称《公约》),成立了世界知识产权组织(World Intellectual Property Organization,简称WIPO)。1970年4月26日公约生效后,原保护知识产权联合国际局的全部职能即转由世界知识产权组织兼管。1974年,世界知识产权组织成为联合国的一个专门机构。

我国于1980年成为该组织的成员国,这是我国参加的第一个保护知识产权的国际公约。

《公约》规定了世界知识产权组织的宗旨:①通过各国间的合作,并与其他有关国际组织适当配合,促进在全世界保护知识产权;②保证各联盟间的行政合作。为了实现第一个宗旨,世界知识产权组织积极鼓励缔结新的知识产权条约,促进各国知识产权立法的国际化与现代化。而第二个宗旨,则体现在世界知识产权组织把绝大多数知识产权国际联盟的行政工作集中在该组织的国际局,加以管理。

---

[1] 刘李胜:《知识产权保护与国际技术贸易》,中国经济出版社1995年版,第22页。

《建立世界知识产权组织公约》共有21条，其中第2条第8款对知识产权的范围进行了界定，包括：

（1）关于文学、艺术和科学作品的权利。

（2）关于表演艺术家的演出、录音和广播的权利。

（3）关于人类在一切领域的发明的权利。

（4）关于科学发现的权利。

（5）关于工业品外观设计的权利。

（6）关于商品商标、服务商标、厂商名称和标记的权利。

（7）关于制止不正当竞争的权利。

（8）在工业、科学、文学或艺术领域里一切其他来自知识活动的权利。

另外，《公约》第16条明确规定"对本公约不允许有保留。"这就意味着所有公约的成员国都对上述公约知识产权的范围表示接受。

按照《公约》第5条的规定，任何《巴黎公约》或《伯尔尼公约》的参加国都可以加入世界知识产权组织。另外，其他国家只要具备了下列两个条件之一的，也可以成为世界知识产权组织的成员国：

（1）联合国、联合国专门机构、国际原子能组织成员或国际法院成员。

（2）应大会的邀请参加本公约的国家。

世界知识产权组织的总部设在日内瓦，国际局为其秘书处，负责管理大多数的知识产权国际公约。

## 二、世界知识产权组织管理的知识产权国际公约[1]

（一）在工业产权领域，世界知识产权组织主要管理以下国际公约

（1）《保护工业产权巴黎公约》（简称"巴黎公约"），1883年于巴黎签订，1967年于斯德哥尔摩作最后修订，1979年作了个别修正。

（2）《工业品外观设计国际备案协定》，1925年于海牙签订，1967年于斯德哥尔摩作最后修订，1975年增加了议定书，1979年作了个别修正。

（3）《工业品外观设计国际分类协定》（简称"洛迦诺协定"），1968年于洛迦诺签订，1979年作了个别修正。

（4）《商标注册条约》，1980年于维也纳签订。

（5）《商标国际注册马德里协定》（简称"马德里协定"），1891年于

---

[1] 郑成思主编：《知识产权法教程》，法律出版社1993年版，第315~318页。

马德里签订，1967 年于斯德哥尔摩最后修订，1979 年作了个别修正，1989 年又增加了议定书。

(6)《为商标注册目的而使用的商品和服务的国际分类协定》（简称"尼斯协定"），1957 年于尼斯签订，1977 年于日内瓦最后修订，1979 年作了个别修正。

(7)《商标图形国际分类协定》（简称"维也纳协定"），1973 年于维也纳签订。

(8)《制裁商品来源的虚假或欺骗性标志协定》，1891 年于马德里签订，1958 年在里斯本最后修订，1967 年又作补充。

(9)《保护原产地名称及其国际注册协定》（简称"里斯本协定"），1958 年于里斯本签订，1967 年于斯德哥尔摩最后修订，1979 年作了个别修正。

(10)《保护植物新品种国际公约》，1961 年签订，1991 年于日内瓦最后修订，但生效的最后文本是 1978 年于日内瓦修订的文本。

(11)《专利合作条约》，1970 年于华盛顿签订，于 1979 年及 1984 年分别作了个别修正及更改。

(12)《专利国际分类协定》，1971 年于斯德拉斯堡签订，1979 年作了个别修正。

(13)《为专利申请程序的微生物备案取得国际承认条约》（简称"布达佩斯条约"），1977 年于布达佩斯签订，1980 年作了个别修正。

（二）在版权领域，世界知识产权组织主要管理以下国际公约

(1)《保护文学艺术作品伯尔尼公约》（简称"伯尔尼公约"），1886 年于伯尔尼签订，1971 年于巴黎最后修订，1979 年作了个别修正。

(2)《保护表演者、录音制品制作者与广播组织公约》（简称"罗马公约"），1961 年于罗马签订。

(3)《保护录音制品制作者防止未经许可复制其制品公约》（简称"录音制品公约"或"唱片公约"），1971 年于日内瓦签订。

(4)《印刷字体的保护及其国际保存协定》，1973 年于维也纳签订。

(5)《关于播送由人造卫星传播的载有节目信号公约》（简称"布鲁塞尔卫星公约"），1974 年于布鲁塞尔签订。

(6)《避免对版权使用费收入重复征税多边公约》，1979 年于马德里签订。

(7)《视听作品国际登记条约》，1989 年于日内瓦签订。

(8)《世界知识产权组织版权公约》，1996年12月签订。
(9)《世界知识产权组织表演与录音制品条约》，1996年12月签订。

(三) 在兼有工业产权和版权领域，世界知识产权组织主要管理以下国际公约

(1)《科学发现的国际登记条约》，1978年于日内瓦签订。
(2)《保护奥林匹克会徽条约》，1981年于内罗毕签订。
(3)《集成电路知识产权条约》，1989年于华盛顿签订。

## 第三节 保护工业产权巴黎公约

### 一、《巴黎公约》概述

《保护工业产权巴黎公约》（Paris Convention for the Protection of Industrial Property），签订于1883年，是国际上最早的保护工业产权的公约。

进入19世纪以后，随着资本主义经济迅速发展，商品生产和商品交换的范围日益扩大，体现在商品中的新技术、新工艺，如技术发明等智力创造的成果也逐渐为社会所承认，并且具有商品属性。为了保护这种无形的财产，许多国家相继建立了保护工业产权的制度。商品生产的发展使商品交换超越了国界，逐步兴起了国际贸易，同时也带来了体现在新商品中的新技术、新工艺的出口问题，对此不能不考虑在国际范围内为工业产权寻求法律保护。但是，由于各国法律制度的差异及其他种种原因，一种工业产权要在几个国家都取得保护是相当困难的。19世纪后半叶，人们强烈要求在国与国之间制订有关协调各国工业产权的法律。

1878年，在巴黎举行了第一次工业产权国际会议，这次会议决定召集一次正式外交会议，在工业产权领域确定统一的立法基础。1880年，法国政府邀请一些国家参加在巴黎召开的国际会议，这次会议通过了一份公约草案。

1883年在巴黎召开了另一次外交会议，批准并签署了《巴黎公约》。当时在条约上签字的共有11国，它们是比利时、巴西、法国、危地马拉、意大利、荷兰、葡萄牙、萨尔瓦多、塞尔维亚、西班牙和瑞士。《巴黎公约》分别于1900年12月14日在布鲁塞尔、1911年6月2日在华盛顿、1925年11月6日在海牙、1934年6月2日在伦敦、1958年10月31日在

里斯本、1967 年 7 月 14 日在斯德哥尔摩修订，并于 1979 年 10 月 2 日进行了修正。中国于 1985 年 3 月 19 日正式成为《巴黎公约》的缔约国。

《巴黎公约》对所有国家开放，无论哪一个国家，只要这个国家的法律能保证《巴黎公约》条款在本国生效，就可以向世界知识产权组织总干事提交加入书。世界知识产权组织总干事向各成员国发出通知之日起 3 个月内，不需要任何批准手续，就可成为《巴黎公约》的成员国。

《巴黎公约》共 30 条，分为实体与行政两大部分。从第 1～11 条是实体条文，明确规定了各成员国国内法（主要包括专利法、商标法、反垄断法或反不正当竞争法）所不能违背的一些共同准则，也就是对所有参加国国内立法提出的最基本要求。第 12～30 条属于行政条文，它们对缔约国的国内法没有太大的影响，主要涉及参加公约所需履行的手续、公约各文本的生效日期、管理公约的国际机构等。

《巴黎公约》规定工业产权的保护对象有专利、实用新型、工业外观设计、产品商标、服务商标、商号、产地标记或原产地名称以及制止不正当竞争。另外，工业产权应做最广义的理解，不仅适用于工商业本身，而且也应同样适用于农业和采掘工业以及一切制成品或天然产品，例如酒类、谷物、烟叶、水果、牲畜、矿产品、矿泉水、啤酒、花卉和面粉等。同时，公约还规定，专利应包括本同盟成员国法律上承认的各种工业专利，如进口专利、改进专利、增补专利和补充证书等。

《巴黎公约》并没有制订一个统一的专利法，也没有规定统一的专利标准。一个发明人在一缔约国取得的专利权，并不能自然而然地在其他成员国发生效力。但《巴黎公约》还是规定了一些实质性条款，在这些条款中，最显著的就是《巴黎公约》的 3 项基本原则：国民待遇、优先权和各国工业产权独立原则。

**二、国民待遇原则**

（一）《巴黎公约》中国民待遇原则的含义

在《巴黎公约》中，国民待遇包括两方面的含义：一是在工业产权的保护上，各成员国必须在法律上给予其他成员国的国民以本国国民能够享有的同样待遇;[1]二是即使对于非公约成员国的国民,只要他在某个成员国有住所,或有实际从事工商业活动的营业所,也应当享有同该成员国国民相同的待遇。[2]对于公约成员国的国民来说,则不要求他们必须在成员国国内有居住地或营业所。例如,一个居住在新加坡(非《巴黎公约》成员国)的英国国民,在申请和获得专利及维持专利权方面,均应在各个《巴黎公约》成员国国内享有国民待遇。

国民待遇原则在《巴黎公约》及其他保护工业产权的国际公约中,都是位于第一位的首要原则。一个成员国国民在其他成员国中能够获得国民待遇,正是缔结《巴黎公约》所希望达到的主要目的。

(二)《巴黎公约》中若干概念的特定含义[3]

《巴黎公约》中的"国民"既包括自然人也包括法人。自然人的国民,指的是拥有一国国籍的人。对于具有双重或多重国籍的人而言,只要其中的一个国籍国是《巴黎公约》成员国,该自然人就符合"国民"的条件。至于法人,一般是指根据该国法律建立或承认的具有民事权利及行为能力的社会组织,其在符合条件的情况下也可以享有国民待遇。对于非成员国国民在成员国内的"住所",一般只要是较长期的住所就够了,不一定要具有户籍。而"营业所"则必须是实际从事工商业活动的处所,不能是虚设的。例如仅仅设了一个简单的办事处,而不实际从事工商业活动,则不能算作在该国有营业所。

根据《巴黎公约》的规定,国民待遇原则适用于各成员国依自己国内的法律给予本国国民的各种待遇。这里讲的"国内法律"不仅包括成文法、国内判例,还包括工业产权管理部门在行政管理上的惯例。此外,如果该成员国是某一国际公约的缔约国,那么该公约的基本原则也属于《巴黎公约》所指的国内法律的内容。

---

[1]《巴黎公约》第2条:①任何本同盟成员国的国民,在工业产权保护方面,在其他本同盟成员国内应享有各该国法律现在或今后给予该国国民的各种利益;本公约所特别规定的权利不得遭受任何损害。因而,他们只要遵守对该国国民适用的条件和手续,就应和该国国民享有同样的保护,并在他们的权利遭受任何侵害时,得到同样的法律救济。②然而,被请求保护的国家不得要求本同盟成员国国民必须在该国有永久住所或营业所才能享有工业产权权利。③本同盟成员国法律关于司法及行政程序、管辖权力以及送达通知地址的选定或代理人的指定的规定,凡属工业产权法律所要求的,特声明保留。

[2]《巴黎公约》第3条:非本同盟成员国国民,在一个本同盟成员国的领土内有永久住所或有真实的、有效的工商营业所者,应享有与本同盟成员国国民同样的待遇。

[3] 参见郑成思主编:《知识产权保护实务全书》,中国言实出版社1995年版,第104页。

《巴黎公约》允许在实行国民待遇原则时予以保留，但范围是限定的，即各成员国在涉及工业产权保护的领域中，凡是有关司法及行政程序、管辖权力及送达通知地址的选定或代理人的指定的规定方面，可以声明保留，即不给外国人以国民待遇。事实上，按照国际法的原则，外国人在任何国家要享有不折不扣的国民待遇，都是不可能的。例如，在任何国家，都不会让外国人享有选举权，在工业产权的国际保护上也是如此。大多数国家的法律，都不允许外国人在本国充当专利代理人；绝大多数国家都要求外国人申请专利时必须在本国有通信地址，或指定一个由本国国民充当的代理人等等。在这些方面，国民待遇原则就被保留，不予实行了，这都是合理的，因此被《巴黎公约》所承认。[1]

### 三、优先权原则

《巴黎公约》规定了优先权所包括的具体内容：如果某个可享有国民待遇的人以一项发明首先在任何一个成员国中提出了专利申请，或以一项商标提出了注册申请，自该申请提出之日起的一定时期内（发明专利或实用新型为12个月，商标或外观设计为6个月），如果他在别的成员国也提出了同样的申请，则这些成员国都必须承认该申请在第一个国家递交的日期为本国的申请日。这就是"国际优先权"。

优先权原则的作用主要是使发明人或商标专用权人在第一次提出申请后，有充分的时间考虑还要在哪些成员国提出申请，并有时间选择其他国家的法律代理人，办理必要的手续等。他不必担心在这段时间里有其他人以相同的发明或商标在其他国家抢先申请专利或注册商标，因为他的第一次申请日是"优先"的。

### 四、各国工业产权独立原则

工业产权的独立原则是指成员国应根据本国的法律决定是否给予某一申请以工业产权保护，而不受其他成员国所提供的保护状况的影响。

就专利权而言，《巴黎公约》明确规定同一发明在不同国家所获得的专利相互无关。同时进一步规定，公约成员国国民向另一成员国申请的专利与他在其他国家的同一发明所获得的专利无关；另外，该规定具有绝对的意义，特别是在优先权期内申请的专利，就其失效和撤销理由以及其正常期间而言，都是相互无关的。

就商标权而言，《巴黎公约》也规定同一商标的注册条件在不同国

---

[1] 参见郑成思主编：《知识产权保护实务全书》，中国言实出版社1995年版，第104页。

家所受的保护相互无关。具体而言，申请和注册商标的条件，由成员国的本国法律决定。另外，对一个成员国国民提出的商标注册申请，不能以未在所属国申请、注册或续展为理由加以拒绝或使其注册无效。同时，在一个成员国正式注册的商标与其在其他成员国注册的商标是无关的。

**五、临时性保护和宽限期**

《巴黎公约》对发明、实用新型、工艺品外观设计和商标的临时性保护问题作出了规定，即成员国应按其本国法律，对在任何一个成员国内举办的官方或经官方认可的国际展览会展出的商品给予临时保护。在临时保护期内，各国均不允许其他人以展出的任何内容申请工业产权。

《巴黎公约》第5条则是关于撤销一项工业产权时给予一定宽限期的规定。公约要求各成员国在某一工业产权的期限届满后，再提供6个月宽限，只有过了宽限期仍未交付有关费用，才能宣布撤销有关的专有权。

## 第四节 保护文学艺术作品伯尔尼公约

**一、《保护文学艺术作品伯尔尼公约》概述**

《保护文学艺术作品伯尔尼公约》（简称《伯尔尼公约》）于1886年9月9日在瑞士伯尔尼缔结，当时签订的国家有10个。[1]经8个国家批准后，于1887年12月5日生效。后于1896年5月4日在巴黎补充，1908年11月13日在柏林修订，1914年3月20日在伯尔尼补充，1928年6月2日在罗马修订，1948年6月26日在布鲁塞尔修订，1967年7月14日在斯德哥尔摩修订，目前的最新版本为1971年7月24日在巴黎修订的文本。《伯尔尼公约》是版权领域第一个世界性多边国际公约。

我国于1992年7月1日加入该公约，1992年10月5日正式对中国生效，批准了该公约的1971年最新文本。依据我国政府的声明，自1997年7月1日香港回归后，该公约亦适用于中国香港特别行政区。

---

[1] 分别是法国、比利时、英国、海地、意大利、利比里亚、西班牙、瑞士、德国、突尼斯。

## 二、《伯尔尼公约》的主要原则

### （一）国民待遇原则

国民待遇原则贯穿于《伯尔尼公约》的大部分实体条文，其中主要体现在第3～5条。例如，该公约第5条规定：就享受本公约保护的作品而言，在来源国以外的其他缔约国享有该国法律现在或将来给予其国民的权利，以及本公约特别授予的权利。

对于国民待遇原则的适用范围，公约规定：

（1）伯尔尼公约成员国国民，无论其作品是否出版，均受到保护。这是公约的"作者国籍"标准。

（2）非伯尔尼公约成员国的国民，只要其作品首次在某一成员国出版，或在某个成员国和其他非成员国同时出版的，也受到公约的保护。这是公约的"作品国籍"标准。

（3）非伯尔尼公约成员国的作者，但定居于某一成员国国内的，也受到保护，即适用公约的"作者国籍"标准。

（4）对于电影作品的作者，即使其不是成员国国民，只要电影制片人总部或惯常居所位于公约成员国境内的，也受到公约保护，即适用公约的"作品国籍"标准。

（5）建筑作品即建筑物中的与建筑相连的艺术作品的作者，即使其不是成员国国民，只要有关建筑物位于公约成员国境内，则有关建筑物作品或艺术作品均受到公约保护，即适用公约的"作品国籍"标准。

### （二）自动保护原则

《伯尔尼公约》第5条第2款规定，享有及行使依国民待遇所提供的有关权利时，不需要履行任何手续，这就是自动保护原则。按照这一原则，公约成员国国民及在成员国有长期居所的其他人，在作品创作完成时即自动享有版权；如果是非成员国国民且又在成员国无长期居所者，则其作品首先在成员国出版时即享有版权。

不过，公约虽然没有要求履行手续才能获得版权，但它要求必须"将作品固定在有形物上"，这就把无载体的作品排除在公约的保护范围之外。

### （三）版权独立原则

《伯尔尼公约》第5条第2款规定，享有国民待遇的作者在公约任何成员国所得到的版权保护，不依赖其作品在来源国受到的保护；在符合公约最低保护要求的前提下，该作者的权利受到保护的水平、司法救济方式等，均完全适用提供保护的那个成员国的法律。

关于公约规定的版权独立原则,主要包括三种情况:

(1) 在公约成员国中,有些国家的版权法可能要求其国民的作品要履行一定手续才能受保护。在这种情况下,如果该国的作者在其他成员国要求版权保护时,其他成员国不能因其本国要求履行手续而专门要求该作者也履行一定手续。

(2) 一位作者居住地及作品首次出版地都在某一成员国的作品,在该国以某种方式利用不构成侵权,在另一成员国以同样方式利用却构成侵权,那么后一国如遇这种利用版权的活动,不能因其在作品来源国不视为侵权而拒绝受理有关的侵权诉讼。

(3) 不能因作品来源国的保护水平低,而其他成员国就只给有关作者以低水平保护。当然,《伯尔尼公约》允许成员国在公约最低要求的限度内,适当降低保护水平。

另外,从《伯尔尼公约》第6条第2款的规定可看出,版权独立性原则不仅适用于其中的经济权利,而且适用于其中的精神权利。

(四) 最低保护原则

最低保护是指各成员国对于本国以外的成员国的公民的保护标准不低于伯尔尼公约要求的最低标准,也就是说若某一成员国的某些保护标准低于公约的规定,则它可适用于本国公民,但不能适用于其他成员国的公民。例如,《伯尔尼公约》第7条规定,对于作品的保护期限为作者有生之年加死后50年。若有的国家规定为有生之年加死后25年,则该规定虽可适用于本国作品,但对其他成员国的作品而言,应以公约规定的期限为准,即作者有生之年加死后50年。

### 三、《伯尔尼公约》的其他主要内容

(一) 公约保护的作品

《伯尔尼公约》第2条规定"受保护的作品"有:

(1) 一切文学、科学及艺术作品,不论其采取什么表现形式或表达方式,都属于公约保护的"作品"。

(2) 一切演绎作品及汇编作品。

(3)《公约》第2条以列举的方式列出了一系列属于"作品"的客体。

(4) 公约允许成员国不将实用艺术品、外观设计等视为"作品",即允许不用版权法而用工业产权法加以保护。

(二) 公约保护的权利

1. 经济权利。《伯尔尼公约》要求各成员国必须保护的经济权利共有

八项，即：①翻译权（第 8 条）；②复制权（第 9 条）；③表演权（第 11 条）；④广播权（第 11 条之二）；⑤朗诵权（第 11 条之三）；⑥改编权（第 12 条）；⑦录制权（第 9 条及第 13 条）；⑧制片权（第 14 条）。

另外，《伯尔尼公约》第 14 条之三还规定了"追续权"。所谓"追续权"是指作者就其艺术作品原件或文字、音乐作品手稿的再次转售，有权获得一定比例的报酬。[1]需要说明的是，虽然公约将"追续权"列在经济权利一类中，但其不是公约所规定的最低保护要求，成员国不是非授予作者这项权利不可。

2. 精神权利。《伯尔尼公约》要求各成员国必须保护的精神权利有 2 项，即：①"署名权"（第 6 条之二）；②"保证作品完整权"（第 6 条之二）。

公约所说的署名权，包括：①作者有权以任何方式在自己的作品上署名（署真名、假名或匿名）；②作者有权禁止他人在并非其作品上署其名（即禁止"冒名"）；③作者有权反对未作出应有贡献的他人强行作为"合作作者"在自己的作品上署名；④作者尤其有权反对他人在作品上删除自己的名字而署以他人的名字。

公约所说的"保证作品完整权"范围比较窄，它只包括禁止他人对其作品进行有损其声誉的歪曲，而不包括作者自己有权修改作品的意思。

(三) 权利的保护期限

关于作者经济权利的保护期限，《伯尔尼公约》第 7 条针对不同作品作出了不同规定：

（1）对一般文学艺术作品而言，公约给予的经济权利保护期不少于作者有生之年加死后 50 年，这个期限为保护的最低期限。

（2）对于电影作品，不少于从电影公映后 50 年或摄制完成后 50 年。

（3）对于匿名作品或署笔名的作品，不少于作品发表后 50 年。

（4）对于摄影作品或实用艺术作品，不少于作品完成后 25 年。

（5）对于合作作品，适用于上述各规定，但作者死后的保护期应从最后一位作者死亡时起计算。

关于作者精神权利的保护期，《伯尔尼公约》规定至少要与经济权利的保护期相等，也可以提供无限期保护。

---

[1] 郑成思：《知识产权论》，法律出版社 2001 年版，第 532 页。

## （四）追溯力

《伯尔尼公约》第 18 条规定，公约的最低要求，不仅适用于某个成员国参加公约之后来源于公约其他成员国的作品，而且适用于该成员国参加公约之前即已经存在的、虽然对该成员国来说已进入公有领域，但在其来源国仍受保护的作品。这就是说，《伯尔尼公约》对于新参加它的国家而言，在作品的保护范围上是有追溯效力的。

另外，公约允许成员国之间订立双边或多边条约来限制公约的追溯力。对于原先在成员国之间已缔结的、限制追溯力的双边或多边协定，公约也承认其依旧有效。

## 第五节 世界版权公约

### 一、《世界版权公约》概述

《世界版权公约》是继《伯尔尼公约》之后又一个保护版权的国际性公约。其宗旨是保证所有国家对文学、科学、艺术作品的版权给予保护，补充而又无损于现行各种国际制度的版权保护制度。

《世界版权公约》于 1952 年 9 月 6 日在日内瓦签订，1971 年 7 月 24 日在巴黎作过一次修订，由联合国教科文组织管理。我国于 1992 年 7 月 30 日加入该公约，1992 年 10 月 30 日公约在我国生效。

《世界版权公约》主要是由美国发起和签署的，反映了英美法国家版权法律制度的特点，如实行非自动保护原则，不保护作者的人身权，以复制权为中心等。另外，相比《伯尔尼公约》而言，其提供的保护水平较低，参加国也大部分是《伯尔尼公约》的缔约国。

### 二、《世界版权公约》的基本原则

1. 国民待遇原则。《世界版权公约》也规定了国民待遇原则。即各公约成员国应给参加公约国作者以相当于本国国民享受的版权保护。在适用国民待遇原则时也是兼采"作者国籍"标准和"作品国籍"标准。

2. 非自动保护原则。当初，美国及许多泛美版权公约成员国均实行版权的"登记保护制"，这与《伯尔尼公约》的自动保护原则是相冲突的。而《世界版权公约》则采取了"两迁就"的规定，即它没有要求以登记、交费或其他程序作为版权保护的前提，也没有沿用《伯尔尼公约》的自动保护原则。

《世界版权公约》第 3 条规定，作品在首次出版时，每份复制本上均须标有"版权标记"，方能在一切成员国中受到保护。如果已经有了版权标记，各成员国就不应再要求履行登记手续或其他手续。版权标记应包含三项内容：①作品的出版年份；②版权保留声明；③版权人名称。

3. 版权独立原则。《世界版权公约》允许缔约国依本国法在一定条件下，将非本国国民或其他成员国国民视为本国国民提供版权保护，允许缔约国依其内国法要求履行特定手续作为获得版权保护的条件。即缔约国可以独立地对其管辖范围内的版权人提供版权保护，这与《伯尔尼公约》的规定是一致的。

4. 无溯及力原则。《世界版权公约》第 7 条规定："本公约不适用于当公约在某成员国生效时，已永久进入该国公有领域的那些作品或作品中的权利。"按照该规定，如果原先其他成员国的作品在某个新成员国不受保护（即处于公有领域之中），则该成员国参加公约后，那些作品仍然不受保护，受保护的只是公约在该国生效之后在其他成员国产生的作品。

### 三、《伯尔尼公约》与《世界版权公约》的比较

作为并行的两个关于版权保护的多边国际公约，《伯尔尼公约》和《世界版权公约》既有相同之处，也存在着重大区别。具体为：[1]

（一）两公约的共同点

1. 国民待遇原则。在版权两公约中，国民待遇原则的含义基本相同，只是《世界版权公约》的行文稍微简单一些。这里的国民待遇原则都是指：享有公约各成员国依本国法已经为本国国民提供的版权保护；享有公约专门提供的保护。该原则主要体现在《伯尔尼公约》的第 3～5 条以及《世界版权公约》的第 2 条。

2. 版权独立原则。两公约都确立了版权独立原则，即享有国民待遇的作者在公约任何成员国所得到的版权保护不依赖其作品在来源国受到的保护，在符合公约最低要求的前提下，该作者的权利受到的保护水平、司法救济方式等均完全适用提供保护的那个成员国的法律。该原则主要体现在《伯尔尼公约》第 5、6 条以及《世界版权公约》的第 2～4 条中。

---

〔1〕 徐学银："《伯尔尼公约》与《世界版权公约》之比较"，载《徐州师范学院学报（哲社版）》1995 年第 3 期。

## (二) 两公约的区别点

1. 所保护的权利主体不同。《伯尔尼公约》第1条宣称：适用本公约的国家为保护作者对其文学和艺术作品所享权利结成一个同盟。即仅保护作者。而《世界版权公约》第1条中，把作者和其他版权所有者列为权利主体。其他版权所有者指的是作品的原始所有人，如作者的雇主、委托作品的委托人等。这样，后者中的权利主体就比前者多了许多，其中包括法人。

2. 追溯力的差别。对新参加的成员国而言，《伯尔尼公约》和《世界版权公约》就公约的追溯力作了截然不同的规定。《伯尔尼公约》第18条规定，对公约生效时尚未因保护期届满而在其来源国进入公有领域的作品，照样适用公约提供的保护。而《世界版权公约》第7条的态度是，公约在被主张给予保护的缔约国生效之日起于该国领域内未予保护过的作品的保护不适用，任其自生自灭，不负任何责任。这是两个公约的另一个重大区别。〔1〕

3. 自动与非自动保护的区别。《伯尔尼公约》实行自动保护原则，即作品一旦完成就自动受到法律保护，无需履行任何手续。《世界版权公约》则采取了非自动保护原则，虽然公约并没有要求登记、交费或其他程序作为获得版权的前提，但其要求作品在首次出版时标明版权标记。《世界版权公约》规定作品获得保护的程序条件并不复杂，但这毕竟是一个法律原则，是作品获得保护的程序要件。〔2〕

除此之外，《伯尔尼公约》与《世界版权公约》尚有其他区别，例如，保护期限不同，《伯尔尼公约》所规定的保护期较长，而《世界版权公约》规定的保护期较短；保护的范围和内容不同，《伯尔尼公约》保护作者的精神权利和经济权利，但《世界版权公约》对作者的精神权利无任何规定；另外，《伯尔尼公约》由世界知识产权组织监督履行和管理，而《世界版权公约》则由联合国教科文组织管理。

从上述分析可看出，《伯尔尼公约》对版权的保护要比《世界版权公约》高出许多，前者保护的范围更广，保护的体制也更加完善，而保护水平高则意味着所要履行的义务也就更多。在《世界版权公约》缔结后，为防止一些国家从《伯尔尼公约》中退出转而参加《世界版权公约》，即防

---

〔1〕 刘春田主编：《知识产权法》，中国人民大学出版社2000年版，第388页。
〔2〕 刘春田主编：《知识产权法》，中国人民大学出版社2000年版，第387页。

止国际性的版权保护水平下降,《世界版权公约》规定在其生效后,任何原《伯尔尼公约》成员国,均可以再参加《世界版权公约》,但不得因此退出《伯尔尼公约》。否则,所有既是《世界版权公约》成员国,又是《伯尔尼公约》成员国的国家,将不为该国(即退出《伯尔尼公约》之国)提供《世界版权公约》要求提供的保护。这条规定可以对发展中国家例外。[1]但事实上,至今也还没有任何发展中国家退出《伯尔尼公约》。另外,由于大多数美洲国家已参加了《伯尔尼公约》,《世界版权公约》的实际作用已远不像缔结它的50年前那么重要了。[2]

另外,更具广泛性的《与贸易有关的知识产权协议》(TRIPS协议)规定,加入世贸组织的国家都应遵守《伯尔尼公约》1971年巴黎文本关于保护作者权的实质性条款中第1~21条及公约附件的规定,而《世界版权公约》则未予考虑。其结果是,TRIPS协议生效后,即使原来是《世界版权公约》的成员国加入世贸组织以后,也必须将自己的版权保护水平向《伯尔尼公约》看齐。所以就目前而言,《世界版权公约》的重要性已大幅度降低,基本上处于一种可有可无的状态。[3]

## 第六节 与贸易有关的知识产权协议(TRIPS协议)

### 一、TRIPS协议概述

(一)TRIPS协议产生的背景

1993年12月15日,包括中国在内的117个国家和地区,在日内瓦结束了乌拉圭回合多边贸易谈判,一致通过了包括TRIPS协议在内的乌拉圭回合最后文本。世界贸易组织(WTO)也于1995年1月1日正式成立。

在乌拉圭回合谈判中,在美国的竭力主导下,与贸易有关的知识产权(包括假冒货物贸易)被列入了多边谈判的议题。该议题指出,TRIPS协议的目标在于减少国际贸易的扭曲和障碍,并考虑给予知识产权充分有效的保护;保证实施知识产权的措施和程序本身不对合法贸易构成障碍;本次谈判应澄清GATT的规定,并制定新的规定。另外,还应确立处理假冒

---

[1]《世界版权公约》第17条。
[2] 参见郑成思主编:《知识产权保护实务全书》,中国实言出版社1995年版,第113页。
[3] 刘春田主编:《知识产权法》,中国人民大学出版社2000年版,第383页。

商品贸易的原则和规范,并不得损害世界知识产权组织和其他组织的相关互补性方案。该谈判采取了"一揽子"方式加以解决,经过各方的艰苦努力,最终于 1993 年 12 月 15 日达成了《与贸易有关的知识产权协议》(简称 TRIPS 协议)。

（二）TRIPS 协议的宗旨和目的

TRIPS 协议的序言部分开宗明义地阐明了该协议的宗旨：①减少对国际贸易的扭曲与阻碍因素；②促进对知识产权在国际范围内更充分、更有效的保护；③确保知识产权的实施及程序不对合法贸易构成壁垒。其目的是：通过知识产权的保护与权利的行使，促进技术的革新、技术的转让和技术的传播，以有利于社会经济的发展，促进生产者和技术知识所有者间互惠互利，并促进世贸组织成员间权利义务的平衡。

（三）TRIPS 协议的主要特点[1]

TRIPS 协议相对于以往的知识产权国际公约而言，有其自己的特点，具体为：

1. 保护水平高，在许多方面超过了现有的国际公约对知识产权的保护水平。在与国际知识产权保护相关公约的原则相协调的基础上，TRIPS 协议在保护范围、保护期限、权利与义务有关使用的规定以及相关保护措施等方面都大大超过了现有的国际公约。

2. 内容涉及面广，几乎涉及到知识产权的各个领域。协议允许把包括商业秘密在内的几乎所有知识产权形式都纳入了保护范围，对以往不保护或保护不力的商品均加强了保护，包括：对食品、药品和化学药品专利的保护；对电脑软件、集成电路设计也实施保护；强调对原产地标志的保护和制止假冒商品贸易以及版权方面的音像制品等。

3. 将 GATT 和 WTO 中关于有形商品贸易的原则和规定延伸到对知识产权的保护领域，既充分肯定了 GATT 的基本原则，同时也尊重相关国际公约。国民待遇和最惠国待遇是 GATT 的两条基本原则，也是相关国际公约所确认的。TRIPS 协议再次肯定这两条基本原则是知识产权国际保护中应予遵循的两大原则，并强调应与知识产权国际保护的其他重要原则充分协调。对此，TRIPS 协议规定：就本协议而言，缔约方须遵守《巴黎公约》(1967) 第 1~12 条和第 19 条的规定，而本协议第一部分和第四部分

---

[1] 于晓梅：《TRIPS 协议与我国知识产权法律保护问题研究》，第 8~9 页。资料来源：中国期刊网优秀博硕士学位论文全文数据库, http://www.cnki.net/index.htm.

所有的规定也不应背离成员方根据《巴黎公约》、《伯尔尼公约》、《罗马公约》和《有关集成电路和知识产权条约》所承担的现有义务。

4. 强化了协议的执行措施和争端解决机制。在处理有关知识产权争端方面，扭转了过去国际公约的不足，特别强调法律的制裁和措施，规定适用 WTO 的争端解决程序，从而加强了协议的约束力。而现有的国际公约均缺乏这样一个有效的争端解决机制。

**二、TRIPS 协议的基本原则**

1. 国民待遇原则。TRIPS 协议第 3 条规定，在知识产权保护方面，在遵守《巴黎公约》(1967)、《伯尔尼公约》(1971)、《罗马公约》或《关于集成电路的知识产权条约》中各自规定的例外的前提下，每一成员给予其他成员国国民的待遇不得低于给予本国国民的待遇。另外，TRIPS 协议的国民待遇的例外不仅限于上述 4 个公约中规定的情况，还包括有关司法和行政程序方面的例外，例如，在一成员管辖范围内指定送达地址或委派代理人。但这种例外应为保证遵守与协议规定发生不相抵触的法律和法规所必需，而且这种做法的实施不会对贸易构成变相限制。

2. 最惠国待遇原则。TRIPS 协议把国际间自由贸易的最基本的原则——最惠国待遇原则也引入了知识产权保护制度。TRIPS 协议第 4 条规定：对于知识产权保护，一成员对任何其他国家国民给予的任何利益、优惠、特权或豁免，应立即无条件地给予所有其他成员的国民。

但 TRIPS 协议的最惠国待遇原则有如下例外：

（1）由一般司法协助和法律执行的国际协定而产生，并非专为保护知识产权而设。

（2）依照《伯尔尼公约》(1971)或《罗马公约》的规定所给予，此类规定允许所给予的待遇不属于国民待遇性质而属在另一国中给予待遇的性质。

（3）关于本协议项下未作规定的有关表演者、录音制品制作者以及广播组织的权利。

（4）自《建立世界贸易组织协定》生效之前已生效的有关知识产权保护的国际协定所派生，只要此类协定已经通知与贸易有关的知识产权理事会，并且对其他成员的国民不构成任意的或不合理的歧视。

最惠国待遇原则同样不适用于在 WIPO 主持下订立的有关取得或维持知识产权的多边协定中规定的程序。

3. 权利用尽原则。权利用尽原则，又称权利穷竭原则，是知识产权法上一个特有的原则。它是指，一旦某一享有知识产权的产品在知识产权人的许可下投放市场，则知识产权人对该产品的权利就用尽了，无权再控制它们的进一步转销、分销或其他第三方对该产品的商业使用。

TRIPS 第 6 条规定，各成员国在遵守国民待遇和最惠国待遇规定的前提下，就本协议项下的争端解决而言，不得借协议的任何条款去涉及知识产权的权利用尽问题。

对于权利用尽问题，目前各国做法不一，因此，TRIPS 协议第 6 条的规定实际上是避开了这个问题，将其留给各成员自己去解决。

4. 对权利合理限制原则。TRIPS 协议第 7 条规定，知识产权的保护和实施应有助于促进技术革新及技术转让和传播，有助于技术知识的创造者和使用者的相互利益，并有助于社会和经济福利及权利与义务的平衡。另外，第 8 条规定，在制定或修改其法律和法规时，各成员可采用对保护公共健康和营养，促进对其社会经济和技术发展至关重要部门的公共利益所必需的措施，只要此类措施符合本协定的规定。

5. 最低保护标准原则。TRIPS 协议确立了保护知识产权的最低保护标准。协议第 1 条规定，各成员可以，但并无义务，在其法律中实施比本协定要求更广泛的保护，只要此种保护不违反本协定的规定。各成员有权在其各自的法律制度和实践中确定实施本协定规定的适当方法。

也就是说，各成员应当履行 TRIPS 协议规定的义务，这就是 TRIPS 协议的最低保护标准。对于超过协议标准的保护，各成员可以实施，但这并非成员方的义务。

### 三、TRIPS 协议的基本内容

TRIPS 协议共分为七个部分，第一至四部分规定了知识产权的效力、范围、使用标准、实施、知识产权的取得和维持的相关程序；第五至七部分则是争端的防止和解决、过渡性安排和机构组织、最后条款。

（一）TRIPS 协议规定的知识产权范围

1. 版权和邻接权。

（1）有关版权的规定。关于版权的保护，TRIPS 协议第 9 条规定，各成员必须遵守《伯尔尼公约》（1971）第 1～21 条及其附件的规定。但对于《伯尔尼公约》中关于互惠原则取得的权利及其由此引申的权利，各成员在本协定项下不享有权利和义务。另外，版权的保护仅延伸至表达方式，而不延伸至思想、程序、操作方法或数学概念本身。

TRIPS 协议第 10 条还将计算机程序和数据库特别纳入了版权保护的范

畴，该条规定，计算机程序，无论是源代码还是目标代码，都应作为《伯尔尼公约》(1971) 项下的文字作品加以保护。数据库或其他资料，无论机器可读还是其他形式，只要出于对其内容的选取或编排而构成智力创作，即应作为智力创作加以保护。该保护不得延伸至数据或资料本身，并不得损害存在于数据或资料本身的任何版权。

(2) 出租权。对于计算机程序和电影作品而言，TRIPS 协议第 11 条规定了出租权，即至少在计算机程序和电影艺术作品方面，一成员方应授权作者及其合法继承人许可或禁止向公众商业性出租其有版权的作品的原件或复制件的权利。

另外，对于电影作品，成员可不承担授予出租权的义务，除非有关的出租已导致对作品的广泛复制，其复制程度又严重损害了成员授予作者或作者之合法继承人的复制专有权。对于计算机程序，如果有关程序本身并非出租的主要标的，则不适用该条义务。

(3) 作品的保护期。TRIPS 协议第 12 条规定，除摄影作品或实用艺术作品外，如果某作品的保护期不以自然人的生命为基础计算，则该期限自作品经授权出版的日历年年底计算不得少于 50 年，或如果该作品在创作后 50 年内未经授权出版，则为自作品完成的日历年年底起计算的 50 年。

(4) 版权的限制和例外。TRIPS 协议第 13 条规定，各成员对专有权作出的任何限制或例外规定仅限于某些特殊情况，且与作品的正常利用不相冲突，也不得无理损害权利持有人的合法权益。

(5) 邻接权。TRIPS 协议项下的邻接权是指表演者、录音制品制作者和广播组织的权利。邻接权包括：①表演者权。TRIPS 协议第 14 条第 1 款规定，就将其表演固定在录音制品上而言，表演者应有可能防止下列未经其授权的行为：固定其未曾固定的表演和复制该录制品。表演者还应可能阻止下列未经其授权的行为：以无线广播方式播出和向大众传播其现场表演。②录音制品制作者的权利。TRIPS 协议第 14 条第 2 款规定，录音制品制作者应享有许可或禁止直接或间接复制其录音制品的权利。③广播组织的权利。TRIPS 协议第 14 条第 3 款规定，广播组织有权禁止下列未经其授权的行为：录制、复制录制品、以无线广播方式传播以及将其电视广播向公众传播。

(6) 邻接权保护期。TRIPS 协议第 14 条第 5 款规定，本协定项下表演者和录音制品制作者可获得的保护期，自该固定或表演完成的日历年年底计算，应至少持续至 50 年年末；广播组织的保护期，则自广播播出的日历年年底计算,应至少持续20年。

2. 商标权。

(1)商标及商标的注册条件。TRIPS协议第15条第1款给商标下了个定义:任何标记或标记的组合,只要能够将一企业的货物和服务区别于其他企业的货物或服务,即能够构成商标。

这些标记,特别是单词,包括个人名字、字母、数字、图形和颜色的组合以及任何这些标记的组合,应有资格作为商标进行注册。如果标记没有固有的区分有关商品或服务的特征,各成员可依据有关标记在使用后获得的区分性决定是否予以注册。各成员可要求,作为注册的一个条件,这些标记应是在视觉上可以感觉到的。

因此,TRIPS协议允许把"视觉能够识别"作为可以获得注册的条件之一,这样就是允许各成员把"音响商标"、"气味商标"排除在可以注册的对象之外,当然这项规定并没有把"立体商标"排除在外。另外,从上述规定可看出,能够注册的标识必须具有"识别性",即能够把一个企业的商品或服务与其他企业的商品或服务区分开。

(2)注册商标的使用。在世界约半数的国家,注册是获得商标权的惟一途径,但也有半数国家把"在贸易活动中实际使用商标",作为取得商标权的途径,例如美国。因此,TRIPS协议第15条第3款一方面从正面允许美国这样的国家把"使用商标"作为行政机关判定可以批准注册的一条根据,但协议又不允许从反面把"未使用"作为不予注册的惟一理由。

当然,一般讲到注册商标的"使用要求",则是指另一个意思。这就是TRIPS协议第19条所规定的内容,即,注册商标如果连续3年无正当理由不使用,则行政管理机关可以撤销其注册。当然,何为"使用",协议并没有强制性规定,而是由各成员自己去依法确定。此外,若因政府行为而使某注册商标在一定时期不能使用的,这将被认为是"有正当理由"而没有使用,故不能因此被撤销。

(3)商标的许可和转让。对于商标的许可和转让问题,TRIPS协议第21条规定,各成员可对商标许可和转让规定条件,但这应理解为不允许商标的强制许可,而且注册商标的所有人有权把商标与该商标从属的生意一起或不一起转让。需要注意的是,这里所指的"商标",也包括没有经过注册的商标,就是说,在贸易活动中,可以作为无形财产权转让的,未必都是"注册商标"权。

(4)商标的保护期限。TRIPS协议第18条规定,商标首次注册及其每次续展的期限不得少于7年。商标的注册应可无数次地续展。

3. 地理标志。

（1）地理标志的定义及保护。TRIPS协议第22条第1款规定，所谓"地理标志"，是表明某一货物来源于一成员的领土或该领土内的一个地区或地方的标志，而该货物所具有的质量、声誉或其他特性实质上归因于其地理来源。

就地理标志而言，各成员应为有利益关系的各方提供法律手段以阻止：①在一货物的标志或说明中使用任何手段标明或暗示所涉货物来源于真实原产地之外的一地理区域，从而在该货物的地理来源方面使公众产生误解；②构成属《巴黎公约》（1967）第10条之二范围内的不公平竞争行为的任何使用。

（2）对葡萄酒和烈酒地理标志的附加保护。酒类作为一种特殊商品，其品质、风格、特色、口味的形成与其产地的地域特有的土壤、水质、气候和传统工艺有很大的关系，如中国的茅台酒、英国苏格兰的威士忌、俄罗斯的伏特加酒等。酒类的地理标志对酒的商业价值有直接的影响，因此，对于酒类的地理标志的保护尤为重要。TRIPS协议第23条对此专门作了规定：①每个成员应为有利害关系的各方提供法律手段防止把识别葡萄酒的地理标志用于不是产于该地理标志所表明的地方的葡萄酒，或把识别烈酒的地理标志用于不是产于该地理标志所表明地方的烈酒，即使对货物的真实原产地已有说明，或该地理标志是经翻译后使用的，或伴有"种类"、"类型"、"特色"、"仿制"或类似表述方式。②对包含识别葡萄酒的地理标志的葡萄酒或包含识别烈酒的地理标志的烈酒，对其商标注册一成员应依职权予以拒绝或废止，如果该成员的立法允许或有利害关系的一方针对不是来源于该产地的葡萄酒或烈酒提出请求。③用真实地理标志暗示或影射特定地理标志，蓄意引起混淆的。对于葡萄酒的同名地理标志，保护应适用于每一项标志，成员自主决定实际可行的条件以区别同名地理标志；并应考虑确保给予生产商同等待遇以及使消费者不致产生误解的需要。④为便于保护葡萄酒地理标志，应与贸易有关的知识产权理事会进行谈判，以便建立一个葡萄酒地理标志通知和注册的多边制度。

（3）地理标志保护的例外。TRIPS协议第24条规定了地理标志保护的例外。[1]①在先使用和善意使用。如果一个成员的国民或居民，于其所属

---

〔1〕刘春田主编：《知识产权法》，中国人民大学出版社2000年版，第405~406页。

的成员的领域内在其酿制或销售的葡萄酒、烈酒上连续使用另一成员的表明葡萄酒、烈酒的特定地理标志,至乌拉圭回合谈判结束之日起已满10年;或在该日期以前的使用是善意的,不在此限。②在先权利。如一个成员依本协议,为适用本协议所作的过渡安排设定的日期以前,或地理标志在起源国获得保护以前,某一商标已善意地获得注册,或业经善意使用而获得保护,则该项注册不应该因为实施本协议的目的而遭受任何损害,影响到其注册商标的效力。③地理标志中的习惯用语。如一成员在其领土内,以通用语言中作为某一类商品或服务的普通名称的惯用术语,碰巧与其他成员的相同或类似的商品或服务上使用的地理标志相同或类似,不受该协议的禁用的限制。如果一个成员领土内已有的葡萄品种的惯用名称与其他成员的关于葡萄品种及产品的地理标志在本协议生效之日起还相同,亦不受本协议禁用规定所限。④地理标志的注册申请对抗不利使用的期限。TRIPS协议第24条第7款规定,申请地理标志的注册请求,必须在对该受保护的标志进行非法使用,已在该成员广为人知后5年内提出。或者,如商标在其注册之日已被公告,在该注册早于非法使用在该成员领土内广为人知之日,而且此地理标志未被恶意使用或注册。⑤有关姓名的使用权。协议的规定并不排除任何人在贸易过程中使用自己的姓名或其前任的姓名,只要这种使用方式不导致公众的误解和混淆。⑥在原产地不受保护或已被终止、废弃的地理标志在本协议项下不受保护。

4. 工业品外观设计。TRIPS协议要求各成员应对新的或原创性的独立创造的工业品外观设计提供保护。关于保护的条件,协议作了选择性的规定,即:①独立创作的、具有新颖性的;②独立创作的、具有原创性的。

另外,各成员可规定,如工业品外观设计不能显著区别于已知的设计或已知设计特征的组合,则不属新的或原创性设计,因而可以不予保护。对于纺织品外观设计,协议规定,成员无论通过版权法还是外观设计法,必须履行保护义务。

协议第26条还对工业品外观设计保护的权利内容作出了规定,即工业品外观设计的权利人享有为商业目的进行生产、销售和进口外观设计产品的专有权利。当然,各成员也可对工业品外观设计的保护规定有限制的例外,只要这些例外和限制不妨碍外观设计的实施,不损害权利人和第三人的合法权益。

最后,工业品外观设计的保护期应至少达到10年。

5. 专利权。

（1）专利权的授予。TRIPS 协议第 27 条第 1 款规定，专利可授予给所有技术领域的任何发明，无论是产品还是方法，只要它们是新颖的，含有发明因素，能在工业中实用。对于获得和享有此种专利权，不受发明地点、技术领域、是进口产品还是在当地生产等因素的限制。

该条第 2 款则列举了可拒绝授予专利权的各种情况，如在其领土内阻止这些发明的商业利用是维护公共秩序或道德，包括保护人类、动物或植物的生命或健康或避免对环境造成严重损害所必需的等。另外，第 3 款明确规定了可拒绝授予专利权的其他情况：①人类或动物的诊断、治疗和外科手术方法；②除微生物之外的植物和动物，以及除非生物和微生物外的生产植物和动物的主要生物方法。但是，各成员应规定通过专利或一种有效的特殊制度或通过这两者的组合来保护植物品种。

（2）专利权的内涵。TRIPS 协议第 28 条规定了专利权的内容，凡专利的对象是产品时，制止第三方未经所有人同意而进行制造、使用、销售、兜售、或者为此目的而进口；凡专利对象是方法时，制止第三方未经所有人同意而使用该方法，以及使用、兜售、销售用该方法直接得到的产品，或者为此目的而进口这类产品。

（3）专利申请的条件。TRIPS 协议第 29 条对专利申请规定了两个条件：①各成员应要求专利申请人清楚和完整地公开其发明以使本专业领域的技术人员实施该项发明，并可要求申请人在申请之日或在要求优先权时，在申请的优先之日指出发明人所知的实施该发明的最好方式；②各成员可要求专利申请人就其相应的国外申请与授予情况提供信息。

（4）专利权的强制许可。TRIPS 协议第 31 条关于"未经权利持有人授权的其他使用"的规定，实际上可称为专利权的强制许可。具体如下：①许可此种使用应一事一议。即对强制许可必须个案处理。②只有当拟使用者在使用前曾按合理的商业条款和条件请求权利人允许其使用，并在合理的时间内未得到这种允许时，才可允许这种使用。在全国处于紧急状态或其他极端紧迫状态时，或为了公共的非商业性目的而使用时，一成员可免除此要求。在全国处于紧急状态或其他极端紧迫状态时，只要合理可行，权利持有人仍应被尽快通知。在为了公共的非商业性目的而使用时，如果政府或合约方未作专利查询即知道或有明显的根据知道一有效专利正被或将要被政府或为政府使用，则权利持有人应被立即告知。③使用的范围和期限应限于被许可的目的。若是半导体技术，则只能应用于公共的非商业性目的，或用于补救经司法或行政程序确定为限制竞争的行为。④此种使用是非独占性的。⑤此种使用是不可转让的，除非与享有此种使用的那部分企业或信誉一同转让。⑥任何此种使用的许可应主要为供应该许可成员的国内市场。[1]⑦在充分保护被许可人合法利益的前提下，如导致此类使用的情形已不复存在且不可能再次出现，则有关此类使用的许可应终止。⑧在每一种情形下应向权利持有人支付适当报酬，同时考虑许可的经济价值。⑨任何有关此种使用许可的决定，其法律有效性应经过司法审查，或经过该成员中上一级主管机关的独立审查。⑩任何与就此种使用提供的报酬有关的决定应经过司法审查或该成员中上一级主管机关的独立审查。⑪如允许此类使用以补救司法或行政程序确定的限制竞争的行为，则各成员无义务适用上述②项和⑥项规定的条件。在确定此类情况下的报酬数额时，可考虑纠正限制竞争行为的需要。如导致授权的条件可能再次出现时，则主管机关有权拒绝终止许可。⑫若强制许可是为了允许利用另一种专利（第二专利），则会引起"交叉许可"（cross‐license）制度的问题。一般交叉许可常属违反竞争法的，但 TRIPS 协议的规定则是为了防止第一专利权人和第二专利权人不合理地阻挡对方实施专利。

（5）专利权的保护期。TRIPS 协议第 33 条规定，可获得的保护期限不得在自申请之日[2]起计算的 20 年期满前结束。

6. 集成电路布图设计（拓扑图）。集成电路，又称为集成电路芯片或半导体芯片，是指以半导体材料为基片，将组成电路的多个元件，其中至少有一个是有源元件，互联集成在基片内部或者表面以执行某种电子功能的产品。集成电路的布图设计，又称为拓扑图，是指一个集成电路中各种元件（包括有源元件和无源元件）以及连接这些元件的导线的三维配置或图形结构。集成电路是根据要实现的功能和规格而设计的，布图设计的重要不在于它的艺术性，而在于它与集成电路规格的对应性和功能性。布图设计很大程度上决定集成电路的功能和规格，是集成电路研制过程中最重要的一环，凝聚着开发者的创造性智力劳动和总投资的一半。[3]对布图设计的保护，实际上就实现了对集成电路的保护。

---

[1] 这一款的进展见后文第十节。

[2] 无原始授予制度的成员可规定保护期限应自原始授予制度中的申请之日起计算。

[3] 郑成思：《关贸总协定与世界贸易组织中的知识产权》，北京出版社 1994 年版，第 123 页。

知识产权法

(1) 与《集成电路知识产权条约》的关系。协议第 35 条规定了 TRIPS 与《集成电路知识产权条约》（简称《IPIC 条约》）的关系，即 TRIPS 协议适用该条约的第 2~7 条（第 6 条第 3 款除外），以及第 12 条和第 16 条第 3 款中对集成电路的布图设计所提供的保护。

(2) 保护的权利的范围。对于权利的保护范围，TRIPS 协议第 36 条规定保护布图设计的进口、销售或配送，所说的布图设计包括含有该设计的集成电路或集成电路产品。

(3) 集成电路布图设计的强制许可。TRIPS 协议对于布图设计的强制许可，主要是从"善意授权"可减少侵权责任这个角度去规定的。也就是说，当不知道所销售、进口或配送的物品中含有非法复制的集成电路布图设计因素时，不应视为侵权。

但是，TRIPS 协议又接着规定，在该人收到关于该布图设计被非法复制的充分通知后，可对现有的存货和此前的订货从事此举行为，但有责任向权利持有人支付费用，数额相当于根据就此种布图设计自愿达成的许可协议应付的合理使用费。

(4) 集成电路布图设计的保护期限。TRIPS 协议第 38 条将集成电路布图设计的权利保护期分为三种情况：以注册为条件的成员，保护期从注册申请的提交日起，或从该设计于世界任何地方首次付诸商业利用起 10 年；不要求注册为条件的成员，保护期不得少于从该设计于世界任何地方首次付诸商业利用起 10 年；成员还可以选择保护期自该布图设计创作完成之日起的 15 年。

7. 未披露信息的保护（商业秘密）。在《巴黎公约》1967 年文本中，"反不正当竞争"只涉及假冒商品及其他违背诚实信用原则的商业行为，而 TRIPS 协议第 39 条则主要强调保护商业秘密。协议并没有明确提"商业秘密"这个术语，只是提到"未披露过的信息"，但从协议给"未披露过的信息"所下的定义来看，它主要就是指商业秘密，而不指仅与个人"隐私权"等有关的秘密信息。

TRIPS 协议第 39 条第 2 款所指的商业秘密，必须符合三个条件：首先，它们必须是秘密的，没有被公开过的；其次，它们必须因为被保密才具有商业上的价值；最后，合法控制它们的人已经为保密而采取了措施。[1] 即，秘密性、商业价值和采取了保密措施。

---

[1] 郑成思主编：《知识产权保护实务全书》，中国言实出版社 1995 年版，第 129 页。

第六章　知识产权国际保护法律制度

TRIPS 协议对商业秘密的权利限制没有作具体规定，但第 39 条第 3 款暗示如果出于保护公众所必须，则可以对这种权利实行某些限制。

另外，协议也没有谈到商业秘密权的保护期问题。因为商业秘密的专有权是靠保密去维持的，权利人若能永久保密，则其专有权的保护期也是无限的，但如果只能保密 3 个月或 1 年，则其保护期也就是 3 个月或 1 年。

最后，TRIPS 协议第 40 条规定了"对协议许可中限制竞争行为的控制"。所谓"协议许可"（Contractual Licenses）是用以区别"强制许可"等类型，强调平等主体之间通过订立协议获得权利许可证的情况。第 40 条主旨在于防止或制止在这类合同订立过程中，知识产权权利人利用自己的垄断优势，滥用自己的专有权，从而构成了反竞争行为。[1]

协议第 40 条第 1 款指出：成员方一致认为，一些限制竞争的有关知识产权的许可活动或条件可对贸易产生不利影响，并会妨碍技术的转让和传播。第 40 条第 2 款进一步列举了三种应予制止的限制竞争的行为：①排他性的返授条件，即在技术转让合同中，许可方要求被许可方在使用技术过程中，如果有新的创造发明并获专利，则只许原许可方独占使用；②阻止对知识产权有效性提出异议的条件；③强制性一揽子授予许可，即许可方向被许可方提供技术时搭售其他货物或技术，或附加不合理条件。[2]

（二）知识产权的实施

TRIPS 协议用了 21 条的篇幅（即第三部分第 41~61 条）对知识产权的实施作了十分详细的规定，涉及司法程序、行政程序和边境措施等。这是对各成员的知识产权执法体系和实施机制提出的程序上和制度上的标准和要求。协议首先明确了有关执行程序必须"公平合理"，进而又明确各成员的执法不得"无保障拖延"，协议还要求，在任何情况下，对行政部门的终局裁决或决定都应给当事人诉诸法律的权利。关于执法的最低要求主要包括以下三个方面：防止侵权——各成员的法律应当规定禁止"即发侵权"之类可预见到、又并非无根据推断的侵权准备活动；制止侵权——对已发生的侵权活动采取执法措施，如临时禁令等；阻止侵权——针对将来可能继续发展的侵权活动所采取的措施，如下达永久禁令等。TRIPS 协议与原有国际公约不同之处还在于它对临时措施与边境措施的规定。这两种措施，都是把侵权活动制止在未发生或初发阶段，阻止它的进一步扩展

---

〔1〕 赵维田：《世贸组织的法律制度》，吉林人民出版社 2000 年版，第 407 页。
〔2〕 赵维田：《世贸组织的法律制度》，吉林人民出版社 2000 年版，第 408 页。

从而保障权利人的利益。[1]

1. 一般义务。TRIPS 协议第 41 条从五个方面规定了知识产权实施的一般义务：

（1）各成员国应保证其国内法中使用本部分规定的实施程序，以有效打击任何侵犯本协议保护的知识产权的行为。

（2）有关知识产权的实施程序应公平和公正，不应无必要地复制、高收费、无端耗时或迟延。

（3）裁决最好采取书面形式并说明理由；裁决中的是非曲直要根据证据，为当事各方提供听证机会。

（4）对最终行政裁定，诉讼当事方应有机会要求司法审查。

（5）本保护并不产生任何建立与一般法律实施制度不同的知识产权实施制度的义务，也不影响各成员实施一般法律的能力。

2. 民事、行政与刑事程序及救济。关于知识产权的救济一般包括行政和民事两种，TRIPS 协议也基本反映了国际社会的这一基本实践。协议第 42~48 条对民事程序作了详细规定，仅在第 49 条提到了行政程序。可见，TRIPS 协议强调民事程序的倾向是显而易见的。

在民事程序中，除基本的公平公正、证据外，协议第 45 条特别规定了赔偿费的问题，对于故意或有充分理由应知道自己从事侵权活动的侵权人，司法机关有权责令侵权人向权利持有人支付足以补偿其因知识产权侵权所受损害的赔偿。另外，司法机关还有权责令侵权人向权利持有人支付有关费用，其中可包括有关的律师费用。可见，就侵权人的责任而言，TRIPS 协议主要是针对明知故犯者。

就司法救济而言，TRIPS 协议主要集中在各成员应赋予司法机关的权力及其在办案过程中应遵循的原则。根据协议，各成员的司法机关应有如下权力：①司法机关应有权命令当事方停止侵权，特别是应有权在清关后立即阻止那些涉及侵权的进口商品进入商业渠道。②司法机关应有权在不给予任何补偿的情况下，下令将被发现侵权的货物清除出商业渠道或下令将其销毁，除非销毁违反宪法。司法机关还应有权在不给予任何补偿的情况下，下令将用以生产侵权产品的材料和工具清除出商业渠道，以便将进一步发生侵权的风险减少到最低限度。③司法机关应有权责令侵权人告知

---

〔1〕 徐文杰：《论 TRIPS 协定对知识产权立法和执法的影响》，第 13 页。资料来源：中国期刊网优秀博硕士学位论文全文数据库。http：//www.cnki.net/index.htm.

权利人有关参与生产和分销侵权产品或服务的第三方的身份及渠道。[1]

对行政程序而言，TRIPS 协议第 49 条规定，如由于行政程序对案件是非曲直的裁决而导致责令进行任何民事救济，则此类程序应符合与本节所列原则实质相当的原则。

除了民事和行政程序外，TRIPS 协议还要求各成员追究侵权人的刑事责任。协议第 61 条规定，各成员应规定至少将适用于具有商业规模的蓄意假冒商标或盗版案件的刑事程序和处罚。可使用的救济应包括足以起到威慑作用的监禁和/或罚金，并应与适用于同等严重性的犯罪所受到的处罚水平一致。在适当情况下，可使用的救济还应包括扣押、没收和销毁侵权货物和主要用于侵权活动的任何材料和工具。总之，只要侵权具有商业规模，相关成员便应适用刑事处罚规定，而处以何种处罚则根据相应的案情确定。

3. 临时措施。TRIPS 协议第 50 条第 1 款表明了司法机关采取临时措施的目的：①防止侵犯任何知识产权，特别是防止货物进入其管辖范围内的商业渠道，包括清关后立即进入的进口货物；②保存与侵权行为相关的证据。

当然，保护权利人的合法权益十分重要，但对于执法机构而言，如何避免权利人滥用权利的行为也必不可少。因此，TRIPS 协议第 50 条继续规定除了给予被告陈述案情的机会外，司法机关还应有权要求权利人提供一笔保证金，以保护被告及防止权利的滥用。防止权利被滥用的另一措施是临时措施的有效期不应超过合理的期限，依据协议第 50 条第 6 款的规定，合理的期限应为 20 个工作日或 31 天，以时间长者为准。[2]

4. 与边境措施相关的特殊要求。

（1）海关中止放行。TRIPS 协议第 51 条规定，当权利持有人有正当理由怀疑有假冒商标或盗版商品进口时，可向行政或司法主管机关提出书面申请，要求海关中止放行。第 55 条则规定了中止放行的时限为 10 天，必要时可再延长 10 天。

（2）中止放行的申请及其担保。协议第 52 条规定，要启动海关中止放行的程序，权利持有人（即申请人）需向主管机关提供充分的证据，证明根据进口国国内法，可初步推定权利持有人的知识产权受到侵犯，并提

---

〔1〕 王贵国：《世界贸易组织法》，法律出版社 2003 年版，第 237~238 页。

〔2〕 王贵国：《世界贸易组织法》，法律出版社 2003 年版，第 238 页。

供货物的足够详细的说明以便海关易于辨认。

关于担保问题,协议第53条指出,主管机关有权要求申请人提供足以保护被告和主管机关并防止滥用的保证金或同等的担保。另外,如果涉及知识产权的产品还由海关其他有权机构的裁决中止放行,且本协议规定的中止放行时间持续的期限届满,如经作出裁决的当局的许可,同时进口的其他条件都符合,则该商品的所有人、进口商或收货人得申请放行该商品,但也必须提交一笔保证金以防止权利人受到损害。保证金的支付不影响权利人进一步追索因侵权遭受的损害赔偿。如果权利人在合理期限内未提起诉讼,则视为放弃保证金。

(3)依职权的行动。TRIPS协议第58条规定,如各成员要求主管机关自行采取行动,并对其已取得初步证据证明一知识产权正在被侵犯的货物中止放行,则:①主管机关可随时向权利持有人寻求可帮助其行使这些权力的任何信息;②进口商和权利持有人应被迅速告知中止放行的行动,③主管机关和官员采取行动时,只有在采取了适当的补救措施或出于善意的情况下,才可被免除其可能导致的损害赔偿责任。

(三) 知识产权的取得、维持及相关程序

TRIPS协议第62条规定了知识产权的取得、维持及当事方之间的相关程序:

(1)取得和维持知识产权,应依据合理的手续和程序。

(2)如果需要通过授予或注册程序才能取得知识产权的,各成员应保证,授予或注册的程序在遵守取得该权利的实质性条件的前提下,允许在一合理期限内授予或注册该权利,以免保护期限被不适当地剥夺。

(3)《巴黎公约》(1967)规定的优先权原则适用于服务商标的注册申请。

(4)有关取得或维持知识产权的程序和手续应节约费用,期限合理。

(5)有关知识产权取得和维持的程序,包括行政撤销、异议、注销等行政终局裁定,均得诉诸司法审查。也就是说,由司法或准司法机关作出的终审判决是有关争议的终局决定。

(四) 争端的防止和解决

将TRIPS争端解决纳入WTO解决争端谅解的机制,实现了在国际一级执法的理想方案,也为各成员方国内执法公正性的国际监督提供了有效

第六章　知识产权国际保护法律制度

保证。这正是发起乌拉圭回合谈判并将知识产权纳入WTO体制的初衷。[1]

1. 透明度。所谓透明度，是指贸易双方有关贸易的环境，如相关的政策、法律以及其他相关信息的公布、了解的充分程度。[2]而TRIPS协议第63条关于透明度的规定，其意图在于防止不必要的争端。

首先，有关本协议主题（知识产权的效力、范围、取得、实施和防止滥用）的法律、法规、司法裁决和行政裁定，应以本国语言加以颁布；其次，各成员应将有关的法律、法规通知与贸易有关的知识产权理事会，以便理事会对本协议的实施加以审查；再次，应另一成员的书面申请，成员应提供与本协议有关的信息；最后，如果涉及到公开后可能妨碍执法、违背公共利益或损害特定公私企业合法商业利益的机密信息，可不予公布。

2. 争端解决。协议第64条指出，可依据《争端解决谅解备忘录》、GATT（1994）第22~23条的规定解决本协议项下的争端，除非本协议有特别的规定。

（五）过渡性安排

TRIPS协议第65条规定，所有成员方不论是发达国家还是发展中国家，均应于《建立WTO协定》生效之日（1995年1月1日）起，1年之后适用本协议的规定。但发展中国家和正处于从计划经济向市场经济转型的国家，可再推迟4年（即2000年）适用。而对一些发展中国家在技术领域尚未保护专利的，可再推迟5年（即2005年）适用本协议对产品专利保护的规定。对于最不发达国家成员，经与贸易有关的知识产权理事会决定，还可继续延长该期限。

（六）机构安排和最后条款

1. 与贸易有关的知识产权理事会。TRIPS协议第68条规定的与贸易有关的知识产权理事会的职责是：

（1）监督本协议的实施，特别是各成员遵守本协议项下义务的情况，并为各成员提供机会就与贸易有关的知识产权事项进行磋商。

（2）履行各成员所指定的其他职责，特别是在争端解决程序方面提供各成员要求的任何帮助。

（3）寻求建立与世界知识产权组织的合作而进行适当的安排。

2. 对现有客体的保护。

---

[1] 赵维田：《世贸组织的法律制度》，吉林人民出版社2000年版，第411页。
[2] 刘春田主编：《知识产权法》，中国人民大学出版社2000年版，第416页。

(1) 协议对其生效前成员的行为不予保护，即无溯及力。

(2) 协议提供适用本协议生效时现有的客体的保护义务。

(3) 本协议生效时在成员内已进入公有领域的，不恢复保护。

(4) 成员内有关侵犯本协议项下知识产权的侵权行为，在该成员加入协议前已开始，或有关投资已生产，成员得继续认可这种行为，而适用本协议之后，权利人应得到一定补偿。

(5) 成员无义务保护本协议生效前，购买的作品（包括复制品）和本协议项下的出租权。

(6) 在本协议生效前，成员境内的强制许可使用的知识产权，不适用本协议项下的相应规定"。

(7) 关于以注册为取得条件的知识产权的保护，在适用协议时尚未完成授予的，应允许申请人加以修订，以按本协议的规定要求加强保护，此类修订不包括新的事项。

(8)《建立 WTO 协定》生效之日，成员尚未对药品和农用化学品提供专利保护的，该成员应当：①提供一种方式，使有关这种发明的专利申请得以提出。②对于本协议生效日提出的申请，适用本协议项下授予专利的条件；如该标准已被适用，或已主张优先权的，以优先权为准。③符合上述规定的保护标准的申请获授权之日起，依本协议的规定给予保护。

(9) 作为在过渡期内的药品、农用化学品的发明专利的申请人的专利产品在尚未提供的专利保护的成员境内获得市场准入后，或在该成员内产品专利不论被授予或拒绝，该成员仍应授予申请人 5 年的市场独占权。如《建立 WTO 协定》生效后，另一成员内就该产品专利被授予，且该成员境内获得市场准入，则期限可缩短。[1]

3. 其他问题。

(1) 保留。TRIPS 协议第 72 条明确规定，未经其他成员同意，不得对本协议的任何规定提出保留。

(2) 安全例外。协议第 73 条关于安全例外的规定，实际上指明了对 TRIPS 协议的内容进行解释时应遵循的原则，即本协议的任何规定不得解释为：①要求一成员提供其认为如披露则会违背其根本安全利益的任何信息；②阻止一成员采取其认为对保护其根本安全利益所必需的任何行动。一是与裂变和聚变物质或衍生这些物质的物质有关的行动；二是与武器、

---

[1] 刘春田主编：《知识产权法》，中国人民大学出版社 2000 年版，第 418 页。

弹药和作战物质的贸易有关的行动，及与此类贸易所运输的直接或间接供应军事机关的其他货物或物质有关的行动；三是在战时或国际关系中的其他紧急情况下采取的行动；③阻止一成员为履行《联合国宪章》项下的维持国际和平与安全的义务而采取的任何行动。

## 第七节 与版权有关的其他主要国际公约

### 一、保护邻接权的《罗马公约》

1. 《罗马公约》概述。《罗马公约》全称为《保护表演者、录音制品制作者与广播组织罗马公约》，其于1961年10月缔结，1964年5月生效。我国尚未加入该公约。该公约是"封闭性"的，只对参加了《伯尔尼公约》或《世界版权公约》的国家开放。公约由联合国国际劳工组织、教科文组织和世界知识产权组织共同管理。

2. 公约保护的权利。《罗马公约》没有涉及任何受保护主体的精神权利，故其所规定的表演者、录音制品制作者和广播组织的权利仅指经济权利。罗马公约规定了表演者、录音制品制作者和广播组织的权利。其中，表演者权包括：防止他人未经许可广播或向公众传播其表演；防止他人未经许可录制其未被录制过的表演；防止他人未经许可复制载有其表演内容的录制品。录音制品制作者的权利主要有：许可或禁止他人直接或间接复制其录音制品。广播组织权包括：许可或禁止同时转播其广播节目；许可或禁止他人将其广播节目固定在物质形式上；许可或禁止他人复制固定后的节目载体。[1]另外，《罗马公约》对录音制品制作者规定了非自动保护原则，即受保护的录音制品的一切复制件使用者，都必须加注邻接权标记。

3. 公约规定的权利限制。《罗马公约》规定了在利用他人的邻接权时可以不经权利人许可，也无需支付报酬的四种情况：①私人使用；②在时事报道中有限地使用；③广播组织为便于广播而暂时将受保护客体固定在物质形式上；④仅为教学、科研目的而使用。[2]

---

〔1〕 郑成思：《知识产权论》，法律出版社2001年版，第537页。
〔2〕 郑成思：《知识产权论》，法律出版社2001年版，第539页。

另外，公约还允许成员国对邻接权颁发强制许可证。

4. 公约的保护期。《罗马公约》规定成员国提供的保护期不得少于20年。对于权利的起算期，录音制品及已载入录音制品中的表演，自录制之日起算；对于未经录制的表演，从表演活动发生之日起算；对于广播节目，则从广播播出之日起算。

**二、《保护录音制品公约》**

1. 《保护录音制品公约》概述。《保护录音制品公约》全称为《保护录音制品录制者及防止未经授权复制其制品公约》，公约于1971年在日内瓦缔结，我国于1993年4月正式加入该公约。世界知识产权组织负责对该公约进行管理。公约是开放性的，联合国或其专门机构成员的任何国家，或批准承认了国际法院规约的任何国家都可以加入。

2. 国民待遇和非自动保护原则。《保护录音制品公约》规定了国民待遇原则和非自动保护原则。公约的国民待遇以录制者的国籍为标准，而不考虑其居住地。如果有些国家在公约缔结前，仅仅以录制品的首次录制国为标准来确定国民待遇，则允许该国在加入公约时声明其将继续采用录制标准而非国籍标准，但不可以同时采用这两种标准。另外，公约保护下的录音制品须加注邻接权标记，即公约实行邻接权的非自动保护原则，这与《罗马公约》的要求是一致的。

3. 公约保护的权利。公约保护的录制者权利有：禁止他人未经许可复制录音制品；禁止他人进口未经许可而复制的录音制品；禁止他人销售未经许可而复制的录音制品。[1]另外，这里所保护的录音制品，不仅包括对表演者的表演所录制的音，而且还包括其他诸如大自然中鸟兽的声音等等。

4. 权利保护期。公约要求成员国为录音制品至少提供20年的保护期。保护期从首次录制完成或制品首次发行之年的年底起计算。

**三、《布鲁塞尔卫星公约》**

《卫星公约》全称为《播送由人造卫星传播载有节目信号公约》，公约于1974年在布鲁塞尔缔结，我国尚未加入该公约。公约由联合国国际劳工组织、教科文组织和世界知识产权组织共同管理，其是个无追溯力的、开放式公约。

《卫星公约》全文共12条，其并没有直接规定保护任何版权或邻接

---

[1] 陈治东、朱榄叶主编：《国际经济法学》，法律出版社1999年版，第525页。

权,只要求成员国防止本国广播组织或个人非法转播通过卫星发出的,但并非给该组织或个人作转播之用的卫星信号。

**四、《视听作品国际登记公约》**

为了阻止非法复制的录像带在国际市场上的传播,同时也阻止未经许可播放他人享有版权的电影、电视作品,1989年4月,世界知识产权组织在日内瓦缔结了《视听作品国际登记公约》。公约内容主要是程序性的,没有多少实体条款。公约规定由世界知识产权组织成立"视听作品登记国际局",成员国将本国自然人、法人拥有版权的视听作品的权利作出书面声明,并在国际局登记备案。一旦经国际局登记后,公约各成员国就有义务保证这些视听作品不受侵犯,并有义务在发现侵权复制品时采取扣押等措施制裁侵权人,并使权利人得到应有的民事救济。

## 第八节 与商标有关的其他主要国际条约

**一、《制裁商品来源的虚假或欺骗性标志协定》**

《制裁商品来源的虚假或欺骗性标志协定》于1891年在马德里缔结,分别于1911年在华盛顿、1925年在海牙、1934年在伦敦、1958年在里斯本、1967年在斯德哥尔摩修订或增订。目前,1911年的华盛顿文本已经失效,但其他的各个修订本和增订本均为有效。

该协定要求成员国应采取有效措施阻止不公平竞争的行为。协定规定,各成员国有如下义务:如果发现任何商品上标示着涉及某成员国或成员国国内企业或地方的虚假标志或欺骗性标志,无论是间接的还是直接的,都必须禁止该商品进口或者在进口时予以扣押,或采取其他制裁措施。另外,协定还规定,禁止在广告上或广告性质的宣传物上,使用欺骗公众的有关商品来源的标志。此外,协定还允许各成员国的法院在确定哪些标志或名称不适用本协定方面,保留自己的酌定权。但协定明确指出:一切有关产品来源的地名,只要是虚假的或欺骗性的,就适用本协定的规定,不在各国法院的保留权限之内。[1]

**二、《商标国际注册马德里协定及其议定书》**

1.《马德里协定》及其议定书(马德里体系)概述。1891年,由法

---

〔1〕参见郑成恩主编:《知识产权保护实务全书》,中国言实出版社1995年版第71页。

国、西班牙、瑞士、比利时等国发起,在马德里缔结了《商标国际注册马德里协定》,简称《马德里协定》。协定于1892年7月生效,后经1900年、1911年、1925年、1934年、1957年、1967年、1979年6次修改。我国于1989年参加该协定,并开始办理马德里商标国际注册事宜。

《马德里协定》缔结的目的是为商标所有人简化商标注册的行政程序,使其能在最短的时间内以最低成本在所需国家获得商标保护。

为了扩大《马德里协定》的成员国范围,1989年,世界知识产权组织主持缔结了《商标国际注册马德里协定议定书》。后者的订立是为了使商标国际注册的体系更加灵活,更能适应某些未能加入《马德里协定》的国家的国内立法。另外,《马德里议定书》对实行区域性商标注册体系的政府间组织成员敞开了大门。这两个条约并行、独立却得以共同操作,其共同实施细则于1996年生效。[1]

《马德里协定》及其议定书构成了商标国际注册的马德里体系,这一体系使得商标所有人仅通过向一个主管部门提交一份使用一种语言及支付一项低费用的申请,而在多个国家同时获得商标保护成为了可能。

所有《巴黎公约》的成员国均可成为马德里体系的成员。任何《巴黎公约》的成员国既可加入《马德里协定》或《马德里议定书》,也可两者都加入。另外,政府间组织在满足一定条件的前提下可加入议定书(但不能加入协定),但目前为止,还没有这样的组织加入马德里体系。

2. 马德里体系的特点。马德里体系的特点主要有两个:①自注册之日起,国际注册具有同申请人在每一个被指定国家进行通常国内申请的同等效力。除非此商标的保护要求在被指定国家内被依照其国内法于规定时限内被驳回,否则,此国际注册等同于在被指定国家的国内注册。这里,马德里体系是一个程序体系,至于商标保护的实质性要求方面,马德里体系并不影响国内法律的适用。②马德里体系下的国际注册可被视为多个国内注册,因为同时可在多个国家内产生效力。因此,国际注册的后期管理任务,对每一相关指定国家的续展、转让等,将通过世界知识产权组织国际局的单一操作而得以大大简化。另外需要注意的是,马德里体系是一个封闭的体系,其只能

---

〔1〕 陶俊英:"商标国际注册马德里协定和马德里议定书的主要特色",载《中华商标》第8期。

在成员国中间使用,即保护只能在体系成员国中间获得。[1]

3.《马德里协定》和《马德里议定书》的比较。从技术上来说,与《马德里协定》相比较,《马德里议定书》引进了一些革新,主要有:

(1) 在议定书下,申请人可以以其在本国的注册申请(而非已经取得的注册)为依据申请国际注册;在协定下,国际申请必须以其商标已在本国获得注册为基础。

(2) 议定书的缔约国可选择 18 个月的期限(而非协定下的一年)来声明在本国内不能给予商标注册。

(3) 在议定书下,依本国主管部门的请求,如果国际注册自国际注册之日起 5 年内被注销,该国际注册可在其生效的国家内转化为国家注册,而且不丧失国际注册日和原有的优先权日;而在协定下,则不存在这种可能性。

(4) 另外,议定书使得其与区域性商标体系(如欧盟)之间有了建立联系的可能性。

(5) 最后,在议定书下,每一个被指定国的主管部门可收取比按协定更高的费用。

4. 申请商标国际注册的程序。根据《马德里协定》,申请和取得商标和服务商标国际注册的程序是:

(1) 申请人的商标需首先在本国商标主管部门取得注册。

(2) 向本国主管部门提交国际注册申请案(申请案中需指定申请人想寻求商标注册的马德里体系成员国),同时交纳相关费用。

(3) 本国主管部门审核后,转呈世界知识产权组织国际局。

(4) 国际局进行形式审查,看申请案是否符合协定及实施条例的要求。

如果世界知识产权组织通过形式审查,申请案便获得国际注册;如果未通过,则国际局将通知申请人所在国主管部门,要求在 3 个月内修改申请案,否则将予以驳回。

另外,在通过形式审查后,国际局将带有国际注册号码和国际注册日期的商标登记在国际注册簿里,之后国际局会将此注册通知被指定保护此商标的国家。从国际注册日起,商标在每一个被指定国享有与直接递交给该国的商标同样的保护。

---

[1] 陶俊英:"商标国际注册马德里协定和马德里议定书的主要特色",载《中华商标》,2000 第 8 期。

最后,各个被指定国有权在1年之内,根据本国法律规定,向国际局声明拒绝保护该商标。只有当指定国在1年内未作出拒绝保护的声明时,国际注册才转变为指定国的国内注册,从而使注册商标专有权在该国生效。当然,一旦被指定国承认了国际注册的效力,那就不管该国的法律所规定的商标注册有效期有多长,该国也必须遵守《马德里协定》的规定,为有关商标提供20年的保护期,并可不限次数地办理续展手续。[1]

根据《马德里协定》,国际注册在一国生效后5年内,如果该商标在其本国被撤销,由国际注册产生的各国注册也随之失效,只有在5年以后,由国际注册转变成的各国国内注册才成为独立的注册,不再因其本国的注册撤销而受到影响。[2]而根据《马德里议定书》的规定,则没有这个限制。

### 三、《尼斯协定》

《尼斯协定》全称为《商标注册用商品和服务国际分类尼斯协定》,其是关于申请商标注册时对商品和服务如何分类的协定,其于1957年6月15日在法国尼斯签订,1961年4月8日生效,1967年在斯德哥尔摩修订,1977年在日内瓦修订并于1979年修改文本。《尼斯协定》由世界知识产权组织负责管理。我国于1994年8月9日正式加入该协定。

《尼斯协定》主要规定的是商品与服务的分类方法。这个分类法既适用于成员国国内商标注册的分类,也适用于国际商标注册的分类。同时,对没有参加该协定的国家也可以使用依照它建立起来的商品和服务分类法。

协定成员国采用共同的商品和服务分类办理商标注册,并且依照《商标国际注册马德里协定》的规定,《马德里协定》的成员国也必须采用共同的商品和服务分类办理商标国际注册。因此,作为《尼斯协定》的重要组成部分,该协定编订有"商标注册用商品和服务国际分类(按类别排列)"和"商标注册用商品和服务国际分类(按字母排列)"。

协定将商品分为34大类,服务项目分为8大类。该协定提供的统一商品与服务分类,为商标检索、商标管理提供了很大方便。

商品与服务国际分类表中所列的商品与服务的名称,是说明构成该商品与服务大致所属范围的一般的名称。如果某一商品无法加以分类,下列说明指出了各项可行的标准:

---

〔1〕 郑成思:《知识产权论》,法律出版社2001年版,第490页。
〔2〕 陈治东、朱榄叶主编:《国际经济法学》,法律出版社1999年版,第519页。

（1）制成品原则上按其功能、用途进行分类，如果分类表没有规定分类的标准，该制成品就与按字母排列的分类表内类似的其他制成品分在一类，也可以根据辅助的分类标准，按这些制成品的使用原材料或操作方式进行分类。

（2）原料、未加工品或半成品原则上按其组成的原材料进行分类。

（3）商品构成其他商品某一部分，原则上与其他商品分在同一类，但这种同类商品在正常情况下不能用于其他用途，其他所有情况均按上述标准进行分类。

（4）成品或半成品按其组成的原材料分类时，如果是由几种不同原材料制成，原则上按其主要原材料进行分类。

（5）用于盛放商品的盒、箱之类的容器，原则上与该商品分在同一类。[1]

**四、《商标法条约》**

自 1989 年以来，世界知识产权组织下的关于促使各国商标法及商标保护一体化的专家委员会多次举行会议，试图把各国的商标法律制度规范化，形成全球范围内统一的商标法律体系。但是由于各国的社会制度和经济发展水平的差异，立法传统和法律体系的不同，形成统一的体系难以做到。世界知识产权组织鉴于实体法部分问题比较多，而且比较复杂，在短期内难以统一，于是将商标法国际协调的内容转向了"形式"问题，并于 1994 年 10 月在瑞士日内瓦缔结了《商标法条约》，该条约于 1996 年 8 月 1 日起正式生效。

缔结《商标法条约》的目的就在于通过制定统一的国际标准，以简化和协调商标申请及保护的行政程序，消除程序中的诸多不明确之处，使得商标注册体系更加便利当事人，促进国际间商标权利的相互保护。《商标法条约》在立法技术上采取了与以往有关商标的国际条约所不同的方法，它除了个别强制性条款外，对涉及到商标申请、注册、变更、转让和续展等程序上的问题均规定了一系列缔约方可以要求的条件，这些条件构成缔约方可以要求的最高条件。除此之外，禁止缔约方提出其他要求。[2]

《商标法条约》第 2 条规定了可适用的商标：

（1）条约适用于由视觉标志构成的商标，但惟有接受立体商标注册的

---

[1] 张平："尼斯协定"，载《电子知识产权》1994 年第 1 期。
[2] 刘磊："商标法条约的主要内容"，载《中国商标》2000 年第 5 期。

缔约方才有义务将本条约也适用于立体商标。

（2）条约不适用于全息商标（Hologram mark）和不含视觉标志的商标，尤其是音响商标和嗅觉商标。

（3）本条约应适用于与商品或服务有关的标志（商品商标或服务商标）或与商品和服务两者有关的标志。

（4）本条约不适用于集体商标、证明商标和保证商标。

《条约》第3条是有关商标注册申请程序的规定。条约明确规定了对申请人可以要求的最多条件，例如注册申请、申请人及其代理人的名称地址、要求优先权的声明等。除了条约明确规定可以提出的要求外，缔约方不能再提出其他要求，尤其包括：提供商业登记簿的证明或摘录、提供申请人从事工商业活动的证据或提供其商标在其他国家注册的证据等。另外，条约规定，同一份申请可以包括《尼斯协定》中的多个类别的商品或服务，这种申请应视为单一的注册办理。

对于申请日期的确定，条约同样一一列举了可以要求的最多事项，包括商标注册意图明确或隐含的表示、与代理人或其申请人能够联系的足够的信息、一份商标图样、申请注册的商品和服务的清单等。此外，如果被驳回的注册申请只涉及到部分而不是全部的商品或服务，根据条约的规定，申请人可以请求将注册申请分解，以使可以保留的商品或服务的注册申请不被延误，并继续保留原申请的申请日期或优先权日期。同时，申请人可以就被驳回的商品或服务的注册申请提出上诉。[1]

##  第九节　与专利有关的其他主要国际条约

### 一、《工业品外观设计国际备案海牙协定》

《工业品外观设计国际备案海牙协定》于1925年在海牙缔结，分别于1934年在伦敦、1960年在海牙、1961年在摩纳哥、1967年在斯德哥尔摩修订或增订。1975年在日内瓦又为该协定制订了日内瓦议定书。另外，1979年6月颁布了《工业品外观设计国际备案海牙协定》的实施条例，参加该协定的国家必须是《巴黎公约》的成员国。中国尚未加入该协定。

---

〔1〕 刘磊："商标法条约的主要内容"，载《中国商标》2000年第5期。

根据是否批准了日内瓦议定书,协定的成员国分为两类:

对于未批准日内瓦议定书的国家,申请和获得国际备案的程序是:申请人直接向世界知识产权组织国际局提交申请案。如果申请案被接受,那么取得了国际备案的工业品外观设计的专有权就在这类国家普遍有效。专有权的保护期为15年,分为第一期5年和第二期10年。

对于批准了日内瓦议定书的国家,申请人既可以直接向世界知识产权组织申请备案,也可以通过本国的主管部门向世界知识产权组织提出备案申请。若申请案被批准,则有关的工业品外观设计专有权就在这一类国家普遍有效。专有权的保护期不得少于5年,应允许续展一次,续展期也不得少于5年。[1]

### 二、《工业品外观设计国际分类洛迦诺协定》

《洛迦诺协定》于1968年在瑞士的洛迦诺签订,1971年生效。参加该协定的国家必须是《巴黎公约》的成员国,但没有参加协定的国家也可以拥有该协定建立的国际分类法。我国于1996年6月正式加入该协定。

协定根据外观设计所结合在一块的产品的不同领域进行分类,将能够用外观设计装饰的不同产品分为31个大类,下分211个小类,每个小类下又细分成6000多个项目。

### 三、《专利合作条约》

(一)《专利合作条约》概述

《专利合作条约》是主要涉及有关专利申请的提交、检索和审查以及有关信息的合理性及合作性的一个公约,是继《巴黎公约》后缔结的一个重要的国际性专利条约。它于1970年6月19日在美国华盛顿签订,1978年1月24日起生效,1978年6月14日正式处理国际申请,条约于1979年和1984年进行过修订。《专利合作条约实施细则》于1970年6月19日通过,后经多次修订,目前适用的是1993年1月1日起施行的文本。《专利合作条约》由世界知识产权组织国际局管理,总部设在瑞士日内瓦。条约的成员国必须是《巴黎公约》的缔约国。我国于1993年9月15日向世界知识产权组织总干事递交了加入书,并于1994年1月1日起成为条约的成员国。

(二)《专利合作条约》的意义

在缔结《专利合作条约》之前,一项发明如果想要在多个国家获得保

---

[1] 参见郑成思主编:《知识产权保护实务全书》,中国言实出版社1995年版,第76页

护，就必须分别在各个不同的国家提交申请，这些申请也将被独立地处理，即在各国重复地进行申请和审查工作。而《专利合作条约》的宗旨是在专利领域内实现成员国之间广泛合作。申请人只需以一种语言向受理局提出申请，就可以指定多个国家作为本申请的指定国，只要一份国际检索报告，一次国际公布，一次国际初步审查，缴纳一次条约规定的费用，即可达到就同一发明向其他多个成员国申请专利的目的。《专利合作条约》的实施是专利制度进一步国际化的重要标志。

《专利合作条约》为申请人提供了很大方便，除了省去向各国逐一提交申请的麻烦，申请人还可以根据国际检索报告和国际初步审查报告，在国际申请的优先权日起20个月或30个月内来决定是否进入国内审批程序，从而节省了大量的精力和费用。条约还给各国专利局带来很大好处，因为国际申请进入各国的国内阶段时，各国专利局已收到国际检索报告，有的还有国际初步审查报告，这就大大减少了它们的检索和审查工作量，从而可以提高工作效率，避免重复劳动。[1]

（三）《专利合作条约》规定的审批程序

《专利合作条约》将国际申请的审批程序分为国际和国家两个不同的阶段：[2]

1. 国际申请的国际阶段。该阶段有以下步骤：

（1）国际申请、国际检索和国际公布。国际申请、国际检索和国际公布是条约规定的强制性程序，即任一国际申请都必须经历的程序。该程序在受理局、国际检索和国际局等国际单位中顺序进行。该程序的主要内容有：申请人递交国际申请文件并缴纳国际阶段的费用；受理局检查和处理国际申请；国际检索单位对申请的主题和现有技术检索并作出国际检索报告；国际局公布国际申请和国际检索报告；国际局把公布的国际申请文本送交有关国家。

（2）国际初步审查。国际初步审查是国际阶段中继国际申请、国际检索和国际公布后的一个程序。国际初步审查是对请求保护的发明是否具有新颖性、创造性和工业实用性提出初步的、无约束力的意见。

从2002年4月1日后，条约取消了第二部分的可选择性（2002年

---

〔1〕杨志刚："如何使用专利合作条约"，载《知识产权》1994年第1期。

〔2〕韦纬："如何利用专利合作条约获得外国专利权"，载《电子知识产权》2003年第8期。

4月1日前，申请人可以通过提出国际初步审查要求推迟进入国家阶段的期限，即从优先权日起 20 个月推迟到自优先权日 30 个月），只要申请人一提出国际申请，进入国家阶段的期限一律延迟到自优先权日起 30 个月，但申请人要想得到一份关于新颖性、创造性和实用性判断的审查报告，还必须以自优先权日起 19 个月期限届满前提出国际初步审查要求为条件。

在国际初步审查报告作出之前，申请人有权依规定的方式，并在规定的期限内修改权利要求书、说明书和附图。这种修改不应超过国际申请提出时对发明公开的范围。如果初审单位考虑了修改文件，国际初审报告还带有一个附件，该附件包括了对说明书、权利要求书、附图进行的修改或者更正的替换页。在国际申请进入各指定局程序时，申请人应当根据各指定局的要求把该附件翻译成规定文字后送交相关指定局。

条约规定，国际初审报告的期限是自优先权日起 28 个月期限届满前作出。该报告对新颖性、创造性和工业实用性作出了判断。尽管它对指定国没有法律约束力，但对申请人决定是否应当继续程序还是很有价值的。

2. 国际申请的国家阶段。条约规定，自优先权日起进入国家阶段的时间为 30 个月，进入的条件是：国际申请的译文和费用。

申请人在决定继续后续程序时才必须向指定局交纳规定的费用，并根据需要向这些局提交国际申请的译本，即将国际申请翻译成这些局的官方语言，这时可能需要委托当地的代理人。提交翻译文本及交纳国家费用必须是在自优先权日 30 个月届满前进行。国际申请一旦进入国家阶段，便适用于国家程序。

尽管国际申请的申请人在国际阶段已经享有多次修改申请文件的机会，但条约还是要求各指定国对已经进入国家程序的国际申请至少给予一次修改其申请文件的机会。因此申请人在完成进入国家阶段的手续之日起 1 个月内，可以对申请文件进行修改，这种修改仅对于不需要提出任何请求即可进行审查的程序适用。

国家局通常为进入其国家程序的国际申请给出一个国家申请号，然后对译文进行格式审查使其符合国家公布的条件。在实行实质审查请求制的国家里，国家局将对已经提出实质审查请求的申请进行独立的实质审查，根据审查结果作出是否授予专利权的决定。

四、《专利国际分类协定》

国际专利分类法（International Patent Classification，简称 IPC），是一种国际通用的管理和利用专利文献的工具。1952 年，欧洲理事会成立了一个"分类小组",1954年12月19日,欧洲理事会的一些国家:法国、德国、英国、意大利、瑞士、荷兰、瑞典等签订了《关于发明专利国际分类法欧洲协定》。1967年,BIRPI(WIPO的前身)接受欧洲专利专家委员会建议,将该欧洲专利分类法作为国际专利分类法。1968年9月,第一版IPC生效。1971年3月24日《巴黎公约》成员国在法国斯特拉斯堡召开全体会议,签署了《国际专利分类斯特拉斯堡协定》,确定IPC为《巴黎公约》成员国的统一的专利分类法。

国际专利分类法的作用是:

(1)使各国专利文献获得统一的分类工具,以便于对专利文献进行分类管理、使用、查找。

(2)用以在各种检索中使用,如作为为确定专利申请的新颖性、创造性(包括对技术先进性和实用价值作出评价)而进行专利文献检索时的一种有效检索工具。

(3)利用IPC分类表编排专利文献,使用户可方便地从中获得技术上和法律上的信息。

(4)作为对所有专利信息用户进行选择性报导的基础。

(5)作为对某一个技术领域进行现有技术水平调研的基础。

(6)作为进行专利统计工作的基础,从而对各个技术领域的技术发展状况作出评价。

《国际专利分类协定》于1975年生效,参加该协定的国家必须是《巴黎公约》的成员国。我国于1996年6月正式加入该协定。

## 第十节 知识产权国际保护的新发展

### 一、知识产权保护与公众健康

根据世界卫生组织的统计,全球每年有1400万人死于艾滋病、疟疾和结核病等传染性疾病,其中90%以上集中在非洲、亚洲和南美洲等国家[1]。造成此种公共健康危机的重要因素之一在于发展中国家的人民无力购买必需的基础药品,而昂贵的药品价格通常是高水平知识产权保护的结

---

[1] World Health Organization, The World Health Report 2001, p. 144.

果。在TRIPS协议生效前，有关知识产权保护的国际条约并未规定必须对医药产品和方法授予专利权。发展中国家和最不发达国家可以采用制造和进口通用药品的方式向其国民提供廉价药品。[1]但是，TRIPS协议明确规定应对医药产品和方法授予专利权，这使得受专利保护的药品价格大幅上升，且TRIPS协议极大地限制了对通用药品的制造和进口，使得发展中国家和最不发达国家的传染病患者更难获得必需的治疗药品。[2]

虽然TRIPS协议规定成员方可以拒绝对某些发明授予专利权以维护公共健康，但在实践中，当发展中国家的政府试图降低药品价格或生产仿制药品以保护其国民的公共健康时，却面临着来自发达国家和跨国医药公司的强大压力。例如在"美国与南非"、"美国与巴西"、"美国与印度"等医药专利争议案中，发达国家都企图对TRIPS协议进行狭义解释以限制发展中国家行使相关权利，并使用经济、外交等手段对发展中国家施加压力迫使其修改国内立法，使发展中国家的公共健康受到严重威胁。

上述三大药品专利争议案引发了全球舆论对公共健康危机的广泛关注，并展开了对保护知识产权与保护公共健康之间相互关系的激烈争论。为此，2001年11月WTO第四次部长级会议通过了《TRIPS协议与公共健康多哈宣言》（简称《多哈宣言》），明确了WTO成员方政府采取措施保护公共健康的权利，就TRIPS协议和公共健康领域的相关问题进行了澄清。

WTO多哈部长级会议《关于TRIPS协议与公共健康的宣言》第4段规定：我们同意TRIPS协议不能够也不应该妨碍各成员方采取措施以维护公共健康。因此，在重申对TRIPS协议承诺时，我们确认该协议能够也应该在解释和执行方面支持WTO成员方维护公共健康的权利。基于此，我们再次确认WTO成员方充分使用TRIPS协议中为此目的提供灵活性条款的权利。

可见，《宣言》确立了这样的原则，即当TRIPS协议中的相关条款妨碍了成员方采取措施维护公共健康，即两者发生冲突时，公共健康权利优先。

---

〔1〕 冯吉涵："全球公共健康危机、知识产权国际保护与WTO多哈宣言"，载《法学评论》2003年第2期。

〔2〕 冯吉涵："全球公共健康危机、知识产权国际保护与WTO多哈宣言"，载《法学评论》2003年第2期。

《宣言》第5条规定"成员方在面临艾滋病、结核病、疟疾或其他流行病威胁时有自由决定国家处于紧急状态的权利,从而无须与专利权人磋商而自行颁布许可生产仿制药品"。但是,成员方在上述情况下实施强制许可而生产的药品不能出口,这意味着许多缺乏药品生产能力的发展中国家实际上不能获得廉价的仿制药品[1]。为此,《宣言》第6条规定:"我们认识到在制药领域生产能力不足或缺乏生产能力的 WTO 成员方在有效实施 TRIPS 协议项下强制许可方面可能面临困难,我们指示 TRIPS 理事会之后 2002 年年底前找出这一问题的迅捷解决方法,并向 WTO 总理事会报告"。

在 2003 年 8 月召开的 WTO 第五次部长级会议上,通过了《关于实施多哈宣言第 6 条的理事会决议》(简称《总理事会决议》)。《总理事会决议》允许缺乏药品生产能力或药品生产能力不足的贫穷国家,可以进口其他成员方按照《宣言》第 5 条的规定进行强制许可而生产的廉价仿制药品。即实施强制许可所生产的药品在符合《总理事会决议》规定的条件下可以出口,合格进口方实施强制许可时免除向专利持有人支付适当费用的义务[2]。2005 年在香港召开的 WTO 部长级会议上,通过了修改 TRIPS 协议第 31 条的决议。截止 2010 年 9 月底,共有包括美国、欧盟(涵盖其所有成员国)和中国在内的 31 个成员批准了修改的条文。

总之,全球公共健康危机引发了全球舆论对知识产权保护合理性的热烈探讨,而作为阶段性成果的《多哈宣言》和《总理事会决议》使得公共健康权优于知识产权的原则得到了广泛的共识,在一定程度上缓解了两者之间的矛盾,使得"贫穷国家可以充分利用 WTO 知识产权规则中的弹性条款,处理那些肆虐本国的重大流行性疾病"[3]。而 TRIPS 协议的正式修改一旦获得2/3成员批准,将使得这一进展固定为成员的国际义务。

二、知识产权保护与生物多样性

生物资源、动植物品种等是与人类息息相关、涉及人类可持续发展的重要资源;知识产权保护对生物资源的获取、利益分享、技术转让和传统知识的影响正日益为国际社会所关注[4]。

---

[1] 参见曹建明、贺小勇:《世界贸易组织》,法律出版社2004年版,第294页。

[2] 参见曹建明、贺小勇:《世界贸易组织》,法律出版社2004年版,第294页。

[3] 见 WTO 原总干事素帕猜在《总理事会决议》通过当天的讲话,参见《世贸组织》通过解决"公共健康"问题最后文件,载《国际商报》2003 年 8 月 30 日。

[4] 万鄂湘、冯洁菡:"知识产权国际保护的新发展",载《法律适用》2003 年第 7 期。

20世纪后,人类社会的生存环境面临着持续恶化,引起了国际社会的广泛关注。1987年,世界环境与发展委员会在"我们共同的未来"这一里程碑性质的报告中指出,"经济的发展不能再以牺牲生态利益为代价,人类有能力使发展成为可持续的状态,在保证满足当代人需要的同时,不致损害后代满足其自身需要的能力"[1]。1992年6月,联合国环境与发展大会在巴西里约热内卢召开,其间签署了《生物多样性公约》(Convention on Biological Diversity,简称CBD公约),成为涉及生物资源保护与可持续利用的第一个有约束力的全球性国际公约,为世界环境保护领域中的植物、动物和微生物保护工作以及国际合作提供了法律依据和政策指南。

根据CBD公约的规定,生物多样性是指地球上陆地、水域、海洋中所有的生物(包括各种动物、植物、微生物)以及它们拥有的遗传基因和它们所构成的生态系统之间的丰富性、多样化、变异性和复杂性的总称。生物物种多样性实际包括了物种多样性、生态系统多样性和遗传基因多样性3个层次。生物物种多样性为人类生存与发展提供了基本的条件,被认为是与人类社会持续发展息息相关的最重要因素。[2] 在CBD公约中,与知识产权密切相关的是第16条"关于技术的获得和转让"。第16第1款和第2款规定缔约方有义务在公平和最有利的条件下向其他方提供技术和/或便利技术的获取和转让。这些技术包括生物技术和其他"与生物多样性的保护和可持续使用或与使用遗传资源相关并且不会对环境造成重大损害"的技术。第16条第5款则要求缔约各方进行合作以确保专利和其他知识产权"支持而不是与公约的目标相对抗"。

CBD公约要求缔约方"尊重、保护和维持土著和当地社区与生物多样性的保护和可持续利用相关的体现其传统生活方式的知识、发明和实践,促进经这些知识发明和实践的持有人同意并参与的广泛应用,并鼓励在利用这些知识、发明和实践中所产生利益的平等分享"[3]。该条款暗示持有人对其知识、发明和实践享有权利,无论其是否得到知识产权的保护。可见,在CBD公约与TRIPS协议之间存在着潜在冲突的可能性。TRIPS协议要求对诸如微生物和植物品种提供知识产权保护,而CBD公约则将以前视为共同遗产的生物资源规定为从属于国家主权的可贸易商品,若将其进行

---

[1] 唐广良、董炳和:《知识产权的国际保护》,知识产权出版社2006年版,第514页。
[2] 参见《生物多样性公约》第2条。
[3] 参见《生物多样性公约》第8条(j)款。

转让，则会涉及到本国的技术转让、报酬和其他利益等问题[1]。作为遗传资源和传统知识拥有国的大部分是发展中国家，但发达国家的跨国公司往往通过雄厚的资金和技术实力掠夺发展中国家的这些资源而不支付任何代价，这便直接涉及到发达国家与发展中国家之间的权利分配、利益分享和平衡的问题，也关系到发展中国家是否能在发达国家长期占有优势的知识产权领域拥有自主知识产权。因此，CBD公约与其他知识产权国际公约（例如TRIPS协议）的关系问题就成为当前国际知识产权保护的又一个重大课题。

在2001年11月WTO第四次多哈部长级会议中，除了《多哈部长宣言》、《TRIPS协议与公共健康宣言》之外，还通过了《关于与实施有关的问题和关注的决定》，该决定指出，作为尚未解决的TRIPS协议与CBD公约的关系这一实施问题，TRIPS理事会将特别审查TRIPS协议与CBD公约之间的关系，审查对传统知识、植物品种及其生产方法、植物多样性的保护[2]。可见，WTO的多哈议程已将TRIPS协议的实施与CBD公约的关系问题纳入了议事日程，有待进一步的明确。

### 三、互联网对知识产权国际保护的影响

互联网是一个信息系统，通过导线或无线电波进行信息传输，它打破了不同地域的界限，可以实现远程登录、查询信息、共享数字化文件、网上讨论、电子出版、发送电子邮件等，对传统媒体产生了巨大冲击。互联网络的诞生和迅速发展，在构建蔚为壮观的网络信息空间的同时，对知识产权国际保护的法律体系产生了重大影响，引起了各国政府和国际知识产权界的广泛关注，主要体现在网络版权和域名的国际保护制度上。

（一）信息网络传播的国际保护

无论是WIPO、WTO，还是网络业最发达的美国，都没有对网络信息的传播利用提供完善的法律保护。不过，围绕网络信息基础设施建设的有关知识产权的研究和探讨早已在全球范围内展开。例如，1995年2月，西方七国集团全球信息社会会议在布鲁塞尔召开，会上讨论并提出了建设全球信息基础设施的一些原则问题，而保护知识产权、确保数据安全、保护

---

〔1〕 万鄂湘、冯洁菡："知识产权国际保护的新发展"，载《法律适用》2003年第7期。
〔2〕 万鄂湘、冯洁菡："知识产权国际保护的新发展"，载《法律适用》2003年第7期。

隐私权等问题则是其中的一项重要内容[1]。

为了适应数字技术的发展对电子数据信息和版权保护带来的影响，1996年12月，WIPO在瑞士召开了"关于版权及邻接权问题的外交会议"，通过了《世界知识产权组织版权条约》（WIPO Copyright Treaty）和《世界知识产权组织表演和录音制品条约》（WIPO Performance and Phonograms Treaty），分别对1971年《伯尔尼公约》和1961年《罗马条约》进行了实质性的修改。此为迄今为止国际上关于电子数据信息和互联网版权的最重要的立法尝试，对世界各国网络版权立法产生了深远影响，被国际版权界称为"互联网条约"[2]。

除此之外，TRIPS协议也涉及了互联网版权的问题，其大部分内容与上述WIPO的两公约类似，主要包括计算机程序、汇编作品、出租权的规定等。

作为全球电子信息技术和产业居于领先地位的美国，1993年9月，设立了"信息基础设施推进委员会"，该委员会下设专门的知识产权工作组，负责召集各界人士对有关的知识产权问题进行研究，听取各方意见，提出修正法律的建议等。1995年9月，该知识产权工作组公布了《知识产权与国家信息基础设施》的白皮书，对数字作品的版权保护问题提出了相关立法对策。

2006年5月10日，中国国务院通过了《信息网络传播权保护条例》，并于2006年7月1日起施行。该条例在严格保护版权人、表演者、录音录像制作者等权利人利益的同时，良好协调了其与网络服务商、社会公众利益之间的平衡。具体表现在：首先，对权利人的信息网络传播权给予了严格保护。如条例第2条明确规定，"除法律、行政法规另有规定的外，任何组织或者个人将他人的作品、表演、录音录像制品通过信息网络向公众提供，应当取得权利人许可，并支付报酬"，等等；其次，条例规定了网络环境下的版权合理使用和法定许可制度。如第6条规定了八种网络环境下的作品合理使用，第7~9条还对图书馆、档案馆及网络远程实施九年制义务教育等等方面合理使用版权作出了规定；再次，明确规定了网络服务

---

[1] 参见邹忭、胡骏："网络环境下信息知识产权保护的初步探讨"，载《情报理论与实践》1996年第2期。

[2] 参见高辉："国际互联网下知识产权保护研究"，大连海事大学2001年硕士学位论文，第21页。资料来源：中国知网博硕论文全文数据库。

商的免责条件。条例第 20～23 条分别规定了网络服务者的纯管道传输、网络传输暂存/缓存技术、网络存储服务和搜索或者链接服务等行为的责任免除问题,给予了它们合理的发展空间,以避免陷入版权诉讼的"泥潭"[1]。

(二)域名的国际管理规则

1996 年 11 月,由互联网协会、互联网分址当局、互联网结构委员会、国际电信联盟、国际商标协会,以及 WIPO 等 6 个国际组织共同发起成立了"国际特别委员会"(IAHC),以根据公正、公平和公开的原则管理互联网的顶级域名制度。IAHC 将顶级域名分为三类,一为国家域名;二为国际域名(代表各种国际组织);三为通用域名。1997 年 2 月 4 日,IAHC 公布了"国际特别委员会最终报告——关于国际顶级域名的管理和运营",以缓解用户不断增加带来的压力和域名抢注的问题,并引进了域名竞争机制,淡化原有的垄断体制。1997 年 5 月,IAHC 公布了与知识产权有关的全球性域名纠纷处理规则,建议设立争端处理小组,对二级域名与他人的"世界知名标志"相同或类似所引发的纠纷进行裁决。[2]

此外,1998 年 1 月和 6 月,美国商务部下属的国家通讯与信息管理局分别公布了"改进国际互联网域名与地址的技术管理的建议"和"关于管理国际互联网域名和地址的政策性声明"。其主要内容包括:建立一个新的非营利性的域名系统管理组织:"国际互联网名址分配公司"(Internet Corporation for Assigned Names and Numbers),对域名系统进行管理;通过竞争性机制筛选合适的公司担任域名注册机构,促进域名管理体制的民间化和市场化;保护商标权人的利益,促进域名纠纷的解决;此外,建议 WIPO 出面组织商标权人与其他网络用户等相关各方进行磋商,协调各方利益,以便对建立全球性的域名纠纷解决机制提出设想[3]。

1999 年 4 月 30 日,WIPO 通过了《互联网名称及地址的管理:知识产权议题的报告》。在该报告中,WIPO 向负责全球顶级域名管理的互联网名称和编码公司以及各成员方的域名注册管理机构推荐了三大程序:

---

〔1〕 参见张楚:"纵论《信息网络传播权保护条例》"。资料来源:律之门律师网,http://www.law-door.com/article.asp?articleid=808。

〔2〕 参见高辉:"国际互联网下知识产权保护研究",大连海事大学 2001 年硕士学位论文,第 48 页。资料来源:中国知网博硕论文全文数据库。

〔3〕 参见高辉:"国际互联网下知识产权保护研究",大连海事大学 2001 年硕士学位论文,第 49 页。资料来源:中国知网博硕论文全文数据库。

第一,域名注册规范程序。该程序要求申请人详尽、正确地披露其联络信息;要求管理机构和申请人通过签订域名注册协议确定相互之间的权利义务关系;要求注册域名的启用和激活应以管理机构收到申请人足额交付的申请费为前提,并且建议改终身制为续展制;

第二,统一争端解决程序。WIPO报告明确规定该争端解决程序将统一适用于各类顶级域名注册中发生的滥用域名注册争议。在报告中详尽规定了"域名注册不当"行为的定义即域名持有者持有的域名与异议人所持有的商品或服务完全一致或极其相似,而且域名持有人对域名的使用和注册均为恶意,则将域名认定为"注册不当";并规定了服务提供者的权限、组成等;

第三,域名排他程序。此程序将驰名商标保护体系延伸至网络空间。《巴黎公约》和TRIPS协议都给予驰名商标特殊的保护。由于域名抢注的对象往往是国际上的驰名商标,因此,WIPO决定引入域名排他程序,在网络领域对驰名商标给予保护,以配合《巴黎公约》和TRIPS协议的规定。

虽然WIPO的此份报告尚未形成具有约束力的公约,也未形成正式决议,但它在总体上反映了各国在域名管理上存在的共同问题,并提出了解决方案,对协调各国解决网络域名纠纷所采取的措施将产生重要影响[1]。

---

〔1〕 参见"关于网络域名法律保护的探讨",资料来源:http://www.chinaue.com/html/2005-12/20051212161215194.htm.

## 参考书目

1. 郑成思主编:《知识产权法教程》,法律出版社 1993 年版。
2. 郑成思:《知识产权论》,法律出版社 2001 年版。
3. 刘春茂主编:《中国民法学·知识产权》,中国人民公安大学出版社 1997 年版。
4. 吴伯明等:《知识产权应用指南》,经济科学出版社 1993 年版。
5. 汤宗舜:《知识产权的国际保护》,人民法院出版社 1999 年版。
6. 吴汉东主编:《知识产权法》,法律出版社 2009 年版。
7. 刘李胜:《知识产权保护与国际技术贸易》,中国经济出版社 1995 年版。
8. 刘春田主编:《知识产权法》,高等教育出版社、北京大学出版社 2007 年版。
9. 郑成思:《关贸总协定与世界贸易组织中的知识产权》,北京出版社 1994 年版。
10. 郑成思主编:《知识产权——应用法学与基本理论》,人民出版社 2005 年版。
11. 朱榄叶主编:《国际经济法学》,北京大学出版社 2005 年版。
12. W. R. Cornish, *Intellectual Property Patent Copyright, Trademark and Allied Rights*, Sweet & Maxwell, 1996.
13. G. Smith and R. Parr, *Valuation of Intellectual Property and Intangible Assets*, John Wiley and Sons, 1994.
14. WIPO, *Introduction to Intellectual Property Theory and Practice*, Kluwer Law International, 1997.

图书在版编目（CIP）数据

知识产权法 / 朱榄叶主编. —2版. —北京：中国政法大学出版社，2011.2
ISBN 978-7-5620-3829-0

Ⅰ.知... Ⅱ.朱... Ⅲ.知识产权法-基本知识-中国 Ⅳ.D923.4
中国版本图书馆CIP数据核字(2011)第011560号

| 书　　名 | 知识产权法　ZHISHI CHANQUAN FA |
|---|---|
| 出版发行 | 中国政法大学出版社 |
| 经　　销 | 全国各地新华书店 |
| 承　　印 | 固安华明印刷厂 |

720mm×960mm　　16开本　　20印张　　325千字
2012年1月第2版　2012年1月第1次印刷
ISBN 978-7-5620-3829-0/D·3789
印　数：0 001-3 000　　定　价：28.00元

| 社　　址 | 北京市海淀区西土城路25号 |
|---|---|
| 电　　话 | (010)58908435(编辑部) 58908325(发行部) 58908334(邮购部) |
| 通信地址 | 北京100088信箱8034分箱　邮政编码 100088 |
| 电子信箱 | fada.jc@sohu.com(编辑部) |
| 网　　址 | http://www.cuplpress.com (网络实名：中国政法大学出版社) |
| 声　　明 | 1. 版权所有，侵权必究。<br>2. 如有缺页、倒装问题，由印刷厂负责退换。 |